城市群交通系统协调发展的理论与实证研究

The Theoretical and Empirical Research on the Coordinated Development of Urban Agglomeration and Traffic System

余沛 王晓梅 程嘉 高文 许小平 郭菁 等 / 著

· 北 京 ·

图书在版编目（CIP）数据

城市群交通系统协调发展的理论与实证研究／余沛，王晓梅，程嘉 等著．
北京：中国经济出版社，2017.12（2024.1 重印）
ISBN 978－7－5136－4995－7

Ⅰ.①城… Ⅱ.①余…②王…③程… Ⅲ.①城市交通系统—研究—中国 Ⅳ.①U491.2

中国版本图书馆 CIP 数据核字（2017）第 278702 号

责任编辑　牛慧珍
责任印制　马小宾
封面设计　任燕飞

出版发行　中国经济出版社
印 刷 者　大连图腾彩色印刷有限公司
经 销 者　各地新华书店
开　　本　710mm×1000mm　1/16
印　　张　25.5
字　　数　390 千字
版　　次　2017 年 12 月第 1 版
印　　次　2024 年 1 月第 2 次
定　　价　95.00 元
广告经营许可证　京西工商广字第 8179 号

中国经济出版社 **网址** www.economyph.com **社址** 北京市东城区安定门外大街 58 号 **邮编** 100011
本版图书如存在印装质量问题，请与本社销售中心联系调换（联系电话：010－57512564）

前言

PREFACE

城市群是区域经济一体化的主要载体，随着城市化的发展进程不断加快，城市群越来越代表着历史的进步和人类对更美好生活的无限向往。城市群发展研究是我国区域经济理论体系的重要内容和组成部分，目前已经成为区域经济研究的热点。

交通是城市群形成的先决条件之一，也是各个城市之间相互交流的最主要方式。城市的发展和城市群的形成都离不开发达的交通运输业；良好的交通规划能引导城市群体的有序发展；城市和城市群的高度发展能够更多地积累资金，进一步扩大交通基础设施的建设。因而，城市群的形成和交通系统的发展相互作用，如果可以科学地加以研究和规划实施，就会形成良性的循环作用。

本书主要进行了如下研究：

第一章：绪论。主要阐述了本书选题的背景及研究意义，论述了城市群在经济与社会发展中的重要作用，以及交通系统在城市群形成与发展中的重要作用；指出发展城市群对我国经济社会具有重要意义，城市群交通对城市群建设具有重要意义；从整体上介绍了本书的研究内容、研究框架与研究方法。

第二章：城市群交通系统文献综述。从国外与国内两个方面对城市群相关研究进行综述与分析，在此基础上对城市群交通系统研究进行综述，并指出了目前研究存在的问题。

第三章：城市群发展相关理论。首先对城市群及其相关概念进行界定，然后对城市群发展相关理论进行阐述，包括区域开发演化理论、城市群发展的相关理论，在此基础上对城市群演化规律及特征进行研究，从城市群形成机制、城市群形成与演化、城市群地域及空间特征三个方面进行了深入研究。

第四章：中国城市群发展现状。首先分析了中国城市化发展历程，在回顾了中国历史上的城市化和新中国成立后城市化的历史进程的基础上，分析了当前我国城市化的主要特征；然后对中国城市群的发展阶段进行了研究，包括城市群发育萌芽阶段、城市群快速成长阶段、城市群持续发展阶段三个阶段；最后论述了中国城市群未来发展趋势。

第五章：交通系统与城市群。首先论述了中国整体交通系统发展，包括以水运为中心的交通系统、以铁路与公路为中心的交通系统、以航空运输与高速公路为中心的交通系统、以高速铁路为中心的交通系统四个阶段，分析了我国综合交通系统存在的问题；然后分析了城市群发展与交通系统，分为城市群交通系统发展演化、交通系统对于城市群发展程度的影响、我国城市群交通系统的现状、我国城市群交通系统的发展思路四个部分。

第六章：城市群交通系统协调发展分析。对协调发展相关概念进行了界定，阐述了城市群交通系统协调发展的内容，分析了城市群交通系统协调发展的影响因素。

第七章：城市空间结构发展研究。从城市空间结构发展的角度对城市群交通系统协调发展进行了研究，介绍了相关基本概念和定义，引入了社会—物理空间模型、网络中顶点（个体）连接的概率模型，并运用先验手段、分层贝叶斯等方法对模型及其参数进行选择，对模型进行了推断与选择，最终进行了两类有代表性城市空间结构的结合多智能体的元胞自动机仿真并得到一定的研究结论。

第八章：城市群交通系统效率测度指标与方法。详细介绍了城市群交通系统协调发展定量测度分析的思路和方法。本书系统地探讨了城市群交通系统协调发展测度指标体系的构建思路、原则和特征，分析了综合评价指标体系的筛选原则，并利用德尔菲结合模糊数学以及因子选择的方法，建立了面向协调发展的系统综合测度指标体系，选取了相关测度指标。随后本书以改进的数据包络分析方法为核心系统地分析了综合测度系统协同发展综合有效性、技术有效性和规模有效性的数学模型和判断定理，解析了城市交通系统协同发展的综合效度、协同效度、发展效度的计算模型和理论，论证了城市交通系统协同发展的有效性判断流程与调整方向。

第九章：基于成渝城市群的实证研究。回顾了成渝城市群的发展历程，分析了成渝城市群的发展现状，对其交通系统情况进行了研究，最后对成渝城市群交通系统协调发展进行了测度与分析。

本书为进一步研究城市群交通系统发展做好了理论与方法上的准备，对于我国城市群交通规划与管理工作具有一定实际指导意义。

目录
CONTENTS

01 第一章 绪 论

第一节 研究背景

一、城市群在经济与社会发展中的重要作用

作为人类经济与社会达到高度文明发展阶段的产物，城市的形成和发展既是经济高度集聚的产物，同时也是社会生产力逐步高度集聚与人口高度集中的显著标志，更是人类经济与社会进步的具体体现。随着经济的快速发展，人口的飞速膨胀，大量新的城市与城镇如雨后春笋般不断涌现；与此同时现有的城市与城镇的空间也在不断地进行扩展，城市与城镇由少到多、由分散孤立的点状分布到网络状密集分布，直至最后形成城市群甚至是城市连绵区①。

城市群是城市发展到成熟阶段的最高空间组织形式，是指在特定地域范围内，以 1 个以上特大城市为核心，由至少 3 个以上大城市为构成单元，依托发达的交通通信等基础设施网络所形成的空间组织紧凑、经济联系紧密、并最终实现高度同城化和高度一体化的城市群体。城市群一般是在地域上集中分布的若干大城市和特大城市集聚而成的庞大的、多核心、多层次城市集团，是大都市区的联合体。

（一）五大世界级城市群

在全球范围内的大型世界级城市群有 5 个，分别是：美国纽约都市圈（又名为美国大西洋沿岸城市群）、北美五大湖城市群、日本太平洋沿岸城

①姚士谋，陈振光，朱英明．中国城市群［M］．合肥：中国科学技术大学出版社，2006.

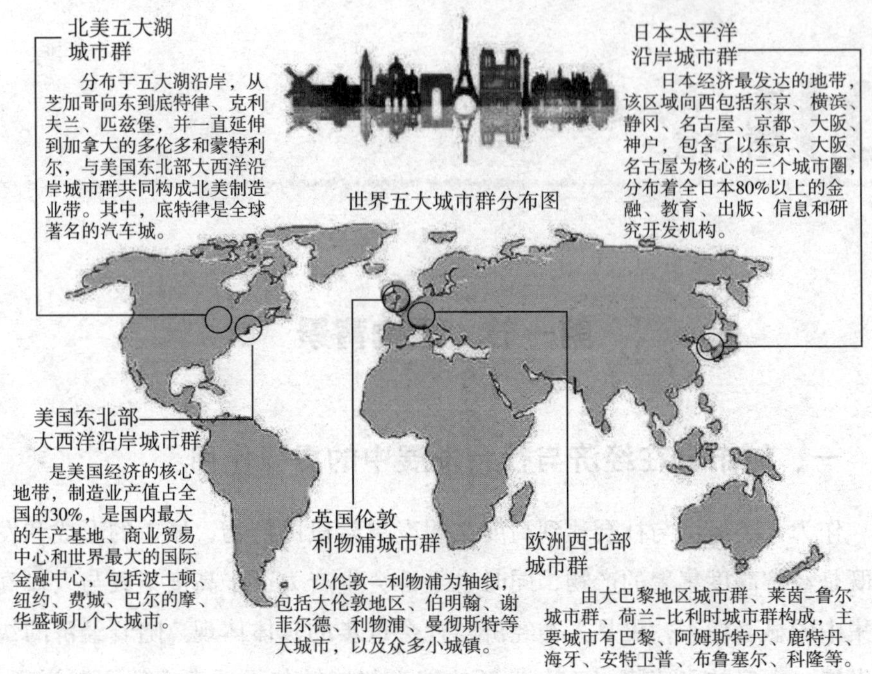

图 1－1　世界五大城市群

市群、英国伦敦城市群、欧洲西北部城市群，如图 1－1 所示。

1. 纽约都市圈

纽约都市圈（又名为美国东北部大西洋沿岸城市群）是世界十大都市圈之一，以纽约为核心，北起波士顿，南至华盛顿，包括波士顿、华盛顿、纽约、费城、巴尔的摩、华盛顿等一系列大城市，其间分布的萨默尔维尔、伍斯特、普罗维登斯、新贝德福德、哈特福特、纽黑文、帕特森、特伦顿、威明尔顿等城市，共有 200 多座，其中有 10 个以上人口超 100 万的大城市，40～50 个 10 万人以上的城市。分布于美国东北部大西洋沿岸平原，长 900 多千米，宽 50～160 千米左右，面积约 14 万平方千米，如图 1－2所示。

纽约都市圈拥有纽约、波士顿、费城、巴尔的摩和华盛顿 5 座大城市，以及 40 个 10 万人以上的中小城市。在这个区域中，人口达到 6500 万，占美国总人口的 20%，城市化水平达到 75% 以上。这是美国经济核心地带、

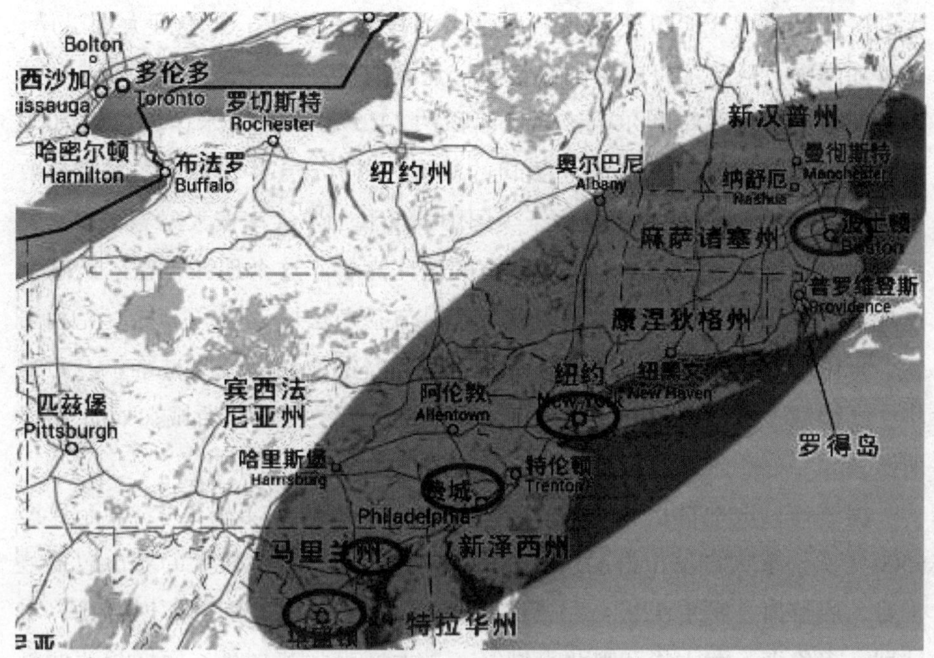

图 1-2 纽约都市圈

最重要的工商业区，纽约都市圈占了全美 24% 的 GDP，20% 的对外贸易周转额，制造业产值占全美的 30% 以上，是全美最大的生产基地；又是美国的金融、贸易、运输中心，甚至是世界最大的金融中心。被视为美国经济的中心，具有中枢的支配地位。作为世界经济和国际金融的神经中枢之一，纽约占据了区域内的核心地位，城市群中共集聚了全美 500 强公司总部的 30%，而位于波士顿郊区的 128 号公路两侧则聚集了数以千计的研究机构和高科技企业，被称为“美国东海岸的硅谷”①。这里也是知识、技术、信息密集地区，拥有哈佛、麻省理工学院等多所著名高等学府。华盛顿是美国的首都，纽约是联合国总部所在地，表明其不仅是美国的政治中心，而且也是世界政治活动的中心地。该区域各主要城市都有自己特殊的功能和优势产业，城市之间形成紧密的分工协作关系。

2. 五大湖城市群

五大湖城市群（Great Lakes Megalopolis）是由一群位于北美洲，围绕

① 张强．全球五大都市圈的特点、做法及经验［J］．城市观察，2009，1（1）：26-40.

大湖区的城市组成。以芝加哥、多伦多为核心，分布于北美五大湖沿岸，跨美加两国，从芝加哥向东到底特律、克利夫兰、匹兹堡，一直延伸到加拿大的多伦多和蒙特利尔。该区域面积约 24.5 万平方千米，人口约 5000 万，拥有 10 个左右 100 万以上人口的城市，以及众多中小城市，城市总数达 35 个之多。这些城市主要位于美国中西部和加拿大南安大略省，以及美国的宾夕法尼亚州、纽约州和加拿大的魁北克省。这个地区自密尔沃基—芝加哥走廊延伸至底特律—多伦多走廊，包括布法罗、辛辛那提、克利夫兰、哥伦布、代顿、伊利、大急流城、印第安纳波利斯、路易维尔、渥太华、阔德城、罗彻斯特以及托莱多，并直抵匹兹堡和堪萨斯城，如图 1－3 所示。

据统计，该地区的人口为 6000 万左右，并预计会于 2025 年上升至 6500 万人。五大湖城市群的组成城市超过 100 个，其中较大的城市包括芝加哥、底特律、密尔沃基、大急流城、克利夫兰、辛辛那提、匹兹堡、布法罗、多伦多、渥太华和魁北克城等。最大城市为芝加哥，而增长速度最快的城市则为多伦多。多伦多也是城市群第二大城市，第三大城市为底特律。

图 1－3　五大湖城市群

五大湖地区煤、铁等矿产资源丰富，水运价格低廉，对北美的钢铁工业发展起到重要作用，五大湖南岸和西岸形成了五大钢铁工业中心。在此基础上，它与美国东北部大西洋沿岸城市群共同构成了北美的制造业带，形成一个特大工业区域、全球汽车制造中心、机械制造中心。这一地带是美国工业化和城市化水平最高、人口最稠密的地区。工业城市聚集，与大西洋沿岸城市群一起共占美国70%以上制造业产值。通用、福特和克莱斯勒三大汽车公司的产量和销售额约占美国总数的80%左右，是一个巨大的世界工厂，底特律就是全球著名的汽车城——福特汽车公司所在地。同时，这里也是美国内地的金融、贸易与文化中心。

根据相关资料显示：在美国，大纽约区、大洛杉矶区和五大湖区三大城市群地区集中了全美67%的国内生产总值①。

3. 日本太平洋沿岸城市群

日本太平洋沿岸城市群也称东海道城市群，以东京、大阪、名古屋为中心，从千叶向西，经过东京、横滨、静冈、名古屋，到京都、大阪、神户，区域面积10万平方千米，占日本全国的20%。人口将近7000万，占全国总人口的61%。大、中、小城市总数达310个，全日本11座人口在100万以上的大城市中有10座分布于此。日本太平洋沿岸城市群一般分为东京—横滨—千叶城市圈、大阪—神户—京都城市圈、名古屋—歧阜城市圈三个城市圈，如图1-4所示。

“二战”以后，日本在美国的扶助下重建经济体系，形成了东京湾、伊势湾、大阪湾及濑户内海的“三湾一海”沿岸地区，内含京滨、名古屋、阪神、北九州四大工业区。这是日本政治、经济、文化、交通的中枢，在其国内具有非常重要的地位，分布着全日本80%以上的金融、教育、出版、信息和研究开发机构，集中了日本工业企业和工业就业人数的2/3，集中了全国大型企业的80%，工业产值的3/4和国民收入的2/3，是日本经济最发达的地带，成为全球汽车、家电、自动办公设备、造船中心之一。其中，东京是世界三大国际金融中心之一和著名的都会区②。

东京、阪神、名古屋三大城市群集中了日本65%的人口，69%的大学生，聚集了全日本超过50%的研究开发机构，创造了全日本70%的国内生

① 汪升华，陈田．美国大都市旅游带的生长机理及其启示［J］．世界地理研究，2006，15（1）：88-93.

②宋丁．中国沿海城市发展的三大趋向［J］．开放导报，2003（11）：25-27.

图 1-4　日本太平洋沿岸城市群

产总值①。

这是一个多核的城市群，包括三大都市圈：以东京、横滨为中心的京滨都市圈，以大阪、神户为中心的阪神都市圈，以名古屋为中心的名古屋都市圈，由于日本国土狭窄，平原面积少，因而中小城市相对较少，为发挥城市的辐射作用，城市群和主要城市既有优势产业，又有相对综合的功能。与“波士顿—华盛顿”城市群一样，主要城市各具特色，发挥着各自不同的功能，大大提高了城市群在世界上的地位。而不同的是作为城市群的龙头城市，东京的功能比较综合，是日本最大的金融、工业、商业、政治、文化中心。在战后经济高速发展的过程中，各城市在加强原有特色的基础上，扬长避短，强化地域职能分工与合作。东京人口超过 1000 万，被认为是“纽约 + 华盛顿 + 硅谷 + 底特律”型的集多种功能于一身的世界大城市，承担着全国经济中国际金融中心的职能，是全球三大金融中心之一。阪神都市圈是日本第二大中心地域，历史上商业发达，其下三大城市各有特色，有机地结合在一起，为城市地域的发展注入了活力。名古屋都

①张召堂．中国首都圈发展研究［M］．北京：北京大学出版社，2005.

市圈中小城市较多，由多个专业化的工业城市组成了相互联系的集聚体，外缘地区农林产业发达。

4. 英国伦敦城市群

英国伦敦城市群即英国以伦敦为中心的城市群，以伦敦—利物浦为轴线，其中包括大伦敦地区、世界纺织工业之都——曼彻斯特、纺织机械重镇——利兹、伯明翰、谢菲尔德等大城市，以及众多小城镇，如图 1－5 所示。

图 1－5 英国伦敦城市群

英国伦敦城市群以伦敦为核心，以伦敦—利物浦为轴线。1000 万人口以上城市 1 座——伦敦，伯明翰、谢菲尔德、利物浦、曼彻斯特的城市人口均达 100 万以上，中小城市 10 余座，还有众多小城镇。区域面积为 4.5 万平方千米，约为全英国土面积的 1/5，人口约 3650 万，占英国人口的一半左右。在世界五大城市群中面积最小，然而这是发展最早、城市密度最大的城市群。

18 世纪后，工业革命使英国成为世界经济增长中心，城市化进程十分迅速，一大批工业城市迅速崛起、成长，在英格兰中部地区首先形成世界级城市群。

英国伦敦城市群是最为典型的核心城市带动型的城市群。其特点是在城市群中有一个综合经济实力和辐射带动功能最强的中心城市。这是英国产业密集带和经济核心区，GDP 总量在 1 万亿美元以上，人均 GDP 25000 美元左右。该城市群中伦敦的 GDP 占整个城市群近 40%，是金融、保险和贸易中心等多功能的综合经济中心，在它的辐射带动下，曼彻斯特、伯明翰等城市发展为金融、贸易等分中心。作为印刷机械、汽车生产制造中心之一的曼彻斯特是世界纺织工业之都，利兹、伯明翰、谢菲尔德等大城市是纺织机械重镇。大伦敦区、英国东南部和东部这三个区域政府所辖范围，在财富上已经大大超过整个不列颠的任何地区。伦敦形成了欧洲最大、同时也是世界最大的三大金融中心之一①。

5. 欧洲西北部城市群

以巴黎、阿姆斯特丹为核心的欧洲西北部城市群，作为超级城市群，以巴黎为中心的欧洲西北部城市群实际上由大巴黎地区城市群（巴黎都市圈）、德国莱因—鲁尔城市群、荷兰兰斯塔德城市群—比利时城市群所构成，如图 1-6 所示。

欧洲西北部城市群是世界五大城市群之一，主要城市有巴黎、阿姆斯特丹、鹿特丹、海牙、安特卫普、布鲁塞尔、科隆等，其中，巴黎是法国的经济中心和最大的工商业城市，也是西欧重要的交通中心之一；鹿特丹素有“欧洲门户”之称。这个城市群 10 万人口以上的城市有 40 座以上，总面积约 14.5 万平方千米，总人口 4600 万。19 世纪，欧洲大陆的兴起使西欧地区成为世界经济增长中心，以巴黎、布鲁塞尔、阿姆斯特丹、波恩等大城市为中心组成了“人字形”发展轴，成为全球旅游、航运、重工业制造中心之一②。

该城市群的特点是把一个城市所具有的多种职能分散到大、中、小城市，形成既有联系又有区别的空间组织形式，以保持整体的统一性和有序性。

法国巴黎—鲁昂—勒阿弗尔城市群。GDP 总量达到 2 万亿美元以上，人均 25000 美元以上，有“法兰西岛”之称的大巴黎地区是这个城市群的

---

①张强．全球五大都市圈的特点，做法及经验［J］．城市观察，2009，1（1）：26-40.

②黄金川，陈守强．中国城市群等级类型综合划分［J］．地理科学进展，2015，34（3）：290-301.

核心。大巴黎地区人口1000万以上，是法国的经济中心和最大的工商业城市，欧洲重要的交通中心之一，主要工业区在城市近郊，以重工业为主，远郊工业以轻工业占优势；100万人口城市有5座以上。整个城市群面积仅为法国国土面积的2%，但人口却占到了19%，是欧洲人口最密集的都市地区。该城市集聚区是法国为了限制巴黎大都市区的扩展，改变原来向心聚集发展的城市结构，沿塞纳河下游在更大范围内规划布局工业和人口而形成的带状城市群①。

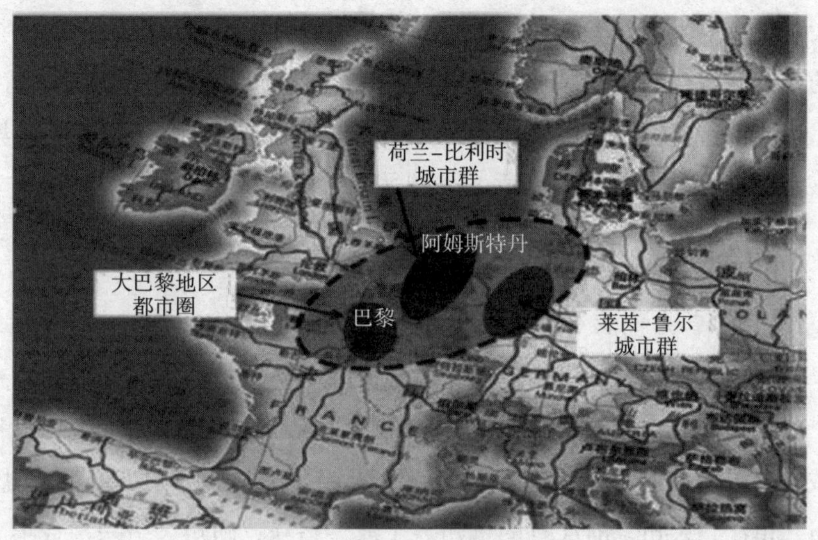

图1-6 欧洲西北部城市群

德国莱因—鲁尔城市群。这是最为典型的多中心齐头并进型城市群，该城市群区域是因工矿业发展而形成的多中心城市集聚区，其特点是多个中心城市平衡发展、各司其责，缺少一个核心城市来带动。是欧洲工业中心。该城市群集合体在长116千米、宽67千米范围内聚集了波恩、科隆、杜塞尔多夫、埃森等20多个城市，其中50万~100万人的大城市有5个。各主要城市人口规模虽不大，但功能却各有所长，波恩、科隆、埃森、杜塞尔多夫和多特蒙德这几座城市分别承担政治、商业、重化工等中心职能，它们之间协同、均衡发展，共同构成德国最大的工业中心。鲁尔是欧

①张强．全球五大都市圈的特点，做法及经验［J］．城市观察，2009，1（1）：26-40.

洲最大的工业区，面积达2000平方千米①。

荷兰—比利时城市群。这是一个多中心马蹄形环状城市群，在荷兰境内有阿姆斯特丹、鹿特丹和海牙3个大城市，乌德支列、哈勒姆、莱登3个中等城市以及众多小城市，各城市之间的距离仅有10~20千米。鹿特丹和比利时的安特卫普构成亚欧大陆桥的西端桥头堡，处于世界上最繁忙的两大运输线—大西洋海上运输线和莱茵河水系运输线的交接口，素有“欧洲门户”之称。该城市群的主要特点是把一个城市所具有的多种职能分散到大、中、小城市，形成既有联系，又有区别的空间组织形式，以保持整体的统一性和有序性。

在欧盟，由伦敦、巴黎、米兰、慕尼黑和汉堡组成的五边形大城市群，集中了40%的人口，创造了欧盟50%的国内生产总值②。

（二）中国三大城市群

1. 长江三角洲城市群

长江三角洲城市群（简称长三角城市群）位于长江入海之前的冲积平原，根据2016年5月国务院批准的《长江三角洲城市群发展规划》，长三角城市群包括：上海，江苏省的南京、无锡、常州、苏州、南通、盐城、扬州、镇江、泰州，浙江省的杭州、宁波、嘉兴、湖州、绍兴、金华、舟山、台州，安徽省的合肥、芜湖、马鞍山、铜陵、安庆、滁州、池州、宣城等26市，如图1-7所示。

2010年5月，国务院正式批准实施的《长江三角洲地区区域规划》将长三角的范围确定为江浙沪，明确了长江三角洲地区发展的战略定位，即亚太地区重要的国际门户、全球重要的现代服务业和先进制造业中心、具有较强国际竞争力的世界级城市群。

2014年，《国务院关于依托黄金水道推动长江经济带发展的指导意见》，促进长江三角洲一体化发展，打造具有国际竞争力的世界级城市群。

①钟海燕. 成渝城市群研究［M］. 北京：中国财政经济出版社，2007.

②巩筱璐. 中国西部城市群协调发展目标与实现机制研究［D］. 西安：西安理工大学，2008.

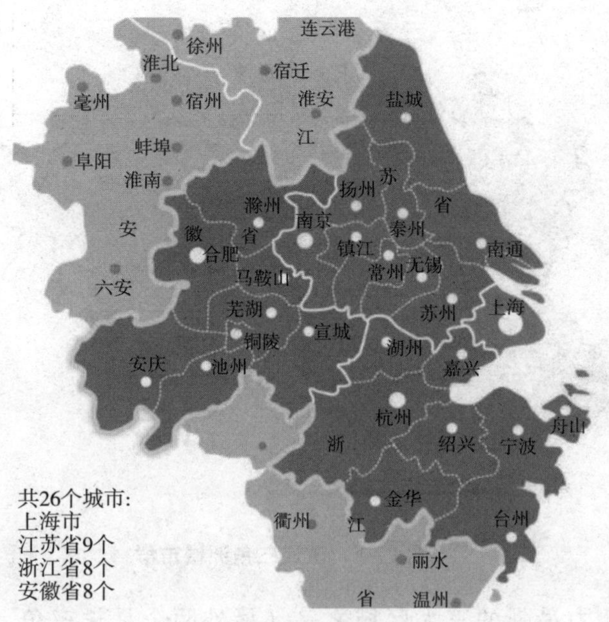

图 1－7 长江三角洲城市群

长三角城市群国土面积 21.17 万平方千米，2014 年地区生产总值 12.67 万亿元，总人口 1.5 亿人，分别约占全国的 2.2%、18.5%、11.0%。2012 年 4 月 10 日，《2010 中国城市群发展报告》中显示长三角城市群已跻身于六大世界级城市群①。

2. 珠江三角洲城市群

珠江三角洲城市群包括广州、深圳、珠海、佛山、东莞、中山、江门、肇庆、惠州等 9 个城市，新规划扩容汕尾、清远、云浮、河源、韶关 5 个城市，共 14 个城市所形成的珠三角城市群，大珠江三角洲地区另外加上香港、澳门，是国家级三大城市群之一，如图 1－8 所示。

珠江三角洲城市群是亚太地区最具活力的经济区之一，它以广东 70% 的人口，创造着全省 85% 的 GDP。是有全球影响力的先进制造业基地和现代服务业基地，南方地区对外开放的门户，我国参与经济全球化的主体区域，全国科技创新与技术研发基地，全国经济发展的重要引擎，辐射带动华南、华中和西南地区发展的龙头，是我国人口集聚最多、创新能力最

①方创琳，姚士谋，刘盛和．2010 中国城市群发展报告［M］．北京：科学出版社，2011.

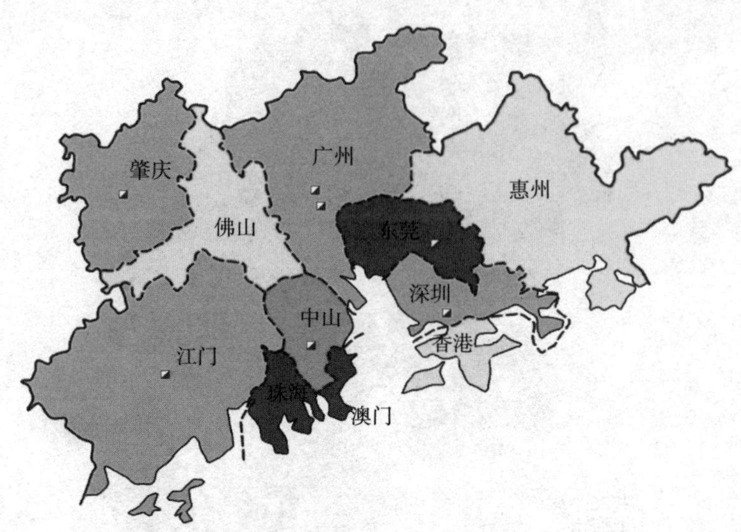

图 1-8 珠江三角洲城市群

强、综合实力最强的三大区域之一（另外两个是长三角、京津冀），有“南海明珠”之称[①]。

2015 年 9 月 29 日，珠三角国家自主创新示范区正式获得国务院批复同意。目标是把珠三角建设成为我国开放创新先行区、转型升级引领区、协同创新示范区、创新创业生态区，打造成为国际一流的创新创业中心[②]。

2015 年 1 月 26 日，世界银行发布的报告显示，珠江三角洲超越日本东京，成为世界人口和面积最大的城市群[③]。珠三角 9 市携手港澳打造粤港澳大湾区，是继美国纽约湾区、美国旧金山湾区、日本东京湾区之后，世界第四大湾区，将建成世界级城市群[④]。

3. 京津冀都市圈

京津冀是中国的“首都圈”，包括北京市、天津市以及河北省的保定、唐山、廊坊、石家庄、秦皇岛、张家口、承德、沧州、邯郸、邢台、衡水等 11 个地级市，如图 1-9 所示。

①朱文晖．走向竞合：珠三角与长三角经济发展比较［M］．北京：清华大学出版社，2003.

②苏瑞波．番禺纳入珠三角国家自主创新示范区建设范畴的条件因素分析及先行先试重点建议［J］．广东科技，2016，25（13）：67-68.

③周永．幸福都市圈：从珠三角看发展方向［J］．宁波经济：财经视点，2015（9）：36-37.

④庞彪．粤港澳大湾区交通物流先行［J］．中国物流与采购，2017（13）：38-39.

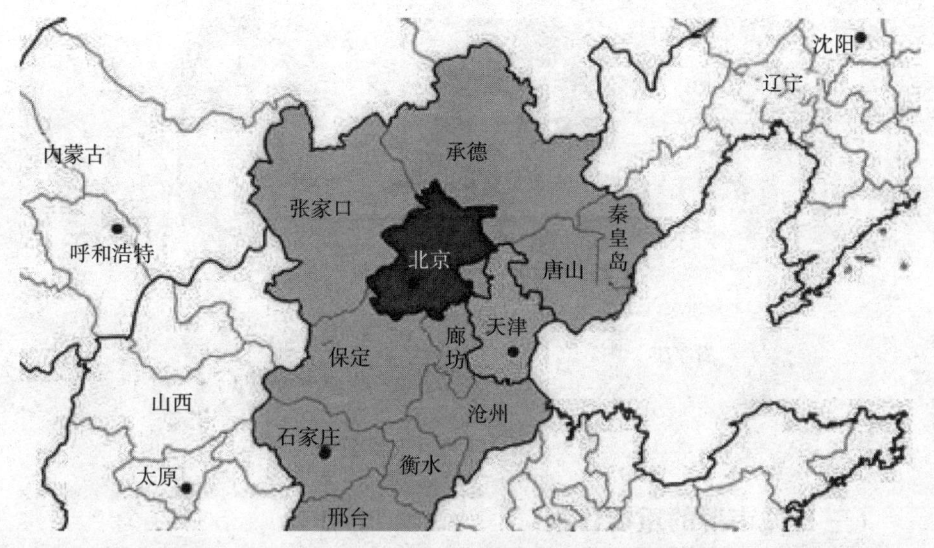

图1-9 京津冀经济圈

其中北京、天津、保定、廊坊为中部核心功能区，京津保地区将率先联动。京津冀地区古为幽燕、燕赵，历元明清三朝八百余年本为一家，元属中书省、明为北直隶、清为直隶省，省城为保定。民国初北京为京兆，天津属直隶省。民国定都南京后，北京改为北平，与天津同属河北省。

京津冀地缘相接、人缘相亲，地域一体、文化一脉，历史渊源深厚、交往半径相宜，完全能够相互融合、协同发展。京津冀位于东北亚中国地区环渤海心脏地带，是中国北方经济规模最大、最具活力的地区，越来越引起中国乃至整个世界的瞩目。

2017年4月，中共中央、国务院决定设立河北雄安新区，涉及保定市下辖的雄县、容城、安新3县及周边部分区域，如图1-10所示。

国家新型城镇化规划（2014—2020年）明确指出，京津冀、长江三角洲和珠江三角洲城市群，是我国经济最具活力、开放程度最高、创新能力最强、吸纳外来人口最多的地区，要以建设世界级城市群为目标，继续在制度创新、科技进步、产业升级、绿色发展等方面走在全国前列，加快形成国际竞争新优势，在更高层次参与国际合作和竞争，发挥其对全国经济社会发展的重要支撑和引领作用。

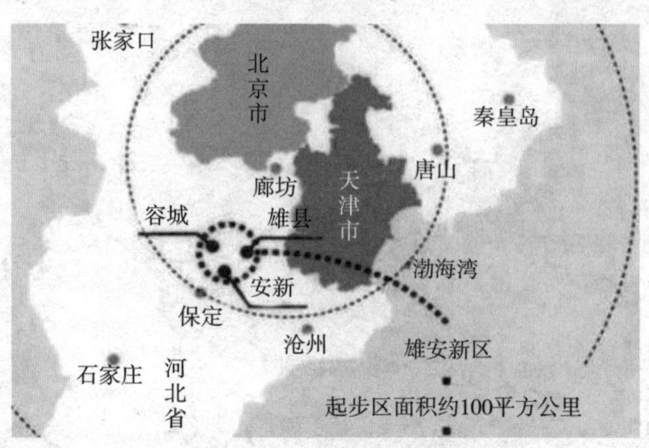

图 1－10　河北雄安新区

（三）城市群的重要作用

在现代区域经济中，城市群已经成为生产力分布体系与劳动地域分工中一种崭新的地域空间组织形式，不同区域间经济发展的竞争也已经由单一城市间的竞争演变为区域不同城市群之间的竞争，不同城市个体之间的单项竞争早已被不同城市群体之间的综合竞争所代替。

在我国城市化与工业化的持续快速发展进程中，东部沿海等经济发达区域开始出现一种崭新的地域组织形式——城市群体化与产业集群化。随着区域经济快速发展和城市化进程不断加快，中国城市发展已经突破既有行政区划界，形成了大大小小的城市与城市群。这种城市群体化现象与产业集聚化的现象在经济比较发达的长江三角洲、珠江三角洲、环渤海等沿海发达地区非常突出，在这些区域也已经形成和正在形成多个大型城市群，并且在城市群内部通过各种高密度、大数量的网络联系，已经逐渐发展凝聚成一个相对比较完整的整体。这些城市群不但在国内占有比较重要的经济地位，而且通过积极参加国际经济贸易与世界经济大循环，已经成为在世界范围内具有一定影响的经济实体。

根据相关报告：2012 年我国城市群仅占全国总面积的 25%；但是却集中了全国总人口的 62% 和经济总量的 80%；以及固定资产投资的 70%；社会消费品零售总额的 76%；高等学校在校学生的 85%；移动电话用户数

的92%；吸引了全部外资的98%①。

1. 国家对于城市群的认识

城市群快速发展的同时，城市群的发展开始得到国家最高层面越来越多的关注。2006年3月发布的“十一五”规划中，首次在中央级的文件中提出“城市群”的概念，并且指出城市群的重要作用：“要把城市群作为推进城镇化的主体形态，逐步形成以沿海及京广京哈线为纵轴，长江及陇海线为横轴，若干城市群为主体，其他城市和小城镇点状分布，永久耕地和生态功能区相间隔，高效协调可持续的城镇化空间格局”；同时对城市群的进一步发展指明了方向：“有条件的区域，以特大城市和大城市为龙头，通过统筹规划，形成若干用地少、就业多、要素集聚能力强、人口合理分布的新城市群”②；明确了城市群的重要作用：“已形成城市群发展格局的京津冀、长江三角洲和珠江三角洲等区域，要继续发挥带动和辐射作用，加强城市群内各城市的分工协作和优势互补，增强城市群的整体竞争力”。

2007年10月召开的党的十七大进一步提出：“走中国特色城镇化道路，按照统筹城乡、布局合理、节约土地、功能完善、以大带小的原则，促进大中小城市和小城镇协调发展。以增强综合承载能力为重点，以特大城市为依托，形成辐射作用大的城市群，培育新的经济增长极”③。

2010年10月18日中国共产党第十七届中央委员会第五次全体会议通过的《中共中央关于制定国民经济和社会发展第十二个五年规划的建议》中提出：“完善城市化布局和形态”，“积极稳妥推进城镇化”，“坚持走中国特色城镇化道路”，“遵循城市发展客观规律，以大城市为依托，以中小城市为重点，逐步形成辐射作用大的城市群，促进大中小城市和小城镇协

---

①宋鑫陶．城市群竞局［J］．商业周刊，2015（6）：20－21.

②全国人民代表大会常务委员会．第十届全国人民代表大会第四次会议关于国民经济和社会发展第十一个五年规划纲要的决议［R］．北京：全国人民代表大会常务委员会公报，2006（3）：178－221.

③胡锦涛．高举中国特色社会主义伟大旗帜为夺取全面建设小康社会新胜利而奋斗——在中国共产党第十七次全国代表大会上的报告［J］．求是，2007（21）：3－22.

调发展”①。

2010 年 12 月 21 日，国务院正式印发《全国主体功能区规划》，指出《全国主体功能区规划》是“我国国土空间开发的战略性、基础性和约束性规划”，《国家主体功能区规划》首次将全国国土空间划分为优化开发区、重点开发区、限制开发区和禁止开发区 4 类主体功能区。中国绝大部分城市群分布在主体功能分区中的重点开发区和优化开发区，说明城市群在国家主体功能区划中占据着十分重要的主体地位，构建“两横三纵”为主体的城市化战略格局成为构建我国国土空间的“三大战略格局”之首，中国两横三纵城市化战略格局如图 1 – 11 所示。

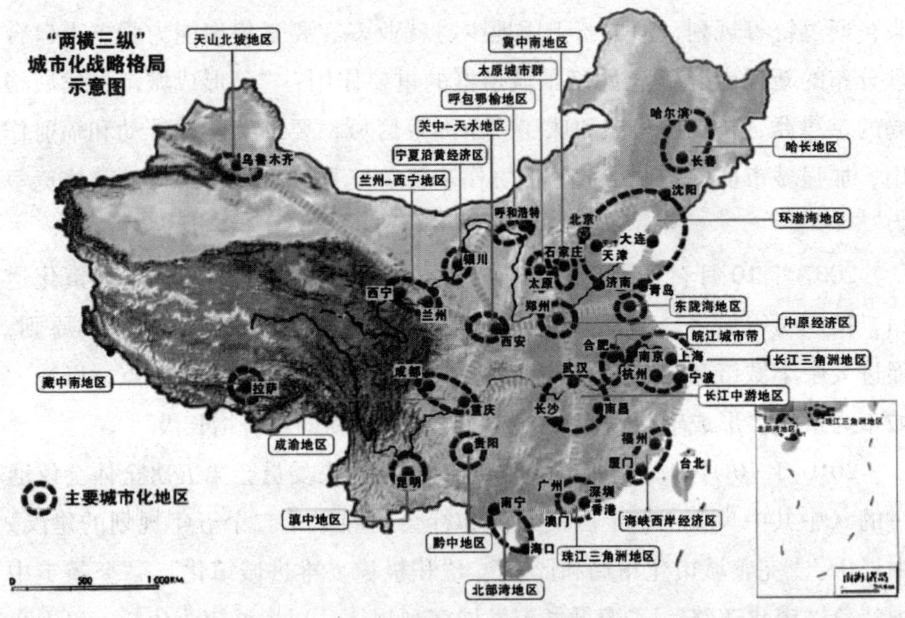

图 1 – 11　中国“两横三纵”城市化战略格局

2012 年 11 月召开的党的十八大，开始将城市群纳入国家发展的整体规划层面，提出：“科学规划城市群规模和布局，增强中小城市和小城镇产业发展、公共服务、吸纳就业、人口集聚功能”②。

①中国共产党第十七届中央委员会．中共中央关于制定国民经济和社会发展第十二个五年规划的建议［J］．求是，2010（21）：3 – 16.

②胡锦涛．坚定不移沿着中国特色社会主义道路前进为全面建成小康社会而奋斗——在中国共产党第十八次全国代表大会上的报告［J］．求是，2012（22）：3 – 25.

2012年12月召开的中央城镇化工作会议首次提出了新型城镇化的六大任务，其中第四大任务是优化城镇化布局和形态。首次提出把城市群作为推进新型城镇化的主体，提出继续优化建设好京津冀、长江三角洲、珠江三角洲三大国家级城市群并争取建成具有国际竞争力的世界城市群外，要在中西部和东北有条件的地区，依靠市场力量和国家规划引导，逐步发展形成若干城市群，成为带动中西部和东北地区发展的重要增长极。

2. 国家关于城市群的规划

2012年之后，关于城市群发展的各项规划开始加速。2014年3月，《国家新型城镇化规划（2014—2020年）》全文正式发布，规划提出："城镇化是伴随工业化发展，非农产业在城镇集聚、农村人口向城镇集中的自然历史过程，是人类社会发展的客观趋势，是国家现代化的重要标志。"并且指出："京津冀、长江三角洲、珠江三角洲三大城市群，以2.8%的国土面积集聚了18%的人口，创造了36%的国内生产总值，成为带动我国经济快速增长和参与国际经济合作与竞争的主要平台。"并对城镇化布局作了全面部署："优化城镇化空间布局和城镇规模结构，在《全国主体功能区规划》确定的城镇化地区，按照统筹规划、合理布局、分工协作、以大带小的原则，发展集聚效率高、辐射作用大、城镇体系优、功能互补强的城市群，使之成为支撑全国经济增长、促进区域协调发展、参与国际竞争合作的重要平台。"

截至2017年3月底，国务院共先后批复了6个国家级城市群，分别是：长江中游城市群、哈长城市群、成渝城市群、长江三角洲城市群、中原城市群、北部湾城市群。

（1）长江中游城市群规划

2015年4月，国务院正式批复《长江中游城市群发展规划》（国函〔2015〕62号文），规划全面总结了长江中游城市群的合作基础与一体化发展进程中所取得的进展，分析长江中游城市群发展面临的良好机遇与严峻挑战，在此基础上提出了推进长江中游城市群发展的指导思想和基本原则，明确了长江中游城市群战略定位和发展目标，这是《国家新型城镇化规划（2014—2020年）》出台后国家批复的第一个跨区域城市群规划。长江中游城市群规划范围如图1-12所示。

图1-12 长江中游城市群规划范围

长江中游城市群是以武汉、长沙、南昌、合肥四大城市为中心的超特大城市群组合，涵盖武汉城市圈、长株潭城市群、环鄱阳湖城市群、江淮城市群为主体形成的特大型城市群，占地面积约31.7万平方千米，面积为世界之最，是长三角的3倍，珠三角的5倍。2014年的经济总量超过4.5万亿元，经济总量位于长三角、京津冀、珠三角、中原城市群之后，位居第五位。长江中游城市群正式定位为中国经济发展新增长极、中西部新型城镇化先行区、内陆开放合作示范区和“两型”社会建设引领区，旨在推动中国经济朝着健康稳定的方向发展。

（2）哈长城市群规划

2016年2月23日，国务院印发了《关于哈长城市群发展规划的批复》（国函〔2016〕43号），原则同意《哈长城市群发展规划》。哈长城市群规划范围包括黑龙江省哈尔滨市、大庆市、齐齐哈尔市、绥化市、牡丹江市，吉林省长春市、吉林市、四平市、辽源市、松原市、延边朝鲜族自治州。哈长城市群发展目标是：到2020年，整体经济实力明显增强，功能完备、布局合理的城镇体系和城乡区域协调发展格局基本形成；到2030年，建成在东北亚区域具有核心竞争力和重要影响力的城市群。哈长城市群规划范围如图 1－13 所示。

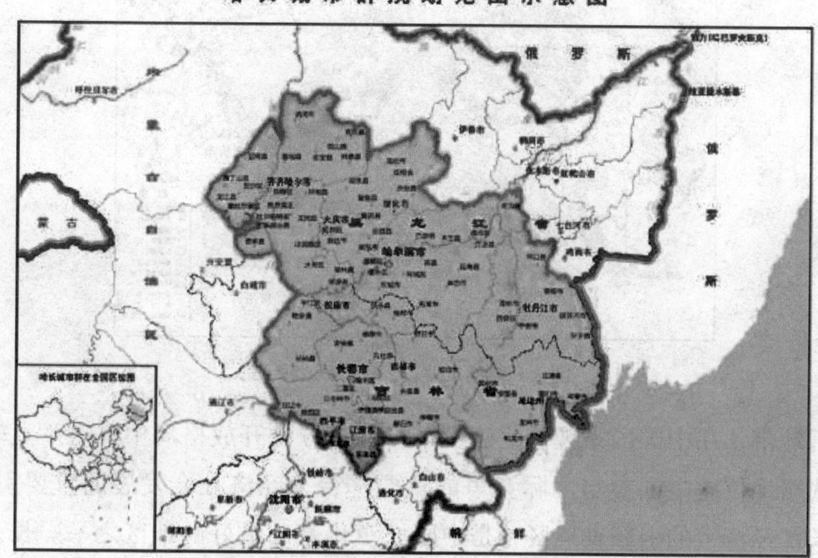

图 1－13　哈长城市群规划范围

（3）成渝城市群规划

2016 年 4 月 12 日，国务院印发《关于成渝城市群发展规划的批复》（国函〔2016〕68 号），批复同意《成渝城市群发展规划》。2016 年 4 月 27 日，国家发展改革委、住房城乡建设部以“发改规划〔2016〕910 号”文件联合印发《成渝城市群发展规划》。成渝城市群位于四川盆地，具体范围包括重庆市和四川省，总面积 18.5 万平方千米，2016 年常住人口 9000 万人，地区生产总值 4.76 万亿元。到 2020 年，成渝城市群将基本建成国家级城市群。到 2030 年，重庆、成都等国家中心城市的辐射带动作用明显增强，成渝城市群将实现由国家级城市群向世界级城市群的历史性跨越。成渝城市群规划范围如图 1－14 所示。

（4）长江三角洲城市群规划

2016 年 5 月 11 日，国务院常务会议通过《长江三角洲城市群发展规划》，提出培育更高水平的经济增长极。到 2030 年，全面建成具有全球影响力的世界级城市群。长三角城市群是“一带一路”与长江经济带的重要

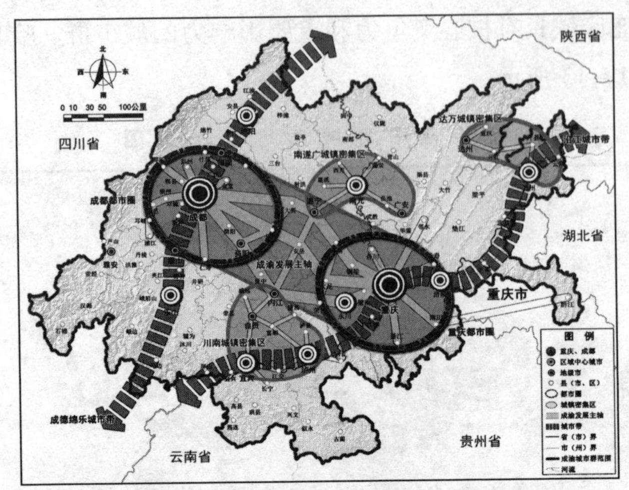

图 1－14　成渝城市群规划范围

交汇地带，在中国国家现代化建设大局和全方位开放格局中具有举足轻重的战略地位。中国参与国际竞争的重要平台、经济社会发展的重要引擎，是长江经济带的引领发展区，是中国城镇化基础最好的地区之一。长三角城市群规划范围如图 1－15 所示。

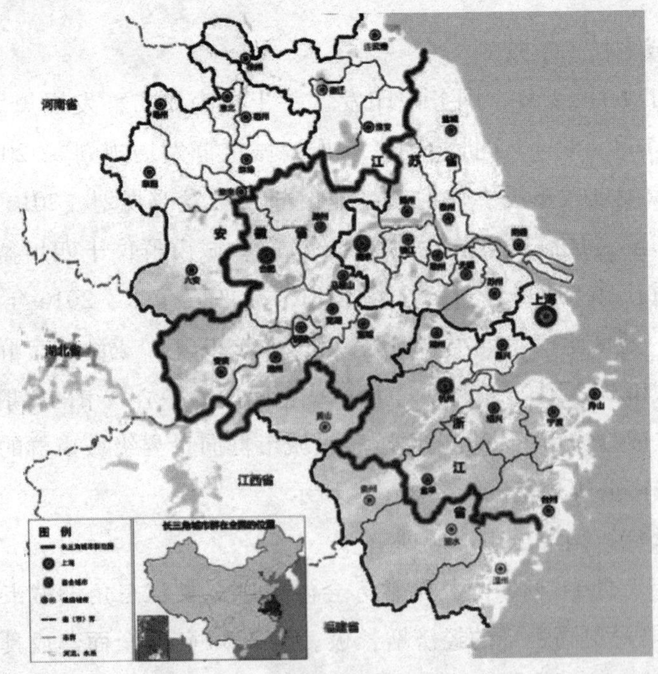

图 1－15　长三角城市群规划范围

长三角城市群经济腹地广阔，拥有现代化江海港口群和机场群，高速公路网比较健全，公铁交通干线密度全国领先，立体综合交通网络基本形成。《长江三角洲城市群发展规划》指明：长三角城市群要建设成面向全球、辐射亚太、引领全国的世界级城市群；建成最具经济活力的资源配置中心、具有全球影响力的科技创新高地、全球重要的现代服务业和先进制造业中心、亚太地区重要国际门户、全国新一轮改革开放排头兵、美丽中国建设示范区。

（5）中原城市群规划

2016年12月28日，国务院正式批复《中原城市群发展规划》（以下简称《规划》）。《规划》提出将中原城市群建设成为：中国经济发展新增长极、重要的先进制造业和现代服务业基地、中西部地区创新创业先行区、内陆地区双向开放新高地和绿色生态发展示范区；《规划》提出：建设现代化郑州大都市区，推进郑州大都市区国际化发展。

中原城市群位于中国中东部，是长三角、珠三角、京津冀之间，城市群规模最大、一体化程度最高、人口最密集的城市群，是中部地区承接发达国家及我国东部地区产业转移、西部地区资源输出的枢纽和核心区域，是促进中部崛起、辐射带动中西部地区发展的核心增长极。中原城市群范围涵盖河南省：郑州市、开封市、洛阳市、南阳市、安阳市、商丘市、新乡市、平顶山市、许昌市、焦作市、周口市、信阳市、驻马店市、鹤壁市、濮阳市、漯河市、三门峡市、济源市，山西省：长治市、晋城市、运城市，山东省：聊城市、菏泽市，安徽省：宿州市、淮北市、阜阳市、亳州市、蚌埠市，河北省：邢台市、邯郸市5省30座地级市所构成的具有高度紧密经济社会联系的城市群。截至2015年底，总面积28.7万平方千米，总人口1.58亿人，生产总值5.56万亿元，生产总值仅次于长三角、珠三角、京津冀，位居全国第四位，为中国经济第四增长极。中原城市群规划范围如图1－16所示。

图1－16 中原城市群规划范围

(6) 北部湾城市群规划

2017年1月20日，北部湾城市群发展规划获得国务院批复同意。北部湾城市群规划覆盖范围包括广西壮族自治区南宁市、北海市、钦州市、防城港市、玉林市、崇左市，广东省湛江市、茂名市、阳江市和海南省海口市、儋州市、东方市、澄迈县、临高县、昌江县。城市群规划陆域面积11.66万平方千米，海岸线4234千米，还包括相应海域。2015年末常住人口4141万人，地区生产总值16295亿元，分别占全国的3.01%和2.25%。北部湾城市群规划范围如图1－17所示。

根据规划，北部湾城市群的总体定位是：发挥地缘优势，挖掘区域特质，建设面向东盟、服务“三南”(西南、中南、华南)、宜居宜业的蓝色海湾城市群。北部湾城市群背靠大西南、毗邻粤港澳、面向东南亚，位于全国“两横三纵”城镇化战略格局中沿海纵轴最南端，是我国沿海沿边开放的交汇地区，在我国与东盟开放合作的大格局中具有重要战略地位。

城市群是我国经济增长的引擎，国家发改委国土开发与地区经济研究

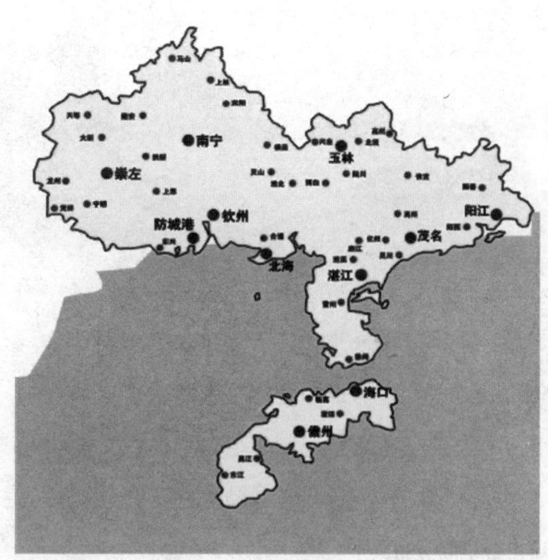

图 1-17　北部湾城市群规划范围

所所长肖金成指出，我国当前的主要城市群 10% 的面积承载超过 2/3 的经济总量，却只承载了全国 1/3 的人口，区域差距问题明显。

“十三五”规划纲要草案中，明确提到推进新型城镇化，优化城镇化布局和形态。据统计，在城市群空间分布图中共画出了 19 个城市群，分别是长江三角洲城市群、珠江三角洲城市群、京津冀城市群、中原城市群、长江中游城市群、成渝城市群、哈长城市群、辽中南城市群、山东半岛城市群、海峡西岸城市群、北部湾城市群、关中城市群、天山北坡城市群、兰西城市群、宁夏沿黄城市群、呼包鄂榆城市群、晋中城市群、滇中城市群、黔中城市群，如图 1-18 所示。

二、交通系统在城市群形成与发展中的重要作用

交通运输系统作为城市群形成与快速发展的主要驱动力，无论是在国外城市群的培育与发展过程中，还是国内的大、中城市群的发展历程中，均得到实例验证。姚士谋、陈振光、朱英明等对城市群（Urban Agglomerations）做了如下定义：“在特定的地域范围内具有相当数量的不同性质、类型和等级规模的城市，依托一定的自然环境条件，以一个或两个超大或特大城市作为地区经济的核心，借助现代化的交通工具和综合运输网的通

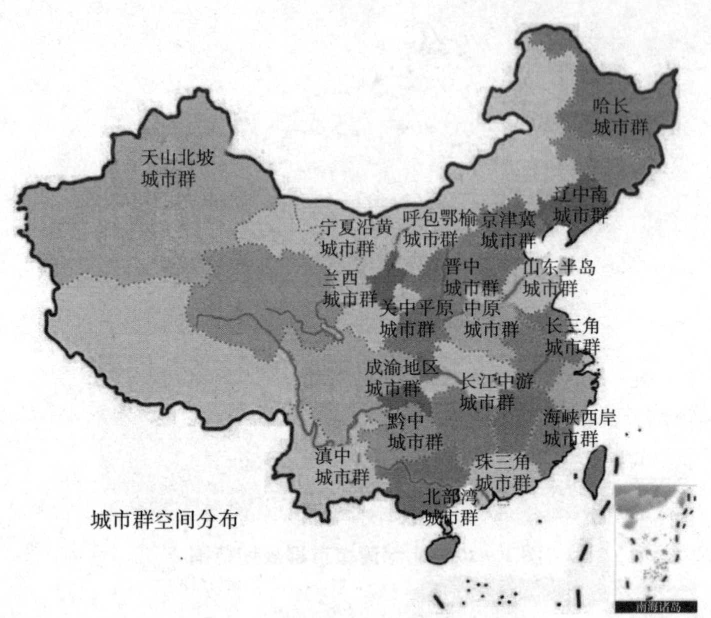

图 1－18　中国城市群空间分布格局

达性以及高度发达的信息网络，发生与发展着城市个体之间的内在联系，共同构成一个相对完整的城市‘集合体’”①。陈小鸿认为：“交通走廊成为城市化的首要区域，也是大城市经济辐射的主要通道”；“都市圈形成和功能发挥与交通技术进步、交通系统服务能力的提高从来都是分不开的”。

城市群的形成和发展，离不开基础设施网络的支持。从目前关于城市群的研究分析来看，已经形成的城市群的共同特征是具有发达的高速铁路网、高速公路网、通信线网、运输管道、电力输送网等区域性基础设施网络；其中，交通基础设施对城市群空间结构形成和演化的影响最为显著，而从城市群形态来看，其最基础的骨架是发达的公路及轨道交通设施，是城市群发展的主要驱动力。此外，依附于发达的交通和通信网络，各城市群均可形成一条产业与城镇均呈现密集集聚的狭长地带，成为经济发展的集聚中心。

①姚士谋，陈振光，朱英明．中国城市群［M］．合肥：中国科学技术大学出版社，2006.

（一）城市群与交通系统

城市群的发展离不开安全、高效、便捷、经济的交通运输服务与支撑。纵观日本、欧洲、美国等国家和地区的著名城市群，尽管各自发展模式不同，但均已形成现代化的海陆空立体综合交通系统。

例如，美国大西洋沿岸波士顿—华盛顿大都市连绵带，便是由港口城市波士顿、费城、纽约、巴尔的摩等城市凭借方便的交通运输条件形成，并最终联结成完善的交通运输网络，大大促进了城市群的深入发展，如图1－19所示。

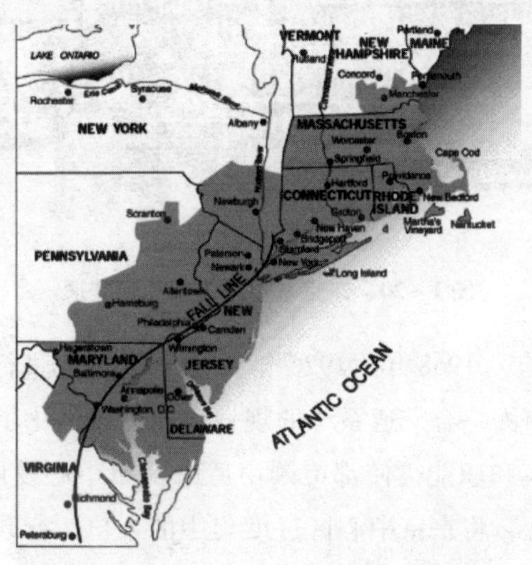

图1－19　波士顿—华盛顿大都市连绵带

在众多国际机构发表的“世界魅力城市排名”中，东京总是名列前茅。东京受到高度评价的一个重要理由是它有快捷、可靠、安全的城市交通系统。① 就城市规划而言，“东京”这个词包含三个概念：“东京城区部”是指东京的中心城区，人口约800万；“东京都”是指东京的行政区域，人口约1300万；而“东京都市圈”则指能够到东京上班上学的地区范围，其人口约3300万，面积约13000平方千米。在这里，地铁和电车成为绝大多数人每天要依赖的交通工具。轨道交通输送人流，港口码头承载

①芦娟，郑国华．从国内外治堵经验看解决长沙城市交通问题的对策［J］．企业家天地：下旬刊，2011（7）：18－20.

物流。在东京都市圈，即便是去50千米以外的场所，在使用轨道交通工具的情况下，都可以按照当初预定的时刻到达目的地。可以说，正是全世界最密集的轨道交通网托起了整个东京都市圈。东京都市圈近郊轨道交通如图1－20所示。

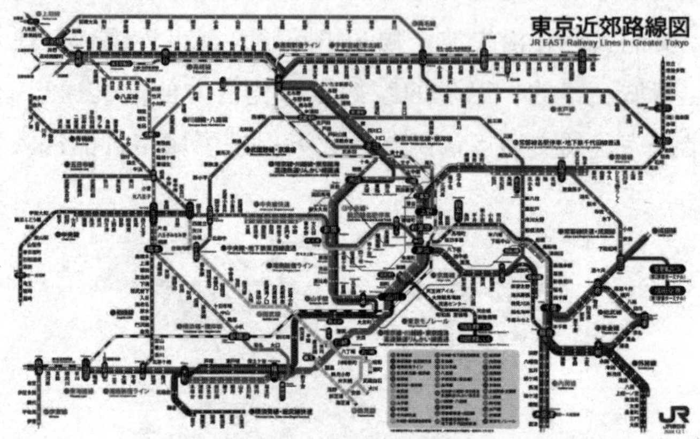

图1－20　东京都市圈近郊轨道交通

东京在1958年、1968年、1976年和1986年分别进行了4次综合交通规划，通过大都市圈综合交通系统的规划和建设，强化了大都市周边城市和卫星城市的规模和职能，使都市圈由原来的单中心发展模式向多核心、职能分工模式转变，将东京中心区过度集中的人口、行政、经济、文化等职能适当分散到包括崎玉县、千叶县、神奈川县、茨城县在内的整个大都市圈甚至更大的范围内。便捷的交通打破了各地距离的限制，如果没有发达的轨道交通将各个副都心、新都心连为一体，而是任其成为孤立的“点”，东京功能的分散显然也无法完成①。

连接加拿大东部两省的“哈利法克斯（Halifax）—蒙克顿（Moncton）成长走廊”，被称为加拿大的“大西洋门户”，如图1－21所示。

占地超过1.5万英亩的20个跨省工业和商业园区散落在该走廊的城市群内。便利的交通基础设施成为这一地区经济快速成长的先决条件。从新斯科舍省的哈利法克斯到新不伦瑞克省的蒙克顿，长达240千米的城市群，

①郑黎．大而不臃：国外城市群治理“圣经”［J］．广东经济，2014（10）：53－57.

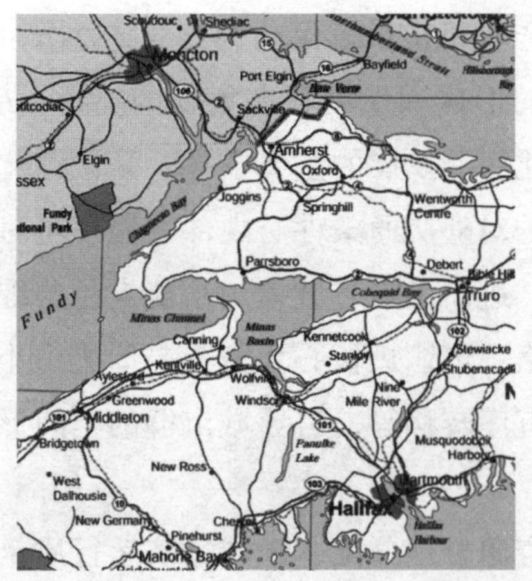

图 1-21　加拿大“哈利法克斯—蒙克顿成长走廊”

由现代化的四车道高速公路相连接。高速的一端经新不伦瑞克省的伍德斯托克通向美国新英格兰地区的 I95 国道，另一端与加拿大横贯公路交汇，伸向加拿大中部腹地。

另外一种情形是相互邻近的城镇之间，通过空间相互作用而逐渐形成由铁路、公路、通信线路等构成的物质性网络组织，例如，以巴黎为中心的欧洲西北部城市群，如图 1-22 所示①。

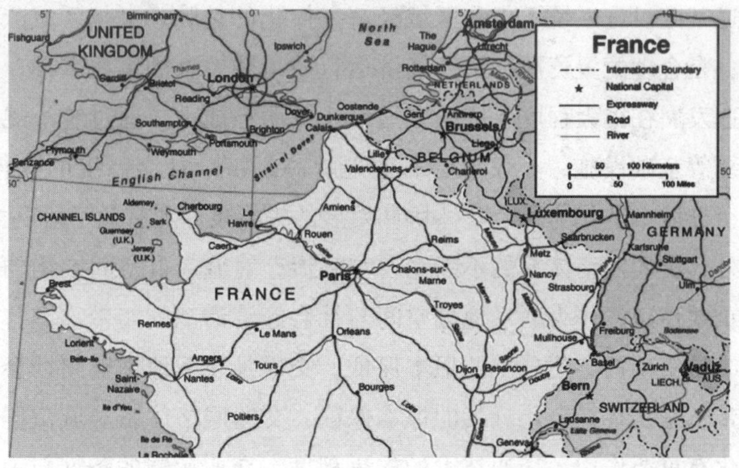

图 1-22　以巴黎为中心的欧洲西北部城市群

①Stephen S. Birdsall, John Florin. An Outline of American Geography Regional Landscapes of the United States [M]. Washington D. C.: United States Information Agency, 1998.

国家发改委基础产业司司长黄民认为："交通作为经济社会发展的基础和纽带，对城市群的形成和发展具有重要的支撑和引导作用。可以说，综合交通网络是城镇化协调发展的重要支撑，是城镇化空间形态的重要引导。城市群内各城镇的对外交通条件、内部交通环境对产业布局和城市宜居水平具有重要影响，进而影响各城镇的功能定位与综合竞争力。通过完善城市群综合交通网络，可缩短核心大城市与周边中小城市时空距离、促进产业的合理布局与有序转移等，引导城市群的空间形态良性发展和大中小城市协调发展"①。

交通系统是各种资源合理分配、区域经济运行质量和效率提高的重要基础，因此，它不但是区域经济一体化的动态，也是区域基础设施建设的重点，更是区域产业整合的前提，是资源能够得到合理配置，从而使经济运行质量与经济发展效率得以提升的重要物质基础。一个区域的经济能否得到快速发展，交通系统的服务能力起着至关重要的作用。综观国际与国内外发展的历史实践证明，无论是都市圈，还是城市群的形成和功能发挥，区域交通网络的不断完善，交通系统服务能力的不断扩大，交通运营水平的不断提升在其中发挥着不可或缺的重要作用。

交通基础设施系统不仅是区域经济一体化的动脉，也是区域产业整合的前提，是合理配置资源、提高经济运行质量和效率的重要基础，区域经济的加速发展在很大程度上依赖交通系统的服务能力。通过统筹规划区域交通系统等基础设施，不仅能够有效地提高经济与社会系统的运行效益，而且是引导城市群作为一个整体协调发展的先决条件和有效手段②。

此外，交通网络体系的不断完善与发展，对城市群空间结构的优化与扩展有重要作用。作为联系地理空间与社会经济活动的纽带，完善的交通运输系统是实现社会化分工的根本保证。交通是联系地理空间社会经济活动的纽带，是实现社会化分工的根本保证，交通网络体系对城市群空间结构的优化有重要作用。交通技术的先进程度、交通运输的条件与手段，决

---

①黄民．城市群交通应系统研究超前谋划［J］．综合运输，2014（2）：92－93.

②陈小鸿．长三角一体化的上海交通系统发展研究［J］．上海城市管理职业技术学院学报，2006（6）：13－16.

定了城市群空间相互作用的深度和广度，并对城市群空间组织结构及空间形态的演化产生决定性的引领作用。交通运输与城市群空间结构演化之间存在相互反馈的关系。空间结构演化从通达性方面对交通提出需求，是推动交通运输最重要的力量之一，从而促进交通的发展；而交通运输的发展则又会推动促进产业的集聚与扩散，城市之间的专业化分工进一步深化，从而使城市群空间结构进一步演化，这种演化会进一步加强城市间的空间经济联系，形成新的交通需求，拉动城市群交通基础设施的进一步发展。

交通运输对城市群空间演化的影响主要通过产业集聚与扩散以及区域之间的分工专业化来影响城市群空间结构演化。在城市群发展的初期，城市群空间结构特征表现为城市孤立内聚发展，城市间的分工不明显，城市间的差异性和互补性不明显，城市间的运输联系不是很大，城市群的交通运输发展主要以城市内部交通发展为主，城市间的交通运输方式单一，线路较少。随着城市群进入快速发展时期和成熟期，城市群内的集聚和扩散作用明显，分工体系形成，城市群的交通运输，会由各种运输方式兴衰交替演化到综合运输过程。在不同的经济发展阶段，经济空间结构与运输网的布局和运输方式的选择具有一致性。不同空间分布类型的城市体系，决定了其内部各中心城市间相互交流的空间格局①。

（二）中国城市群交通系统存在问题

近年来，随着经济快速增长及国家投入的不断加大，我国城市群交通基础设施发展很快，综合交通系统正在不断完善。但是由于我国的城市化进程起步相对较晚，整体经济实力仍然有限，基础设施建设在很大程度上仍然在弥补历史欠账，综合交通运输系统也处于相对比较初级的阶段，在我国综合交通网布局中，大通道和枢纽建设都已经有了一定的发展基础，但作为介于区际交通和城市交通之间的城市群交通，仍面临诸多亟待解决的问题，这就导致了我国当前的城市群交通系统发展中，存在着一些结构

①刘勇．与空间结构演化协同的城市群交通运输发展——以长三角为例［J］．世界经济与政治论坛，2009（6）：78－84.

性的问题亟待解决。

相比国外发达国家，目前中国城市群综合交通系统虽然有了长足发展，但是还不能完全满足区域经济和城市化进程快速发展的需要。城市群综合交通系统规划应以实现区域一体化发展与提高区域整体竞争力为首要目标，同时要满足面向各中心城市、面向群域、面向全国、面向全球的多层次交通需求的挑战。

1. 交通系统供给不足，仍存在较大缺口

交通问题是一直困扰着世界各国的大城市与城市群，迅猛推进的城市化以及大城市人口的急剧膨胀，对城市交通运输需求的爆炸性增长与交通供给增长相对较慢的结构性矛盾日益突出。近年来，随着城市化进程加速，大城市人口增加以及居住郊区化等带来的交通需求量的剧增和交通基础设施供应空间不足之间的矛盾日益突出，特别是大城市的交通问题成为最为严峻的城市病之一。

随着我国城市化进程的不断加快，城市规模的不断扩张，中国的各大中心城市也毫不例外地面临着严重的大城市病，甚至与国外发达地区与城市相比较有过之而无不及。与发达国家比较成熟的城市化比较而言，中国城市群交通系统的建设速度相对来说，远远滞后于中国城市化的发展速度。无论是城市交通系统还是城际交通系统，普遍不能满足社会经济快速发展需要。

以北京市为例，截至 2014 年底，北京地铁共有 318 座运营车站，运营线路总长度为 527 千米；而根据北京市统计局的数字，截至 2014 年底，北京市共有常住人口 2151. 6 万，外来人口 818. 7 万，合计超过 3000 万人。而美国纽约市地铁拥有 468 座车站，商业营运路线长度为 1056 千米；同期纽约人口大约为 800 万左右。北京市的地铁运营线路仅为纽约市的一半，但是人口却是纽约市的 3. 7 倍。

此外，由于我国经济社会正处于转型期，人口跨地区迁移现象比较突出，根据国家统计局公布的《2014 年国民经济和社会发展统计公报》，2014 年末全国人户分离的人口为 2. 98 亿人，其中流动人口为 2. 53 亿人，约占全国总人口的18.5%①。庞大的流动人口，造成特定时期特定区域客流量剧增，360浏览器曾经发布制作了2015年春运全国人口流动分析图，可以作为人口流动的重要参考，如图1－23所示。

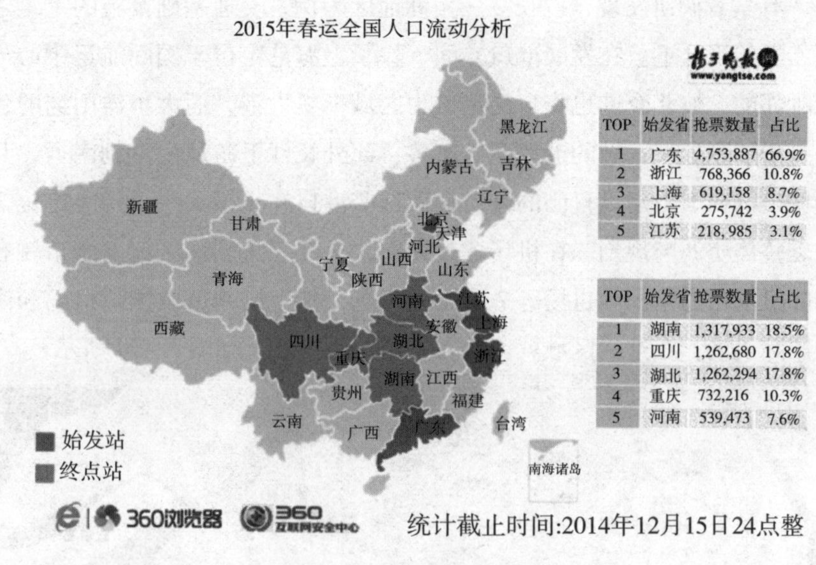

图1－23　2015年春运全国人口流动分析

从2015年春运全国人口流动分析图看出，北京、上海、江苏、浙江、广东等经济发达地区作为人口流动的始发地，而河南、湖北、湖南、重庆、四川等省市则作为人口流动的终点，形成了庞大的人口单向流动。我国各城市群的重要交通节点在长假及春运、暑运高峰期间，交通问题更突出，表现为一票难求，这也从侧面证明我国存在主要交通运输通道整体运力不足，城际交通运输系统效率低下的问题。

2. 交通缺乏系统规划，各交通方式发展不协调

在我国，由于交通运输管理体制等各种原因，交通系统之中各种交通方式的基础设施之间缺乏紧密、有效的衔接。这个问题长期影响着我国交通运输系统的发展，一直是学术界研究与讨论的热点话题，但是直到最近

①国家统计局．2014年国民经济和社会发展统计公报［R］．北京：国家统计局，2015－02－26.

才被政府重视起来，中国公路学会高速公路运营管理分会理事、南开大学经济与社会发展研究院副主任刘勇认为：“我国城市群交通基础设施建设的一个突出问题，就是重复建设现象日益严重。”

有学者调研发现，以长江三角洲地区为例，交通基础设施的重复建设问题已经相当严重。在发展港口方面，除了上海港定位于国际航运中心外，与之毗邻的宁波北仑港也将自己定位为区域枢纽大港，而大小洋山港的建设将进一步加剧这一区域的港口竞争态势，此外长江下游从南京到南通，几乎每个城市都在大力建设自己的港口；而这些港口在规模大小、功能定位等方面缺乏整体协调与规划。在机场建设方面，长江三角洲地区仅上海市就有虹桥国际机场与浦东国际机场等 2 个国际机场，加上杭州萧山国际机场和南京禄口国际机场，在这一区域就一共有 4 个国际机场，如图 1－24 所示①。

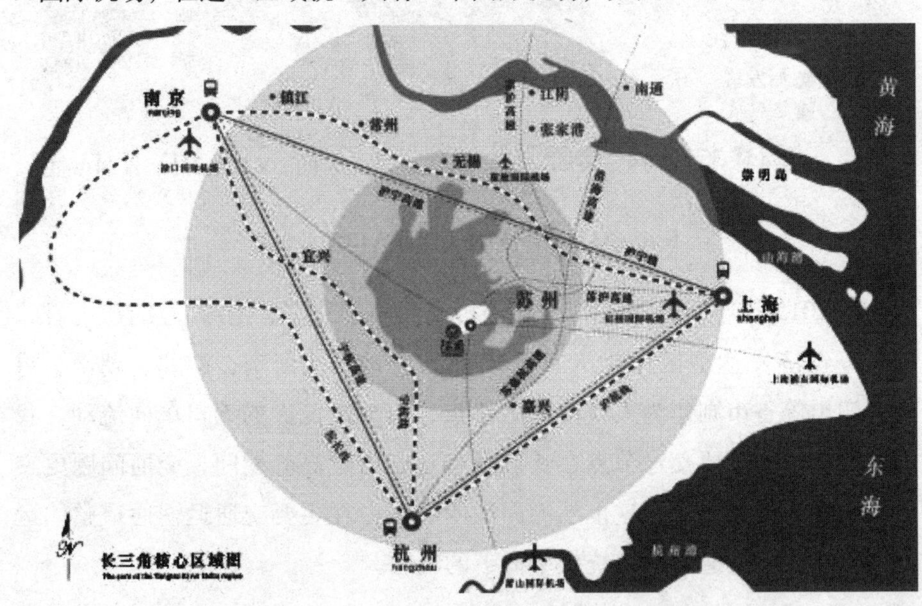

图 1－24　长三角四大国际机场位置

而在周边还有宁波栎社机场、无锡硕放机场、常州奔牛国际机场、南通兴东机场等机场②。有的机场之间距离很近，如常州奔牛国际机场，西

①李萌．低成本航空或搬离上海［N］．东方早报，2015－04－16（1）．

②杨俊宴，陈雯．长江三角洲区域协调重大问题的调查研究［J］．城市规划，2007，31（9）：17－23.

距南京禄口国际机场仅 110 千米，东距上海虹桥国际机场也不过 170 千米。区域内密集的机场，造成客流被分散，一些机场客流量低，长期处于亏损运营状态。根据《东方早报》的相关报道，以 2014 年为例，上海浦东国际机场客流量为 5169 万人，虹桥机场客流量为 3797 万人，杭州萧山国际机场客流量为 2553 万人；而其他几个机场客流量就比较小了。宁波栎社机场客流量为 636 万人，无锡硕放机场客流量为 418 万人，而客流量最小的南通兴东机场仅为 93 万人，如图 1－25 所示。

图 1－25　2014 年长三角部分机场客流量

珠三角地区也存在类似现象。在珠三角地区密集分布着 12 座机场，其中已经建成的就有 9 座。再加上香港与澳门的机场，在这一片狭小区域机场的密集程度堪称全国之冠，因此大部分机场都面临亏损。根据《南方都市报》2013 年的报道，“竞争激烈，一些民用机场甚至亏损严重”；“除广深机场外都吃不饱亏损严重”；“珠海机场旅客吞吐量至今只有设计的 1/6，潮汕机场去年亏损 4 亿”；“以 2012 年为例，当年揭阳潮汕机场约亏损 4 亿元，湛江机场约亏损 4000 万元，梅县机场约亏损 3000 万元”。珠三角地区机场分布如图 1－26 所示。

城市群内城市之间的交通建设缺乏综合协调，不仅浪费了区域内战略

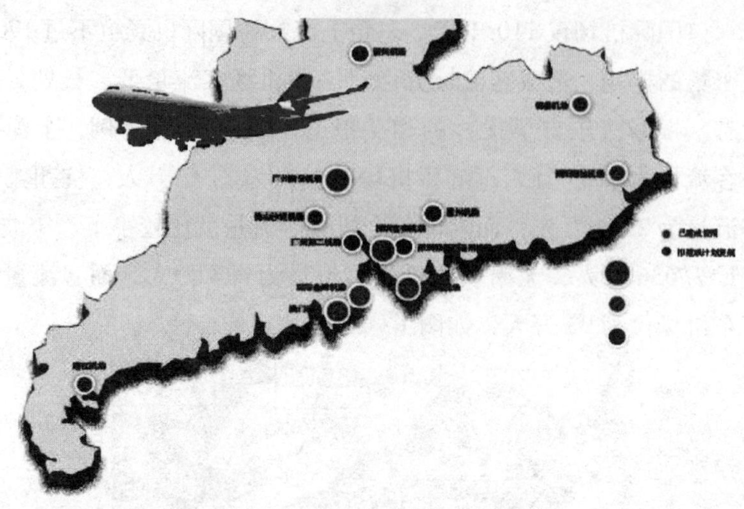

图1-26　珠三角地区机场分布

资源，还降低了城市群的整体实力和综合潜力。以长三角为例：沪苏间有7个高速公路接口，目前除沿江高速和沪苏浙高速外，其余5个接口有待协调；浙沪之间也有5个高速接口等待连通①。

此外，不同类型的交通设施建设也缺乏协调。如公路、铁路部门分别规划建设过江通道，港口与铁路站点、高速公路匝道口相分离，各行其道的发展模式不仅浪费了大量资源，也增加了换乘难度、降低了运输效率。

3. 交通管理体制存在问题

我国当前的交通管理体制之中，各个城市都只负责其各自辖区之内的基础设施建设，跨区就需要进行管理协调，因此在城市群区域内，基础设施很难进行同步建设。这种现象导致区域中缺少大型对外交通设施的城市在交通供给服务上难以得到保障，因此各城市纷纷考虑建设自己的机场、港口等交通基础设施，造成区域内设施服务的恶性竞争和低水平重复建设。其次，由于各城市经济实力存在差异，导致规划建设标准不统一或建设时序不能同步，不可避免地造成区域性的基础设施建设难以衔接，区域

①汪林义，蔡国兆．长三角交通一体化：冲刺“最后一公里”［N］．经济日报，2007-11-12（02）．

整体交通体系运行效率低下①。

以高速公路为例，新华记者汪林义、蔡国兆曾经报道："申嘉湖高速公路，全长102公里，宽阔的6车道横贯湖州、嘉兴两市，是浙北地区连接上海的主要高速通道。然而，由于交通发展布局等方面的客观原因，申嘉湖高速在沪浙交界的上海市枫泾镇停止延伸，'断头'处距离上海高速公路网仅有10公里左右的路程"；此外，"江苏省与上海衔接的高速公路省级接口共有7个，目前除沿江高速和沪苏浙高速公路外，其余5个接口都有待进一步协调；浙江省与上海衔接的高速公路有4条，5个接口，到今年年底这些公路浙江省内段将基本建成，而上海对接段还有待进一步协调"②。

再以港口建设为例，目前中国在沿海地区从北到南共有五大港口群，如表1－1所示，其布局如图1－27所示。

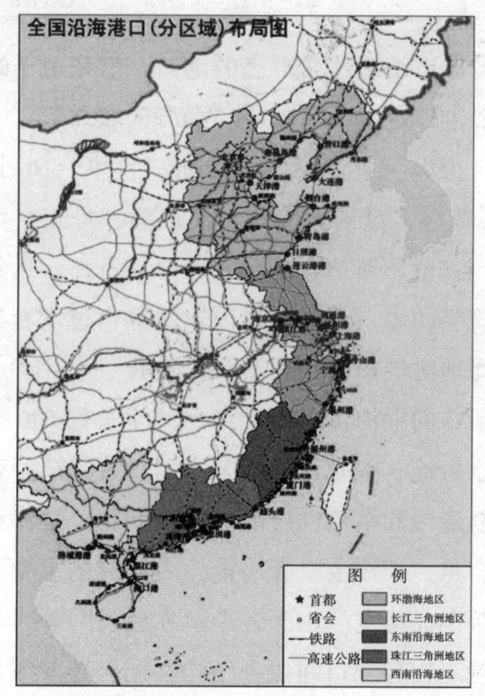

图1－27　全国沿海港口分区域布局

①李家伟，刘秉镰．城市群交通基础设施一体化发展的制度途径研究［J］．物流技术，2008，(27) 4：5－7，11.

②汪林义，蔡国兆．长三角交通一体化：冲刺"最后一公里"［N］．经理日报，2007－11－12 (02)．

在同一区域的港口之间，由于缺乏统一规划，造成港口之间存在定位重复、盲目规划与建设的现象。

表 1 -1　中国沿海五大港口群

港口群	主要港口	其他港口
环渤海港口群	天津港、大连港、青岛港、营口港、秦皇岛港、日照港、烟台港	丹东港、锦州港、唐山港、黄骅港、威海港
长江三角洲地区港口群	上海港、宁波港、连云港	舟山港、温州港、南京港、镇江港、南通港、苏州港
东南沿海地区港口群	厦门港、福州港	泉州港、莆田港、漳州港
珠江三角洲地区港口群	广州港、深圳港、汕头港、珠海港	汕尾港、惠州港、虎门港、茂名港、阳江港
西南沿海港口群	湛江港、防城港、海口港	北海港、钦州港、洋浦港、八所港、三亚港

环渤海地区各城市纷纷建设自己的港口，但是由于缺乏整体思维与系统规划，造成主要港口定位不清晰。环渤海区域北起辽宁丹东，南至山东青岛，包括三省一市（河北、辽宁、山东、天津）16 个港口城市（不含县级市）：大连、营口、盘锦、锦州、葫芦岛、丹东、秦皇岛、唐山、天津、沧州、滨州、东营、潍坊、烟台、威海、青岛。近年来，环渤海口岸城市纷纷开展大规模的港口建设，目前岸线港口过于密集，而且还有继续增加态势，环渤海地区港口群如图 1 -28 所示。

京津冀地区所在的渤海湾西岸，海岸线全长约 640 千米，自北向南分布着秦皇岛港、京唐港、曹妃甸港、天津港、黄骅港等五个主要港口，过去曾长期存在重复建设和结构性产能过剩等问题。渤海港口群内主要货物类别具有很大重合点，天津港、青岛港、大连港的主要货物类别基本以煤炭、矿石、钢铁等制品为主。由于各港口在建设时缺乏统一的宏观布局规划和明晰的业务规划，各港口间业务结构雷同，造成彼此间业务上的恶性竞争，不仅流失了资源，而且很多港口由于货源的紧缺吃不饱，造成了港口资源的浪费，港口经营效益低下①。以铁矿石接卸为例，2013 年，大连、

①赵晓俊．环渤海港口群竞争与合作分析［J］．山西高等学校社会科学学报，2011，23（5）：39 -41.

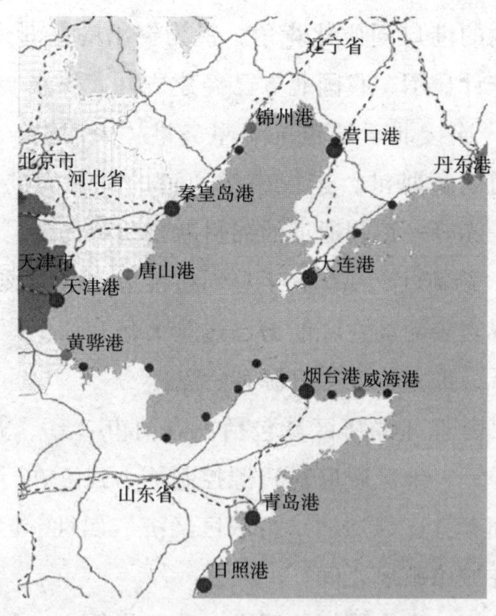

图 1-28 环渤海地区港口群

营口、唐山、天津、青岛、日照等 16 个港口 32 个码头核定通过能力为 3.7 亿吨。如今环渤海几乎每个亿吨大港都建有矿石专用码头，竞争惨烈程度可想而知。

天津港是世界等级最高的人工深水港，2016 年完成货物吞吐量 5.5 亿吨，集装箱吞吐量 1452 万标箱，分别位居全球港口第 4 位和全球集装箱港口第 10 位。而天津港与河北省港口之间在航道规划、腹地建设、陆路运输补贴政策等方面暗自较劲、争抢运输资源，恶性竞争造成两败俱伤。

据统计显示，2014 年 1—7 月，天津集装箱吞吐量仅为 811.44 万标箱，累计增长 6.9%。而同期上海则实现吞吐量 2031.35 万标箱，同比增长 5.2%；深圳港集装箱吞吐量再创历史同期新高，累计完成 1155.6 万标箱，比去年同期增加近 60 万标箱，同比增长 5.2%。天津的集装箱吞吐量连上海的一半都不到，其原因在于环渤海地区 18 个港口，每个港口都在做集装箱业务，结果导致恶性竞争，谁也没有发展起来，“鹬蚌相争，渔翁得利”，最终导致有一半的中转业务都跑到韩国釜山港①。

①甘琛．强化天津枢纽港功能促进港口错位发展［N］．中国水运报，2014-9-15（01）．

京津冀区域内的港口同质化竞争，最为突出的是对煤炭货源的争夺。据中国港口协会统计显示，我国北方已经建成九大煤炭装船港，绝大部分位于环渤海区域：连接北运通道的秦皇岛港、天津港、京唐港、曹妃甸港，连接中运通道的黄骅港，连接南运通道的是青岛港、连云港和日照港，连接白音华—赤峰—锦州通道的锦州港和葫芦岛港，共有煤炭专用装船泊位（含规划）约50个，2015年总通过能力（含规划）10亿吨以上。保守预测，北方煤炭装船港吞吐能力已过剩3亿吨以上。各港口相互之间压价竞争，谁家低，谁家就会有客源和货流。

专家指出："由于环渤海区域包括三省两市（辽、冀、京、津、鲁）共五个省级行政单元，地区政府对资源控制能力强，在行政区间合作、市场要素整合等方面都存在强烈的'行政区经济'属性。因此，环渤海港口群的竞争实际是在城市政府之间"①。

而在珠三角地区、东南沿海地区港口建设规划中，各城市都从自身利益出发，港口之间的竞争愈演愈烈。在珠江口沿岸，除了广州港、深圳港、香港港三大港，还分布着东莞虎门港、珠海港、中山港等较大型港口，而整个珠三角还有惠州港、湛江港、汕头港等。发达的珠三角外贸为各市发展港口提供了足够多的理由，密集的港口以各市的规划和战略为政，相继展开了基础设施建设竞赛，希望分得更大的蛋糕。珠三角地区港口群如图1－29所示。

珠三角港口资源的规划和分工仍以行政区概念配置资源，没有做到优势互补，甚至存在重复建设和恶性竞争。以珠三角港口群为例，"就海运港口而言，这里有香港港，深圳东部的盐田港区、西部的蛇口港和赤湾港以及广州港，不争的事实是这些港口群在共享珠三角制造腹地的集装箱货源。由于上述港口大多定位为集装箱枢纽港，所以其间的竞争表现为典型的零和博弈"②。

---

①陈晓永．环渤海区域港口群竞合关系及影响因素分析［J］．改革与战略，2009，25（7）：105－106.

②王爱虎，刘志敏，高秀丽．珠三角港口群竞合态势及广州市现代物流业发展策略解析［J］．工业工程，2010，13（3）：51－55.

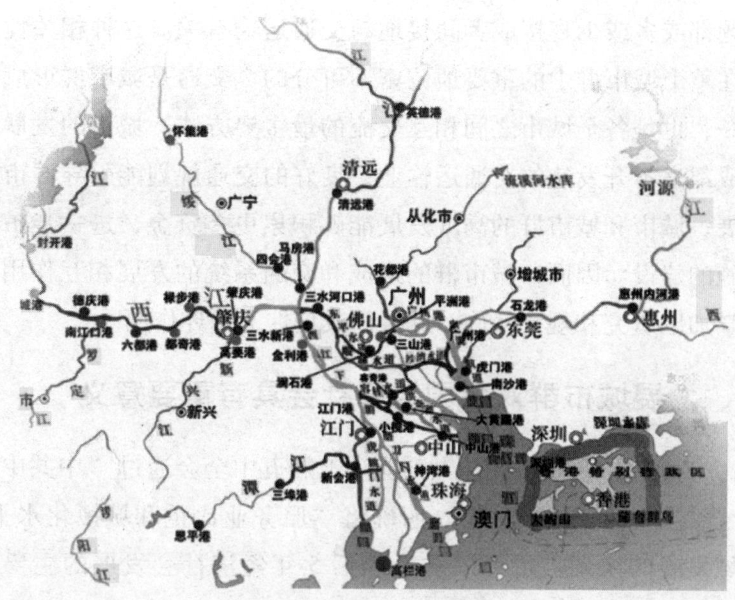

图 1－29　珠三角地区港口群

第二节　研究意义

城市群是区域经济一体化的主要载体，随着城市化的发展进程不断加快，城市群越来越代表着历史的进步和人类对更美好生活的无限向往，城市群发展研究是我国区域经济理论体系的重要内容和组成部分，目前已经成为区域经济研究的热点。

城市群经济、社会、人文的发展和变化要求有相对应的交通网络系统为其提供保障和支持，城市群的生长发育与交通系统的形成是同步并进的。城市群交通是其形成、发展和规划的根本。是协调和分配经济、人口和资源流动的动脉，城市交通系统是城市群内部流动和对外经济联系的纽带。城市群之间、大城市和卫星城市之间要依靠道路网的贯通才能从根本上加强衔接，协调发展①。

众多研究者在考察与分析城市群产生和发展有关的各种问题时，发现

①王鹏．城市群发展与交通系统研究［J］．湖北经济学院学报：人文社会科学版，2014，11(11)：11－13.

这些问题都或多或少直接或者间接地与交通运输有关。这种相关性是与交通运输在整个城市群中的重要地位密不可分的。交通是城市群形成的先决条件之一，也是各个城市之间相互交流的最主要方式。城市的发展和城市群的形成都离不开发达的交通运输业；良好的交通规划能引导城市群体的有序发展；城市和城市群的高度发展能够积累更多资金，进一步扩大交通基础设施的建设。因而，城市群的形成和交通系统的发展相互作用，如果可以科学加以研究和规划实施，就会形成良性的循环作用。

一、发展城市群对我国经济社会具有重要意义

2010 年 10 月 18 日，中国共产党十七届五中全会通过“中共中央关于制定‘十二五’规划的建议”，明确将“服务业比重和城镇化水平提高，城乡区域发展的协调性增强”作为今后 5 年经济社会发展的主要目标之一；并且进一步提出：“完善城市化布局和形态。按照统筹规划、合理布局、完善功能、以大带小的原则，遵循城市发展客观规律，以大城市为依托，以中小城市为重点，逐步形成辐射作用大的城市群，促进大中小城市和小城镇协调发展。科学规划城市群内各城市功能定位和产业布局，缓解特大城市中心城区压力，强化中小城市产业功能，增强小城镇公共服务和居住功能，推进大中小城市交通、通信、供电、供排水等基础设施一体化建设和网络化发展”①。

目前我国城市群建设已经进入一个崭新的阶段，在 2011 年 6 月 8 日，国务院正式发布《全国主体功能区规划》（国发〔2010〕46 号），在规划中提出了我国国土空间开发面临的几大发展趋势②：

——人民生活不断改善，满足居民生活的空间需求面临挑战。

——城镇化水平不断提高，满足城市建设的空间需求面临挑战。

——基础设施不断完善，满足基础设施建设的空间需求面临挑战。

——经济增长趋于多极化，满足中西部地区的建设空间需求面临

①中国共产党第十七届中央委员会．中共中央关于制定国民经济和社会发展第十二个五年规划的建议［J］．求是，2010（21）：3－16.

②国务院．国务院关于印发全国主体功能区规划的通知［R］．北京：国务院，2011－06－08.

挑战。

——水资源供求矛盾日益突出，满足水源涵养的空间需求面临挑战。

——全球气候变化影响不断加剧，保护和扩大绿色生态空间面临挑战。

为了应对这些挑战，《全国主体功能区规划》提出“工业化城镇化快速推进、空间结构急剧变动的时期，坚持科学的国土空间开发导向极为重要。为有效解决国土空间开发中的突出问题，应对未来诸多挑战，必须遵循经济社会发展规律和自然规律，立足我国国土空间的自然状况，明确国土空间开发的指导思想和原则”；树立了“开发我们家园的新理念”，确立了“推进形成主体功能区，要以邓小平理论和‘三个代表’重要思想为指导，深入贯彻落实科学发展观，全面贯彻党的十七大精神，树立新的开发理念，调整开发内容，创新开发方式，规范开发秩序，提高开发效率，构建高效、协调、可持续的国土空间开发格局，建设中华民族美好家园”的指导思想，制定了“优化结构、保护自然、集约开发、协调开发、陆海统筹”五大开发原则。

具体到协调开发的原则，着重指出“要按照人口、经济、资源环境相协调以及统筹城乡发展、统筹区域发展的要求进行开发，促进人口、经济、资源环境的空间均衡”；提出了“交通基础设施的建设规模、布局、密度等，要与各主体功能区的人口、经济规模和产业结构相协调，宜密则密，宜疏则疏。加强综合运输体系建设，提高铁路、公路、水运、空运等多种运输方式之间的中转和衔接能力”。

在战略任务上，《全国主体功能区规划》提出着力构建我国国土空间的“三大战略格局”，其中城市化战略格局排在首位，是战略任务的重中之重，并且具体指出：“构建‘两横三纵’为主体的城市化战略格局。构建以陆桥通道（东起连云港、西至阿拉山口的运输大通道，是亚欧大陆桥的组成部分）、沿长江通道为两条横轴，以沿海、京哈京广、包昆通道为三条纵轴，以国家优化开发和重点开发的城市化地区为主要支撑，以轴线上其他城市化地区为重要组成的城市化战略格局。推进环渤海、长江三角洲、珠江三角洲地区的优化开发，形成3个特大城市群；推进哈长、江淮、海峡西岸、中原、长江中游、北部湾、成渝、关中—天水等地区的重点开发，形成若干新的大城市群和区域性的城市群。”城市化战略格局示意图如图1－30所示。

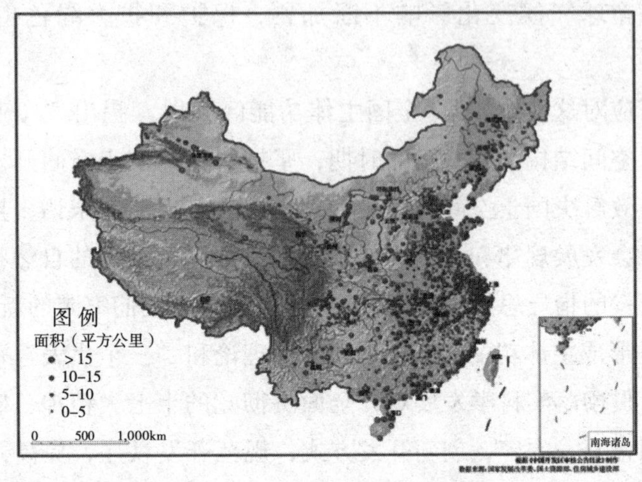

图1－30 中国城市化战略格局示意

从这些规划中可以清晰地看到国家对于区域集群发展的重视，并对交通发展规划做出了明确的发展意见。可见，当前加强区域协调发展、建设现代城市群已经成为中国新型城市化、新型工业化发展的关键。在这样的背景下，对于城市群交通的研究显得尤为重要。即从区域角度强化城市内部以及城市整体与外界的客流、物流和信息流等的舒畅流通，从而为社会经济发展提供基础保障①。加强对我国城市群交通系统协调发展的研究，有助于更加客观地针对我国城市群现状交通存在的问题，进而科学地制定我国城市群综合交通系统的发展规划与建设安排。

二、城市群交通对城市群建设具有重要意义

城市群发展最为关键的条件就是交通设施与环境治理区域一体化建设。城市群发展的基本目标就是促进区域一体化。为实现这一目标，城市群的交通设施建设的最佳组合方案和区域综合环境治理就成了区域一体化

①王鹏．城市群发展与交通系统研究［J］．湖北经济学院学报：人文社会科学版，2014，11（11）：11－13.

发展的重要内容。但是，我国城市群的交通圈层的基础设施存在着许多问题。跨区域交通是城市群发展的纽带，与国际上五大城市群比较有很大的差距，尤其是城市之间的交通体系建设，影响了城市空间与功能布局和城市的对外辐射力。

从东京都市圈层结构来看，东京都市圈人口超过3000万，都市圈辐射半径100千米以上，是世界超大城市之一。东京都市圈根据行政区域和交通影响范围分为四部分，即中心区（东京区部）、中心城（东京都）、近郊区（首都交通圈）和远郊区（首都圈）。

东京是以高速铁路为中心的交通发展模式，并且很重视换乘枢纽的建设。目前东京大都市圈的客运交通以铁路运输为主，高速公路和铁路为辅。圈内共拥有轨道交通3100千米，其中郊区铁路2500千米。同时，在各条铁路沿线的站点，都建设了相当数量的停车场，停车—换乘系统得到了大规模的发展。由于发达的轨道交通网和配套设施，公共交通在都市圈的交通出行方式中占绝对比重。东京都市圈轨道交通图如图1－31所示。

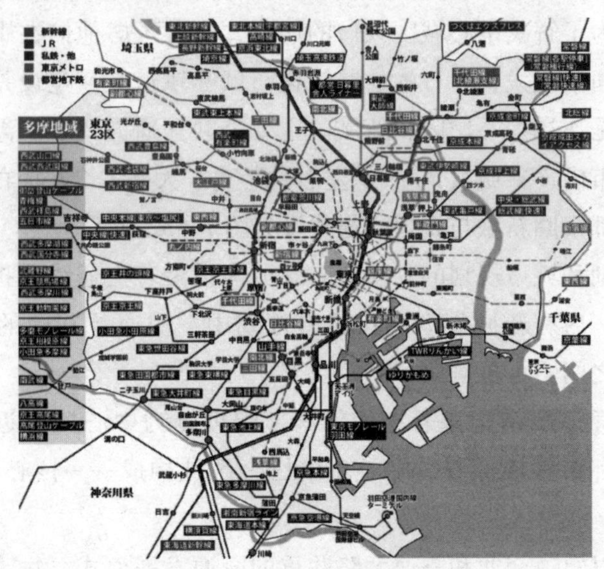

图1－31 东京都市圈轨道交通

东京都市圈人口在增长过程中，主要沿中心城区向边缘扩张。根据日本国土交通省提供的东京都市圈人口分布图看，东京都市圈人口的扩张从中心城区向外展开。核心区半径在20多千米以内。有关资料表明，日本在

20世纪50—70年代高速城镇化时期，在距离中心城区30千米附近的区域内，开发建设的面积超过1000公顷的新城达13座之多。新城建设主要沿着城际和轻轨向边缘线状展开。理论上用来疏散中心城市功能的相对独立的新城，在某种意义上已变成容纳外来人口向东京大都市圈聚集的区域，反而加剧了都市圈扩展的进程。

人口向都市圈郊区集中，轨道交通是最优选择。新城的建设沿城际轨道交通展开，而不是高速公路和高铁。都市圈郊区化的合理边界在离中心城区30~50千米区域，原因在于一方面对都市圈要素集聚效应的依赖，另一方面是在不放弃都市可观的就业机会的同时，进一步降低生活成本。外溢的通道是沿着城际铁路和轻轨向外扩张，与东京都市圈的交通配置密切相关，通过最有效、最大容量的城际轨道交通，可负载更多的中低收入人口。

东京都市圈有代表性的新城，如东急多摩田园都市、多摩新城、港北新城、千叶新城等，都位于离中心城区核心地带30千米左右的距离。新城建设初衷是为了解决中心城区人口的居住，又要考虑他们在中心城区的就业，通勤时间不能太长。日本的城镇化与城际轨道交通建设是同步的。城际轨道交通是连接中心城区和新城的主要公共交通方式。从港北新城和柏叶市到东京市内，乘城轨30千米左右的距离，大概1个小时的时间，十分方便。东京都市圈新城与轨道交通建设如图1－32所示。

交通规划和城市规划的一体化。新城建设沿着交通线路扩展，也就是说先有交通，后有新城规划。在城市规划中，交通是其中的一个重要内容，但相互之间不可分割。

从伦敦都市圈结构来看，伦敦都市圈可分为中心城和近郊区、外郊区、伦敦大都市区四部分，中心城由三个区域构成——核心区、中心区、外围区。

伦敦是以轨道交通和高速公路并重的交通发展模式。每天有大量的客流自都市圈外围地区到市中心上班。据统计，伦敦大都市圈的轨道交通线路总长3500千米，其中外围都市区以外的郊区铁路长2300千米。郊区铁路运输容量高于地铁，但发车频率比地铁低。区域铁路系统现在工作日平均每天运送34万通勤乘客进入伦敦中心。伦敦都市圈轨道交通图如图1－33所示。

图 1－32　东京都市圈新城与轨道交通建设

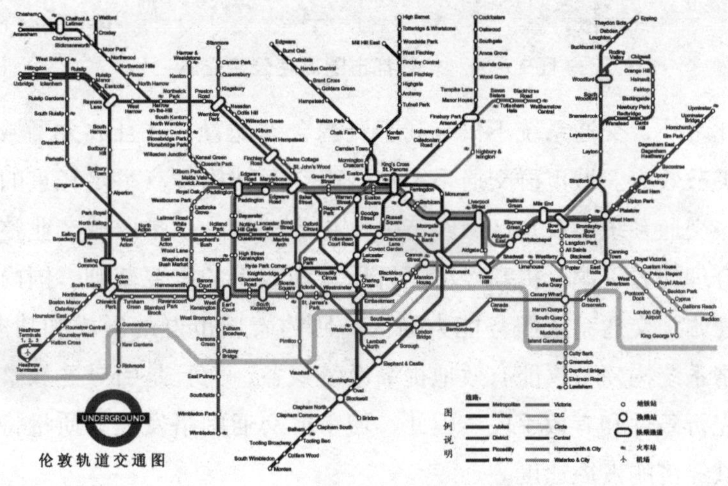

图 1－33　伦敦都市圈轨道交通

此外，伦敦还建设了 9 条从伦敦出发的放射状高速公路，并建立一条环形高速公路，将互不相连的环形放射公路连接起来，形成了“一环九射”的高速公路网。伦敦都市圈高速公路交通如图 1－34 所示。

这些国外发达国家的城市群依靠良好的城际交通基础设施一体化建设，推动了城市群的发展。在城市群发展过程中。交通因素作为区域内资源、人口有序流动的保证，产生了非常积极的影响。交通条件的进化以及交通系统的升级过程直接导致城市空间与区域空间结构的变化，从而把控着区域形态变化的趋势。

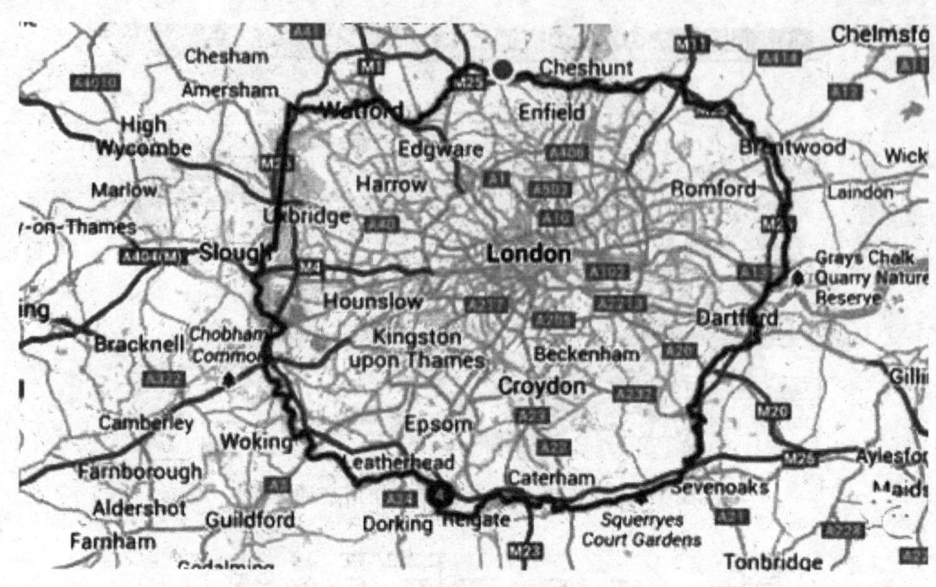

图1－34　伦敦都市圈高速公路交通

除此之外，交通系统不仅有利于资源合理配置，并且放大了城市群的集聚与扩散效应。城市群交通系统在城市空间结构具有举足轻重的价值和影响力。交通系统不仅是区域经济一体化的动脉，也是区域产业整合的前提，是合理配置资源、提高经济运行质量和效率的重要基础。国内外发展的经验表明，交通系统服务能力的提高制约着城市群的形成和功能发挥。交通网络系统构建不仅能有效地提高系统效益，而且是引导区域整体协调发展的先行条件和有效手段。因此，城市群交通网络发展的质量将直接影响到区域经济的发展速度。①

同时，加强城市群交通系统协调发展研究，也有助于减轻目前普遍存在的交通问题，强化区域社会经济的纽带，改善群域各市对外联系环境，全面减少因交通不便造成的发展落后，促进各地立足自身优势、错位竞争，从而实现城市群整体、协调、科学发展。

---

①王鹏．城市群发展与交通系统研究［J］．湖北经济学院学报：人文社会科学版，2014，11(11)：11－13.

第三节 本书主要内容

一、研究内容

本书的主要研究内容如下：

1. 简述城市群的发展相关理论，从城市群形成机制、城市群形成与演化、城市群地域及空间特征三个方面对城市群演化规律及特征进行了研究；

2. 回顾了中国历史上的城市化和新中国成立后城市化的历史进程，对当前我国城市化的主要特征进行了分析；从城市群发育萌芽、城市群快速成长、城市群持续发展三个阶段对中国城市群进行了研究，论述了中国城市群的未来发展趋势；

3. 论述了中国整体交通系统发展，包括以水运为中心、以铁路与公路为中心、以航空运输与高速公路为中心、以高速铁路为中心四个阶段，分析了我国综合交通系统存在的问题；对城市群交通系统发展演化、交通系统对于城市群发展程度的影响、我国城市群交通系统的现状、我国城市群交通系统的发展思路等进行了分析；

4. 对协调发展相关概念进行了界定，阐述了城市群交通系统协调发展的内容，分析了城市群交通系统协调发展的影响因素；

5. 以协调发展为准线，综合运用社会网络理论、空间发展理论、概率论相关方法，以国内数据为基础，分析并确定了符合我国城市发展规律的相关模型及参数；

6. 搭建出城市空间结构仿真框架，并运用元胞自动机与多智能体模型相结合的方法，对两类典型的城市空间发展进行了仿真；

7. 在上述仿真研究的基础之上，得到了对于城市群空间结构发展比较有意义的规律和结论；

8. 以协调发展为目标，构建了城市群交通系统效率测度指标体系，研究了相应测度方法，并在上述相关研究基础上，以成渝城市群为例，对其交通系统效率进行测度，随后有针对性地提出了相关发展措施与建议。

二、研究框架

本书首先对城市群的发展相关理论进行了简述，简要梳理总结了我国城市群及其交通系统的发展历史及其发展特点，然后在此基础之上界定了城市群交通系统协调发展的概念内涵及内容，研究了影响协调发展的相关因素及对策。随后综合运用社会网络、空间理论、概率论、元胞自动机等理论及方法分析并确定了符合我国城市发展规律的相关模型及参数，对两类典型的城市空间发展进行了仿真。随后，构建了城市群交通系统效率测度指标体系，研究了相应测度方法并最终以四川盆地城市群为例，对其交通系统效率进行测度，并随之有针对性地提出了相关发展措施与建议。

本书整体研究框架如下：

第一章，介绍了本书的研究背景、研究意义与研究内容；

第二章，介绍了城市群交通系统相关文献，包括国内外城市群相关研究综述、城市群交通系统研究综述，并对目前研究存在问题进行分析探讨；

第三章，介绍了城市群发展的相关理论，包括城市群及其相关概念，城市群演化规律及其特征；

第四章，分析了中国城市群的发展，研究了中国城市化发展历程及特点、中国城市群的发展历程，展望了中国城市群未来发展趋势；

第五章，分析了交通系统与城市群，研究了中国整体交通系统的发展，阐述了城市化发展与交通系统的关系；

第六章，对城市交通系统协调发展进行了研究，对相关概念进行了界定，阐述了城市群交通系统协调发展的内容，分析了城市群交通系统协调发展的影响因素；

第七章，对城市空间结构发展进行了研究，介绍了相关基本概念和定义，引入网络中顶点（个体）连接的概率模型，对模型进行了推断与选择，并利用模型对城市空间结构进行了仿真；

第八章，对城市群交通系统效率测度指标与方法进行了研究，建立了城市群测度指标体系，选取了相关测度指标，对测度方法进行了研究；

第九章，以成渝城市群为展开了实证研究与分析，回顾了成渝城市群的发展历程，分析了成渝城市群的发展现状，对其交通系统情况进行了研究，最后对成渝城市群交通系统协调发展进行了测度与分析；

三、研究方法

1. 文献收集和实地调研相结合

本书主要通过充分运用传统方法以及现代信息手段来收集国内外有关城市群交通系统发展的文献资料，与此同时，通过深入调研，进而掌握比较有价值的第一手资料，从而为本文的撰写奠定坚实的文献基础，以提高研究成果的针对性、可靠性。

2. 理论与实证相结合

通过理论研究和一般经验总结，找出事物发展的内在规律，同时紧密联系实际，以成渝城市群为案例进行研究。

3. 定性分析与定量研究相结合

在对城市群交通系统发展进行定性分析的基础上，通过采用多种数学方法、模型与手段，对城市群交通系统的协调发展进行定量测度和分析。

4. 多学科交叉分析

本书主要采用系统科学、社会网络理论、空间理论、概率论、元胞自动机等理论及方法，交通经济学、城市地理学、城市经济学以及区域经济学等相关学科理论，对城市群交通系统协调发展进行综合研究。

02 第二章 城市群交通系统文献综述

第一节　国外城市群相关研究综述

根据相关文献资料进行整理，可以按照时间顺序将国外对城市群的研究大致划分为如下三个阶段：

一、城市群研究的萌芽探索阶段

从 1898 年到 1945 年前后，这一阶段是城市群研究的萌芽探索阶段，各国学者在城市群的概念、城市群区域空间、城市群空间结构、城市群体系结构等领域展开了大量卓有成效的探索性研究。

早在 19 世纪末期，英国学者霍华德（E. Howard）就开始了从城市群体的角度来研究城市的探索，将城乡之间关系、现代化工业与城市规划之间的关系视为一个整体来进行思考，对城市人口密度、城市经济、城市环境绿化等问题都做了认真思考，并将他关于城市群建设与发展的理念运用到莱奇沃恩田园城市和韦林田园城市的建设当中。1898 年，在其获得广泛赞誉的著作《明日：一条通向真正改革的和平道路》（*Tomorrow: A Peaceful Path to Real Reform*）中，霍华德设计了“无贫民窟、无烟尘的城市群”，即是由若干田园城市围绕中心城市而构成的城市群组。从现代的观点看，霍华德所提出的 25 万人的社会城市是一种小型的城市群①。

1922 年 R. Unwin 在伦敦等大城市的建设与调整实践中，继承吸收了霍华德关于田园城市思想的精华，并将其理论进一步提炼、升华发展为

①埃比尼泽·霍华德．明日的田园城市［M］．北京：商务印书馆，2002.

“卫星城”理论[①]。巴黎在1912—1920年制定郊区居住建筑规划时，就应用了这一理论，在巴黎周边16km距离范围内建立先后建立了28座居住城市，但这些城市缺乏生活服务设施，居民的工作岗位、生活必需以及精神文化方面的需求，都要到巴黎才能解决。

（一）城市区域扩展的研究

18世纪60年代发源于英格兰中部地区的工业革命，使得资本主义生产完成了从工场手工业向机器大工业的过渡。随之而来的是生产规模的不断扩张与产业集聚区域的不断涌现，以英国为首的先进工业化国家开始了迅速的城市化进程。

根据赵煦的研究，在此期间“城市经济总量和各城市经济实力的空前增长，工业城市、港口城市、休闲城市等各种类型城市蓬勃发展，城市经济迅速壮大为国家经济主体；现代工业在城市经济中开始形成并逐渐占据主导地位，其他类型城市在工业化、城市化大潮中，也都出现了经济功能的转变”；“工业革命开始后，英国城市一扫过去小规模、零散分布的颓势，不仅发展速度空前加快，数量日益增多，而且一些具有发展优势的城市逐渐形成了集中分布的状况”；“除伦敦外，全国逐渐形成了英格兰西北部、约克郡西南部、米德兰中心地区和苏格兰低地中部四块优势城市的集中分布区域”[②]。

英国生态学家格迪斯（P. Geddes，1915）在其著作《进化中的城市》（*Cities in Evolution*）中则提出区域综合规划的方法与理念，并对城市地区（City Region）、集合城市（Conurbation）以及世界城市（World City）等多种城市演化形态进行了阐述，在格迪斯这几种城市深化形态中关于集合城市的理念，可被看成是拥有若干卫星城的大城市[③]。

芬兰学者（E. Saarinen，1918）在其著作《城市：它的发展、衰败和

①林先扬，陈忠暖，蔡国田．国内外城市群研究的回顾与展望［J］．热带地理，2003，23（1）：44－49.

②赵煦．英国早期城市化研究——从18世纪后期到19世纪中叶［D］．上海：华东师范大学，2008.

③沈玉麟．外国城市发展史［M］．北京：中国建筑工业出版社，1991.

未来》中提出应当将城市看作是有机的生命体，并且城市群体发展应当从无序集中转变为有序疏散，由他制定的大赫尔辛基规划方案就是基于这种“有机疏散”理论的产物①。这一城市群体的规划研究思想逐渐开始在城市规划与建设的实践中产生影响，并在伦敦、巴黎、莫斯科等大城市的规划与建设中都或多或少有所体现。

（二）城市空间结构的研究

关于城市空间结构模式理论的探讨早在20世纪20年代就开始出现了。

1. 城市空间结构的同心环模式

以美国芝加哥大学的社会学家帕克（R. E. Park，1864—1944）、沃思（L. Wirth，1897—1952）和伯吉斯（Ernest Watson Burgess，1886—1966）等人为核心的“芝加哥城市生态学派”，使用生态学方法对城市空间结构进行了大量研究，他们对城市中的小住宅区、工业区及中心商业区的形成和演化做了大量调查与深入研究，分析了人口的地域分布过程与特征，在此基础上创立了城市地域结构的同心环模式（Concentric Ring Model），并以为基础进一步引申出中央商务区（CBD）为核心、向外依次为居住区和通勤区的城市土地利用结构三模式②。

2. 城市空间结构的扇形模式

1924年，美国土地经济学家赫德（R. M. Hurd）收集了美国200个城市的内部资料，对其进行整理分析后，经过研究首先提出了城市空间结构的扇形理论，认为城市土地利用功能分带，是从中心商业区向外放射，从而形成一个扇形地带。

1936年美国土地经济学家霍伊特（Homer Hoyt）对美国64个中小城市房租资料和若干大城市资料进行了研究，对赫德的扇形理论加以发扬光大；霍伊特对传统的均质性平面假设提出质疑，在进一步对北美地区142个城市房租和地价分布情况进行分析与研究后，霍伊特系统地提出了扇形

---

①林先扬，陈忠暖，蔡国田．国内外城市群研究的回顾与展望［J］．热带地理，2003，23（1）：44－49.

②许学强，周一星，宁越敏，等．城市地理学［M］．北京：高等教育出版社，2009.

模式或楔形模式；这一模式在保留了同心环模式经济地租机制的同时，纳入了放射状运输线路的影响因素，包括线性易达性（Linear Accessiblilty）和定向惯性（Directional Inertia）这两个影响因素；他认为，由于这些影响因素的存在，使得城市向外扩展的方向呈现出不规则形式；他将中心易达性命名为基本易达性，将沿辐射运输路线所增加的易达性命名为附加易达性，他经过分析后认为轻工业与批发商业对运输路线附加易达性的敏感性最强，因而呈现出左右隆起状的楔形状态；贫民住宅区在环绕工商业土地利用的地段，而中产阶级和富人居住区则往往会沿着交通大道或河道、湖滨、高地等向外发展，当人口增多时住宅区也会遵循沿阻力最小或者不会受阻方向进行放射状拓展，在这些综合因素作用下，城市的土地利用功能区布局最终会呈现出扇形或楔形扩展，这一理论从而也被称为城市内部地域结构的扇形模式（Sector Model）[①]。

3. 城市空间结构的多核心模式

在伯吉斯、霍伊特等人对城市空间结构的研究中，隐含了城市内部结构模式为单中心这一假设前提，并且对于重工业对城市内部结构影响以及城郊住宅区出现等因素缺乏考虑。

1933 年，麦肯齐（R. D. Mckenzie）首次提出多中心理论，麦肯齐认为随着城市的发展，城市中会相继出现多个商业中心，其中一个主要商业区起着城市核心角色，而其余商业区则作为次核心，这些核心在城市发展过程中不断扩展，从而发挥着成长中心的作用，直到整个城市的中间地带被完全扩充；在城市化的进程中，新的极核中心又会随着城市规模的不断扩大而诞生；虽然多中心理论也同样是基于地租理论，但是它认为，城市区域内部的土地并非是完全均质的，因此各种功能分区的面积大小存在较大差异，从而整个城市的空间布局呈现出比较大的弹性特征。

1945 年，芝加哥大学地理学家哈里斯（C. D. Harris）和乌尔曼（E. L. Ullman）经过对美国大部分城市进行的分析与研究，对麦肯齐提出的多中心理论进行了不断发展与系统完善。哈里斯和乌尔曼提出了影响城市中

①Hoyt H. The Structure and Growth of Residential Neighborhoods in American Cities [R]. Washington D. C.: United States Federal Administration, 1939.

心空间结构的四大基本原则：

（1）有些活动要求设施位于城市中为数不多的特定地区，例如，工厂的建设需要布局在拥有大量水源的区域；

（2）有些活动受益于位置的相互邻接，例如，工厂区与工人住宅区应该考虑在地理上相互邻近；

（3）有些活动应当采取避让措施，以免对其他活动产生冲突或者是不得影响；

（4）有些活动则需要优先考虑经济因素而不是区域因素，从而布置在费用能够承受的地方，例如，仓库往往被布置在城市边缘地区。

在考虑这四大基本作用原则基础上，再加上历史传统影响因素和局部地域特征因素，构成了现代大城市空间的主要分异因素，这其中行业区位、地价房租、集聚效益和扩散效益等作为主要制约因素，在多因素综合作用下，除主要经济胞体（Economic Cells）——中心商业区（CBD）以外，往往还存在一些次要经济胞体散布在整个体系内，并且各自支配一定地域，从而提出了比较精细的城市空间多核心模式（Multiple - nuclei Model）[①]。

多核心城市理论将城市地域发展的多元结构纳入研究中，从而比同心圆理论更加接近城市实际状况；但是缺乏对多核心之间的职能联系，以及不同核心间在城市总体发展中的等级差别和地位差别，这是多核心城市模式存在的一个较大的理论缺陷。

此后，在西方发达国家城市化进程中，城市地域结构进一步复杂化，多核心模式理论得到进一步发展和完善；总体上来说，多核心模式理论与美国20世纪40年代、西欧20世纪50年代的实际情况比较契合。

这3个城市基于地租理论基础作为支撑的内部结构模式在城市群理论、城市地理学中占有重要地位，如图2-1所示。

这些理论基本上都是由美国学者创造，其所研究的城市空间布局与当时美国城市的发展实际比较接近，能够对美国工业化初期城市空间形成演化规律进行比较完善的诠释，但是由于上述理论都存在静态性和地域性的

①C. D. Harris, E. L. Ullman. The Nature of Cities［J］. *Annals of the American Academy of Political Science*, 1945, 242: 7-17.

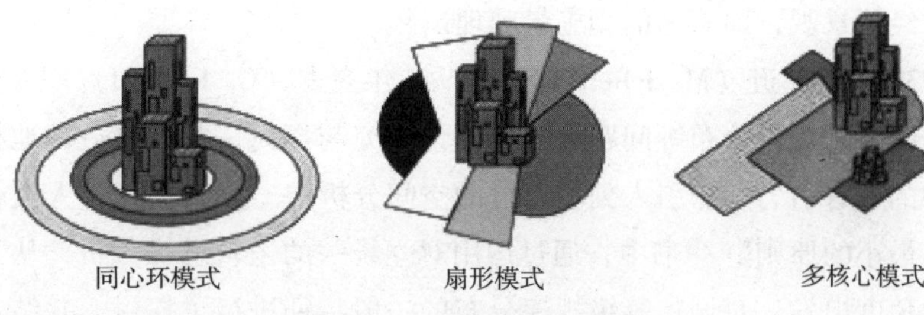

图 2-1　城市内部结构模式

限制，在此后引发出城市核心区—边缘区—影响区这一现代城市空间结构三分法的理论探讨。

（三）城市体系结构的研究

1933 年，德国经济地理学家沃尔特·克里斯塔勒（Walter Christaller，1893—1969）作为系统化研究区域城镇群体的第一人，提出了著名的中心地理论（Central Place Theory），在其《南部德国的中心地》一书中，克里斯塔勒从城市对外服务功能研究出发，结合严谨逻辑推理与理论阐述，并构建了精密的数理模型，揭示了城市规模等级、空间分布、职能层次等多种规律，深入研究了城市构成的中心地等级体系，具有开创性地提出了区域城镇分布的六边形组织结构模式，这一模式被公认为是城镇体系研究重要的基础理论①。

1940 年，在与克里斯塔勒的工作毫无联系的情况下，德国经济学家奥古斯特·勒施（August Losch，1906—1945）殊途同归，通过精巧的数学推导与复杂的经济学理论，以厂商利润最大化为出发进行研究，得出一个与克里斯塔勒学说完全相同的六边形区位模型。在其出版的《经济空间秩序—经济财货与地理间的关系》一书中，勒施以从企业区位理论为基础，将静态的、单方面的农业区位论与工业区位论，进一步延伸发展为动态的、综合的空间经济理论；将研究对象深化到区位体系，从克里斯塔勒的聚落市场区扩展为工业市场区，并将地域框架进一步应用于产业的市场区位，对市场区位体系和经济景观进行了探讨，通过逻辑推理方法提出了生

①沃尔特·克里斯塔勒，常正文，王兴中译．德国南部中心地理论原理［M］．北京：商务印书馆，1998.

产区位经济景观，即著名的勒施景观理论①。

1939年杰弗逊（M. Jefferson）②、1942年齐夫（G. K. Zipf）等人分别对城镇的等级规模分布等问题展开了理论研究与探讨，并且创造性地将物理学中的万有引力定律引入到城市群的空间分析中。齐夫在其《人类行为和费力最小的原则》一书中，通过运用对立统一的逻辑思维分析，从人类行为的角度出发，对城市等级规模分布的一般特征进行了探讨，并结合统计分析的实证，从而推导出等级规模分布的齐夫准则；按照齐夫准则的模型，城市的人口规模是其所处级别的函数③。

1960年，贝里（B. J. L. Berry）曾经选择38个国家的城市资料进行过深入研究与分析，贝里在研究中发现，“38个国家中有13个国家属于对数正态（位序—规模）分布；有15个国家属于首位分布；其余10个国家属于过渡类型，其中有的偏于接近对数正态分布，如澳大利亚、加拿大，有的偏于接近首位分布，如马来西亚、巴基斯坦”④。

1942年，美国经济学家维宁（R. Vining）撰写了一系列关于区域体系和城市增长方面的文章，从经济学的研究角度探讨了城镇体系对城市发展的意义，并且从理论上阐明了城市体系在理论上存在的合理性，被认为是城镇体系研究的先驱者之一。但是由于其论著的理论基础主要是经济学，因而影响范围有限。

从概念上来说城镇体系是指在地域上相临、彼此间存在稳定联系且具有一定层次的一组城市群体，城镇体系与城市群在概念存在一定差异，但其研究思路与研究方法奠定了城市群的研究理论基础。

二、城市群研究的繁荣发展阶段

1945年以后到20世纪90年代，是国外城市群研究的繁荣与发展阶段。

“二战”以后，世界各国社会经济从战争的废墟中得到了快速复兴与飞速发展。以整个世界范围的视角来看，工业化的不断深化是城市化得以

①奥古斯特·勒施，王守礼译．经济空间秩序［M］．北京：商务印书馆，2010.

②Jefferson M. The law of the primate city［J］. Geographical Review，1939，29：226－232.

③王兮．西北地区城市化发展进程研究［D］．西安：长安大学，2007.

④许学强，周一星，宁越敏，等．城市地理学［M］．北京：高等教育出版社，2009.

快速发展的推动因素；而城市化进程的不断深入，中心城市已经成为区域经济与社会发展的动力源与增长极。在经历了“知识爆炸”与科技革命、工业革命、信息革命等一系列浪潮冲击之后，许多崭新的科学方法与技术手段开始被大量引入城市群研究领域之中，无论是在理论研究还是实证分析领域均取得了一系列重大突破。

1947 年，英国地理学家迪肯森（R. E. Dickinson）在考察了欧洲多个城市之后，结合前人关于城市研究的论著，将历史发展与地带结构加以综合，他对伯吉斯（E. W. Burgess）的同心圆理论倍加推崇，据此进一步提出三地带理论（Three Zone Theory），即城市地域结构从市中心向外发展按中央地带（Central Zone）、中间地带（Middle Zone）和外缘地带（Outer Zone）或郊区地带（Suburban Zone）顺序扩展，揭示了城市成长引起的城市影响力扩大的趋势，开创了城市边缘区研究的先河[①]。

（一）城市区域扩展的研究

作为一种经济空间现象，与城市产生一样，城市群的形成都是在经济发展、技术创新、制度变革等多种因素综合作用下的产物，因此越来越多的学者开始将关注点转向大都市外围地区以及大都市间的区域发展问题，而经济学家则从各自不同的角度与范围探讨了城市群的发展机制。

1953 年，瑞典学者哈格斯特朗（T. Hagerstrand）在熊彼得创新扩散的基础上提出了现代空间扩散理论，在其论文《作为空间过程的创新扩散》中首次提出空间扩散的问题，并揭示了城市群空间扩散的多种形式，但在当时其重要意义并未引起充分重视[②]。此后直到 1959—1960 年哈格斯特朗在美国华盛顿大学执教后，关于空间扩散的研究才逐步盛行，并与克里斯塔勒首先提出的中心地理论一起，被共同誉为 20 世纪人文地理学研究中两项最重大成就[③]。

1955 年，法国经济学家弗朗索瓦·佩鲁（Francois Perroux）对经济增

①顾朝林．大城市边缘区研究［M］．北京：科学出版社，1995.

②Hagerstrand T. Innovation Diffusion as a Spatial Process［M］. Chicago：University of Chicago Press，1968.

③许学强，周一星，宁越敏，等．城市地理学［M］．北京：高等教育出版社，2009.

长遵循均衡路径这一传统观念进行了质疑，具有开创性地提出了重要的“增长极理论”[①]。认为经济增长源于一个“推动型单位”，而这个所谓的推动型单位，其优势则主要来自于规模经济与创新能力；并提出推动性单位诱使经济增长的5方面诱因：①一种工业的发展在某种情况下可能产生外部经济；②一种新工业的建立可能刺激另一些部门的模仿与创新；③一个部门的扩展对另外一些经济部门产生乘数效应；④一个支配厂商可能通过经济斗争诱使另一些厂商实行削价战略和创新；⑤一种工业内的新投资可能对经济有乘数效应和加速效应[②]。

此后法国经济学家布代维尔（J. R. Boudeville）和拉塞（J. R. Lasuen）两人通过引入区位论观点，进一步发展了佩鲁的增长极理论，从理论上将增长极概念的经济空间推广到地理空间。他们认为一个增长极或者增长中心的形成，与一个城市的集聚优势和多种功能是分不开的，其扩散则要遵循中心地的等级扩散规律，从而有机联系了增长极的发展功能与城市的集聚体系。

1957年，美国地理学家乌尔曼（E. L. Ullman）提出了空间相互作用理论，他认为相互作用产生主要有互补性、中介机会和可运输性三个条件，他的理论对研究城市群区域内外空间相互作用机制的专家与学者产生了极其深刻的影响[③]。

1963年，塔弗（E. J. Taaffe）、加纳（B. J. Garner）和蒂托斯（M. H. Teatos）扩展城市空间的研究范围，进一步发展了三地带理论，从城市社会学角度提出了由中央商务区、中心边缘区、中间带、外缘带、近郊带五大部分组成的城市地域理想结构模式。

20世纪40年代，阿根廷著名的经济学家劳尔·普雷维什（Roal Prebish），作为20世纪拉美历史上“最有影响的经济学家”提出了中心—外围模型，普雷维什指出：“在拉丁美洲，现实正在削弱陈旧的国际分工格局，这种格局在19世纪获得了很大的重要性，而且作为一种理论概念，直到最

①Francois Perroux. la notion de Pô le de Croissance［J］Economie appliquée，1955，1－2.

②王缉慈．增长极概念、理论及战略探究［J］．经济科学，1989（3）：53－58.

③Ullman E L. American Commodity Flow：A Geographic Interpretation of Rail and Water Traffic Based on Principles of Spatial Interchange［M］. Seattle：University of Washington Press，1957.

近仍继续发挥着相当大的影响。在这种格局下，落到拉丁美洲这个世界经济体系外围部分的专门任务是为大的工业中心生产粮食和原材料”①。

19 世纪 60 年代，弗里德曼（J. Friedmann）将中心—外围理论的概念引入区域经济学，发展了劳尔·普雷维什（Raul Prebisch）的中心—外围模型，对经济发展与空间演化的相互关系进行了解释。

1964 年，弗里德曼（Friedmann）和阿隆索（Alonso）结合罗斯托（W. W. Rostow）的经济发展阶段理论，共同提出了“核心—边缘”的经济发展与空间演化模式，从而反映了城市群的不同发展阶段与过程②；他们认为所有国家的区域系统，都是由核心和边缘两个子空间系统组成。资源、市场、技术和环境等的区域分布存在客观差异，要利用独有的地理优势或者历史传统首先把中心区域发展起来，使要素不断向这个区域聚集，形成区域经济体系中的中心，并且随着市场扩大、交通条件的改善和城市化加快，核心与边缘的界限会逐步消失，最终推动空间经济逐渐向一体化方向发展③。

1969 年，英国学者惠贝尔（Whebell）在实地考察中发现，绝大多数城市或者城镇总是沿着发达的现代运输干线分布，而这些干线就类似于走廊的功能串联起这些功能、特色各异的城镇形成城市群；于是就用“走廊”这一概念表示由高度发达的现代化运输线连接起来的若干主要城镇构成的线状模式，提出了“走廊理论（Theory of Corridors)”④，分析阐述了这一走廊经济景观五个阶段的演变过程：初始占据、商品交换、铁路运输、公路运输网与大都市区的形成⑤。

1971 年，I. B Kormoss 和 P. Hall 分别对西北欧城市群和英格兰大都市

①1949 年 5 月，普雷维什向联合国拉丁美洲和加勒比经济委员会递交了《拉丁美洲的经济发展及其主要问题》报告，系统完整地阐述了“中心—外围”理论。

②Friedman, J. and Alolso. Regional Development Planning: a Reader [M]. Cambridge, Mass: M. I. T Press, 1964.

③叶晓霞．企业总部迁移与城市化关系的机理研究［D］．杭州：浙江工商大学，2008.

④Whebell C. F. J. Corridor: a theory of urban systems [J]. Annals of the Association of American Geographers, 1969, 59 (1): 1-26.

⑤谢馥荟．山东半岛城市群空间结构演变研究［D］．南京：南京航空航天大学，2006.

带进行了深入的研究[①]。

1975 年，C. H 洛斯乌姆（Russwurm）从城市地区和农村腹地之间联系的角度，提出城市地域应由城市核心区（Core Built - up Area）、城市边缘区（Urban Fringe）、城市影响区（Urban Shadow）和乡村腹地（Rural Hinterland）四部分组成[②]。

1977 年，哈盖特（P. Haggett）[③] 和克里夫（A. D. Cliff）从相互作用（Interaction）、网络（Networks）、节点（Nodes）、等级（Hierarchies）、面（Surfaces）、扩散（Diffusion）6 个角度，对区域城市群空间演化模式问题进行了深入研究[④]。

1980 年，K. Lynch 在其研究中构建了扩展大都市（Disperpersed Metropolis）的模式[⑤]。

1981 年，穆勒（Muller）利用范斯（Vance，1977）的城市地域（Urban Region）概念，对日益郊区化的大城市进行了研究，对哈里斯和乌尔曼的多核心理论作进一步扩展后建立了大都市空间结构模式，又称为多中心城市模型，该模型由衰落的中心城市、内郊区、外郊区和城市边缘区四部分构成，在外郊区有正在形成的若干个小城市[⑥]。

布赖恩特（Bryant，1982）等人提出了“城市乡村”（City's Countryside）理论，研究了与区域性城市结构相关的城市周围乡村地区类型，对“城市乡村”发展动力机制进行了探讨[⑦]；布鲁恩和威廉斯（Brunn & Will-Jams，1983）的“城市系统（Systems of Cities）”和怀特汉德（Whitehand，1988）的“城市边缘带（Urban Fringe Belt）”从不同的侧面对城镇密集区的概念进行了阐释。

---

①I. B Kormoss，P. Hall. Spatial Structure of Metropolitan England and Wales［M］. Cambridge，England：University of Cambridge Press，1971.

②Russwurm L H. Urban fringe and urban shadow［J］. Urban Problems，1975：148 - 164.

③Haggett P.，Cliff A D. Locational Models［M］. London：Edward Amold Ltd.，1977.

④张京祥. 西方城镇群体空间研究之评述［J］. 国外城市规划，1999（1）：31 - 33.

⑤K. Lynch. Good City Form［M］. Boston：University of Havard Press，1980.

⑥叶玉瑶. 改革开放以来珠江三角洲建设用地扩展与经济增长的关系［D］. 广州：中山大学，2009.

⑦吴小云. 城镇密集区发展阶段中的城乡统筹度研究［D］. 郑州：郑州大学，2007.

以上相关经济理论从不同方面对城市群空间发展过程和形成机制研究提供了有力的理论基础支持。此后欧美学者对城市群的研究主要以大都市带理论为依据，以全球一体化和美国新经济为背景，从理论探索开始逐步向微观实证和机制研究转变；在研究中发现与验证了都市圈经济一体化过程中存在的一些重要因素，例如，人口、知识和产业结构等。

1985 年，美国著名学者隆弟莱里（D. A. Rondinelli）对城市群区域空间发展中存在的联系进行了划分，总结了区域城市群体间 7 种类型的相互联系，主要包括自然联系、经济联系、人口运动联系、社会相互作用联系、服务传输联系、信息联系以及政治、行政和组织联系等，这些联系组成了错综复杂的联系网络①。

瓦恩斯（A. M. Warnes，1991）通过对 20 世纪 60 年代以来大伦敦地区人口发展过程的研究，发现伦敦都市圈的发展与城市人口的聚集和扩散有关；随着城市人口的集聚与分散，郊区化过程开始出现，从而使得大伦敦地区的城市发展逐渐超出都市区范围，成为英格兰东南大都市带的核心部分；埃伯纳（M. H. Ebner）通过对新泽西普林斯顿地区发展过程的研究，探讨了教育、科研以及信息等产业在都市圈形成中的显著作用②。

上述关于城市地域结构模型的理论虽然重点都放在大都市内部，但专家与学者们已经开始意识到，在集聚与扩散作用下城市形态由单核向多核城市地域结构的转变，因此这也标志着相关研究开始由传统城镇个体空间结构向城镇群体空间结构转变。

（二）城市群空间结构的研究

从整个世界范围来看，工业化不仅成为城市化发展的“助推器”，而且也促使城市成为区域经济发展的“动力源”。随着北美、西欧以及亚洲部分经济发达国家和地区开始进入城市化的中后期阶段，城市区域空间结构的演化开始出现一种全新的发展趋势；开始出现以大城市为中心，连同

①D. A. Rondinelli. Applied Methods of Regional Analysis：The Spatial Dimensions of Development Policy［M］. Boulder：Westview Press，1985.

②任声策，宣国良，刘浩然．都市圈经济一体化中的和谐发展问题研究：一个整体框架［J］．当代经济管理，2005，27（6）：11－15.

周边受其辐射的邻接地区所组成的巨型城市区域集合体（City - Region Agglomeration），这种城市区域集合体现象无法用传统城市空间结构理论进行圆满解释，从而导致城市空间结构理论产出巨大变革，最终诞生了以法国经济地理学家戈特曼（J. GottMann）的大都市带（Megalopolis，1957，1961，1966，1987，1990）理论；加拿大地理学家麦吉（T. G. McGee）的城乡一体化区域（Desa Kota Region，1985，1987，1989，1991）理论；以及美国新闻记者佩尔斯（N. R. Peirce）的城市主导区域（Citistate，1993）理论三种等具有里程碑意义的城市区域集合体理论，尤其是前两种理论在世界范围内产生了极大的影响①。

1. 大都市带理论的研究

20 世纪 50 年代中后期，伴随着西方发达国家和地区工业化进程的不断深化，城市化进程的加速进展，城市地域空间范围也在不断扩展，一种前所未有的新型城市空间形态——大都市带在西欧、北美、日本等地相继涌现，并且引起了相关领域众多学者的关注。

法国地理学家戈特曼（J. Gottmann）是现代意义上的城市群研究开拓者，他在考察了北美地区的城市化之后，于 1957 年发表了论文《大都市带：东北海岸的城市化》（*Megalopolis or the Urbanization of the Northeastern Seaboard of the United States*），在文中他非常具有开拓意义地提出了“大都市带”（Megalopolis）的概念，戈特曼对“大都市带”的空间生长模式进行了理论探讨，指出“大都市带”是一个由若干个大都市相互连接所构成的一个面积广大的城市化区域，是一个具有相当人口密度分布的都市地带，而并非是简单的一个城市或是一个大都市的概念②。

戈特曼的大都市带理论被视为是全新的城市群体概念，得到了学术界广泛推崇：“戈特曼选择了古希腊时代建立的一个理想中非常大但从未发展到这么大的城市的名字 Megalopolis（即非常大的城市）来称呼这个当时

①吴传清，李浩．西方城市区域集合体理论及其启示［J］．经济评论，2005（1）：84 -89.

②J Gottmann. Megalopolis or the Urbanization of the Northeastern Seaboard of the US［J］. Economic Geography，1957（7）：189 -200.

世界上最大的、人口超过3000万的超级大都市区"[①]。

1961年，戈特曼一方面通过对世界上几个主要大都市带进行实地考察，另一方面结合自己对大都市带的认真思考与深入研究，厚积薄发，从而出版了《大都市带：城市化的美国东北海岸》一书，被认为是关于大都市带演进理论中具有里程碑意义的著作。这一著作不仅从理论上对大都市带的内涵加以界定，认为大都市带是一个特殊的区域，其大部分为建成区，空间上由各个社区和产业区交织成星云状空间结构；而且对大都市带的特征、功能、形成的影响因素和发展阶段等方面都做了深入研究[②]。

1966年，戈特曼与哈珀（Robert Alexander Harper）合作，对大都市带做了进一步阐述，出版了 *Metropolis on the Move*：*Geographers Look at Urban Sprawl* 一书[③]。

在这之后的数十年间，戈特曼一直致力于对大都市带的相关理论进行不断丰富与完善。1987年戈特曼出版了《大都市带的再考察：二十五年后》（*Megalopolis Revisited*：*Twenty - five Years Later*）一书[④]。这一著作集戈特曼大都市带理论于大成，标志着大都市带理论已经成熟。在书中，戈特曼从产业结构变动、人口分布、劳动力构成、土地利用形式等多个视角，对美国东北海岸大都市带的特征进行了探讨，对于自然地理、社会变迁以及经济基础进行了分析，从而形成了比较完整的大都市带理论体系[⑤]。

正是由于戈特曼对于大都市带所做的开创性研究，引起了众多地理学家、经济学家对这一领域的关注。

随着地理学家、经济学家等专家学者对大都市带理论开展研究，区域与城市规划学者也普遍接受了这一理论，并且得到重视，在区域与城市规划中加以广泛应用。著名的希腊规划学家杜克西亚迪斯（C. A. Doxiadis）

---

①许学强，周一星，宁越敏，等．城市地理学［M］．北京：高等教育出版社，2009.

②Jean Gottmann. Megalopolis：the Urbanization of the Northeastern Seaboard of the US［M］. Cambridge：The M. I. T Press，1961.

③Jean Gottmann，Robert Alexander Harper. Metropolis on the Move：Geographers Look at Urban Sprawl［M］. New York：John Wiley & Sons，1966.

④Jean Gottman. Megalopolis Revisited：Twenty - five Years Later［M］. Maryland：University of Maryland Institute for Urban Studies，1987.

⑤吴传清，李浩．西方城市区域集合体理论及其启示［J］．经济评论，2005（1）：84 - 89.

就是其中之一。

希腊学者杜克西亚迪斯（C. A. Doxiadis）、帕佩约阿鲁（J. G. Papaioannou）、加拿大地理学家纳什（P. H. Nash）以及美国学者墨菲（E. F. Murphy）等都是戈特曼观点的热情支持者。

希腊学者杜克西亚迪斯（Constantinos A. Doxiadis）认为，从人类社会居住形式的演变过程来看，城市群以一种全新的结构体现了人类社会对自然资源最大限度地集约利用，代表着未来世界的发展方向①；他认为已经在世界上许多地方出现的多个都市区沿着发展轴线扩展相连的事实表明，无论从形式还是功能上看，它们都与单个都市区有显著不同的特征；存在于这种系统内部各个都市区之间以各种流的形式表现强烈的交互作用，促成了这一现存最大尺度的人类居住的地域空间形式的形成②。

希腊学者帕佩约阿鲁（John G. Papaioannou）根据自然、人类、社会、物质外形和网络5个因素特征，对人类社会居住的空间形式作了理论上的逻辑分类，共划分出从最小的个人（Anthropos）到世界大都市带（Ecumenopolis）共15种类型，认为世界大都市带将是人类社会居住形式发展的最高阶段③。

2. 城乡一体化区域理论的研究

西方发达国家的城市化是在工业化推动下完成的，具有明显的自上而下发展的特征，呈现出一种内生增长、自我发展的路径模式；发展中国家，尤其是东南亚国家的工业化则是在全球产业转移的大背景下开始启动，其城市化的进程则是一种外力推动的结果，从而呈现出显著的自下而上的特征。19世纪60年代以来，东南亚国家的城市化进程呈现出一些新的特点，巨型城市区域集合体越来越成为主宰这些国家经济发展的主导区域与重要动力。

---

①史育龙，周一星．关于大都市带（都市连绵区）研究的论争及近今进展述评［J］．国外城市规划，1997（2）：2－11.

②Doxiadēs K A. Emergence and Growth of an Urban Region：Future alternatives［M］. Detroit, MI：Detroit Edison Co.，1967.

③Papaiōannou J G. Megalopolises：A First Definition［M］. Athens Technological Organization，Athens Center of Ekistics，1967.

加拿大地理学家麦吉（T. G. McGee）经过对东南亚发展中国家城市密集地区多年考察与研究之后，认为在亚洲部分发展中国家和地区的经济核心区域，例如，泰国的曼谷、印尼的爪哇、中国的上海等城市，已经开始出现与西方大都市带类似而发展背景又迥然不同的新型城市空间结构①。

1987 年，麦吉在《城镇化还是乡村城镇化？亚洲经济交互作用新型区域的出现》一文中，对这种与西方发达国家传统城镇化机制完全不同的城乡联系空间结构，他用了 Kotadesasi 一词加以描述，并且对 Kotadesasi 的空间范围和基本特征进行了探讨②。

1989 年，麦吉在《亚洲巨型城市区域的出现》③（The Emergence of Megaurban Regions in Asia）和《亚洲新型城乡一体化区域的出现：对国家和区域政策的启示》④ 两篇论文中，对该理论做了进一步完善，采用 Megaurban region、Rural – urban mix 两个新词⑤。

1991 年，麦吉提出了“城乡融合区”（Desakota）的概念，在《亚洲城乡一体化区域的出现：扩展一个假设》⑥ 一文中，他开始用 Desakota region 一词取代 Kotadesasi 等词，并且对 Desakota region 的形成条件和动力机制进行了阐述。他认为随着东南亚地区经济的飞速发展，类似于西方大都市带的空间结构已经逐渐开始出现；而这些亚洲大城市区域的扩展发生在地区之间交通走廊地带的农村地区，并以劳动密集型工业、服务业和其他非农行业的迅速增长为特征，商品和人流之间的相互作用十分强烈；这类由数个通过交通走廊联系的大都市及其周围或其间的 Desakota 组成的巨大

①Mc Gee T. G. Urbanisai or Kotadesasi？Evolving Patterns of Urbanization in Asia：The International Conference on Asia Urbanization［C］. Ohio：University of Akron，1985.

②Mc Gee T. G. Urbanisasi or Kotadesasi？The Emergence of New Regions of Economic Interaction in Asia［R］. MIT：East – West Environment and Policy Institute，1987.

③Mc Gee T. G. The Emergence of Megaurban Regions in Asia：A Research Proposall Institute of Asian Research［R］. City of Vancouver：University of British Colombia（Unpublished Manuscript），1989.

④Mc Gee T. G. New Regions of Emerging Rural – Urban Mix in Asia：Implications for National and Regional Policy［R］. Bangkok：The Seminar on “Emerging Urban – Regional Linkages：Challenge for Industrialization，Employment and Regional Development”，1989.

⑤吴传清，李浩．西方城市区域集合体理论及其启示［J］．经济评论，2005（1）：84 – 89.

⑥McGee T. G. The Emergence of Desakota Region in Asia：Expanding Hypothesis［M］. Hawaii：University of Hawaii Press，1991.

地域组织，麦吉将其命名为“Megaurban”，即“超级城市区”[①]。

1995 年，麦吉进一步阐述了 Megaurban 的概念，与罗宾逊合作出版了《东南亚的超级城市区：亚洲的城市化》一书[②]。

3. 城市主导区域理论的研究

20 世纪 90 年代以来，以市场经济为基础的全球经济进程日益加速。作为区域经济力量主要载体的城市，具有比地方政府更加灵活的资源支配性功能；凭借其全球性的产业链，城市可以轻而易举地实现全球范围内的资源优化配置。

美国记者佩尔斯在其 1993 年出版的《城市主导区域：城市化的美国如何在竞争性世界中繁荣》（*Citistates: How Urban America Can Prosper in a Competitive World*）一书中，对美国一些具有代表性的城市，如凤凰城（Phoenix）、西雅图（Seattle）、巴尔的摩（Baltimore）、欧文斯伯勒（Owensboro）、达拉斯（Dallas）和圣保罗（Saint Paul）等进行了深刻剖析，创造性地提出 Citistate 这一新词汇。

他认为，都市区（Metropolitan Area）、城市聚集区（Conurbation）等概括城市区域集合体所使用的词汇，已经远远不能揭示城市量级和空间结构巨变的本质，只有 Citistate 一词才能揭示区域主义超越主权国家主义的新现象，完整反映美国乃至全球现已形成的城市区域集合体的全部意义。他预言，21 世纪经济活动、政治管辖和社会组织的主导区域将会是这些 Citistate。

佩尔斯认为，现代的 Citistate 与 3000 年前古希腊出现的 Citystate（城邦）之间存在继承与渊源关系。Citistate 是经济全球化背景下的产物，具有“自然的政治和经济实体”的特征，更着重强调城市经济职能，由具有内在联系的城市中心地带、城郊区、乡村腹地等部分组成，有着共同经济、社会发展前景。Citistate 的空间结构呈现出非连续性和跳跃性特征，其腹地可以随着经济联系而向全球扩展，与以往的城市区域集合体有着本质差别。

---

①吴小云．城镇密集区发展阶段中的城乡统筹度研究［D］．郑州：郑州大学，2007.

②T. G. McGee, Ira M. Robinson. The Mega－Urban Regions of Southeast Asia: Urbanization in Asia［M］. City of Vancouver: UBC Press, 1995.

（三）城市体系结构的研究

“二战”以后，随着工业化与城市化进程在全球范围内的深化，关于城市的一些矛盾与问题日益突出，人们对于从城镇体系的角度研究城市和区域的重要性有了深刻认识。

1950年，邓肯（O. Duncan）在其著作《大都市与区域》中首次引入“城市体系”（Urban System）的概念，并对城市体系研究的实际意义进行了阐述①。

1954年，数量地理学家布赖恩·贝里（B. J. L. Berry）展开了一场数量革命，用数理统计方法对中心地学说进行了许多实证性研究，发表了大量的文章和专著，把城市人口分布与服务中心的等级进行了有机联系，使城市地理研究从形态学的城市景观转移到了空间分析领域；他的《城市作为城市系统内的系统》（*Cities as Systems Within Systems of Cities*）一文是城市系统研究的一个重要转折点：“如果说克里斯塔勒是城市系统研究的理论家、奠基人，那么，贝里就是城市系统研究的实践者和推动者”②。

20世纪70年代以后，随着西方发达国家的城市逐渐进入稳定发展阶段，有关城镇体系研究开始进入高潮时期，一大批丰硕成果相继涌现；其中最为著名的是美国地理学家贝里（B. Berry）和豪顿（F. Horton）的《城镇体系的地理学透视》（1970），以及加拿大学者鲍恩（L. Bourne）和西蒙斯（J. Simmons）的《城镇体系：结构的发展与政策》（1978）等两部著作③。

1986年，弗里德曼（J. Friedmann）对城市体系的等级网络进行了研究，认为城市体系的等级关系将会成为跨国公司纵向生产地域分工的体现，并提出了世界城市理论（Global City Theory）④。弗里德曼认为，“世界城市的本质特征是拥有全球经济控制能力，这种控制能力主要来源于聚集其中的跨国公司总部，它既是生产和消费中心，更是信息、娱乐及其他文

①张京祥．西方城镇群体空间研究之评述［J］．国外城市规划，1999（1）：31－33.

②许学强，周一星，宁越敏，等．城市地理学［M］．北京：高等教育出版社，2009.

③赵哲．吉林省城镇体系等级规模结构的重新构筑［D］．长春：东北师范大学，2005.

④J. Friedmann. The world city hypothesis［J］. *Development and change*，1986，17：69－83.

化产品的生产与传播中心”①。

（四）日本地区城市群的研究

1. 关于都市圈的研究

早在1954年，日本行政管理厅统计标准部就开始仿效美国标准大都市区（Standard Metropolitan Area，SMA）的概念定义了“标准城市地区”，用来表示城市的功能地域；后来这一概念又被进一步具体化为各种“城市圈”，例如，被广泛使用的生活圈、通勤圈、商业圈等概念。这些概念是指以一日为周期可以接受城市某一方面功能服务的地域范围；1960年又提出了“大都市圈”的概念和划分标准②。

日本学者对大都市圈的研究源于20世纪50年代，随着日本经济的起飞，出现了大都市急剧扩张的现象，这一时期主要围绕着大城市的空间扩散开始展开研究，主要研究方向是郊区城市化和卫星城的建设；到了20世纪60年代中期，由于日本经济的高速增长，公务性行业在大城市高度集中，研究方向开始转向大都市圈的商业行政职能；70年代以后，对大都市圈的研究进一步扩展到对大城市圈层结构和空间增长过程的探索方面③。

20世纪60—80年代，这一阶段日本对于都市圈的研究多集中在对都市圈内单一要素，例如，产业和人口等要素的分布、演变及其成因分析上，如1965年石水照雄对东京大都市圈人口集聚与扩散过程进行的研究和桧垣松夫对北九州工业区进行的研究等，这其中板仓胜高等人（1968）的研究比较有代表性。板仓胜高通过对阪神都市圈内工业企业分布的实证研究，推翻了日本都市圈是由大型重化企业控制的传统观点；研究结果显示：日本都市圈产业的基本特点是由一系列规模不等、产业性质各异的企

---

①罗思东，陈惠云．全球城市及其在全球治理中的主体功能［J］．上海行政学院学报，2013，14（3）：86－95.

②史育龙，周一星．关于大都市带（都市连绵区）研究的论争及近今进展述评［J］．国外城市规划，1997（2）：2－11.

③高桥伸夫，营野峰明．日本大城市圈研究［J］．王力译地理科学进展，1990，9（2）：15－17.

业组成的工业聚集体[①]。日本东京都市圈产业分布概况如图 2 -2 所示。

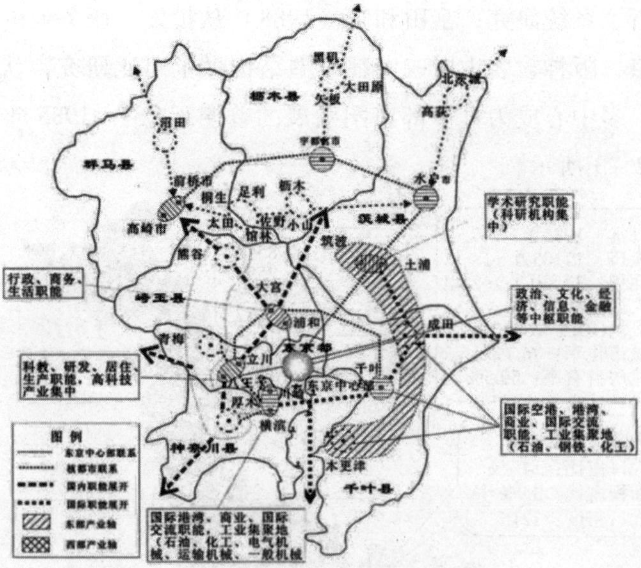

图 2 -2　日本东京都市圈产业分布概况

金斯伯格（Ginsburg，1961，1988）通过对日本大都市带的重点研究[②]，总结出其特点：人口稠密、市郊化（Suburbanization）和城市远郊化（Exurbanization）过程与主导产业部门的分散相关联等，并以此为基础提出符合日本实际情况的“分散大都市带（Dispersed Metropolis）”概念，以这一概念定义一个由众多专业化职能城市中心构成的多核系统[③]。

20 世纪 80 年代以后，日本学者对于都市圈的研究开始逐步转向对空间结构变化的总结上，其中比较有代表性的研究主要有：津川康雄（1982）通过研究京阪神都市圈内部三大城市的人口和零售商业分布以及由此决定的城市中心性的空间变化，发现在城市核心地区中心性降低的同

①史育龙，周一星．关于大都市带（都市连绵区）研究的论争及近今进展述评［J］．国外城市规划，1997（2）：2 -11.

②Ginsburg N S，Koppel B. The Extended Metropolis：Settlement Transition Is Asia［M］．Hawaii：University of Hawaii Press，1991.

③吴小云．城镇密集区发展阶段中的城乡统筹度研究［D］．郑州：郑州大学，2007.

时，都市圈逐渐走向均衡发展①；山鹿诚次（1984）对日本大都市圈的内部结构进行了系统研究；富田和晓（1988）从批发、服务业的区位变动入手，对东京、阪神、名古屋三大都市圈结构做了对比研究，认为集中分布相对减少、多中心成为日本都市圈发展的普遍现象②。1985 年日本都市圈状况如图 2－3 所示。

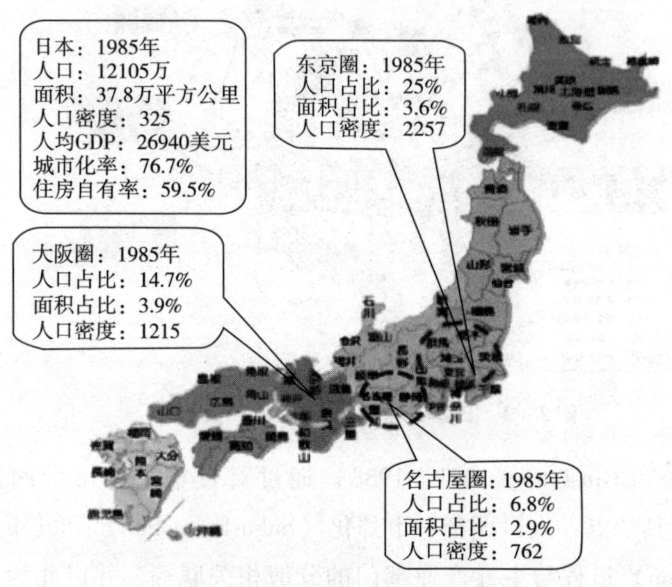

图 2－3　日本都市圈状况（1985 年）

藤井正（1990）通过分析根据通勤定义的都市圈在解释郊区化现象时的局限性后，提出了从更大地域范围内解释大都市圈空间结构新特点的崭新思路；山鹿诚次（1984）对日本大都市圈的内部结构进行了系统研究③。

日本富田和晓教授（1995）的《大都市圈的结构演变》④一书以都市空间为经，结构演变为纬，从人口、产业、居住、消费、通勤、中心地等级和职能等广泛的角度对日本三大都市空间结构的演变过程进行了全面的

①叶玉瑶，张虹鸥，罗晓云等．中外城镇群体空间研究进展与评述［J］．城市规划，2005，29（4）：83－88.

②史育龙．辽中南部都市区与都市连绵区研究［D］．北京：北京大学，1996.

③史育龙，周一星．关于大都市带（都市连绵区）研究的论争及近今进展述评［J］．国外城市规划，1997（2）：2－11.

④富田和晓．大都市圈的结构演化［M］．东京：古今书院，1995.

分析研究[①]。

2. 关于都市带的研究

1967 年，日本地理学家石水照雄和木内信藏率先翻译介绍了戈特曼的著作；1969 年日本城市社会学家矶村英一为北海道千岁市进行城市规划时，尝试应用了 Megalopolis 概念，虽然并未获得成功，但却引发了日本学术界对都市区和大都市带的研究兴趣。

日本关于大都市带的研究与日本都市圈的建设实践是紧密联系在一起的，20 世纪 50 年代以后日本经济高速增长，城市化进程加速化，导致了人口与产业向太平洋沿岸地域不断集聚，形成了太平洋沿岸的京滨、中京、阪神等大工业地带；而且随产业结构变化、技术进步、交通运输方式改变出现的临海、临空型产业布局模式，大大促进了东海道大都市带的形成[②]。日本东海道都市带，是从千叶向西，经过东京、横滨、静冈、名古屋，到京都、大阪、神户的整个范围，该城市群包括东京都市圈、名古屋都市圈和大阪神户都市圈三个组成部分；在这个面积只占日本全国国土面积 6% 的区域内，却拥有日本人口的 60% 和工业总产值的 75%[③]，如图2－4 所示。

日本学者丹下健三（TangeKenso）曾主持 1960 年东京规划，他在 1965 年出版了《日本群岛的未来》一书，总结了战后日本城市发展的过程，对日本全国特别是东京湾的城市发展前景作了预测；他的观点深受杜克西亚迪斯的影响，认为大都市带化（Megalopolitanization）正成为世界发展的历史潮流，大都市带则是人类社会未来的蓝图[④]；同一时期，日本著名学者山鹿诚次出版的《东京大城市圈之研究》（1967）和服部圭二郎的

①王德．评价富田和晓的《大都市圈的结构演变》一书［J］．城市规划汇刊，2002（2）：73－75.

②柴彦威，史育龙．日本东海道大都市带的形成、特征及其研究动态［J］．国外城市规划，1997（2）：16－22.

③钱亦杨，谢守祥．长三角大都市圈协同发展的战略思考［J］．华东经济管理，2004，18（4）：4－7.

④李梅影．城市群学者名录［N］．国际金融报，2003－7－7（1）．

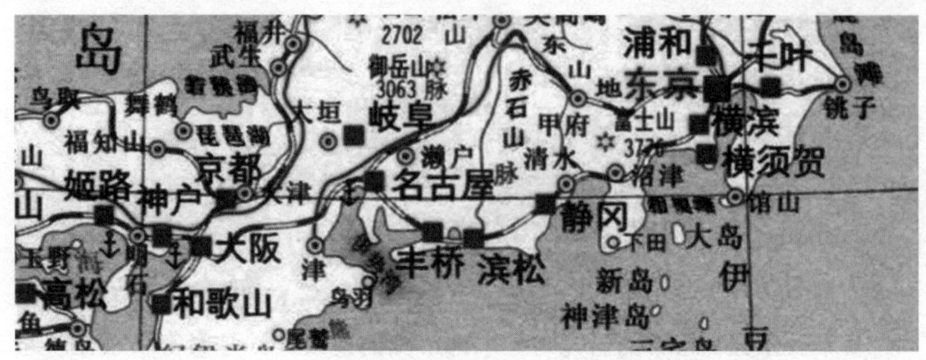

图 2-4　日本东海道大都市带

《大城市地域论》（1969）也涉及了对东海道大都市带的研究①。

1972 年 6 月，作为竞选纲领，田中角荣正式提出了“日本列岛改造”的构想；其内容涉及政治、经济、交通通信、科学教育等各个方面，重点解决三个部分问题：工业重新布局，改造旧城市和建设“新 25 万人口城市”，建设交通通信网络。田中上任组阁后，以“列岛改造”思想为指导方针，重新对“全国综合开发计划”② 加以调整和修订，建立起更大规模的“新全综”，即“日本列岛改造计划”。以筑波科学城建设为代表，日本城市分散化倾向日渐明显，东海道大都市带的发展进入成熟阶段，日本的城市发展逐渐开始进入郊区化阶段。

20 世纪 70 年代，日本学者小林博氏对东京大都市圈进行研究后，在归纳与总结前人的观点基础上强化了城市群发展过程的 3 个概念：大都市地区（Metropolitan Region）、大城市区（Metropolitan Area）与城市化地带（Urbanized Area）③。

田口芳明（1981）经过对京阪神大都市圈 1970—1975 年中心市和外围地域的不同产业的就业人口变化特征研究后指出，日本城市化模式正在发生着质的变化，扩散型城市化将成为城市化的主要形式；并认为居住的

①史育龙，周一星．关于大都市带（都市连绵区）研究的论争及近今进展述评［J］．国外城市规划，1997（2）：2-11.

②1962 年日本根据 1950 年制定的《国土综合开发法》制定了《全国综合开发规划》，也叫“一全综”；1969 年日本公布了国土的第二个十年规划，即“二全综”。

③林先扬，陈忠暖，蔡国田．国内外城市群研究的回顾与展望［J］．热带地理，2003，23（1）：44-49.

郊区化为郊区化第一阶段，相应的大都市圈的地域结构为球心型的地域结构；产业郊区化为郊区化的第二阶段，该阶段球心型的地域结构将向多核心地域结构转换；因此，必须从通勤、购物行为等角度对大都市圈地域结构重新研讨。其后，以三大都市圈为对象，从就业、通勤、零售商业区位变化、居民的购物行为等侧面的实证研究日益增多①。

20 世纪 90 年代以后，日本学者对于大都市带的研究进入了一个新的阶段，无论是深度还是在广度上都取得了很大进展。政治地理学家宫川康男（Yasuo Miyakawa，1990）从日本明治维新后国际关系演变入手，分析了东海道大都市带的形成演化过程；森川洋（Hiroshi Morikawa）改变了以往日本都市圈连绵区域之间没有联系指标的状况，利用干线公路车流量普查资料，结合人口迁移指标，对全日本的大都市圈做了新的划分，提出地域轴的概念，并对各种等级、类型的大都市圈的空间特征做了分析；秋元耕一郎（1993）则从区域城市发展的轴线系统入手，对各行政单元（县）的城市体系的空间结构进行分类并提出了促进合理发展的政策措施；这些从不同方面进行研究的成果，为日本大都市带的研究引入了新的视角和方法；日本学者对于都市带研究所做的贡献之处还在于将城市地域系统划分为日常城市系统、区域城市系统和国家城市系统 3 个层次，以分别对应于都市圈、大都市圈和大都市带，从而使得都市带的研究层次更加清晰；日本学者关于都市带丰富的研究成果与实践影响很大，日本也被戈特曼称为是除美国之外接受大都市带概念最早、影响最广泛的国家（Catharine Nagashima，1981）②。

三、城市群研究的深化阶段

国外对于城市群的研究已经有超过百年的历史，无论是城市群理论还是实践方面的相关研究均经历了从结构分析到机制探索，从本国研究到国际化视野的一系统发展。20 世纪 90 年代之后，随着经济的全球化和以信

①郭文炯，白明英．日本城市地理学的发展与近期趋势［J］．世界地理研究，1999，8（2）：42－48.

②史育龙，周一星．关于大都市带（都市连绵区）研究的论争及近今进展述评［J］．国外城市规划，1997（2）：2－11.

息技术为核心的科技革命的爆发，新的时代背景下城市群的研究也进入了新的阶段，城市群的研究方法又得到了极大的改善，伴随全球化浪潮与信息科技革命，城市群的相关研究进一步向区域化、信息网络化等研究领域扩展，城市群的研究领域得到进一步拓展，一些崭新的理论，诸如“世界城市”①“网络城市”② 等开始涌现，城市群体空间研究尺度的日趋增大，西方学者对于城市群发展的认识也越来越呈现出相对多元化与更为深刻化的特征。

（一）城市群与全球化

20 世纪 80 年代以后，随着经济全球化的不断深化和以信息技术为核心的新科技革命爆发，西方发达国家的产业结构发生巨变，全球经济结构面临重组，伴随着跨国公司全球化生产与全球供应链整合等战略的实施，一方面管理的高层次聚集、生产的低层次扩散、控制和服务的等级体系扩散构成了信息经济社会的总体特征③；另一方面跨国公司在全球经济中占据越来越重要的地位，根据联合国贸易和发展会议出版的《2012 年世界投资报告》，“2011 年跨国公司的外国子公司聘用了 6900 万名员工，创造了 28 万亿美元的销售额，7 万亿美元的增值”。这些因素对城市群的研究起到了极大的促进作用，城市群的相关研究进一步向区域化一体化、信息网络化等研究领域扩展与深化。

跨国公司与城市关系最早可见于霍尔（P. Hall，1966）的研究，霍尔在《世界大城市》④ 一书中提出了基于新型全球经济重组大背景下产生世界城市的概念，并描述了关于世界城市的五大特征：

（1）重要的国际政治中心，国家政府、国际政治组织各类专业组织、企业总部所在地；

（2）重要的国际商业中心，物流集散地、拥有大型国际港和空港，最

①1986 年，弗里德曼在《环境和变化》杂志上发表《世界城市假说》一文，奠定了世界城市理论基础。

②Batten 于 1995 年在《Urban Studies》上发表文章提出，网络城市是由廊道组成的复杂网络构成的城市聚合体，具有多中心的结构特征。

③沈洁，张京祥．都市圈规划：地域空间规划的新范式［J］．城市问题，2004，1：21－28.

④Peter Hall. 中国科学院地理研究所译．世界大城市［M］．北京：中国建筑工业出版社，1982.

主要的金融商业中心；

（3）文化、教育、科学、技术、人才中心，集中了大型医院、著名高校与科研机构、规模宏大的图书馆和博物馆等基础设施，拥有发达的信息传播网络；

（4）巨大的人口集聚地，拥有数百万乃至上千万城市人口；

（5）国际娱乐休闲中心，拥有古典或现代化的剧院、戏院、音乐厅以及豪华的宾馆、饭店和各类餐饮场所①。

霍尔认为城市因其对政治、贸易、通信、金融、教育、文化和科技等具有极强的影响和控制能力，因而在城市等级体系中得以占据高位②。

斯蒂芬·海默（Stephen Hymer，1972）对跨国资本空间结构理论进行了大量非常有意义的探索与研究，海默认为跨国公司总部管理和决策职能需要大量的面对面接触，这一属性要求其选址必须靠近资本市场、媒体和政府，因而可以发现跨国公司最高总部往往集中在世界主要城市；跨国公司内部的垂直分工在全球范围内产生了深刻的影响，在空间上相应地反映为由 3 个等级构成的城市体系：

（1）全球性管理中心位于最顶层，公司总部及相应的服务基础设施不断向发达国家的少数特大城市集中；

（2）大量的地方性金融、管理和服务中心位于承上启下的地位，主要承担协调上层与下层的关系、传递信息与管理职能等作用；

（3）位于最低一级的城市和地区，则承担具体的生产、装配、销售等职能③。

海默对跨国资本的空间结构理论做出了有意义的尝试，认为多国公司会被吸引到一个国家的核心区或次一级的大城市，并且运用“新国际劳动分工”这一术语对世界范围的经济转移现象进行描述④。

---

①曹红阳．中国的世界城市发展道路研究——以北京市为例［D］．长春：东北师范大学，2007.

②陆军，王栋．世界城市的综合判别方法及指标体系研究［J］．经济社会体制比较，2011（6）：104－111.

③陆军，王栋．世界城市的综合判别方法及指标体系研究［J］．经济社会体制比较，2011（6）：104－111.

④师嫒．聚集效应视角下的关中城市群发展研究［D］．西安：陕西师范大学，2007.

随着跨国公司在全球生产力配置中所起作用的加强，这种作用开始从全球与区域层面上向城市群内部渗透，并且深刻地影响了城市群空间组合与城市群空间结构的演化，已经成为影响城市群发展的重要动力机制之一，因此大都市带、全球城市的产生并不仅仅是人类居住与生活环境的变迁，更是一种崭新的生产力布局形式的代表。

以20世纪70年代末兴起的新国际劳动分工理论为基础，结合跨国公司的公司决策行为和影响力，研究世界城市兴起与发展过程中的主要问题，在这一领域科恩（1981）、弗里德曼和沃尔夫（1982）、弗里德曼（1986）、格里克曼（1987）、费根和史密斯（1987），以及诺克斯（1995）和斯莱富特（1989）等学者的论著就是这一阶段研究成果的典型代表；这其中科恩（1981）率先提出新国际劳动分工是沟通跨国公司活动和世界经济体系的重要桥梁，世界城市是新国际劳动分工的协调和控制中心；弗里德曼（1982，1986）提出的"世界城市假说"则成为这一阶段研究的系统总结和主要成就①。

1986年，弗里德曼（J. Friedmann）开始对城市体系的等级网络进行研究，并且对城市等级进行了划分，他指出城市体系的等级关系将会成为跨国公司纵向生产地域分工的体现②；他认为各种跨国经济实体正在逐步取代国家的作用，使国家权力空心化；全球出现了新的城市等级结构，即世界级城市、跨国级城市、国家级城市、区域级城市、地方级城市所组成的世界城市体系。

1991年，范吉提斯③（Y. N. Pyrgiotis）、昆曼（K. R. Kunzmann）与魏格纳④（M. Wegener）等学者研究了经济全球化与区域经济一体化背景下跨国网络化城市体系的形成过程，他们认为大都市带形成的实质主要是

①徐聪，马莉莉．世界城市理论研究的发展脉络与新进展［J］．西安财经学院学报，2012，25（4）：124－128.

②Frideman J R. The world city hypothesis：development & change［J］. *Urban Studies*，1986，23（2）：59－137.

③Pyrgiotis Y N. Urban Networking in Europe：The Guest－Editor's Introductory Statement［J］. *Ekistics*，1991，58（350－351）：272－276.

④Kunzmann K R，Wegener M. The pattern of urbanization in Western Europe［J］. Ekistics，1991，350（351）：282－291.

产业空间重组的结果，其作为一种新的城市——区域空间组织形式，将会逐渐占据全球经济的核心位置；通过对欧洲城市的研究表明，经济全球化和集团化正在形成跨国网络城市体系，该体系的物质基础是跨国高速公路和发达的电子通信设施。

在经济全球化与新的国际劳动分工产生背景下，亚洲新兴工业化国家与地区城市发展势头迅猛，引起了众多学者关注，道格拉斯（M. Douglass，1995）对此进行了研究，将其纳为5点：

（1）在某一国家范围内空间极化趋势更加明显，重要的地区及周边跨国公司的活动集中，而腹地发展滞后；

（2）巨大城市地区出现，以区域为基础的城市化升格为以城市为基础的城市化；

（3）世界城市的联合与国际城市体系的形成；

（4）跨境发展，新加坡、马来西亚与印尼之间的增长三角、香港与华南地区等著名的跨境发展地区；

（5）国际发展走廊形成，国际性的海陆空交通通道及网络的集聚，加上有效的通信网络，将世界经济连接成一个生产、消费和交易的实体①。

1996年，J. G. Papaioannou 展示了全球城市网络化发展的模式，并且对城市群的未来发展寄予厚望②。

这之后道格拉斯（M. Douglass，2000）又以亚太地区为例，探讨了在全球化和经济危机的大背景下，巨型城市区域和世界城市的形成与发展③。

首先，从劳动地域分工角度看，大都市带代表着一种崭新的生产力布局形式，是产业空间与经济空间重组的结果，同时也是一种新的城市——区域空间组织形式；其次，从城市化的角度看，大都市带则是城市化发展进入高级阶段的产物，占据着全球发展的核心位置，是以扩散为主要特征的地域城市化。

---

①Douglass M. Global interdependence and urbanization：planning for the Bangkok mega－urban region［J］. *The mega－urban regions of Southeast Asia*，1995：45－77.

②Papaioannou J. G. Megacities and Megalopolis：A challenge for the Future［J］. 1996.

③景哲．关中城市群发展模式研究［D］．西安：西安理工大学，2005.

（二）城市群与技术进步

以卡斯特尔（M. Castelles，1989）、布罗奇（J. Brotchie，1988）、巴拉斯（R. Barras，1987）为代表的技术决定论者认为：首先技术变化影响并决定了经济发展，而经济发展影响并决定了城市发展，因而他们认为技术是构成城市形态的主导力量，同时也是城市蔓延的动力源泉。

随着经济的发展、技术的进步，尤其是现代信息技术与通信技术的突飞猛进，为现代大城市的蔓延扩展及大都市区的连绵创造了条件，但是随着人类进入后工业社会，城市功能、产业结构对城市空间结构的制约作用相对开始变小，而经济技术的发展又为人们提供更加丰富多样的选择；随着现代科技、信息技术的发展，既有可能带来导致城市空间演化分散的动力，同时也有可能会增加集聚的要求，现代技术尤其是信息通信技术的飞速发展，其中关键在于将其影响定位在哪个层次上（Peterself，1982）。

1985 年布罗奇（J. Brotchie）和霍尔（P. Hall）的著作《未来的城市形态——新技术的影响》（The Future of Urban Form—the impact of new technology）探讨了新技术革命对未来城市形态产生的影响；戈斯比（A. Gllespie，1988）、卡斯特尔（M. Castelle，1989）等人也从不同角度对新技术给城市空间带来的影响进行了分析①。

（三）城市群与人本主义

随着现代科技对人类生活的渗透越来越深，人类应该重新思考科技与人文的关系，究竟是由飞速发展的科技主导人类发展，还是由人类来主导科技发展方向。

19 世纪末的狄尔泰曾经对他所生活的时代科学思维方式的泛滥以及技术时代的到来感到悲哀："我们对于事物的本原，对我们生存的价值，我们行为的终极价值茫然无知，如坠五里云雾之中，在这方面甚至不如一个希腊人……今天，我们被科学的突飞猛进所淹没，甚至已无力回答这些问题，这比以往任何时代都更严重……"（《狄尔泰选集》英文版）。

进入 20 世纪以后，人文主义思潮得到迅速的发展。1969 年哈格斯特

①张京祥．西方城镇群体空间研究之评述［J］．国外城市规划，1999（1）：31－33.

朗（T. Hagerstrand）在出任欧洲区域科学协会会长时曾经说过："区域科学的自身定位是一门社会科学，因为它对人的假设是关于科学宗旨的"；这表明了哈格期特朗的区域研究具有十分明显的人文主义倾向。

1968年，埃里希·弗罗姆（Erich Fromm，1900—1980）在其著作《希望的革命——通向人性化的技术》① （*The Revolution of Hope*, *Toward a Humanized Technology*）中指出："这就是说，是人，而不是技术，必须成为价值的最终根源：是人的最优发展。而不是生产的最大化，成为所有计划的标准。"②

美国著名城市学者刘易斯·芒福德（Lewis Mumford，1895—1990）在其1934年出版的著作《技术与文明》（*Technics and Civilization*）中对于技术与文明的关系进行了反思，并且指出："调整技术体系的下一步就在于把它和我们已经开始发展的新文化以及地域新模式、社会新模式协调统一起来"③。

1961年芒福德又出版了著作《城市发展史——起源、演变和前景》，对城市发展历史进行了回顾与反思，指出："我们必须设想一个城市，不是主要作为经营商业或设置政府机构的地方，而是作为表现和实现新的人的个性的重要机构"④。

1990年戈特曼在其出版的论文集《自从大都市带以来：戈特曼关于城市的论文》（*Since Megalopolis*: *The Urban Writings of Jean Gottmann*）对戈特曼关于都市带的理论进行了系统总结，修正了早期忽视社会、文化和生态的观点⑤。

有学者认为："美国大都市在20世纪后半叶的最大失误，是将城市结

---

①Fromm E. The revolution of hope: Toward a humanized technology ［J］. Harper Colophon Books, 1968.

②任大伟，冯宁. 科学技术的伦理异化及其价值导向［J］. 无锡商业职业技术学院学报，2009，9（1）：41－43.

③Lewis Mumford. 陈允明，王克仁，李华山译. 技术与文明［M］. 北京：中国建筑工业出版社，2009.

④Lewis Mumford. 宋俊岭，倪文彦译. 城市发展史——起源、演变和前景［M］. 北京：中国建筑工业出版社，2005.

⑤［法］Jean Gottman，Robert A Harper. Since Megalopolis: The Urban Writings Of Jean Gottmann ［M］. The Johns Hopkins University Press，1990.

构扩展成大都会形式，即一种四处蔓延的城市”；P. Hall 曾经批判：“美国的规划是不成其为规划的，在这个国家里，看来是由猖獗的个人主义左右着经济发展和土地利用——经济规划总是趋向于范围很大的区域，而物质环境规划却过于地方性和小规模”①。

城市群体空间结构的演变绝不能仅仅看作是由单纯的经济发展与技术进步等因素驱动的自发行为，必须对其实施人为的调控措施。

进入 20 世纪 90 年代以后，随着城市化与郊区化浪潮的扩展，原来位于城市边缘的乡村被逐步吞噬直至消失，城市的无序扩张与蔓延，严重破坏了城市边缘地带的生态景观，并且威胁到区域的生态安全。在这个背景下，广大学者与规划师对强调城乡融合的区域城市的研究热情进一步高涨。美国规划师莱特（H. Wright）与利斯泰因（C. Stein）等提出了与自然生态空间相融合的“区域城市”模式（Regional City）；1980 年，林奇（K. Lynch）在其研究提出了另外一种模式，构建扩展大都市（Disperpersed Metropolis）②；

1985 年隆弟莱里（D. A. Rondinelli）总结了区域城市群体间进行相互联系的 7 种类型③；麦克尔劳林（J. B. Mcloughlin，1985）则强调城市群应当通过理性规划的约束从而达到空间持续平衡发展④。

一些学者则从人类居住形式的演变过程入手，提出 21 世纪城市空间结构的演化必然体现人类对自然资源最大化集约使用的要求；并针对日益显著的大都市带现象，提出了世界连绵城市（Ecumunopolis）结构理论，希腊学者杜克西亚斯（C. A. Doxiadis，1996）则在当时做出了超越时代的预测：随着世界城市的发展，将会形成连片巨型大都市区（Ecumunopolis）⑤；其他的代表人物主要有费希曼（Fishman，1990）、阿部和俊（1996）、高

---

①张京祥．西方城镇群体空间研究之评述［J］．国外城市规划，1999（1）：31－33.

②Lynch K Good City Form［M］. University of Harvard Press，1980：35－79.

③Rondinelli DA. Applied Methods of Regional Analysis：The Spatial Dimensions of Development Policy［M］. Westview Press，1985：143－156.

④Mcloughlin J. B.：系统方法在城市和区域规划中的应用［M］．王凤武译．北京：中国建筑工业出版社，1988.

⑤Doxiadis C A. Man's movement and his settlements?［J］. *International Journal of Environmental Studies*，1970，1（1－4）：19－30.

桥伸夫（1997）等①。

莱斯（W. Ress，1992）提出了“生态足迹”（Ecological Footprint）理论来反证人类必须有节制地使用“空间”这种资源；而一贯信奉城镇自由拓展的美国和加拿大则在用途管制理论的基础上，提出“增长控制”（Growth Management）来指导控制城市用地的无限制蔓延（Chinitz，Bewamn，1990，A. Faludi，1994）②。

欧盟作为当今世界一体化程度最高的区域政治经济集团组织，由于各成员国之间及成员国内部发展水平差别较大，协调、均衡空间发展的需求极为迫切，为了促进持续发展、增强全球竞争力、共同实现城市空间的集约发展，1993 年欧盟开始了“欧洲空间开发展望”（European Spatial Development Perspective）这项跨国空间规划工作，并于 1999 年通过了欧洲空间展望（European Spatial Development Perspective），作为各成员国空间发展政策和部门政策的引导，成为各成员国对于未来空间发展目标与方向的共识③。

联合国人居中心④（United Nations Centre for Human Settlements（habitat，UNCHS））将城市聚集区（Urban Agglomeration）用作衡量城市规模的标准，是指一群密集、连续的城镇所形成的人口居住区。现在城市群的英文名称便来源于此⑤。

（四）城市群与新经济地理学

由于世界经济全球化与区域一体化的发展，主流经济学理论在解释现有经济现象时遇到越来越多的问题。因此，以克鲁格曼（Paul Krugman）为代表的西方经济学家又重新回归到经济地理学视角，以边际收益递增、

①叶玉瑶，张虹鸥，周春山，等．“生态导向”的城市空间结构研究综述［J］．城市规划，2008（5）：69 - 74.

②王瑛 土地利用总体规划中净增建设用地指标分配研究——以柳州市为例［D］．武汉：华中农业大学，2008.

③李艳，陈雯．欧洲空间展望的简介与借鉴［J］．国外城市规划，2004，19（3）：33 - 36.

④联合国人居署（United Nations Human Settlements Programme，UN - HABITAT）的前身，原联合国人居委员会（UN Commission on Human Settlements）的执行机构；2002 年 1 月 1 日起联合国人居署成立，取代了之前联合国人居委员会与联合国人居中心的职能。

⑤裘丽岚．国内外城市群研究的理论与实践［J］．城市观察，2011（5）：164 - 173.

不完全竞争与路径依赖为基础，拓展分析经济活动的空间集聚与全球化等经济现象，借此开创了“新经济地理学”。新经济地理学（空间经济学）寻求的是经济系统的内生力量（生产要素、知识创新、产业联系等）以及这些内生力量如何影响经济活动的空间布局，而“经济关联”和“知识关联”则是影响区域间生产要素流动、知识传递与创新等经济现象的主要因素之一，经济密度的差异、经济距离的大小和经济整合的强弱则从根本上影响了区域间“经济关联”和“知识关联”，进而影响到经济活动的空间布局（Krugman，1995；Fujita et al，1999；段学军等，2010）。

20 世纪 90 年代，克鲁格曼建立了多中心城市空间自组织模型——边缘城市模型。据此模型得出结论：在任何满足该模型假设的城市中，无论商业活动沿地域分布的初始状态如何，都会自发地组织成为一个具有多个截然分开的商业中心的形态格局。而且对于满足假设的许多城市来说，商业活动沿地域的任何初始分布不但会演化成一个具有多个商业中心的形态格局，而且会演化成这样的形态格局，商业中心在其间大体上呈均匀分布，相互间具有特征性的距离，该距离因模型的细节和参数而异。商业活动的初始分布越均匀，其最终的间隔距离也越均匀①。

第二节　国内城市群相关研究综述

相对而言国内对城市群的研究开展的比较晚，起步于 20 世纪 80 年代初，于洪俊、宁越敏开始以“巨大都市带”的观点将戈特曼的大都市带理论引入国内②，此后国内学术界开始关注城市群这一概念，相关理论探索与实证研究渐渐开展起来，在众多学者的不懈努力下，已经取得了比较丰富的理论与实践成果。

一、城市群理论研究

周一星（1988）提出都市连绵区（Metropolitan Interlocking Region，

①梁琦．空间经济学：过去，现在与未来［J］．经济学（季刊），2005，4（4）：1067－1086.

②于洪俊，宁越敏．城市地理概论［M］．合肥：安徽人民出版社，1983.

MIR）的概念，他认为大城市带不仅仅是经济高效的空间组织形式，而且也是动态发展的阶段性发展产物①。

崔功豪等人（1992）结合长三角城市群，根据城市群发展的不同阶段与水平，将城市群的结构划分为城市区域、城市群组和巨大都市带等三种不同类型②。

代合治（1998）从城市化的角度出发，以城市群面积、总人口、城市人口、城市数量与城市等级结构作为分类指标，运用定量方法，对全国209个地级以上城市型政区进行研究与分析，并从中筛选了125个构造城市群的基本地域单元，界定了17个不同规模的城市群，划定了我国4个等级的城市群，分析了我国城市群的分布现状和发展趋势，并且认为“沿海、沿江、京广沿线及东北地区可望崛起巨型城市群”③。

顾朝林等人（1999）以经济全球化为背景对我国的城市化进行研究，对世界城市化的新趋势、国性大都市、大都市带等多方面都进行了比较深入的研究④。

张京祥（2000）以城市群体空间演化基本机理为基础，构建了由城镇组织体系、城乡关联体系、网络联通体系以及空间配置体系等共同构成的城市群体空间运行系统⑤。

朱英明等（2000，2002）以城市群的基本概念作为切入点，以城市群固有的联系特征作为主线，对城市群区域联系的概念进行了界定，对国内外相关研究成果进行了分析，提出了未来我国城市群区域联系发展的趋势。并对城市群地域结构的概念、结构类型、递嬗规律，城市群地域结构

①Zhou Yixing. Definition of Urban Place and Statistical Standards of Urban Population in China: Problem and Solution [J]. *Asian Geography*, 1988, 7 (1): 12-18.

②崔功豪，王本炎．城市地理学［M］．南京：江苏教育出版社，1992.

③代合治．中国城市群的界定及其分布研究［J］．地域研究与开发，1998：17（2）：40-43.

④顾朝林，张勤，蔡建明．经济全球化与中国城市发展——跨世纪城市发展战略研究［M］．北京：商务印书馆，1999.

⑤张京祥．城镇群体空间组合［M］．南京：东南大学出版社，2000.

的主要特征、未来发展的趋势等进行了研究[①②]；认为“城市群地域结构是城市群发展程度、阶段与过程的空间反映，城市群地域结构的主要特征有：分形特征、‘二次极化’、交通制导、传动作用、网络组合特征；未来发展的趋势表现在动力机制、内涵、居住空间的影响、企业或企业集团的影响等”[③]。

薛东前等人（2002）对城市群演化的空间过程及土地利用优化配置进行了研究；认为城市群演化包含了人口、产业、城市类型、城市职能等诸多内容，但是空间过程则是最直接、最综合的表现；并从城市群体结构、空间拓展和土地利用等多方面探讨了城市群的空间演化过程、发展动力机制、基本特征和基本规律，以及由此所引起的城市群用地优化配置趋势[④]。

刘增荣（2003）以城市密集区演化为主题，从概念辨析、理论基础、影响要素、阶段划分、演化机制、协调整合等方面进行了系统的研究，从城市密集区发展规划的实际需要出发，界定了城市密集区的发展阶段[⑤]。

姚士谋等（2006）结合中国城市发展的实际，探索了城市群发展的规律、空间分析和发展趋势，初次提出了城市群的基本概念，对它们的演变规律、发展个性与共性特征作了比较全面的分析论证；同时，对我国“五个超大型城市群”的形成发展条件、现状特点以及发展趋势作了较详细的分析，着重探讨了我国城市群与城市化的发展趋势[⑥]。

顾朝林等（2007）分析了长江三角洲城市群的现状特征，认为存在分散化、恶性竞争以及资源环境和生态等问题，提出“实施集约化发展遏制空间无序蔓延，借助全球化促进全球城市发展，推动区域化加快都市圈发展，鼓励地方化保持城镇集群特色，坚持以人为本走可持续发展道路”等

①朱英明．我国城市群区域联系的理论与实证研究［D］．南京：中国科学院南京地理与湖泊研究所，2000.

②朱英明，李玉见，姚士谋．我国城市群地域结构理论研究［J］．现代城市研究，2002，17（6）：50－52.

③朱英明．我国城市地域结构特征及发展趋势研究［J］．南京社会科学，2002，（7）：19－23.

④薛东前，王传胜．城市群演化的空间过程及土地利用优化配置［J］．地理科学进展，2002，21（2）：95－102.

⑤刘增荣．城镇密集区发展演化机制与整合［M］．北京：经济科学出版社，2003.

⑥姚士谋，陈振光，朱英明．中国城市群［M］．合肥：中国科学技术大学出版社，2006.

总体发展对策，并从“点—轴”空间结构、“橄榄型”城市等级规模结构、分工协作的城镇集群等三个方面对长江三角洲城市群的发展进行了展望①。

姚士谋等（2010）认为，城市群区域已成为我国各地区经济社会发展的重要核心区、产业高度集聚区、经济增长区和财富积聚以及科技文化的创新地区，特别是在城市群区内逐渐形成了一些国际性的大城市，中心城市的作用越来越明显；城市群发展已成为我国当前加快城镇化的重大举措，也是推进我国城镇化、现代化的主体形态，将建设成为我国可持续发展的示范区和对外开放合作的先行实验区②。

宁越敏（2011）采用“五普”资料，对大都市区进行界定，以大都市区为基本组成单元界定中国的大城市群，分析了中国13个大城市群的空间分布特征及在区域经济发展中的引领作用③。

魏后凯、成艾华（2012）指出，城市群正日益成为中国参与国际竞争和全球化的重要载体，成为提升国家竞争能力和自主创新能力的主导地区和引领、支撑全国经济持续快速发展的核心增长极；并且认为“从国家层面看，当前以武汉城市圈、长株潭城市群、环鄱阳湖城市群为主体，整合资源和产业链，强化分工合作和一体化，加快推进长江中游城市群建设，并以此为载体推动形成长江中游经济区，使之成为世界规模级的人口、城镇、先进制造业和现代服务业密集带，成为引领和支撑未来中国经济发展的第四极，对提升中国国家竞争力和自主创新能力，促进区域协调发展和中部地区崛起，都具有重要的战略意义”④。

二、城市群实证研究

自从20世纪90年代中后期以来，围绕我国城市群所展开的实证研究

---

①顾朝林，张敏，张成，等．长江三角洲城市群发展展望［J］．地理科学，2007，27（1）：1-8.

②姚士谋，李青，武清华，等．我国城市群总体发展趋势与方向初探［J］．地理科学，2010，29（8）：1345-1354.

③宁越敏．中国都市区和大城市群的界定——兼论大城市群在区域经济发展中的作用［J］．地理科学，2011，31（3）：257-263.

④魏后凯、成艾华．携手共同打造中国经济发展第四极——长江中游城市群发展战略研究［J］．江汉论坛，2012，（4）：5-15.

开始逐渐丰富起来，相关研究成果主要集中在长三角、珠三角和环渤海（包括京津唐、辽中南、山东半岛）等沿海地区的大型城市群，中国科学院地理研究所和北京大学分别对京津唐和辽中南城市群进行了深入考察与研究。

《珠江三角洲经济区城市群规划》则首次将“大都市区”的概念引入到城市群规划发展中，提出了都市区、市镇密集区、开敞区和生态敏感区等概念，开创了城市群跨境空间协调规划的崭新发展理念①。

特别值得一提的是由胡序威主持的国家自然科学基金重点课题“沿海城镇密集地区经济、人口集聚与扩散的机制和调控研究”（1997），这一课题由中国科学院地理研究所主持，包括北京大学、南京大学、南京湖泊与地理所、华东师大、杭州大学、中山大学、广州地理所等国内众多单位参与。课题对我国沿海经济发达地区四大城市群的形成演化机制等方面进行了比较深入与全面的实证研究，取得了重大进展。其研究成果《中国沿海城镇密集地区空间集聚与扩散研究》具有非常重大的意义，并于 2000 年由科学出版社正式出版②。

此后，又有许多国内各领域的学者从不同领域与方向对城市群进行了实证分析与研究。

（一）可持续发展研究领域

廖重斌（1999）通过对协调、发展及协调发展这 3 个概念进行定义和论述，分别推导出协调度和协调发展度的计算模型，并用协调度和协调发展度的大小等作为评判标准，将环境与经济协调发展状况划分为从简洁到详细不同的 3 个层次、共 30 种基本类型，以珠江三角洲城市群为评价对象，给出了计算方法和分类体系的应用实例，提出了珠江三角洲环境与经济协调发展的分类体系及评价标准③。

---

①广东省建设委员会．珠江三角洲经济区城市群规划［M］．北京：中国建筑工业出版社，1996.

②胡序威，周一星，顾朝林．中国沿海城镇密集地区空间集聚与扩散研究［M］．北京：科学出版社，2000.

③廖重斌．环境与经济协调发展的定量评判及分类体系［J］．热带地理，1999，19（2）：171－177.

蒋志学（1999）阐述了城市群实施可持续发展战略应注意主要问题，包括认清城市群环境问题的特点；贯彻资源节约型城市群发展战略；调整产业结构，合理布局，加速工业污染防治；认清减量化、资源化对城市群固体废弃物处理的重要性等，认为侧重于以整体角度来对城市群环境进行规划①。

汤可可（1999）描述了江苏沿江城市群发展特点，分析了城市群规模增大、结构优化、形态和功能演进的主要因素，提出了城市群可持续发展的相应对策与措施，如城市结构布局的均衡合理、城市基本要素的和谐协调、资源的永续利用，环境建设、经济运行和社会组织的效率效益等方面②。

盖文启（2000）分析了我国沿海地区城市群在实现可持续发展过程中所面临的问题，并从城市群经济结构、生态环境、资源利用、基础设施、制约因子等多个方面对山东半岛城市群的可持续发展进行了综合分析，认为要建立城市新的国民经济核算体系和可持续发展的指标体系，调整产业结构与合理布局产业，强化资源与环境管理，建立可持续的区域城市网络③。

莫风珍（2001）等则主要将研究的重点放在城市群水资源的可持续开发与利用方面，对辽宁中部城市群水资源问题进行了研究④。

王辉（2007）综合运用生态学、环境科学、灰色预测学和统计学等多学科的原理与方法，对辽宁中部城市群的生态环境可持续发展能力进行了系统的研究。系统分析了辽宁中部城市群水资源、土地资源和矿产资源的利用效率与生态环境变化的关系，对城市群及其不同城市生态占用与生态环境承载力的现状与演化进行了研究，并分别以城市群目前经济、资源消耗与环境演化趋势和我国“十一五规划”为基础，运用灰色预测模型非线

①蒋志学．城市群实施可持续发展战略应注意的若干问题［J］．环境保护，1999（11）：42－43.

②汤可可．江苏沿江城市群可持续发展的制约因素与取向［J］．中国人口资源与环境，1999，9（1）：38－43.

③盖文启．我国沿海城市群可持续发展问题探析［J］．地理科学，2000，20（3）：224－228

④莫风珍，潘明杰．辽宁中部城市群水资源问题与对策［J］．辽宁经济，2001（2）：15－16.

性理论预测了“十一五”期间城市群生态资源的消耗趋势和城市群可持续发展的资源与生态环境的支撑能力，得到相关研究结论①。

张协奎等人（2009）从经济、资源、环境、人口、社会等方面分析北部湾经济区城市群的现状及存在的问题，提出了促进广西北部湾经济区城市群可持续发展的若干政策建议②。

方创琳、蔺雪芹等人（2010）通过对若干城市群的实地考察和规划研究，探讨了中国城市群形成发育的动力机制、基础理论、基本框架、发育程度和空间配置格局，定量评估了中国城市群的生态系统服务价值、资源环境承载能力、空间结构的稳定程度、紧凑程度、交通可达度、产业联系强度和投入产出效率，系统总结了城市群产业发展与生态环境的耦合规律，建立了中国城市群可持续发展的计算实验系统，提出了中国城市群可持续发展模式及能力建设重点③。

蔺雪芹、方创琳等人（2010）从环境影响和资源利用的角度出发，构建工业生态环境影响指数，定量对武汉城市群工业发展的生态环境影响进行综合评价。结果表明：1997—2006 年武汉城市群经济结构调整战略推动工业结构演变，呈现出轻工业比重下降、重工业比重上升与高新技术产业快速发展的态势；工业生态环境影响指数在时间序列上表现出先下降后上升的趋势，空间上表现为各城市间影响指数分异趋于明显，特别是位于城市群东部的黄石、鄂州、黄冈三市，工业发展对生态环境的影响突出。并提出了今后推动武汉城市群“资源节约型和环境友好型社会”建设的思路和建议④。

楚芳芳等（2012）从系统论出发，基于流量算法优点的能值分析理论，构建了基于能值改进的生态足迹模型，对长株潭城市群 2000—2008 年人均生态足迹和生态承载力的演变进行了实证研究，结果表明城市群可持

---

①王辉．辽宁中部城市群可持续发展能力的生态足迹分析［D］．沈阳：沈阳大学，2007.

②张协奎，林剑，陈伟清，等．广西北部湾经济区城市群可持续发展对策研究［J］．中国软科学，2009（5）：184－192.

③方创琳，宋吉涛，蔺雪芹，等．中国城市群可持续发展理论与实践［M］．北京：科学出版社，2010.

④蔺雪芹，方创琳．城市群工业发展的生态环境效应——以武汉城市群为例［J］．地理研究，2010，29（12）：2233－2242.

续性发展状况堪忧，生态足迹不断增加，生态承载力略有下降，而生态赤字增加明显，必须刻不容缓采取措施①。

张辽等人（2014）采用基于变异系数的灰色关联分析方法，度量2002—2011年中国十大城市群可持续发展水平并分析其收敛性和影响因素。研究发现：十大城市群在经济发展水平、社会进步程度、生态环境状况、资源供给能力方面呈现显著的差异，城市群可持续发展水平并没有与经济增长的大趋势保持一致；城市群可持续发展水平收敛特征具有分区域特点，全国样本具有非绝对收敛但条件收敛的特征，东部地区城市群绝对收敛特征不显著，但条件收敛特征较明显，而中部与西部城市群具有绝对收敛和条件收敛特征；经济发展水平、社会进步程度等变量与城市群可持续发展水平之间正向相关，但其影响程度在不同区域具有显著差异②。

曾鹏等人（2015）通过建立多层指标体系，运用多层次主成分分析和层次聚类分析，从经济、社会和自然三方面对中国十大城市群可持续发展能力进行测度和比较研究，发现中国十大城市群可持续发展能力在宏观、中观和微观层面存在非均衡性差异，并有针对性地给出了如何提高城市群可持续发展能力的对策③。

（二）产业发展研究领域

许学强（1994，2006）对珠江三角洲大都会区形成的直接原因、形成的基础进行分析④，并在界定城市竞争力概念的基础上，通过构建城市竞争力评价模型和建立珠江三角洲城市群城市竞争力评价指标体系，对珠江三角洲城市群城市竞争力影响要素及其内部城市竞争力的时空演变规律进行了归纳总结，并对其成因进行了深入剖析⑤。

---

①楚芳芳，蒋涤非．基于能值改进生态足迹的长株潭城市群可持续发展研究［J］．长江流域资源与环境，2012，21（2）：145-150.

②张辽，杨成林．城市群可持续发展水平演化及其影响因素研究——来自中国十大城市群的证据［J］．统计与信息论坛，2014，29（1）：87-93.

③曾鹏，毕超．中国十大城市群可持续发展能力比较研究［J］．华东经济管理，2015，29（5）：63-68.

④许学强，周春山．论珠江三角洲大都会区的形成［J］．城市问题，1994（3）：3-6.

⑤许学强，程玉鸿．珠江三角洲城市群的城市竞争力时空演变［J］．地理科学，2006，26（3）：257-265.

刘则渊（1999）对辽宁带状城市群经济结构进行深入分析后，认为辽宁带状城市群在辽宁及东北地区经济社会发展中具有重要的战略地位与带动作用。其产业结构正在发生历史性转变，技术社会形态正由工业化后期向后工业化社会转型；提出基于工业化、城市化和市场化的产业发展方向，并且要同步推进经济的服务化、信息化和知识化①。

刘新平（2000）对区域经济一体化背景下长株潭城市群的农业发展定位与途径进行了深入研究，认为“长株潭经济一体化后农业的发展应走资金、技术密集型的集约化道路”②。

苏雪串（2004）认为城市化的基本特征即要素集聚，聚集经济是城市化的基本动力，产业集群有利于提升城市竞争力从而促进城市化，城市群的发展是城市化达到一定阶段的必然产物。在不同的经济发展和城市化水平上，要素集聚、产业集群和城市群分别起主要作用。我国地域辽阔，地区间经济发展和城市化水平存在较大差距，因此，加速我国的城市化进程，需要同时发挥城市聚集经济、产业集群和城市群的作用③。

裴瑱（2004）认为中心城市与周边城市的合理分工是城市群竞争力提升的核心，指出要促进长江三角洲城市群的可持续发展，其关键问题是中心城市与周边城市的合理分工与产业整合，并提出了长江三角洲城市群分工和产业整合的具体模式、手段、途径及整合的重点。即长江三角洲城市群各区域可以根据自身的成本优势参与产业价值链的分工合作，按照产业集群化的发展趋势，加快现有产业集群的扩展和整合，对同类产业进行同质性整合，对关联产业进行异质性整合，通过企业购并和联合加快进行跨地区的企业重组，突破传统企业发展模式，加速企业发育过程，组成特大型企业集团，使钢铁、石化、汽车、家电、电子信息等区域内的主要支柱产业形成有国际竞争力的规模效益，通过强化和完善技术创新机制，充分

---

①刘则渊．辽宁带状城市群产业结构战略性重组思路［J］．大连理工大学学报，1999，20（6）：11－15.

②刘新平，李恒典，孙双峰．21世纪前期长株潭城市群农业定位及发展途径［J］．长江流域发展与环境，2000，9（4）：473－478.

③苏雪串．城市化进程中的要素集聚、产业集群和城市群发展［J］．中央财经大学学报，2004（1）：49－52.

发挥区域科研教育资源集聚的优势，使电子信息、生物医药和新兴材料等高新技术产业成长发展为长江三角洲地区的主导产业①。

李广杰（2007）认为在国内区域经济一体化进程不断加快以及我国对外开放范围和领域不断扩大的新形势下，山东半岛城市群应充分发挥自身的资源优势、产业优势和区位优势，紧紧抓住发达国家新一轮产业转移的有利时机，加快重化工业、高新技术产业和现代服务业发展，促进产业结构优化升级；进一步优化产业布局，着力打造东部沿海和胶济铁路沿线两大产业隆起带，增强产业发展的空间集聚效应；打破行政区划限制，加强各城市之间的产业分工与协作，建立各城市间产业互补配套、生产要素自由流动的发展机制，形成发展合力，提高区域整体竞争力②。

郭凤城（2008）认为在一定区域内产业群与城市群之间存在着耦合关系，且耦合程度与所在区域的发展呈明显的正相关性，城市群域经济体是两者高度耦合的产物。两者的耦合具有内生性、自组织性、网络性、柔性、阶段性等特点，并且存在着共生互动规律、聚散规律、竞合规律，以及由产业链与城市链融合机制、产业空间组织与城市空间组织联动机制、传导机制、叠加放大机制和政府推动机制等共同构成的耦合机制。两者耦合的形成与发展，是内在动力和外在压力共同作用的结果。通过建立耦合度系数模型可以计算出耦合度系数，并对东北城市群进行了实证分析③。

何骏（2008）认为城市群通过区域内城市整合，强化城市间的功能互补和深度合作，能拓宽发展空间，为工业化、信息化提供高效率的环境，挖掘区域经济更为强大的发展功能，从而加快整个区域和国家的经济发展。就我国而言，城市群发展是实施国家区域发展总体战略的重要组成部分。长三角城市群目前已经成为我国发展最快、基础最好的地区。而对长三角城市群的产业发展给出明确的战略定位是当前的当务之急。在分析长三角城市群现状的基础上，提出了以服务经济定位长三角城市群未来的产

---

①裴瑱．中心城市与周边城市的分工与产业整合——长江三角洲城市群的发展［D］．上海：复旦大学，2004.

②李广杰．山东半岛城市群产业发展的思路与对策［J］．郑州航空工业管理学院学报，2007，25（5）：40－44.

③郭凤城．产业群、城市群的耦合与区域经济发展［D］．长春：吉林大学，2008.

业发展①。

刘贵清（2009）认为城市群产业空间是城市群经济体发展的重要支撑。日本是城市群产业空间发育较为成熟的典型国家，在区位条件改善、基础设施建设、产业集聚扩散格局、空间演化阶段以及政府调控机制等方面的规律与经验值得我国城市群发展借鉴。我国城市群发展应着重统筹空间规划、调整产业定位、整合要素载体、协调区域管治，以促进产业空间的有序发展②。

张艳等人（2010）以郑州及中原城市群为案例，从城市群产业整合的角度探讨如何发挥中心城市在城市群中的重要作用。认为作为城市群的经济重心仅仅是满足了中心城市的必要条件，而是否形成城市群的服务中心、高端制造业中心和创新中心，才是中心城市扩散效应得以有效发挥进而促进城市群产业整合的关键。中原城市群现状经济增长高度依赖制造业的低端发展，群内缺少有效的经济结构联系，亟待进行产业整合。未来郑州的发展方向不在于追求提升经济总量进而提高首位度，而需要选择在生产性服务、高新技术产业、区域创新等有限领域形成有高度的中心，以此来组织和推动中原城市群的产业整合③。

李学鑫、苗长虹等人（2011）针对相似系数法和区位法等传统度量方法的不足，首次提出了区位熵灰色关联分析法，并以中原城市群为例进行了实证研究。结果表明，运用区位熵灰色关联分析法测度区域产业结构，不仅可以测度两地区产业结构的总体相似程度，而且还能反映地区产业的专业化、比较优势和区域分工的程度，可以定量地测度两地区产业的总体相似性和不同产业的相似性④。

吴福象等人（2013）认为我国传统的城镇化模式已不可持续，为此要走新型城镇化道路。这种创新驱动的新型城镇化战略，可以通过要素空间

---

①何骏．长三角城市群产业发展的战略定位研究［J］．南京社会科学，2008（5）：8－12.

②刘贵清．日本城市群产业空间演化对中国城市群发展的借鉴［J］．当代经济研究，2006（5）：40－43.

③张艳，程遥，刘婧．中心城市发展与城市群产业整合——以郑州及中原城市群为例［J］．经济地理，2010，30（4）：579－584.

④李学鑫，苗长虹．城市群产业结构与分工的测度研究——以中原城市群为例［J］．人文地理，2006，21（4）：25－28.

集聚来推动技术创新和产业结构升级。并以长三角城市群16个核心城市为例，分析了城镇化过程中城市群以人力资本为代表的创新要素的空间集聚，提高了集聚的外部经济性进而推动产业结构升级的作用机理；认为在要素集聚和分散的自由流动中城市群形成合理的产业分工体系，最终实现不同层级城市发挥要素的空间溢出效应，促进人才的产业协同发展的内在机制。认为在未来新型城镇化和城市群体系构建中，要重视与产业的双向互动，从而形成合理的产业分工格局，促进地区产业发展①。

赵春哲（2015）认为产业的腾飞是淮海城市群经济发展的关键。淮海城市群各市产业结构相近，各城市主导产业不突出，一体化程度差。淮海地区经济的崛起，需要建设以相互间分工合作为基础的城市群，以此促进区域工业化、现代化加速全面发展，进而提高区域经济竞争力②。

（三）城市群经济运行研究领域

曹扶生（1995）对中心城市与城市群之间经济互动发展进行了研究，认为要“以区域经济和城市基础设施一体化为突破口，加快长江三角洲城市群的发展”，具体来说，就是“加强区域重大项目联合投资，加快城市基础设施一体化；进行跨地区的企业联合与组织创新，加快区域经济一体化；提高区域内开放度，实行区域联合对外政策”③。

黄莉萍（1999）分析了湘中城市群经济融合的总体特征，研究了湘中城市群空间生长演化过程中存在的问题，进而提出了城市群经济持续发展的相应对策与建议④。

周国华（2001）对长株潭城市群经济一体化原则与途径进行了探讨与研究，认为要“突出重点，分层次择优发展；合理分工，突出主导职能，择优发展主导产业；调整布局，优化开发区发展的空间结构”⑤。

---

①吴福象，沈浩平．新型城镇化、创新要素空间集聚与城市群产业发展［J］．中南财经政法大学学报，2013（4）：36－42.

②赵春哲．淮海城市群产业发展政策研究［D］．北京：对外经济贸易大学，2015.

③曹扶生．上海的崛起需要长江三角洲城市群的发展［J］．探讨与争鸣，1995（4）：3－6.

④黄莉萍，候学钢．论湘中城市群经济的融合耦动与可持续发展［J］．中国人口·资源与环境，1999（1）：44－48.

⑤周国华．试论长株潭城市群开发区群体一体化发展［J］．城市规划汇刊，2001（3）：47－50.

冯德显等人（2004）通过对城市群发展一般规律分析及国内外城市群发展现状的研究，指出中原城市群建设与一体化发展是符合城市化的基本规律和河南区域发展实际，具有历史和客观的必然性。并对中原城市群城镇体系结构、产业互动发展、产业空间布局、基础设施建设、大郑州都市区构建等进行了研究，提出了中原城市群一体化发展的构想和基本解决方案①。

叶玉瑶（2006）以珠江三角洲城市群为例，对城市群空间演化的动力机制进行了初步的探讨，将城市群空间演化的动力归结为三类，即自然生长力、市场驱动力以及政府调控力，并以此为基础构建了城市群空间演化动力模型，初步揭示了城市群空间演化动力作用机制、合成原则，以及不同演化阶段主导动力与空间演化特征的关系②。

朱英明（2009）借鉴斯宾塞的劳动力市场信号博弈模型，构建了一个基于信号博弈的城市群行政主体建立协作机制、增进协作收益的模型。并以长三角城市群一体化为案例进行分析，认为行政主体间的信号传递博弈是影响长三角城市群一体化的重要因素之一。博弈均衡结果表明，行政主体间协作知识的积累水平和协作信号的传递效应有助于加速我国城市群一体化的进程③。

任佳（2009）分析了区域经济一体化和城市群的一般概念、结构特征、发展模式及两者的关系等，依据中原城市群的发展现状，通过 SWOT 分析从整体上探讨中原城市群发展的战略意义和战略模式，最后根据分析结论，对中原城市群的城市体系和产业布局等主要方面进行了一系列的经济一体化优化设计④。

鞠立新（2010）认为城市群的一体化协调发展既有许多共同的利益诉求，又有许多利益矛盾和困难。通过对英国大伦敦行政架构的一体化协调

---

①冯德显，贾晶，杨延哲，等．中原城市群一体化发展战略构想［J］．地域研究与开发，2003，22（6）：43－48.

②叶玉瑶．城市群空间演化动力机制初探——以珠江三角洲城市群为例［J］．城市规划，2006，30（1）：61－66.

③朱英明．中国城市群一体化过程中行政主体间的信号传递博弈［J］．系统工程理论与实践，2009，29（3）：84－89.

④任佳．中原城市群一体化建设的经济学分析［D］．开封：河南大学，2009.

模式、美国加拿大的城市政府之间的协会协议与特设机构的模式、日本韩国的核心城市主导协调的模式、法国的城市（镇）联合体的协调模式等进行了分析，提出了可供借鉴的经验，认为应结合我国城市群发展的实际，努力探讨和积极培育城市群一体化协调发展的机制，实行多种有效模式特点的有机结合，全面构建，先易后难，逐步推进①。

许吉辰、李佩瑶（2012）从空间一体化、市场一体化、产业一体化三方面对长株潭城市群一体化水平做出实证分析，并和长三角“北翼”城市群进行对比，得出长株潭城市群一体化的水平仍然较低，需从制度设计、基础设施建设、产业链分工等方面进行改进②。

刘靖（2013）尝试构建一个适合城市群一体化发展的协调机制，探索当前区域一体化发展背景下城市群一体化机制的总体框架体系和发展路径，从实证的角度分析长三角城市群一体化机制发展的现状并提出存在的问题，构建了由利益机制、动力机制、链接机制和制导机制的组成的城市群一体化机制框架，其中利益机制包括激励机制、信息传递机制、利益共享机制，发挥源头和引导作用；动力机制包含城市群发展的立足点、发展动力和支持手段，发挥直接推动作用；链接机制包含价值链、产业链和空间链，用于城际之间关系汇总和表达；制导机制则包含导顺和制逆两个方面，有辅助和制导作用。并且提出了合理构建利益机制，综合协调动力机制，优化整合链接机制，规范发展制导机制的城市群一体化机制发展路径③。

程玉鸿、田野（2016）以我国唯一存在两种政体的大珠三角城市群为实证案例，采用基于巴罗回归的重力方程对制度性边界效应进行了测度，评估了“一国两制”背景下跨界协调政策对大珠三角城市群一体化演进的影响。结果显示：港澳与珠三角之间的制度性边界效应客观存在，但随着

---

①鞠立新．由国外经验看我国城市群一体化协调机制的创建——以长三角城市群跨区域一体化协调机制建设为视角［J］．经济研究参考，2010（52）：20－28.

②许吉辰，李佩瑶．长株潭“3＋5”城市群一体化水平实证分析［J］．当代经济，2012（10）：142－144.

③刘靖．长江三角洲城市群一体化的机制和实现路径研究［D］．上海：上海社会科学院，2013.

跨界协调政策的不断深化而逐渐降低，城市群一体化水平不断提高；跨界协调总体上对香港与珠三角一体化的促进作用比对澳门与珠三角一体化的促进作用更为显著①。

(四) 城市群空间发展模式研究领域

齐康、段进等人（1997）以江苏地区为例，对城市化进程中的国民收入、人口、产业、基础设施等进行了区域空间分析，从一定的战略高度其城市群形体态与空间的发展以及模式进行了探讨，分析了城市群在空间发展模式上的可能性和阶段②。

章国兴（1999）对重庆中心城市群网络系统的构建进行了研究，认为“重庆中心城市网络系统的构建，应以市区半岛为中心城市的定位中心，建设‘万、涪、合’城市极、城市群、城市网，建设与此相对应的通道、桥梁、高速公路等交通网络和通信网络”③。

张文尝（2000）通过对典型经济带的实证分析之后，从中发现了“工业自生长点沿着交通轴集聚、扩散及再集聚的动态过程”这一结论，并且将其命名为“工业波”，他认为工业集聚—扩散的波浪式运动作为经济在空间上扩散的一个基本模式，新技术及生产方式首先会在最有利的地点逐步成长为增长极，此后将会沿着交通线开始逐步向外扩散，然后会在有利的地点开始形成新的生长点，这一扩散过程犹如波浪一般，其中既有波峰也存在波谷，增长极与新生长点之间会在资金、技术、人员、商品营销、原料供应等诸多方面保持着比较密切的相互联系，交通轴线则是工业波在空间进行扩散的主要依托基础，轻纺工业、原材料工业等不同的工业部门对于交通运输的需求存在着差别，因此将会分别沿着不同的交通线路进行扩散④。

陆军（2002）则对京津冀城市经济区域空间扩散的历史演变以及现实

---

①程玉鸿，田野．大珠三角城市群一体化演进状况评估［J］．城市问题，2016（12）：19－25.

②齐康，段进．城市化进程与城市群空间分析［J］．城市规划汇刊，1997，(1)：1－4.

③章国兴．试论重庆中心城市群网络系统的构建［J］．探索，1999，(3)：69－71.

④张文尝．工业波沿交通经济带扩散模式研究［J］．地理科学进展，2000，19（4）：335－342.

形态的实证进行了描述，并对经济系统进行空间扩散的一般规律做了深入阐述①。

张祥建等（2003）研究了长江三角洲城市群的空间特征，发现了主要影响城市群发展的各个障碍：行政分割、产业趋同、缺乏创新的合作模式、资源短缺和环境污染等，并提出了相应发展对策，主要有“加强区域政策的整体性、协调区域利益关系、合理进行产业定位和分工、建立区域性投融资管理机制、构建区域性信息交流和技术创新体系”等②。

官卫华等人（2003）阐述了目前国内外对于城市群的空间演变规律及其发展趋势的一般认识。在此基础上，以福厦城市群为例，对其发展条件、形成机制与空间范围的界定及发展阶段作了简要的分析，并探讨了其未来空间发展演化趋势③。

刘妙龙（2004）则主要从城市土地利用与开发的视角，主要利用疾病感染、传播机理等模拟方法，对城市空间扩展、演化动力学过程的模型等模拟问题进行了研究，对以城市形态扩展特征为指标进行城市分类的可行性等问题进行了探讨④。

刘德平（2006）对珠江三角洲城市群发展现状进行了分析，认为应将发展的视野和城市群空间布局的重点放在都市圈的构建和整合之上。应着力构建双核心、双轴线、内外圈层协调发展的网状区域发展的城市群空间结构，总的发展思路是“双核心优势互补，双轴线主次分明，内外圈层协调联动”⑤。

石贤光（2008）用主成分法来确定“城市质量”，在总结前人的基础上给出“城市质量”的双层含义、建立了城市经济发展综合影响力指标体系。基于引力模型计算郑州市与中原城市群中其他各城市的相互作用力，进而确定中原城市群的空间范围。在此基础上确定中原城市群的空间发展

---

①陆军．论京津冀城市经济区域的空间扩散运动［J］．经济地理，2002，22（5）：574－578.

②张祥建，郭岚，徐晋．长江三角洲城市群的空间特征、发展障碍与对策［J］．上海交通大学学报，2003，11（6）：57－62.

③官卫华，姚士谋．城市群空间发展演化态势研究——以福厦城市群为例［J］．现代城市研究，2003，18（2）：82－86.

④刘妙龙，陈鹏．城市空间扩散增长模型与模拟［J］．人文地理，2004，19（2）：6－11.

⑤刘德平．大珠三角城市群空间发展策略［J］．商业时代，2006（14）：87－88.

模式，提出了相关政策建议①。

夏保林、吕连琴（2009）认为中原城市群目前亟须解决空间一体化的整体协调、产业布局、基础设施建设、环境保护等问题。提出要打造大郑州都市圈，促进区域均衡发展，建设黄河南北两条工业发展带，构造生态功能体系框架是中原城市群的空间发展战略思路。形成“三圈、四带、多中心、多层次”的城市功能格局，建设以大城市发展为主导的城市规模结构和集群化的产业发展体系则构成中原城市群的总体空间结构布局②。

罗世俊等人（2009）从城市成长能力的角度出发，通过建立城市成长能力指标体系，采用熵权法确定各评价指标权重，结合灰色关联分析方法构建城市成长能力的评价模型，计算出长三角 16 个城市综合成长能力指数，并以 16 个城市成长能力的聚类分析结果为依据，进一步探讨了长三角城市群空间发展状况。提出长三角城市群的反“K”型发展模式和网络型发展态势，以对长三角城市群空间结构的优化、布局和进一步发展提供依据和参考③。

李俊峰、焦华富等人（2010）依据地理学相关理论，运用城市流和城市空间相互作用强度模型，定量测度了江淮城市群中各城市的城市流强度和 11 个城市之间的相互作用强度，揭示出江淮城市群空间联系方向，并提出江淮城市群空间整合的发展模式。结果表明：合肥、芜湖在城市群中发挥着较为重要的作用，是城市群中最为重要的两个节点，江淮城市群是一个“弱核型”城市群；城市群的空间联系方向是以合肥为中心，呈圈层状向外辐射以及沿交通走廊呈轴线状拓展，空间联系交通指向明显。通过实行“圈层”、“T”型及“双核”型空间整合模式，可以实现江淮城市群的协调发展④。

①石贤光．基于引力模型的中原城市群空间发展模式研究［D］．南京：南京航空航天大学，2008.

②夏保林，吕连琴．中原城市群空间发展与布局研究［J］．郑州航空工业管理学院学报，2009，27（1）：32－36.

③罗世俊，焦华富，王秉建．基于城市成长能力的长三角城市群空间发展态势分析［J］．经济地理，2009，29（3）：409－414.

④李俊峰，焦华富．江淮城市群空间联系及整合模式［J］．地理研究，2010，29（3）：535－544.

杨立国等人（2011）结合长株潭城市群社会经济发展情况，从空间结构、城镇体系规模和各城市空间联系三个方面对研究区域空间发展展开分析。结果发现长株潭城市群空间发展存在：长沙市首位度低，区域“轴—圈层”辐射力量薄弱，城镇体系规模分布呈现平衡特征，城市间空间联系性不强等问题。最后借鉴国内外空间管治研究现状，提出从空间管治理念入手，优化城市群规模分析，实现有效分区管治的空间管治对策①。

许计平（2011）在对滇西城市群空间现状进行分析评价的基础上，采用空间适宜性分析方法，借助 GIS 分析技术手段，对滇西城市群空间适宜性进行综合评价。结合滇西城市群空间现状及空间适宜性分析结果，提出滇西城市群未来三种空间发展模式，包括：中心—分散型、强核都市型、双核多向区域型发展模式。并就空间发展模式制定滇西城市群空间发展结构战略，提出未来滇西城市群应分阶段发展指引②。

朱政等人（2011）通过对珠三角城市群职能等级体系、空间结构演化历程的研究，指出其空间结构为多中心模式，即主次中心城市带动组团城市发展的模式。在此基础上，探讨该空间结构模式的成因以及其对于城市扩张、制造业发展、产业升级等方面产生的影响，认为珠三角城市群的多中心模式在加快城市化进程、控制城市规模、促进制造业发展、缓解城市问题等方面起到了积极作用，但在生态环境保护、产业结构升级等方面则有一定的负面影响③。

史雅娟等人（2013）运用 ROXY 模型实证分析了 1996—2010 年中原城市群城市人口、第二产业和第三产业的空间发展态势演变特征。结果发现：城市人口与第二产业均呈收敛—加速极化—加速收敛—加速极化的空间演变特征，第三产业呈现逐渐减速极化的空间发展态势。由此判断中原城市群大城市在城市化进程中有其先天优势，可以引领其他城市加快城市

---

①杨立国，皮灿，章芳．长株潭城市群空间发展特征及管治对策［J］．国土与自然资源研究，2011（6）：1－3.

②许计平．基于空间适宜性分析的滇西城市群空间发展模式研究［D］．兰州：兰州大学，2011.

③朱政，郑伯红，贺清云．珠三角城市群空间结构及影响研究［J］．经济地理，2011，31（3）：404－408.

化进程，但辐射能力非常有限，仍为弱核牵引[①]。

柴攀峰、黄中伟等人（2014）利用协同发展的相关理论，从长三角22城市之间的经济能级、经济联系以及产业协同发展三个方面对长三角城市群的空间格局进行研究，发现长三角区域正在逐渐从单一中心向多中心化模式转变，基本形成以上海为核心的圈层和以苏州、杭州、宁波、无锡、南京为次核心的多核心圈层结构，总体上可划分为上海凝聚团、南京凝聚团和杭甬凝聚团三大凝聚子团。研究认为，通过组团式协同实现“多中心”的城市空间格局是未来长三角城市群发展的必然趋势，助推整个城市群系统向更为有序的宏观自组织结构演化[②]。

朱江丽、李子联等人（2015）通过构建城市产业—人口—空间发展指标体系，利用耦合协调度函数，计算长三角城市群产业—人口—空间综合发展水平及其耦合协调度，分析了长三角城市群产业—人口—空间整体水平以及耦合协调发展的时序特征和空间特征。认为从时序上看，长三角城市群产业—人口—空间发展水平总体上在波动中演进，大致分为以产业为主导、以空间为主导到产业、空间与人口系统发展失调等三个阶段。从空间上看，长三角城市群由以上海为中心的空间格局逐步演进成为以上海为轴心，南京和杭州为两翼的高水平协调发展三角区域，但是由于空间发展过速，三角区域内高水平协调发展城市普遍存在产业与空间协调发展程度滞后的特征，而外围城市主要暴露出人口与空间协调发展程度滞后的问题。因此应该坚定以人为本的目标，促进产业集约高效发展，优化城市空间布局，推动城市人口、产业与空间协调发展[③]。

（五）城市群发展方针战略研究领域

陈凡等人（1997）在进行对比分析研究后，对国外城市群建设的宝贵经验进行了总结：重视首位城市的作用、交通网络基础设施的建设与城市

①史雅娟，朱永彬，王发曾．基于ROXY模型的中原城市群空间发展态势研究［J］．地域研究与开发，2013，32（2）：62－67.

②柴攀峰，黄中伟．基于协同发展的长三角城市群空间格局研究［J］．经济地理，2014，34（6）：75－79.

③朱江丽，李子联．长三角城市群产业－人口－空间耦合协调发展研究［J］．中国人口·资源与环境，2015，25（2）：75－82.

群的动态发展，并且在此基础上提出了辽宁带状城市群的发展思路①。

朱英明、姚士谋等人（1999）从影响城市群方针发展的因素、目标、机构形式以及与城市群结构体系等级水平的匹配四个方面，对我国城市群结构体系的发展方针进行了研究②。

周珍强（2000）建议长江三角洲城市群应该通过制度创新、建立利益协调和分配机制、共同市场等途径从而实现城市群的现代化、国际化和主题化③。

赵璟（2008）归纳了中国西部地区城市群发展中出现的各类不协调现象，确定西部地区城市群协调发展的内涵与目标，从实质自由扩展的视角构建了自成一体的西部地区城市群协调发展研究的理论分析框架，明确了西部地区城市群协调发展的内部流程，并从经济—制度—地理的三维度视角廓清西部地区城市群协调发展调节内容和调节过程④。

陈群元（2009）把城市群发展划分为雏形发育阶段、快速发育阶段、趋于成熟阶段和成熟发展阶段四个阶段，判定泛长株潭城市群仍处于雏形发育阶段中的中期阶段。对发达地区城市群、欠发达地区城市群和泛长株潭城市群的协调发展机制的现况进行了总结分析，提出了泛长株潭城市群协调发展机制的构建设想⑤。

曾鹏（2011）构建了“社会—经济—自然”复合生态系统的评估指标体系，运用城市生态位的评估方法，从城市环境生态位、城市经济生态位、城市人口生态位3个方面确定广西北部湾经济区城市的生态位及其特征，从而发现当前限制北部湾经济区城市群进一步发展的诸多因素，有针对性地提出了北部湾经济区城市群发展战略调整的整体思路，并从生态位分离与错位竞争策略、潜在生态位与选择性变异策略、生态位扩充与互惠

---

①陈凡，胡涓．中外城市群与辽宁带状城市群的城市化［J］．自然辩证法研究，1997（10）：48－53.

②朱英明，姚士谋．我国城市群发展方针研究［J］．城市规划学刊，1999（5）：28－30.

③周玲强．长江三角洲国际性城市群发展战略研究［J］．浙江大学学报：理学版，2000，27（2）：201－204.

④赵璟．中国西部地区城市群协调发展机理及实现机制：理论分析与实证研究［D］．西安：西安理工大学，2008.

⑤陈群元．城市群协调发展研究［D］．长春：东北师范大学，2009.

共生策略等方面提出了北部湾经济区城市群发展战略调整的政策建议[①]。

张旭亮、宁越敏等人（2011）对长三角城市群城市等级、经济联系、经济隶属度和国际化程度进行计量分析，发现上海仍在长三角城市群中处于核心主导地位，但城市群内部的城市经济结构已经发生重构，杭州、苏州、宁波、无锡等城市组团和与上海的联系不断加强，这种趋势将不断扩大。城市国际化异军突起，中小城市国际化充分彰显，是长三角城市群城市国际化发展的重要力量。在此基础上，提出了长三角城市群整体及辐射区、次级核心城市和中小城市三重城市国际化的空间发展战略[②]。

武清华、姚士谋等人（2011）针对我国中部城市群的现状问题，提出了武汉都市圈、中原城市群、长株潭城市群、皖江城市带、环鄱阳湖城市群和太原都市圈等中部6大城市群的发展策略：尽快建成我国中部经济发展轴，壮大节点的经济实力，努力建成产业集聚的核心地区，发展传统农业，但要引导向现代农业、都市农业方向前进，强有力地提升中部地区城镇化水平。同时注重我国中部地区城乡统筹规划与示范区的建设，保护本区域的旅游生态区、建成重要的国际旅游区，促进我国中部地区经济的长足发展，全面推动区域城镇化[③]。

魏后凯、成艾华等人（2012）认为：从国家层面看，当前以武汉城市圈、长株潭城市群、环鄱阳湖城市群为主体，整合资源和产业链，强化分工合作和一体化，加快推进长江中游城市群建设，并以此为载体推动形成长江中游经济区，使之成为世界规模级的人口、城镇、先进制造业和现代服务业密集带，成为引领和支撑未来中国经济发展的第四极，对提升中国国家竞争力和自主创新能力，促进区域协调发展和中部地区崛起，都具有重要的战略意义[④]。

---

①曾鹏．基于城市生态位的广西北部湾经济区城市群发展战略调整［J］．桂林理工大学学报，2010，30（2）：250－255.

②张旭亮，宁越敏．长三角城市群城市经济联系及国际化空间发展战略［J］．经济地理，2011，31（3）：353－359.

③武清华，姚士谋，薛凤旋，等．我国中部崛起的城市群发展策略思考［J］．长江流域资源与环境，2011，20（4）：391－396.

④魏后凯，成艾华．携手共同打造中国经济发展第四极——长江中游城市群发展战略研究［J］．江汉论坛，2012（4）：5－15.

殷照伟（2012）通过对欧洲城市群发展、美国城市群发展、亚洲城市群发展等国外相关城市群发展现状及发展演变规律的分析，同时结合中国城市群发展的历程、现状及特点，并对中外城市群发展进行了比较分析，指出中国城市群建设发展中存在的问题，为中国城市群发展规划尤其是京津冀城市群建设提出合理性建议，明确京津冀城市群发展的战略选择和战略构想，以及天津市在京津冀城市群发展中的地位和作用，并提出了推动京津冀城市群整体协调发展的对策建议①。

方创琳（2014）在对中国近60多年来城市发展总体方针演变过程与指导效果回顾总结的基础上，客观分析了中国现行城市发展方针的局限性，包括现行城市发展方针与国家城市发展的客观现实不相符合，缺少对城市化重点地区“城市群”的基本表述，对大、中、小城市的划分标准不尽合理，现行城市发展方针指导下的城市体系等级规模结构与行政区划不相协调等。最后提出了调整现行城市发展方针的建议方案，重新划分大、中、小城市的规模标准，将中国城市划分为超大城市（市区常住人口规模≥1000万人）、特大城市（介于500万～1000万人）、大城市（介于100万～500万人）、中等城市（介于50万～100万人）、小城市（介于10万～50万人）、小城镇（10万人）共六个规模等级标准；将新形势下中国城市发展方针调整为：引导发展城市群，严格控制超大和特大城市，合理发展大城市，鼓励发展中等城市，积极发展小城市和小城镇，形成城市群与大、中、小城市与小城镇协调发展的国家城市发展新格局②。

周春山、金万富、史晨怡等人（2015）通过与国内外城市群对比，提出了珠三角发展战略思路。研究结果表明：2000—2013年，珠三角城市群经济发展速度有所降低，区域经济发展差距逐渐缩小；人口红利面临枯竭；产业结构向高级化转变，经济全球化程度下降等；珠三角城市群发展水平和竞争力与国外世界级城市群相比差距较大；与国内长三角、京津冀城市群相比，总体发展势头下降。在此背景下，应将产业技术创新、土地

---

①殷照伟．京津冀城市群发展战略研究［D］．天津：天津师范大学，2012.

②方创琳．中国城市发展方针的演变调整与城市规模新格局［J］．地理研究，2014，33（4）：674－686.

节约集约利用、人口政策创新、区域合作与人文引领作为新时期珠三角城市群发展战略的主要方向①。

姚士谋等人（2015）从新型城镇化发展背景，五大发展策略与实施长远目标的关键措施，论证了我国大城市群地区的新型城镇化建设方针、路径与方法措施，探索中国新型城镇化的理论与实践问题。同时从国情特点、城乡统筹、产业转型、区域协调、资源环境统筹视角出发，对我国城镇化的合理进程、规模建设与规划布局以及环境生态保护等重大问题，进行了综合性、区域性的研究探索②。

（六）城市群功能与结构研究领域

邓先瑞等人（1997）从城镇结构（等级规模关系、功能结构和分布特征）对城市结构优化的问题展开了深入探讨③。

薛东前、姚士谋等人（2000）分析了三级水平上的城市影响域，指出产业差异是形成城市间联系的基本动力，并通过交通和通信网络得以实现，历史基础和城市等级规模在本区域城市联系的形成中具有特殊作用，并进一步论述了差异巨大、结构畸形为特征的城市群等级规模特点，分析了职能结构细化特征，阐明了城市群空间网络框架、集聚分布形式和三级多核圈层分布规律，最后提出城市群结构优化的措施④。

朱英明（2001）认为城市群地域结构是城市群发展程度、阶段与过程的空间反映，城市群地域结构的主要特征有：分形特征、“二次极化”、交通制导、传动作用、网络组合特征，未来发展的趋势表现在：动力机制、内涵、居住空间的影响、企业或企业集团的影响等⑤。

---

①周春山，金万富，史晨怡．新时期珠江三角洲城市群发展战略的思考［J］．地理科学进展，2015，34（3）：302－312.

②姚士谋，王肖惠，陈振光．大城市群内新型城镇化发展的策略问题［J］．人文地理，2015（4）：1－5.

③邓先瑞，徐东文，邓魏．关于江汉平原城市群的若干问题［J］．经济地理，1997，17（12）：82－84.

④薛东前，姚士谋，张红．关中城市群的功能联系与结构优化［J］．经济地理，2000（6）：52－55.

⑤朱英明．我国城市群地域结构特征及发展趋势研究［J］．城市规划学刊，2001（4）：55－57.

薛东前等人（2003）从城市群体结构的概念入手，研究了其基本形式和结构划分的思路，概括了四圈层空间结构模式，并对城市群体结构发展动力、阶段及特征加以理论概括。以城市群演化为基点，对城市群体形态结构、类型和演化规律予以阐述，归纳出城市群体结构和城市群形态类型演化的相关模式①。

方创琳等人（2005）根据城市群发育程度指数模型计算结果，将中国城市群划分为三个等级，其中一级城市群包括长江三角洲城市群、珠江三角洲城市群和京津冀都市圈3个城市群，二级城市群包括山东半岛城市群、成都城市群、武汉城市群等11个城市群，三级城市群包括滇中城市群、天山北坡城市群等14个城市群。进一步分析发现，中国城市群总体发育程度低且差异很大，这种差异具有一定程度的合理性，并呈现出发育的阶段性、总体分布的不平衡性、空间分异的规律性、内部集聚的异质性和明显的分化性等空间分异特征。在未来的发展中，应加强对中国城市群结构体系理论的多维性、规律性和阶段性研究，加强对中国城市群结构体系形成发育的差异性、异质性和竞争性研究，加强对中国城市群结构体系的国际化、全球化与动态监测研究②。

吴晓隽（2006）对上海大都市圈的空间结构、产业结构进行了深入的观察和分析。通过对影响上海大都市圈空间结构格局的几个因素：跨国公司活动、制度环境、信息技术的考察，指出FDI、信息技术在上海大都市圈并没有从根本上改变都市圈的内在区位规律，而是进一步增强了中心城市在区域发展中的极化作用和核心地位；而“行政区经济”的制度环境则是导致各城市与中心城市之间的联系弱化，空间结构相对分散的本质原因。指出“心弱边强”和空间结构松散是上海大都市圈空间结构的突出特征，因而“强心”和加强都市圈圈域范围内的分工合作成为现阶段上海大都市圈提高效率、健康发展的重大战略性课题。而制造业领域的竞合博弈问题、中心城市的产业定位战略问题则是其中的焦点所在。论文运用偏离

①薛东前，孙建平．城市群体结构及其演进［J］．人文地理，2004，18（4）：64－68.

②方创琳，宋吉涛，张蔷，等．中国城市群结构体系的组成与空间分异格局［J］．地理学报，2005，60（5）：827－840.

份额法对15个城市的制造业竞争力进行了实证研究，从产业结构和竞争力两个角度对制造业的29个具体行业做了详细分析，对上海大都市圈制造业发展中存在的问题及阶段特征进行了全面的总结。针对制造业领域广受诟病的产业“同构”问题，从都市圈圈层角度和具体产品角度进行了深入的考察。基于“大产业类别同构、小产品层面差异”的结论，系统地阐述了以都市圈为集聚平台发展广域产业集群的构想。提出广域产业集群是从产业层面冲破行政区经济的藩篱，实现圈域范围内的产业整合、提高资源配置效率的重要途径。基于国际经验，构建了新背景下都市圈中心城市的模型，指出高度发达的知识服务业是中心城市成为新时期都市圈动力核心的基石，以大都市圈为市场基础从供需关系角度探讨了上海城市功能转型的必要性、可行性以及途径①。

陆玉麟等人（2007）对长三角城市群的功能定位问题进行了深入研究，认为长江三角洲一直是中国最发达的城市经济区，未来将是中国最主要的人口流入地和最主要的人口集聚区。而从全球城市的发展趋势看，成为融进世界城市体系的全球城市区域，是长江三角洲城市群发展的基本目标。另外，城市化以工业化为基础，基于长江三角洲原来的工业基础与结构特点，构建轻重工业协调发展的国际制造业基地是长江三角洲城市群发展过程中的必然选择②。

王发曾、郭志富、刘晓丽等人（2007）用“城市中心性强度”法来划分中原城市群地区所有城市的等级，进而构建出4个等级城市体系的层次。采用灰色系统GM（1，1）模型并根据人口的机械增长基础，求出各城市2020年非农业人口的优化指标。运用纳尔逊（H. J. Nelson）统计分析原理和方法，确定各城市的优势职能、突出职能以及重点发展行业，构建了“两圈、双核、四带、一个三角”的城市体系空间布局和功能发挥的整体框架③。

李王鸣、江佳遥、楼铱等人（2009）基于城市群内部联系视角，重点

①吴晓隽．上海大都市圈的结构及功能体系研究［D］．上海：复旦大学，2006.

②陆玉麒，董平．论长江三角洲城市群的功能定位［J］．现代经济探讨，2007（1）：70－73.

③王发曾，郭志富，刘晓丽，等．基于城市群整合发展的中原地区城市体系结构优化［J］．地理研究，2007，26（4）：637－650.

研究浙中城市群空间和功能结构特征。研究通过抽样调查获取浙中城市群城市间人口出行相关信息，设计表征城市群人流联系特征的人流指数和出行目的指数，通过量化分析揭示浙中城市群空间上表现多中心网络状结构特征，功能上呈现多个经济中心并逐步弱化的行政中心结构特征，层级结构表现为扁平化。以此引导浙中城市群的功能规划和区域基础设施建设，促进城市群结构优化和功能互补①。

刘海滨、刘振灵等人（2009）提出了一种改进的区位商指数，选择我国典型的资源基础型城市群——辽宁中部城市群为分析对象，研究该城市群城市职能结构的时空转换。结果表明：辽中城市群各城市职能的“制造业”特色突出，城市职能呈“重型产业化”；中心城市制造业和服务业功能日益趋强，金融、科研、教育等以智力为特征的现代服务业发展迅速，其他城市服务业发展与中心城市发展存在一定差距②。

肖金成等（2009）认为市场机制是城市群空间演变的动力源，政府机制是城市群空间演变的推动力，通过政府和市场的共同作用产生集聚和扩散效应，从而影响和改变着城市群的发展演变。在城市群的发展中，核心城市与所在区域协调发展至关重要，直接影响和决定着城市群的发展进程和发展水平。要做好十大城市群相应的功能定位，引领我国区域发展新格局③。

王海江、苗长虹等人（2010）通过对中国13个主要城市群的城市流强度与结构分析，从城市流视角探讨中国城市群对外服务功能空间分布特征及其增长情况。研究表明，长三角、珠三角城市群是全国性的以制造业为主的综合型对外生产服务中心，京津冀城市群是全国性的以第三产业为主的综合型对外生产服务中心，山东半岛城市群初步形成以第二产业为主的全国性对外生产服务中心，成渝、辽中南等其余9个城市群为区域性对外生产服务中心。研究指出，城市群往往生成于我国各级产业轴线交汇的

①李王鸣，江佳遥，楼铱．联系分析视角下的浙中城市群结构特征研究［J］．经济地理，2009，29（10）：1644－1649.

②刘海滨，刘振灵．辽宁中部城市群城市职能结构及其转换研究［J］．经济地理，2009，29（8）：1293－1297.

③肖金成．我国城市群的发展阶段与十大城市群的功能定位［J］．改革，2009（9）：5－23.

地方，由产业轴级别差异，将会形成不同规模等级的城市群，由此可以从各级产业轴线上寻找和培育新的城市群。研究认为，由城市流强度占 GDP 比重而确定的外部贡献率，是城市的基本活动部门对地区生产总值增长的贡献份额，城市群区域内部密切的经济联系与交流提高了各城市的外部贡献率，由城市间密切经济联系而形成的城市流是城市群演化发育的内在机制之一①。

李王鸣等人（2011）基于浙中城市群空间要素体系——节点、通道、流和基质的构建与识别，通过政府部门调查和典型企业的访谈、问卷调查，获取浙中城市群空间各要素相关信息，系统定量分析浙中城市群空间结构特征，探索城市群研究的方法并加以实证。研究表明，浙中城市群表现出以义乌、金华为中心，多轴线、网络化的空间发展特征②。

李响（2011）以长三角城市群内 16 个主要城市经济联系为实证，从社会网络分析视角，对城市群网络的基本形式、网络结构属性及内部微观特征进行分析。结果显示长三角城市间已互动形成紧密的网络状关联，但网络内各城市结点间中心性不均衡、枢纽型城市较少，区域多中心、网络化协同发展格局显现，并提出了长三角城市群区域网络功能提升及治理的相关建议③。

郭荣朝、宋双华、苗长虹等人（2011）以城市群结构优化与功能升级的理论为依据，介绍了中原城市群的提出与建设，分析了产业结构优化与特色产业簇群培育，生态环境结构优化、空间结构优化与“廊道组团网络化”模式构建等城市群结构优化内容。提出了核心城市自主创新能力培养，生产性服务中心培育，统筹城乡发展，城市群内外的配合协作与有效对接等城市群功能升级路径④。

---

①王海江，苗长虹，郝成元．中国城市群对外服务功能强度与结构分析［J］．人文地理，2010（1）：49－55.

②李王鸣，柴舟跃，江佳遥．基于城市空间要素分析的浙中城市群结构特征研究［J］．地理科学，2011（3）：295－301.

③李响．基于社会网络分析的长三角城市群网络结构研究［J］．城市发展研究，2011，18（12）：80－85.

④郭荣朝，宋双华，苗长虹．城市群结构优化与功能升级——以中原城市群为例［J］．地理科学，2011（3）：322－328.

赵勇、白永秀等人（2012）运用空间功能分工指数对中国城市群的功能分工水平进行了测度与比较。结果显示：2003—2010 年，中国城市群功能分工水平总体相对较低并呈现出波动中持续下降的趋势，但 2008 年之后呈现出一定程度的上升态势；城市群功能分工存在明显的区域差异，东部城市群高于中西部城市群且差距逐渐拉大。从城市群中心城市与外围城市的比较来看，中心城市远远高于外围城市且二者差距不断扩大，但中心城市自身则呈现出下降趋势。从城市等级角度比较来看，城市功能分工水平与城市等级高低有关，不同等级的城市呈现出明显的级差特征①。

齐讴歌、赵勇等人（2014）运用空间功能分工指数对中国城市群功能分工进行了测度，并对其时序演变与区域差异进行了分析。结果显示：2003—2011 年，城市群功能分工水平总体相对较低且呈现出金字塔式分布特征，东部地区城市群功能分工程度远远高于东北地区和中西部地区。从城市群功能分工区域差异来看，四大区域呈现出明显的空间分异特征，中西部城市群基本上呈现出波动中上升的态势，而东部城市群则呈现出波动中持续下降的趋势。从城市群功能分工时序演变特征来看，城市群功能分工演变态势大体上以 2010 年为拐点，出现了整体上由波动中上升向迅速下降的转变②。

陆大道（2015）回顾了京津冀大城市群内部各组成部分的经济联系与利益矛盾，阐述了改革开放以来，京津两市和河北省的经济发展特点及已形成的优势。根据各自的特点、优势和符合国家战略利益的原则，提出了京津冀大城市群中北京、天津、河北省的功能定位③。

施小兰（2016）首先依据重庆区域发展战略演变历程和城镇体系格局，对重庆城市群范围进行了界定，采用引力模型计算出城市群内各城镇相互作用的强度，进一步验证重庆城市群空间结构的合理性。其次通过比

---

①赵勇，白永秀．中国城市群功能分工测度与分析［J］．中国工业经济，2012（11）：18－30.

②齐讴歌，赵勇．城市群功能分工的时序演变与区域差异［J］．财经科学，2014（7）：114－121.

③陆大道．京津冀城市群功能定位及协同发展［J］．地理科学进展，2015，34（3）：265－270.

较分析重庆城市群的发展现状并从城镇规模结构、城镇产业结构、城镇现有功能定位这三方面入手对城市群功能结构进行研究，得出重庆城市群在发展过程中功能结构存在的问题。接下来运用城市流模型分析各城镇的城市流强度和城市流强度结构，研究城市群内部各城镇的空间经济功能联系，为城市群功能结构优化提出依据。最后针对重庆城市群功能结构存在的问题、城市功能联系的特点提出重庆城市群功能结构优化的路径和对策①。

马燕坤（2016）优化了城市群功能空间分工的测度方法，并以我国京津冀、长江三角洲和珠江三角洲三大城市群为例进行了实证分析，分析表明，我国三大城市群的功能空间分工程度存在明显的空间差异，且城市群功能空间分工程度与经济发展水平和发育水平之间存在较为明显的正向相关关系；随着区域经济社会发展和一体化水平的提高，三大城市群中心城市的功能专业化程度都呈现出不同形式和不同幅度的变化，城市群内部的生产性服务功能会发生空间分异，新的副中心城市可能会出现而承担一定程度的生产性服务功能②。

第三节　城市群交通系统研究综述

国外学者对于城市群交通系统的研究往往是在对城市群进行研究之中涉及的。有的学者认为，各个城市之间各种“流”的强烈交互作用促成了当代最大限度的人类居住的地域空间形式。加拿大地理学家 T. G. Mcgee 曾经对亚洲发展中国家城市聚集的地区形成做了研究，认为交通的发展特点是铁路和高速公路的建设使得两个或者多个大城市之间相互连接起来，从而在这些城市之间形成狭长的发展地带③。

2003 年 Kurt Fuellhart 发展了一个线性替代模型，对城市航空港的旅游

①施小兰．重庆城市群功能结构优化路径研究［D］．重庆：重庆工商大学，2016.

②马燕坤．城市群功能空间分工形成的演化模型与实证分析［J］．经济管理，2016（12）.

③. Mcgee T. The emergence of Desakota regions in Asia：expanding a hypothesis［J］. Environment Development & Sustainability，1991.

流替代空间竞争现象进行了分析与描述①。

2004 年 Hidenobu Matsumoto 选取了多种变量来策略模型对城市群航空流作用强度的分析和研究②；同年 Guo 等人构造了相关研究模型对大范围内的城市（节点）间的吸引力及其相互之间的作用强度研究③。

2005 年 Kazuhiko Haruyama 等对城市之间的主干公路的规划和建设进行了研究④。

2007 年 Javier Gutiérrez 等以马德里周边为例，研究了城市群的空间流动格局变化规律⑤。

2008 年 Morton E. O' Kelly 等建立了一个空间相互作用的双重规划模型对北美城市群大城市之间的平均旅行距离进行了研究⑥。

2009 年 Michael Sivak 对 1960—2006 年美国城市群的人口迁移及其对能源需求的影响进行了深入研究⑦。

2010 年 García – Palomares 对马德里城市群的城市扩张方式与上班耗时进行了研究，定义了城市群扩张的不可持续流动模型⑧。

Dilum Dissanayake 等在 2012 年刊出的论文中，对亚洲一些城市群旅游

---

①Fuellhart K. Inter – metropolitan airport substitution by consumers in an asymmetrical airfare environment：Harrisburg，Philadelphia and Baltimore［J］. Journal of Transport Geography，2003，11（4）：285 – 296.

②Matsumoto H. International urban systems and air passenger and cargo flows：some calculations［J］. Journal of Air Transport Management，2004，10（4）：239 – 247.

③Shen G. Reverse – fitting the gravity model to inter – city airline passenger flows by an algebraic simplification［J］. Journal of Transport Geography，2004，12（3）：219 – 234.

④Haruyama K，Teramoto S，Taira K. Construction of large cross – section double – tier metropolitan inter – city highway（Ken – O – Do）Ome Tunnel by NATM［J］. Tunnelling and underground space technology，2005，20（2）：111 – 119.

⑤Gutierrez J，García – Palomares J C. New spatial patterns of mobility within the metropolitan area of Madrid：towards more complex and dispersed flow networks［J］. Journal of transport geography，2007，15（1）：18 – 30.

⑥O' Kelly M E，Niedzielski M A. Efficient spatial interaction：attainable reductions in metropolitan average trip length［J］. Journal of Transport Geography，2008，16（5）：313 – 323.

⑦Sivak M. Energy – demand consequences of the recent geographical shift in the metropolitan population of the US［J］. Cities，2009，26（6）：359 – 362.

⑧García – Palomares J C. Urban sprawl and travel to work：the case of the metropolitan area of Madrid［J］. Journal of Transport Geography，2010，18（2）：197 – 213.

交通需求进行了调查和离散建模选择分析①。

近20年来，随着我国各种交通方式的逐步发展，国内的学者也关注到了城市群综合交通系统在城市群体集聚过程之中的重要作用，纷纷对其进行了关注，研究成果也不时涌现出来。

刘金江（2004）在深入分析国外城市发展规律和我国城市化进程的基础上，提出并论证了我国城市化发展战略。并从城市问题产生的本源着手，运用系统的思想和方法，结合城市规划的相关原理和方法，重新阐述城市交通规划的理念和方法。对城市群中个体城市交通规划、城际交通规划、对外交通规划以及交通投融资进行了系统分析和深入研究，最终提出了城市群交通规划的相关理论和方法②。

郭华等（2005）通过对城市群交通结构进行梳理，进而对城市群中的铁路进行了适应性分析，最终提出城市群城市铁路发展策略。认为随着城市规模及其集聚力的不断扩大，“城市群”或“城市圈”逐渐形成，但城市交通的结构性缺陷也越来越突出。而城市铁路在造价、工程可行性、运量可比性等方面的优势，就成为适合城市群交通需求的一种有效的出行方式。③。

单连龙（2006）分析了我国长江三角洲地区城市群交通的特点及问题，研究了长江三角洲地区交通发展理念及取向，得出了长江三角洲地区城际交通发展模式选择的结论④。

刘小航、黄靖等人（2006）从城市结构、交通系统和管理体制等方面对珠江三角洲和日本近畿圈两个城市群交通进行比较分析，指出珠三角交通存在城市交通系统供需不平衡，致使城市交通运输效率低下，进而制约经济持续快速增长等问题。得出了要使珠江三角洲城市群交通的供求关系达到平衡，必须积极借鉴日本近畿圈的先进经验，合理调配交通系统中

①Dissanayake D, Kurauchi S, Morikawa T, et al. Inter - regional and inter - temporal analysis of travel behaviour for Asian metropolitan cities: Case studies of Bangkok, Kuala Lumpur, Manila, and Nagoya [J]. Transport Policy, 2012, 19 (1): 36 - 46.

②刘金江．城市群交通规划研究［D］．西安：长安大学，2004.

③郭华，马艳．基于我国城市群交通结构特征的城市铁路发展策略［J］．交通标准化，2005 (2): 85 - 88.

④单连龙．长江三角洲地区城市群交通发展构想［J］．综合运输，2006 (5): 22 - 24.

"人—车—路"三者之间相互关系①。

王为林（2007）从介绍我国东部发达地区在城市化进程中所形成的、代表区域特征的城市群着手，阐述我国区域城市群发展特征及交通发展方式的转变，并指出我国区域城市群交通发展面临的问题，探讨了"十一五"我国区域城市群交通发展方向、重点②。

袁婧（2007）结合城市群的特点，建立了适用于城市群的城际公路客运交通生成与分布预测模型。在对城市群的定义和形成过程进行分析的基础上，阐述了城市群客流产生机理；然后对城市群客运需求的特点做出总结分析，并指出影响城市群城际公路旅客运输需求的主要因素。为了提高预测精度，选用 BP 神经网络作为非线性组合预测的工具。分析了传统双约束重力模型应用于城市群城际公路客运交通分布预测的不足，提出在双约束重力模型中引入调整系数用于修正由重力模型计算出的分布量，使其与观测的分布量尽量符合；并对分布模型进行了算例分析③。

张江余（2007）从交通运输与经济发展相互联系、相互影响的角度入手，运用定性分析和定量分析相结合的方法，对成渝城市群的交通系统与经济系统的协调发展进行探索研究。提出立足成渝城市群一体化的角度进行交通战略布局，提升成渝城市群的竞争力和影响力的建议④。

刘天东（2007）在研究国内外城市群空间发展的基础上，得出两种模式的城际交通适应性的结论。从城际交通推动城市群发展的理论基础，到城市群空间组织的三种模式，再到城市群发展的动力机制和城际交通对城市群空间演变的作用机制，最后到不同交通方式引导下的城市群空间组织进行了递进式、系统化的研究⑤。

王莉岚（2008）在剖析城市群相关理论的基础上，对城际快速交通体系的结构进行系统分析，并进一步划分城际快速交通网络的结构层次。通

---

①刘小航，黄靖．珠江三角洲城市群交通问题与对策——日本近畿圈的实践与启示［J］．人文地理，2006，21（1）：76－79.

②王为林．"十一五"我国区域城市群交通发展［J］．铁道运输与经济，2007（8）：45－47.

③袁婧．城市群城际公路客运交通生成与分布预测研究［D］．成都：西南交通大学，2007.

④张江余．成渝城市群综合交通运输——经济复合系统研究［D］．成都：西南交通大学，2007.

⑤刘天东．城际交通引导下的城市群空间组织研究［D］．长沙：中南大学，2007.

过研究核心城市对外交通需求预测的方法，建立了城市对外客运总量预测的机理模型，同时在分析城市对外运量分布规律的基础上，建立了对外运量分布预测的模型。然后提出城际快速交通体系规划的目标和理念，着重研究城际运输通道的规划，包括通道的发展排序、系统配置和路径的功能定位，并以成绵乐客运专线的功能定位为例，对成渝城市群城际快速交通体系的规划进行了实证分析①。

谢建平（2008）等分析了发展城际轨道交通的意义和作用，研究了城市群区域发展中各城市之间规划和建设城际轨道交通的必要性，提出了城市群中各城市间发展轨道交通的可行性②。

李家伟（2008）等分析了我国城市群交通基础设施建设一体化中存在的问题和制约城市群交通基础设施一体化的制度因素，从建立分工与合作机制、合理设置管理机构、建立一体化规划机制、建立互动协调式规划组织方式四个方面提出了城市群交通基础设施一体化的制度路径③。

刘勇（2009）认为交通运输和城市群空间结构演化之间存在着相互反馈作用，不仅交通运输影响空间结构演化，空间结构演化反过来也影响着交通运输的发展。探讨了交通运输与城市群空间结构演化之间的相互关系，提出了城市群交通运输与空间结构协同发展的作用机理，对与城市群空间结构协同的交通运输发展路径进行了具体分析，并以长三角城市群为实证进行了研究④。

何韶瑶（2009）等通过对城市群交通规划特点的分析，探讨了城市群形态以及交通需求对城市群交通的影响。以长株潭城市群交通规划整合为研究基础，通过对长株潭城市群交通现状、城市群形态（包括空间结构形态和社会经济形态）、出行需求特征等的分析，探讨城市群发展中面临的

①王莉岚．城市群城际快速交通体系规划研究［D］．成都：西南交通大学，2008.

②谢建平，陈治亚．城际轨道交通在城市群发展中的意义［J］．城市轨道交通研究，2008，11（11）：10－11，20.

③李家伟，刘秉镰．城市群交通基础设施一体化发展的制度途径研究［J］．物流技术，2008，27（4）：5－7，11.

④刘勇．与空间结构演化协同的城市群交通运输发展——以长三角为例［J］．世界经济与政治论坛，2009（6）：78－84.

问题及解决方法，提出了城市群交通规划的整合方法及其优化原则①。

姚影（2009）从集聚经济和交通区位双重视角分析了城市交通基础设施对城市集聚与扩展的影响机理，提出城市交通基础设施具有共享性、拥挤性、可达性、网络性和门槛特征，构建了城市交通基础设施影响城市集聚与扩展的理论分析框架，创新性地将交通成本变量的内涵进行了阐述，从节点、线路和网络三个层面研究城市交通基础设施对城市集聚与扩展的影响②。

曾明华（2009）以长株潭城市群交通网络为背景，研究了交通网络特性，定义了度为 k 的道路的介数中心性和基于节点介数中心性的结构熵，在数值计算的基础上分析了交通网络性质。研究分析发现：

（1）五个交通网络中，整个长株潭交通网络是比较抗失效的，湘潭交通网络显示出对失效的脆弱性，而长沙市及长株潭整个交通网络是最为有序的；

（2）长株潭城市群交通网络是小世界网络而不具有无标度性；

（3）对网络匹配关系研究表明交通网络是异配的，利用网络异配性初步探讨了网络层阶性，为长株潭城市群交通运输网络规划建设提供了理论和实践支持③。

高燕（2009）对城市群交通系统进行了分析，认为城市群城际交通系统是城市群社会经济大系统的一个重要组成部分，其发展的可持续性是支撑城市群可持续发展的前提，城市群的发展必然需要高效率、多方式的交通工具；接着论述了城市群城际交通系统评价体系的构建过程，建立了城市群城际交通系统评价体系；最后给出了城市群城际交通系统的评价方法以及实例④。

鞠志龙、霍娅敏（2009）认为城市群发展阶段伴随着交通方式的变

---

①何韶瑶，马燕玲，夏博．长株潭城市群交通规划整合研究［J］．城市规划，2009（7）：45－50.

②姚影．城市交通基础设施对城市集聚与扩展的影响机理研究［D］．北京：北京交通大学，2009.

③曾明华，李夏苗，刘大鹏．城市群交通网络特性［J］．系统工程，2009，27（3）：10－15.

④高燕．城市群城际交通系统发展评价研究［D］．西安：长安大学，2009.

革、更新与演替过程，交通联系的密切性成为城市群体空间整体性不断加强的基本条件。在城市群形成过程中，交通运输对城市组团或城市组群等地域结构基本单元起着制约、引导作用，从而形成沿交通走廊的城市组团或城市组群的城市群地域结构。城市群交通运输是以支撑城市群的正常运转为基本目的，以促进城市群进一步完善为动态目标。城市群交通发展水平与城市群发展阶段密切联系，相互促进；并以成渝城市群交通运输系统的发展支撑作用为例，说明了交通运输系统对城市群发展的支撑作用①。

何韶瑶、马燕玲、夏博等人（2009）通过对城市群交通规划特点的分析，探讨了城市群形态以及交通需求对城市群交通的影响。以长株潭城市群交通规划整合为研究基础，通过对长株潭城市群交通现状、城市群形态（包括空间结构形态和社会经济形态）、出行需求特征等的分析，探讨城市群发展中面临的问题及解决方法，提出了城市群交通规划的整合方法及其优化原则②。

董艳华（2010）对城市群的内涵和主要特征进行界定，划分了城市群的发展阶段，对不同时期交通系统的功能和主要特征进行了分析，并从总量、分布和结构三个方面分析了城市群交通的影响因素，提出关于城市群交通规划的政策建议③。

陈必壮、杨立峰、王忠强、顾煜等人（2010）结合当前城市群综合交通系统现状及存在问题，论述了这一系统的层次及特点。从规划原则、技术路线、规划目标与需求预测四个方面提出了城市群综合交通系统规划方法，并从战略层面提出了系统的布局规划要求和建设原则④。

吴文化、单连龙等（2010）研究了城市群与交通发展的关系，分析了我国城市群客运交通的现状，提出未来我国城市群客运交通发展的基本特征及模式选择并建构了城市群客运交通发展系统框架，从而得出“十二

---

①鞠志龙，霍娅敏．交通运输系统对城市群发展支撑作用的探讨［J］．铁道运输与经济，2009，31（3）：39－42.

②何韶瑶，马燕玲，夏博．长株潭城市群交通规划整合研究［J］．城市规划，2009（7）：45－50.

③董艳华．城市群交通规划的理论分析与政策建议［J］．综合运输，2010（9）：21－26.

④陈必壮，杨立峰，王忠强，等．中国城市群综合交通系统规划研究［J］．城市交通，2010（1）：7－13.

五”期间城市群客运交通发展思路及重点及政策措施①。

董治、吴兵、王艳丽等人（2011）运用系统分析、交通规划、城市规划、需求分析以及适应性的理论和方法，从城市群交通需求特征、网络结构以及交通模式三个方面全面分析中国城市群交通系统发展特征，提出了适应中国城市群交通发展的总体思路和发展对策。研究结果表明：中国城市群交通系统仍需不断完善，应重点关注城市群城际通道优化、城市出入口衔接、综合枢纽建设以及一体化管理体制的推进②。

吴兵、王艳丽等人（2011）采用实证分析的方法，对高度城镇化背景下发达国家较为成熟的城市群交通系统进行研究，通过深入解析发达城市群都市圈间及都市圈内交通系统的需求特征、网络结构以及运输模式等关键要素，归纳得到高度城镇化背景下城市群交通系统所展现的重要特征。研究表明，成熟城市群的交通需求主要集中在都市圈中心城市间以及中心城市与外围城镇间，相应的交通网络结构以高容量的运输通道为骨架，通道内采用一体化的运输模式。最后指出，我国城市群交通网络发展缺乏资源和模式的整合，应借鉴国外经验，在优先发展大容量运输方式的同时，做好与其他交通方式的衔接和预留③。

董艳华（2011）应用系统动力学的思想方法，从投资效应、运行效益和布局导向效应三方面分析了交通系统与区域经济发展之间的反馈关系；构建了交通系统与城市群发展的因果关系流程图；界定和描述了主要的子系统及函数关系；探讨了该方法在资源、环境约束下，制定城市群综合交通规划中发挥的作用④。

李夏苗、王国明等人（2012）建立复杂网络层级结构和组团结构识别算法，并以长株潭城市群交通网络为例划分城市群交通网络的层级结构与

①吴文化，单连龙，刘斌等．城市群客运交通发展的基本特征及系统框架研究［J］．宏观经济研究．2010（4）：3－22，31.

②董治，吴兵，王艳丽，等．中国城市群交通系统发展特征研究［J］．中国公路学报，2011，24（2）：83－88.

③吴兵，王艳丽，董治，等．高度城镇化背景下城市群交通特征研究［J］．城市交通，2011，09（2）：67－73.

④董艳华．基于系统动力学的城市群交通规划方法研究［J］．交通运输系统工程与信息，2011，11（3）：8－13.

组团结构。通过对长株潭城市群交通网络的层次结构与组团结构的研究可以得出以下几个重要结论：①层级结构和组团结构并不是孤立的，二者是同时存在的。②复杂网络的层次结构和组团结构算法能够有效地、准确地划分城市群层级结构与组团结构。③河流等自然地理条件对城市交通网络连通性和交通网络中的层次结构和组团结构有至关重要的影响①。

方大春、杨义武等人（2013）从城市间高速时间距离和高铁时间距离对比的角度，计算高铁开通前后长三角城市群交通空间聚集维数和空间关联维数，分析长三角城市群交通网络空间结构分形特征变化。结果表明：高铁下的长三角城市群交通网络空间向心性集聚分布更显著，空间关联性更强，不同级别交通网络相互叠加改变城市群交通网络分形特征，高铁开通优化了长三角城市群城市交通网络空间结构②。

鲁莎莎、关兴良等人（2013）从公路网络密度、干线影响度、区位优势度三方面构建了交通优势度的综合集成指标体系，采用 GIS 技术及数理模型定量分析了武汉城市群地区交通地理格局的历史嬗变、时空差异及与城市兴衰和经济发展水平的关联性。研究表明：

（1）武汉地区的历史盛衰与交通地理格局的变化密切相关，近代得天独厚的交通地理优势，孕育了武汉地区的繁荣与兴盛；现代交通技术的发展，中国交通格局趋于均质化，致使武汉历史上作为贸易与交通的“中点”与“终点”枢纽地位不再。

（2）区域综合交通优势度呈现“圈层状”形态并大致表现为由中心向外围衰减的空间格局，武汉市及其周边地区交通优势度最高，并沿长江黄金水道、武九产业带向东南方向延伸。

（3）1980—2010 年城市群交通优势度的绝对差异和相对差异均呈扩大态势，两极分化趋势不断加强。

（4）交通优势度与经济发展水平之间具有显著的耦合关系，少数几个

①李夏苗，王国明，胡正东，等．城市群交通网络层级结构与组团结构识别［J］．系统工程，2012（5）：81－88.

②方大春，杨义武．高铁时代长三角城市群交通网络空间结构分形特征研究［J］．地域研究与开发，2013，32（2）：52－56.

交通优势突出的区县集中了城市群绝大多数的人口产业要素①。

林木西、崔纯、范双涛等人（2013）认为哈大高铁的建设有力推动了“大东北城市群”的一体化，全国经济增长“第四极”的产生，为面向东北亚开放、构筑新的“欧亚大通道”铺平了道路，对进一步增强东北地区的运输能力，力促全国的资源互补，带动沿线城市旅游、餐饮、购物等相关服务业及住房需求的增长，起到了重要的推动作用②。

杨丽华、孙桂平等人（2014）从交通建设度、交通运输度、交通通行度及关联度等方面构建交通网络总体建设水平的评价指标体系，并运用SPSS模型对城市群内的交通节点进行分级，然后运用交通联系度模型对各城市间的交通网络联系进行了定量分析，从而构建了京津冀城市群交通网络联系的基本结构。研究表明，京津冀城市群各节点城市交通网络综合实力的两极分化现象严重；交通网络的联系不健全，存在南北不对称的松散结构；交通网络呈现以北京市为中心的放射式格局并形成以京津为核心的三条主要联系通道③。

关兴良、蔺雪芹等人（2014）采用等时线叠置法和指标分区法，分析了武汉城市群交通可达性及交通优势度与城镇空间扩展的时空格局、关联特征及其作用机理。研究表明，交通运输体系与城镇空间扩展具有内在联系，呈现出互动耦合、协同演进格局。从作用机理来看，交通运输体系通过直接效应、外部效应和乘数效应对城镇空间扩展起着重要的支撑和推动作用；城镇空间扩展在“量”和“质”上对交通运输提出了新要求，刺激并保障了交通运输体系的发展，两者相互反馈、相互依赖。从政策启示来看，交通运输体系的空间不均衡是造成区域经济发展水平差异的重要因素，制定差别化的交通运输发展战略和完善一体化的交通运输体系是加快

---

①鲁莎莎，关兴良，方创琳，等．武汉城市群交通地理格局评价与时空演进特征［J］．华中师范大学学报（自科版），2013，47（5）：698－706.

②林木西，崔纯，范双涛．高铁在推动大东北城市群一体化进程中的作用［J］．经济纵横，2013（4）．

③杨丽华，孙桂平．京津冀城市群交通网络综合分析［J］．地理与地理信息科学，2014，30（2）：77－81.

区域经济增长和缩小地区差距的重要途径①。

李成兵（2017）根据对城市群交通供需关系的描述，明确城市群交通供给与需求平衡的内涵、研究范畴及表现形式，将城市群交通问题分为三个部分，即城市群中单一城市内部、城市群中城市与城市之间、城市群与外部之间，对城市群交通供给和交通需求的计算方法进行研究，并根据两者的相互作用机制，利用微分动力学原理，构建城市群交通运输系统供需非均衡模型；最后运用微分方程的稳定性理论对模型进行求解，提出城市群交通供需的平衡条件，并以呼包鄂城市群为实例来验证该模型的有效性和科学性②。

第四节　目前研究存在的问题

由于国外有关城市群的相关研究起步较早，其研究成果无疑对我国相关研究的开展有一定的借鉴作用，但是由于我国国情、经济发展阶段与城市化进程等诸多方面均存在着各种差异，相应城市群发展阶段与发展规律也会与国外有所不同，因此国外的研究理论还需要结合我国国情与现状进行归纳总结，从而构建更适合于我国实际情况的发展理论。

而国内城市理论缺乏能够深入反映我国城市化特色与城市群地域结构的基础理论，对我国城市群的情况的理论指导意义不强。

另外，城市群作为一种比较复杂的地域空间单元，需要多维视角和多个学科的综合与交叉研究，然而目前我国城市群的相关研究主要集中在地理与城市规划等少数领域之中，缺乏对城市群进行系统的多学科综合分析与研究探索，特别是在城市人口流动及城市空间格局变化上，缺少有效的量化研究手段。

此外，国内对交通系统的研究往往局限于城市交通的范畴或是扩大到全国的综合运输区域，以城市群尺度的交通系统研究不是很多见。由于城

---

①关兴良，蔺雪芹，胡仕林，等．武汉城市群交通运输体系与城镇空间扩展关联分析［J］．地理科学进展，2014，33（5）：702－712.

②李成兵．城市群交通运输系统供需非均衡模型研究［J］．交通运输系统工程与信息，2017，17（1）：47－53.

市群是多个不相联系或联系很弱的城市由单体结构转变为区域整合的群体结构而形成的，因此单从形体上来分析，城市群将比单个城市要复杂得多，更何况交通系统本身就是一个复杂的系统，这就决定了对其研究必须以整个城市群尺度的视角，来综合考虑各种城市群的交通系统影响因素。除此之外，对于城市群交通系统的研究在较长的一段时间之内都是依附于城市群的研究之中，近年来才有较多专门的研究成果，而且应用学科种类也较为单一。单独研究城市群或者交通运输的成果较多，研究两者互动关系的成果较为罕见，定性研究较多，定量分析较少。

03 第三章 城市群发展相关理论

第一节 城市群及其相关概念

一、城市化进程

城市是人类现代文明的结晶，随着科技革命的迅猛发展与经济全球化的快速推进，由此导致工业化、城市化进程不断加速，目前世界已经进入了“城市世纪”，中国2010年上海世界博览会的主题就是“城市，让生活更美好”（Better City，Better Life）。

在人类数千年的历史上，真正意义上的城市所出现的时间并不算太早，这是由于人类社会初期的城市受原始物质条件、通信及交通水平的制约，以及受到落后生产力和生产关系限制，一直发展都很缓慢。城市的迅速发展时期是在18世纪60年代英国工业革命之后，受到迅速发展的生产力和社会分工、科学技术所推动，人口开始大量向城市集中，城市迎来了一个焕发活力的时代。

联合国出版的《世界城市展望2007》显示，截至2007年底，全世界约33亿人居住在城市中，世界城市化水平首次突破50%，经过自工业革命以来200多年的发展，全世界正式步入城市化社会，这将对世界经济社会产生广泛而深刻的影响。

（一）城市化进程的规律

纵观世界城市化历程，呈现出两个基本规律：

1. 城市化率的S型曲线变动

1975年，美国地理学家诺瑟姆通过对各个国家城市人口占总人口比重的变化研究发现，城市化进程全过程呈一条S型曲线，具有阶段性规律：

当城市人口超过10%以后，进入城市化的初期阶段，城市人口增长缓慢；

当城市人口超过30%以后，进入城市化加速阶段，城市化进程逐渐加快，城市人口迅猛增长；

当城市人口超过70%以后，进入城市化后期阶段，城市化进程停滞或略有下降趋势①。

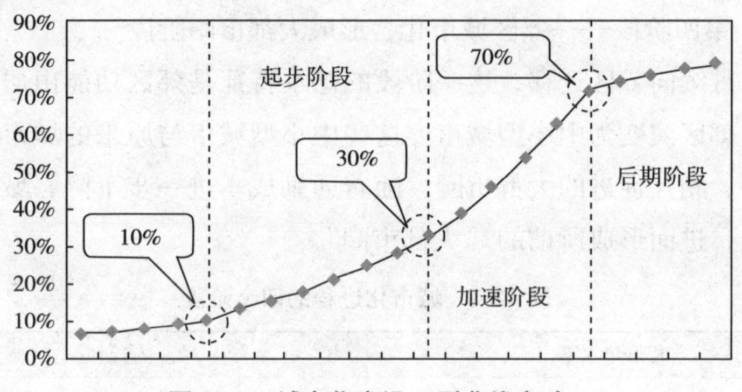

图3-1　城市化率沿S型曲线变动

2. 城市化进程的四个阶段

根据对美日韩三国城市化进程中人口迁移的主导方向的研究，可以看出，按人口流动的主导方向，城市化进程可进一步细分为四个阶段②：

（1）第一阶段——从农村进入城市

一般情况下，在城市人口低于50%的时候，人口迁移以农村人口迁入城市为主。

（2）第二阶段——从小城市进入大城市化

当城市人口超过50%之后，人口迁移以城市之间的相互移动为主，城市进入规模结构优化时期。这一阶段的基本特征是：小城市是全国城市的主要呈现形式，人口迁移以小城市人口迁入大城市为主，农村人口向城市迁移为辅。农村人口一方面填补小城市人口迁出留下的空白，另一方面直

①焦秀琦．世界城市化发展的S型曲线［J］．城市规划，1987（2）：34-38.

②王文斌．我国房地产价格波动形成机制及影响因素研究［D］．天津：南开大学，2010.

接迁入大城市寻找就业机会。

（3）第三阶段——大城市郊区化

当城市人口超过70%之后，大城市成为全国城市的主要呈现形式，人口迁移以大城市城区人口迁入大城市郊区为主，大城市郊区人口逐渐超过城区人口。事实上，早在城市人口超过50%的时候，小城市占主导地位的阶段，少数大城市就已经开始了郊区化进程。但是在这一阶段，大城市占主导地位，人口由大城市城区向郊区迁移成为一个普遍的趋势，而且规模巨大。

（4）第四阶段——郊区城市化，形成大都市圈阶段

人口继续向郊区迁移，这一阶段的基本特征是郊区功能由居住扩展至工商业，郊区演变为中小型城市。这些中小型城市与原来的城市城区形成功能互补，相互促进的大都市圈，随着通勤成本进一步下降，城市与农村相互融合，进而形成所谓的“大都市圈”。

表3-1 城市化进程的四个阶段

城市化水平	人口流动方向
<50%	以农村进入城市为主
50%~70%	以小城市进入大城市为主
>70%	以大城市城区迁入大城市郊区为主
>70%	大都市圈形成

据统计，在1800年时，世界城市人口只占世界总人口的3%，而经过200年的发展、增长，城市人口迅速达到总人口的47%。今天，城市化已不容置疑成为世界各国的发展趋势，截至2010年，世界整体城市化水平已达到51.8%，城市人口首次超过农村人口，预计到2020年世界城市化水平将达到57.4%①，如表3-2所示。

表3-2 世界城市化的发展趋势（1950—2020年）

年份	世界		发达国家		发展中国家	
	城市人口（百万）	城市化水平（%）	城市人口（百万）	城市化水平（%）	城市人口（百万）	城市化水平（%）
1950	734	29.2	447	53.8	287	17.0

①许学强，周一星，宁越敏等．城市地理学［M］．北京：高等教育出版社，2009.

续表

年份	世界		发达国家		发展中国家	
	城市人口（百万）	城市化水平（%）	城市人口（百万）	城市化水平（%）	城市人口（百万）	城市化水平（%）
1960	1032	32.4	571	60.5	460	22.2
1970	1371	37.1	698	66.6	673	25.4
1980	1764	39.6	798	70.2	966	29.2
1990	2234	42.6	877	72.5	1357	33.6
2000	2854	46.6	950	74.4	1904	39.3
2010	3623	51.8	1011	76.0	2612	46.2
2020	4488	57.4	1063	77.2	3425	53.1

（二）城市规模演变的规律

城市的聚集效应有其自身的运行规律，即城市的聚集效应存在一个与城市最优规模相对应的临界点。在达到这一临界点之前，城市的聚集效应随着城市规模的扩大而加速上升；超过这一临界点之后，城市的聚集效应随着城市规模的扩大而递减，城市规模也逐步发展到极限，大城市走向郊区化；若城市的扩散作用得到很好的发挥，就会进一步形成都市圈。

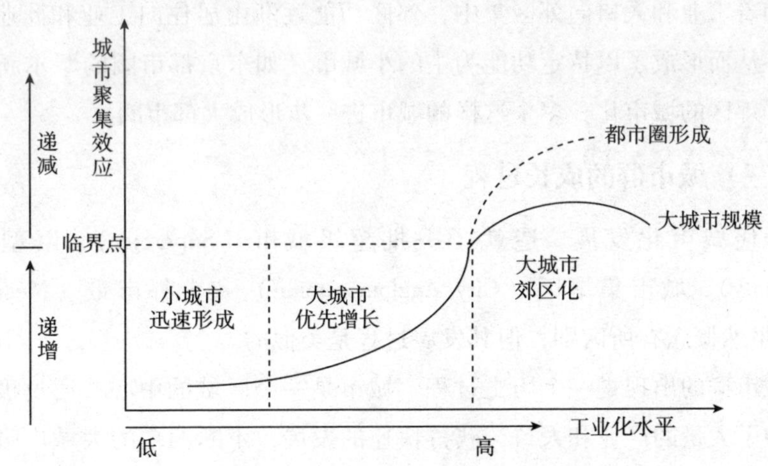

图 3－2　城市规模演变的规律

正是因为城市聚集效应的这一特点，导致在工业化的不同阶段，不同规模的城市发展速度不同，进而在整体上表现为城市规模结构的演变。

在工业化水平较低的时期，工业品需求缺口较大，大多数工业产品竞争并不激烈。早先形成的大城市领衔新产品的开发，由于工业品需求缺口较大，这些新产品很快便被复制到大城市周边乃至全国各地，在此基础上中小城市迅速形成和发展。这一时期，城市的聚集效应为正，但不是特别明显，小城市迅速形成。

随着工业化水平提高，社会分工进一步细化，竞争日益激烈，生产成本和交易成本的节约显得日益重要；同时，服务业占比逐渐提高。而服务业主要是为工业和消费者提供服务，服务业的最优化建立在大规模的工业聚集和人口聚集基础上。此时，城市的聚集效应逐步显现，大城市优先增长，在整个国民经济中所占比重不断提高，这必然导致人口由小城市向大城市集中。

随着城市规模的进一步扩大，工业、服务业、住宅和市政工程对城市土地的争夺越来越激烈，土地成本越来越高，中心城区生活居住成本越来越高，居住环境恶化，城市的聚集效应达到临界点，此后城市聚集效应由正变负，导致人口和部分低产出工业先后迁入城市郊区及周边地区。这就导致了大城市人口的郊区化①。

随着工业和人口向郊区集中，郊区功能逐渐由居住向工业和商业功能转化，从而形成了以特定功能为主的小城市（如东京都市圈的摩尔新城），实现了郊区的城市化，多个这样的城市进一步形成大都市圈。

（三）城市群的成长过程

现代城市化发展，造就了一批超级城市（Supercity）、巨型城市（Megacity）、城市集聚区（City Agglomerateion）和大都市带（Megalopolis）。虽然概念有所区别，但其发展过程是类似的。

城市群的出现是一个历史过程。城市是一个区域的中心，通过极化效应集中了大量的产业和人口，获得快速的发展，不断涌现的大城市吸引了更多的人口、财富及社会资源。

随着规模的扩大，实力的增强，各产业在向城市聚集的同时，更细致

①岳文海．中国新型城镇化发展研究［D］．武汉：武汉大学，2013.

的分工又促使一部分产业向郊区转移，对周边区域产生辐射带动效应，推动了在地域上相关联的大都市区的形成，形成一个又一个城市圈或都市圈。

伴随着城市规模的扩大和城际之间交通条件的改善尤其是高速公路的出现，相邻城市辐射的区域不断接近并有部分重合，城市之间的经济联系越来越密切，相互影响越来越大，一些地理上毗邻的大都市区又组成了大都市带（希腊城市地理学家 Jen Gottamn 把此种城市组织称之为 Megalopolis）。

城市群可以看作是都市区向大都市带发展过程中的过渡性形态。如图3－3所示①。

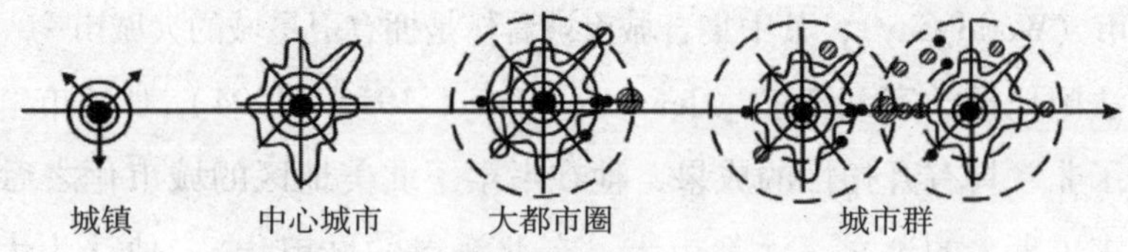

图3－3　城市群的典型成长过程

二、城市群定义

（一）国外有关城市群概念的研究

目前学术界认为城市群的思想起源于由英国城市学家霍华德（Ebenezer Howard，1850—1928）在19世纪末所提出的“田园城市”模式，其核心思想是通过围绕大城市来建立分散、独立、自主的田园城市，从而解决大城市中所出现的各种弊端和问题，从而形成“无贫民窟无烟尘的城市群”，这是一种兼顾了城市与农村两者优点的理想模式②。

虽然霍华德作为城市群研究的先驱，对城市群相关研究做出了比较突出的贡献，但是目前英国及许多西欧国家学术界普遍认为城市群的概念是由英国学者帕特里克·格迪斯（Patrick Geddes，1854—1932）首先于1915

①陈必壮，杨立峰，王忠强，顾煜．中国城市群综合交通系统规划研究［J］．城市交通，2010（1）：7－13.

②埃比尼泽·霍华德．明日的田园城市［M］．北京：商务印书馆，2010.

年提出的。

格迪斯通过对英国城市的研究，在其《进化中的城市》(Cities in Evolution) 一书中指出："城市的扩展是其诸多功能跨越了城市的边界，众多的城市影响范围相互重叠产生了'城市区域'(City Region)，这一新的城市空间形式需要一个相对应的新名词来描述，于是格迪斯便创造出'Conurbation'一词；同时他认为当时英国已有七大城镇密集区和大伦敦城市群等，而法国的大巴黎、德国的柏林——鲁尔区、美国匹兹堡(Pittsburgh)、芝加哥、纽约等地区亦已形成城市群"①；格迪斯运用区域综合规划的方法，提出城市演化的形态：城市地区(City Region)、集合城市(Conurbation) 和世界城市(World City)，其中集合城市被看作是拥有卫星城的大城市②。

法国地理学家戈特曼(Jean Gottmann，1915—1994) 对城市群的研究做出了非常具有开拓性的成果，他在考察了北美地区的城市化之后于 1957 年发表了著名的论文《大都市带：东北海岸的城市化》，他认为大都市带(Megalopolis) 是一个由许多都市区相互连成一体，是一个在经济、社会、文化等多个方面都存在着密切交互作用的巨大城市地域③。

加拿大的麦吉(McGee) 对东南亚发展中国家城市密集区进行研究之后提出了"灰色区域"(Desakota) 的概念，用以描述亚洲某些发展中国家和地区出现的与西方大都市带类似而发展背景完全不同的新型空间结构④。后来麦吉在相关理论基础进一步发展后提出了"超级都市区"(Megaurban Region，MR) 的概念⑤。

与此同时，一些西方国家政府则从统计的角度开始对城市群进行界定。例如，美国预算总署(后更名为美国管理与预算总署) 早在 1910 年

①刘荣增．城镇密集区及其相关概念研究的回顾与再思考 [J]．人文地理，2003，18 (3)：13－17.

②林先扬，陈忠暖，蔡国田．国内外城市群研究的回顾与展望 [J]. 热带地理,2003,23(1)：44－49.

③Gottmann J. Megalopolis or the urbanization of the northeastern seaboard [J]. Economic geography, 1957，33 (3)：189－200.

④唐路，薛德升，许学强．1990 年代以来国内大都市带研究回顾与展望 [J]．城市规划学刊，2003 (5)：1－5.

⑤Mcgee T. The emergence of Desakota regions in Asia：expanding a hypothesis [J]. Environment Development & Sustainability，1991.

的人口统计中就首次使用了大都市区（Metropolitan District）概念。所谓大都市区，是指人口在10万及10万人以上的中心城市及其周围10英里范围内的郊区人口，或与中心城连绵不断、人口密度达150人/平方英里的地区。具体统计以县为单位，标准的大都市区，起码拥有1个县，少量规模较大的大都市区，可以跨越几个县。

此后为了准确反映大都市区的发展状况，并保持概念的连续性，美国预算总署先后对大都市区的定义进行了一系列修订：

1950年，大都市区正式名称改为“标准大都市区”（Standard Metropolitan Area,SMA）概念。

1959年，“标准大都市区”改为“标准大都市统计区”（Standard Metropolitan Statistical Area，SMSA），它包括一个拥有5万或5万以上人口的中心城市及拥有75%以上非农业劳动力的郊县。

1980年又进一步补充为：“若某区域总人口达到或超过10万，并且有5万以上人口居住在人口统计署划定的城市化区域中，即使没有中心城市，也可划定为大都市区”。1980年的定义还规定，人口在百万以上的大都市区内，其单独的组成部分若达到上述标准，则可划分为主要大都市统计区（PrimaryMetropolitan Statistical Area，PMSA），而任何包含两个以上PMSA的大都市复合体都可称为联合大都市统计区（Consolidated Metropolitan Statistical Area，CMSA），这两个标准，能有区别地反映规模较大的大都市区的发展情况。

1983年SMSA改名为大都市统计区（Metropolitan Statistical Area，MSA），其具体标准没有变化。

2000年，美国管理与预算总署又提出“核心基础统计区”（Core Based Statistical Area，CBSA）概念，并在2003年人口统计中正式实施。CBSA是指至少拥有1万以上人口的核心区和与其社会经济整合程度较高（主要是通勤关系）的周边地域。CBSA包括“大都市统计区”和“小都市统计区”两大类①。

①王旭．20世纪后半期美国大都市区空间结构趋同现象及其理论意义［J］．世界历史，2006（5）：4－14.

20世纪10—20年代苏联学者对此也展开了研究，并提出类似城镇密集区的概念，“如‘城市经济区’、‘经济城’、‘规划区’等；曾有多位学者如博戈拉德等人分别对乌克兰等苏联的城市做过研究，并从中心城市最低人口数、外围地带最低城镇居民点数、中心城市到集聚区边缘的距离等指标，提出城市密集区的界定方法”①。

然而综合来看，国外对于城市群概念的界定上虽然存在着各种差异，其使用的术语也大相径庭，但是其所要表达的思想却殊途同归，基本上大致相同，主要是从城市与区域相互作用这一角度对城市群这一概念进行界定，着重突出城市群联系这一特征。

（二）国内有关城市群概念的研究

我国对于城市群所展开的研究主要开始于20世纪80年代，于洪俊、宁越敏等人在1983年首次使用“巨大都市带”这一译名把戈特曼的研究思想向国内做了介绍与阐述②。

周一星在1988年则提出了都市连绵区（Metropolitan Inter-locking Region，MIR）的概念，从而为我国城市群地域范围的划分奠定了坚实的理论基础③。这之后我国学者在相关领域的研究中使用了许多相似的名词，诸如长三角和珠三角地区，有的学者将其称为都市连绵区，有的则称其为都市连绵带，还有准都市连绵区、都会经济区、大都会区、城市群、城市（镇）密集地区等提法④。

姚士谋对我国城市群进行的研究比较系统，其在1992年所著《中国城市群》一书中对城市群做了这样的定义：“在特定的地域范围内具有相当数量的不同性质、类型和等级规模的城市，依托一定的自然环境条件，以一个或两个特大或大城市作为地区经济的核心，借助于现代化的交通工

---

①刘荣增．城镇密集区及其相关概念研究的回顾与再思考［J］．人文地理，2003，18（3）：13-17.

②于洪俊，宁越敏．城市地理概论［M］．合肥：安徽科学技术出版社，1983.

③Zhou Y X. Definition of urban place and statistical standards of urban population in China：problem and solution［J］. Asian Geography，1988.

④唐路，薛德升，许学强．1990年代以来国内大都市带研究回顾与展望［J］．城市规划学刊，2003（5）：1-5.

具和综合运输网的通达性，以及高度发达的信息网络，发生与发展着城市个体之间的内在联系，共同构成一个相对完整的城市‘集合体’”①。

侯启章（1993）则认为城市群与城市带之间的不同之处主要在于城市带是城市群发展的更高层次，当城市群开始逐渐发展到一定阶段之后将会进一步逐渐演变成为城市带②。

孙一飞（1995）将与城市群类似的城镇密集区定义为在一定地域范围之内，以多个大中城市作为核心，城市之间、城市与区域之间发生着比较密切的联系，城市化水平较高，城镇呈现出连续性分布的密集城镇地域，并且他认为城镇密集区应该包括节点、网络和基质等方面所构成，应该包括高密度城镇、高城市化水平、整体性区域和多层次结构等基本特征③。

代合治（1998）则认为作为一个城市群应具备三个条件：“第一，必须是一个连续的区域；第二，组成城市群的地域应具有较高的城市化水平；第三，城市群应达到一定的面积、人口、城市规模。”④

顾朝林（1995，1999）认为城市群是由若干个中心城市在其各自的基础设施和具有个性的经济结构方面能够发挥其特有的经济社会功能，从而形成一个在社会、经济、技术等方面一体化，并且具有亲和力的有机网络⑤⑥。

原建设部于1999年颁布的《城市规划基本术语标准》（GB/T 50280—98）：“城市群 Agglomeration：一定地域内城市分布较为密集的地区。”⑦

周玲强（2000）认为城市群是指“在一定的地缘经济区域范围内，由若干个功能性质互补、经济上相互依存、社会发展趋同，并以中心城市为

---

①姚士谋，陈振光，朱英明．中国城市群［M］．合肥：中国科学技术大学出版社，2006.

②侯启章．珠江三角洲城市群体研究［D］．广州：中山大学，1993.

③孙一飞．城镇密集区的界定——以江苏省为例［J］．经济地理，1995（3）：36－40.

④代合治．中国城市群的界定及其分布研究［J］．地域研究与开发，1998，17（2）：40－43.

⑤顾朝林．中国城镇体系：历史？现状？展望［M］．北京：商务印书馆，1992.

⑥顾朝林．经济全球化与中国城市发展：跨世纪中国城市发展战略研究［M］．北京：商务印书馆，1999.

⑦中华人民共和国建设部：《中华人民共和国国家标准城市规划基本术语标准——城市规划基本术语标准》，1999年2月1日颁布实施。

核心和依托所组成的城市网络群体"①。

徐清梅（2002）认为城市群是指"在具有发达的交通条件的特定区域内，由一个或几个大型或特大型中心城市率领的若干个不同等级、不同规模的城市构成的城市群体。群体内的城市之间在自然条件、历史发展、经济结构、社会文化等某一或几个方面有密切联系"；"中心城市对群体内其他城市有较强的经济、文化辐射和向心作用"；"至于城市群内的众多城市是否属于同一行政辖区，并不是构成城市群的必要条件"②。

刘荣增（2003）则认为城镇密集区是"在一定地域范围内，以多个大中城市为核心，城市之间和城市与区域之间发生着密切联系，城市化水平较高，城镇连续性分布的密集城镇地域"；并且认为"城镇密集区应包括节点、网络和基质三方面"③。

夏安桃（2004）则认为城市群有狭义和广义定义之分，"广义的包括各种不同阶段的城市群，只要达到了一定的指标，就可以称之为城市群；而狭义的只能是那些类似于沪宁杭、珠三角这样的高度发达的城市群才能称之为城市群"；并且认为"城市群是不同层次各种城镇的集合；是一个区域空间、自然和社会经济等要素组成的有机体；是一个无论在区域层次上、还是相互联系的空间上均具有网络性的基本特征，由包含若干个具有较强活力的子系统构成的大系统；是一个区域经济发展的实体"④。

戴宾（2004）对都市圈（城市圈）、城市带、多中心城市群、都市连绵区与都市连绵带、Megalopolis 与城市集群等相关概念做了辨析⑤。

城市群是在工业化、城市化进程中出现的区域空间形态的高级现象，能够产生巨大的集聚经济效益，是国民经济快速发展、现代化水平不断提高的标志之一。对城市群概念的表述，学者们莫衷一是，但认识在渐趋一

---

①周玲强．长江三角洲国际性城市群发展战略研究［J］．浙江大学学报：理学版，2000，27（2）：201－204.

②徐清梅，张思锋，牛玲，等．中国城市群几个基本问题的观点述评［J］．城市问题，2002（1）：18－22.

③刘荣增．城镇密集区及其相关概念研究的回顾与再思考［J］．人文地理，2003，18（3）：13－17.

④夏安桃．长株潭城市群整合发展研究［D］．广州：中山大学，2004.

⑤戴宾．城市群及其相关概念辨析［J］．财经科学，2004（6）：101－103.

致，即城市群是有很多城市组成的，彼此的联系越来越紧密，共同对区域发展产生影响。综合来看，国内学者们目前对于城市群的认识上相对比较一致的主要有以下几个方面①：

第一，城市群主要是指一个地域概念；是指“在特定地域范围”（薛东前等，2000）；或者是“在一定的地缘经济范围内”（周玲强，2000）；或者是“若干基本单元构成的连续区域”（代合治，1998）；

第二，城市群应该具有群体特征；如“具有相当数量的不同性质、类型、等级规模的城市”（薛东前等，2000）；或者是指“由若干个功能性质互补、经济上相互依存、社会发展水平趋同，以中心城市为核心和依托所组成的城市网络群体”（周玲强，2000）；

第三，城市群应该有中心城市；如“以一个特大或大城市作为地区经济的核心”（薛东前等，2000）；或是“以中心城市为核心和依托”（周玲强，2000）；

第四，城市群应有比较高的城市化水平；如“城市群区域应有较高的城市化发展水平”（代合治，1998）；或者城市群的“发展水平代表着一国现代化和城市化的发展水平”（周玲强，2000）。

（三）城市群的界定标准

判别城市群并无单一固定的标准，因时间、空间的不同而变化，城市群的边界是渐变的，没有精确现成的模型可用。界定城市群需要有效把握其本质内涵，采用定性定量相结合的方法②。

1. 有一到几个较强经济实力的中心城市

中心城市处于城市群的核心与支配地位，对整个区域社会经济活动起着组织和主导作用，渗透促进其他城市和地区的全面发展。城市群的中心是一两个或以上的超大或特大型城市，也可以是一两个或多个规模相近的大中城市。中心城市具有开放性、服务性、创新性，具有对区域社会经济

①徐清梅，张思锋，牛玲，等．中国城市群几个基本问题的观点述评［J］．城市问题，2002（1）：18－22.

②肖金成．我国城市群的发展阶段与十大城市群的功能定位［J］．改革，2009（9）：5－23.

发展能量与要素进行高效、有序、合理聚集与扩散的功能，主要表现为工业生产、劳动力就业、金融资本、商贸物流、人才技术信息、决策功能等极化效应，同时又扩散开来。

2. 完善的城镇体系

城市群属于高城市化水平区域，由于各国、各地的自然、历史、文化、经济、社会状况差异巨大，城市化水平也难以确定单一的标准。一般来说，我国现阶段城市群区域的城市化水平应超过全国平均水平以上较为合理。城市群具有完善的城市等级体系，在空间上与某一级城镇体系地域单元相重合，还可能包含几个较低层次的城镇体系地域单元。由少数特大、大型以上核心城市与多数中小城市及市镇相互串联而成的城市群体，层次分明，各规模等级城市之间保持金字塔结构比例关系，中间不发生断层，上下不缺层，城市的职能作用通过城市网络依次有序地逐级扩散到整个体系，产生较高的城市群体能级效应。

3. 一定规模的人口与空间

城市群内城镇数量多，分布稠密，人口规模与密度都很大。虽然不同地区的差别非常悬殊，但综观国内外城市群的发展过程，结合我国国情，人口和空间规模与密度的最低标准大致为：面积 5 万平方千米左右，区域人口 2000 万人以上，人口密度 400 人/平方千米左右，中等以上城市 10 个左右，城市密度 2 个/万平方千米左右。

4. 较高的产业发展与分工协作水平

城市群内非农产业比重较高，特别是第三产业增加值占 GDP 的比重较高。一般来说，城市群的第二产业、第三产业增加值合计占 GDP 比重应达到 70% 以上。在市场一体化、资源配置一体化前提下，城市间、城市与区域间产业配套合理、分工互补、协作密切，产业的梯度转移顺畅，分工协作程度较高。

5. 完善的基础设施网络

城市群内基础设施网络是由公路、铁路、航空、水运与通信等许多现代运输方式叠加而成的综合性、一体化系统。多种运输方式间相互贯通，速度快，密度高，运量大，技术领先，将发展极、各城镇以及相关区域连接成为一个有机整体。城市群拥有包括大型交通通信枢纽和对外口岸，如规模相当的海港或空港或多条国际航线在内的成熟的基础设施网络。

（四）本书对城市群概念的界定

基于前人的研究成果，城市群的定义可以概括如下：

在特定的地域范围内具有相当数量的不同性质、类型和等级规模的城市，依托一定的自然环境条件，以一个或两个超大或特大城市作为地区经济的核心，借助于现代化的交通工具和综合运输网的通达性，以及高度发达的信息网络，发生与发展着城市个体之间的内在联系，共同构成一个相对完整的城市“集合体”，这种集合体就称为城市群①。

根据本书定义，中原城市群、关中城市群等城市群，其发达程度虽未达到珠三角、长三角等发达城市群的水平，但是也应被视为城市群。

三、城市群相关概念界定

在实际应用与诸多学术著作中，与城市群这一术语相类似的还存在有许多概念，诸如都市圈、城市带、多中心城市群、都市连绵区（带）等多种术语，然而由于理论上的不完善以及大家认识上的不统一，从而引发了诸多概念意义上的分歧，有时还会存在混用现象，为了能够更好地理解城市群的概念，对这些概念进行明确区分很有必要。

（一）都市圈（城市圈）

都市圈也可称之为城市圈，这是城市群的一种空间表现形式，它是反映以一个或两三个中心城市为核心、与周边城镇连同这些城镇所覆盖的空间地域之间形成比较密切社会经济联系，并且呈圈层状布局的空间组织形式；或者可以说都市圈主要是由中心城市及周边大中小城市和地域所共同组成的相对紧密的一体化区域。

都市圈一词出现和使用的频率极高。此概念起源于日本，日本在太平洋沿岸分布了京滨、阪神、名古屋三大都市圈，共同构成东海道城市群。

---

①姚士谋，陈振光，朱英明．中国城市群［M］．合肥：中国科学技术大学出版社，2006.

因此，可以认为，每个城市群都有一个或多个都市圈。都市圈属于同一城市场的作用范围，一般是根据一个或几个大都市辐射的半径为边界并以该城市命名。与传统的单体城市相区别的是都市圈反映了一种组合城市，它主要以高密度的城市和人口以及非常巨大的城市体系规模区别于其他地区和其他城市类型。

根据国外发达国家的经验和国内城市群发展实践，都市经济圈一般具有以下几个特征：

1. 中心性

由一个或数个具有200万以上人口的高能级特大、超大城市构成了都市圈域的中心，中心城市的国内生产总值一般可以占到圈域的1/3乃至一半以上，从而成为整个圈域经济的中心与枢纽；中心城市高密度的经济集聚所产生的高能量经济磁场，形成了对周边地区巨大的经济吸引力与辐射力，从而成为都市圈域经济发展的“增长极”。

2. 趋圆性

都市圈域内一般都具有比较高的城镇密集度，各类城镇环绕中心城市基本形成呈现出圈层状的空间结构布局，城镇的等级规模体系相对比较合理；趋圆性是都市圈重要的空间形态特征之一，因此相对而言在平原地区更加具备形成都市经济圈的自然地理条件。

3. 一体化

一体化是都市圈主要的经济特征，也是都市圈发展的实质；所谓的一体化主要是指都市圈域内中心城市与各类城市与城镇之间分工与合作比较密切，在经济与社会文化活动上能够相互融合与互补，从而形成了在经济上的一体化关系；都市圈域的一体化主要包括要素市场的一体化（如资金、劳动力、生产技术等要素在都市圈内的城市之间、城乡之间自由流动）、产业发展一体化、基础设施一体化、资源与环境开发和保护一体化以及城市发展规划一体化。

4. 通勤性

都市圈内都具有比较密集的交通基础设施网络，并且以中心城市为核心向外部延伸，从而将中心城市与都市圈周边地区紧密地联系起来，由此形成了非常密集的物流、人流、经济流、信息流，圈域内中心城市到各个城镇一直保持着相对比较高的通勤率。

日本东京都市圈的通勤圈如图 3 –4 所示。

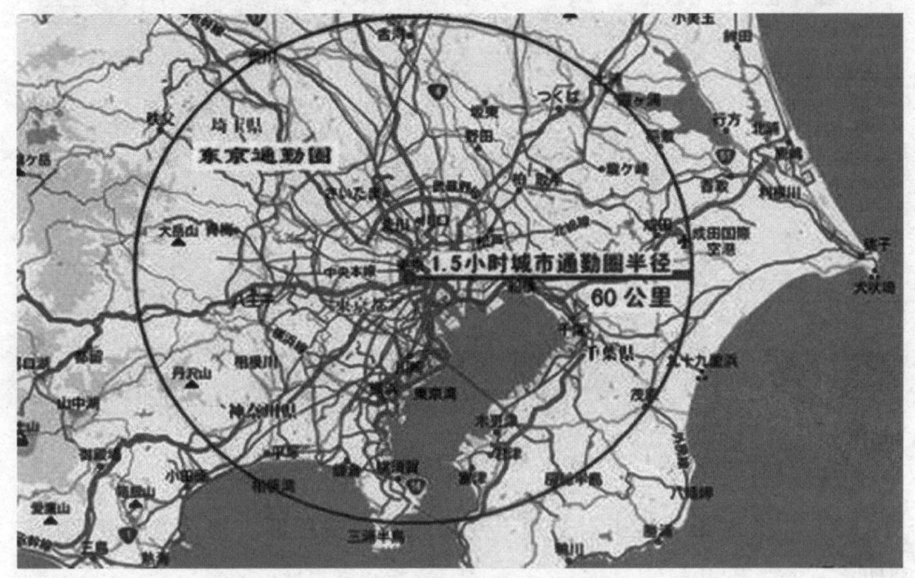

图 3 –4　日本东京都市圈的通勤圈

（二）城市带

城市带是指在一条交通干线上分布了大大小小很多个城市。和城市群概念不同的是，城市带所强调的是城市分布的形态，但城市之间不一定存在密切联系，而城市群强调城市之间的经济联系及相互影响。

城市带是反映由一组规模比较大、地域相邻、彼此之间相互关联的城市沿着交通干线分布，从而形成的一种带状城市群；城市带以交通干线为主要轴线、以城市和城镇为结点，从而形成一个有机联系的城市群体，在空间上呈现出带状扩展趋势，经济活动的空间集聚与空间扩散也主要沿着交通干线展开，从而形成产业带。

美国的城市带如图 3 –5 所示。

城市带一般来说主要具有以下特征：

（1）以某一交通干线为主要轴线，呈现出带状形态分布；

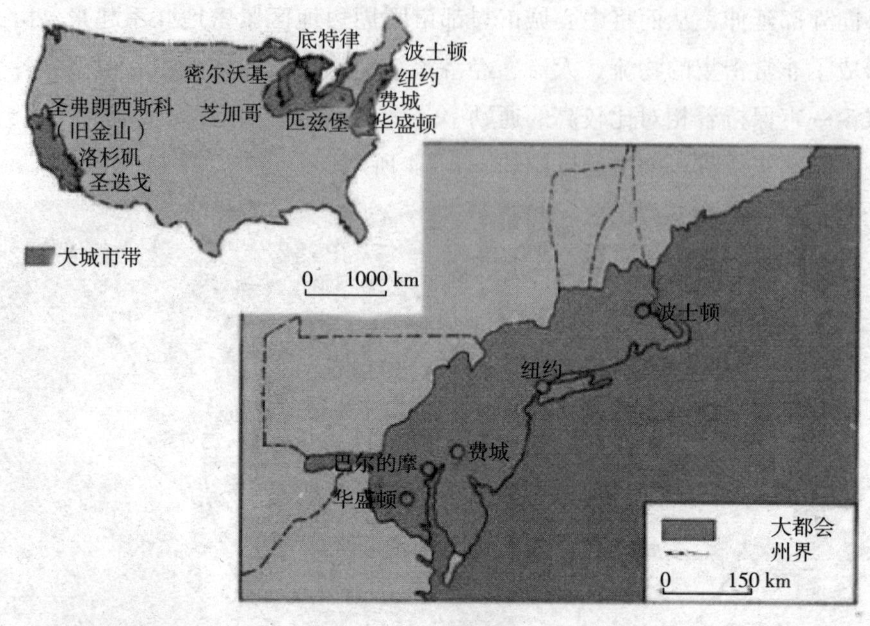

图 3－5 美国的城市带

（2）主要城市与城镇沿交通干线分布，地域相近，相互之间联系比较密切；

（3）经济活动以城市为中心沿主要轴线两侧集聚，从而形成了产业密集带；当沿线的大中城市进一步发展时，城市空间地域也开始不断扩张，相邻城市实体空间地域开始相互连接，于是城市带就发展成为更高级形态的城市连绵带或都市连绵带。

（三）多中心城市群

以我国的长三角城市群为例，区域内分有一个直辖市（上海），两个省会级城市（南京、杭州），构成了多中心城市群，如图 3－6 所示。

多中心城市群主要是指由一组规模相近、地域相邻、相对独立但是相互之间密切联系的城市所共同构成的城市群；这一类型的城市群主要具有以下几个特征：

（1）各个城市之间规模比较相近，基本上处于同一或相邻的城市等级系列，从而共同组成了这一区域的中心；

（2）每个城市都有着自己相对比较独立的影响区域范围；

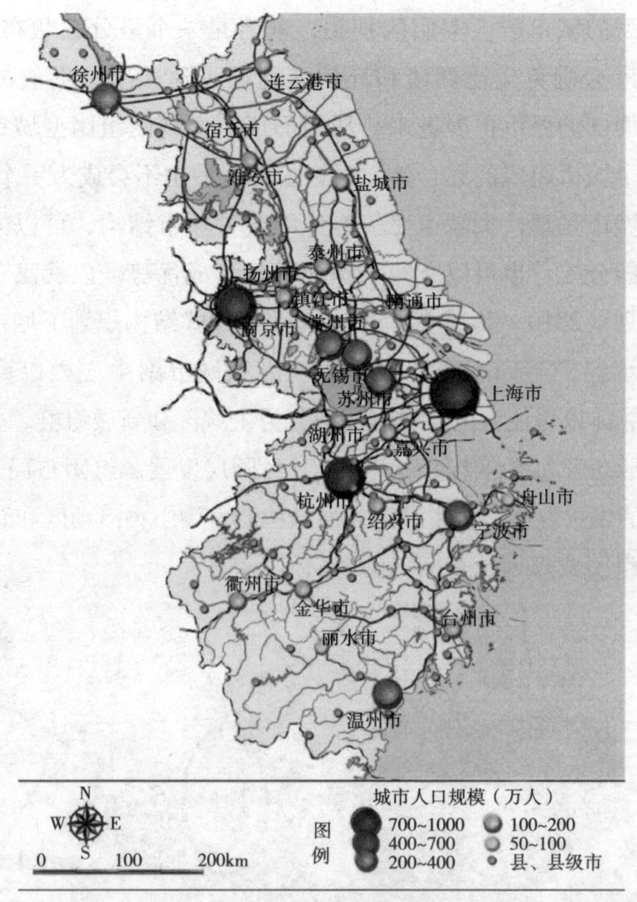

图 3－6　长三角城市群城镇体系

（3）各个城市之间存在着相互作用关系，并且由此形成了相互之间共享的经济腹地；

（4）城市群在形态上呈现出组团式或块状分布特征。

（四）组团型城市

组团式城市是指由于自然条件等因素的影响，城市用地被分隔为几块。进行城市规划时，结合地形，把功能和性质相近的部门相对集中，分块布置，每块都布置有居住区和生活服务设施，每块称一个组团。组团之间保持一定的距离，并有便捷的联系。

组团型城市和城市群极为类似，在经济联系、功能互补、交通发达方面都可谓典型的城市群，本质区别是，前者是一个呈分散状布局的城市，是现代大都市为避免交通拥堵和环境恶化通过建立新区形成的多中心格局，也有将周围的城市扩展进来，从而形成一个新的组团型城市。而城市群则是由多个城市组成的集合体，无论怎样发展也不会成为一个城市。

组团式城市是现代大城市比较典型的一种城市结构，可以方便城市不同区域的职能分工，也可以有益于产业聚集形成优势。以武汉市为例，武汉市总体规划（2010—2020 年）中，按照组团式结构规划了城市，中央活动区和组团承担了不同职能，中央活动区和城市副中心内以商业服务为主，而组团总体以居住为主。城市被划分为主城区和新城组群。主城区内部又分为中央活动区和综合组团。主城区延续圈层发展、组团布局的格局，引导城市功能的聚集发展，将主城区规划结构调整为中央活动区和综合组团。

武汉市组团式规划示意图如图 3-7 所示。

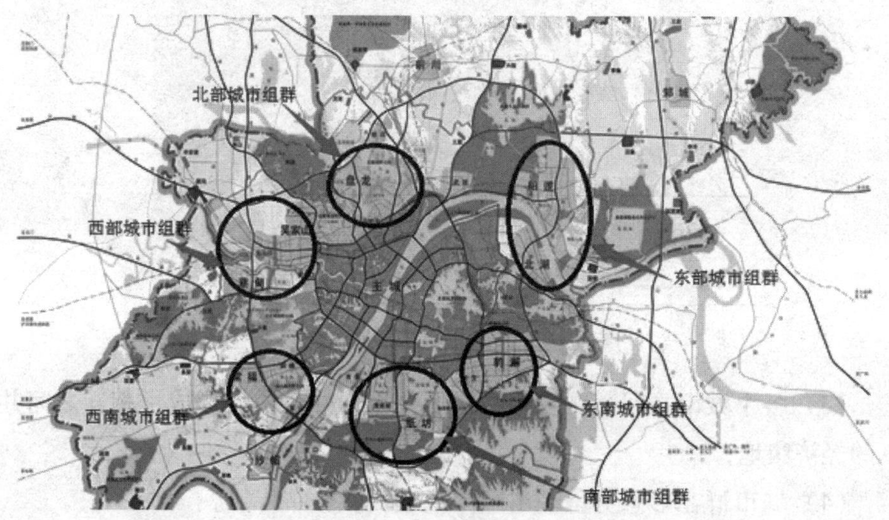

图 3-7　武汉市组团式规划示意

综合组团以居住、生活服务和都市工业为主导，是职居相对平衡的城市单元。综合组团以轨道交通线、快速路及主次干道相连接，加强与中央活动区的联系。

（五）都市连绵区与都市连绵带

都市连绵区在概念上强调以都市区为基本单元，以若干个数十万以至百万人口以上的大城市为中心，并且与周围相邻地区保持着强烈的交互作用与密切的社会经济联系，大小城镇沿着一条或者多条交通干线呈现出连续分布，从而形成了城市化比较发达的巨型城市一体化地区；当都市连绵区发展趋势呈现出带状分布时，即为都市连绵带①。

有关城市连绵区的研究相对深入、全面，它是城市群的一种特殊形态。以美国东海岸都市连绵带为例，主要城市包括波士顿、纽黑文、纽约、费城、华盛顿等城市，如图 3－8 所示。

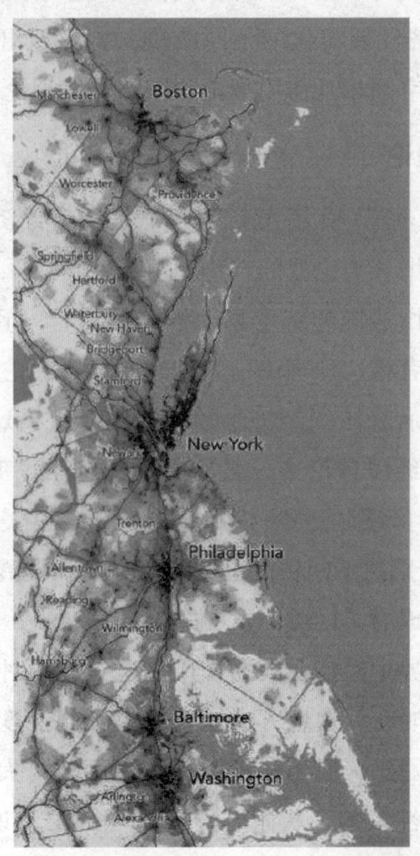

图 3－8 美国东海岸波士顿—纽约—华盛顿都市连绵带

①戴宾．城市群及其相关概念辨析［J］．财经科学，2004（6）：101－103.

第二节 城市群发展相关理论

一、区域开发演化理论

区域经济发展是一个动态的过程。区域发展首先是从自然经济点状态逐渐走向增长极开发，再从增长极开发向点轴开发演化，最终走向网络开发①。对应于区域经济发展演化的不同阶段，相应地出现了增长极开发理论、点轴开发理论、空间相互作用理论和网络开发理论。

（一）增长极理论

增长极理论是20世纪40年代末50年代初西方经济学家关于一国经济平衡增长抑或不平衡增长大论战的产物。

增长极理论最初由法国经济学家朗索瓦·佩鲁（Francois Perroux）提出，许多区域经济学者将这种理论引入地理空间，用它来解释和预测区域经济的结构和布局。后来法国经济学家布代维尔（J. B. Boudeville）将增长极理论引入到区域经济理论中，之后美国经济学家弗里德曼（John Frishman）、瑞典经济学家缪尔达尔（Gunnar Myrdal）、美国经济学家赫希曼（A. O. Hischman）分别在不同程度上进一步丰富和发展了这一理论，使区域增长极理论的发展成为了区域开发中的流行观点。

佩鲁认为现实世界中经济要素的作用完全是在一种非均衡的条件下发生的。增长并不是同时在任何地方出现，它以不同强度首先出现在增长点或增长极上。增长极通过吸引力和扩散力作用不断扩大自身规模，对所在部门和地区产生支配性影响，从而不仅使所在部门和地区获得优先增长，而且能够带动其他部门和地区的迅速发展。因此，空间发展如同部门发展一样，增长不是同时出现在所有地方，它以不同强度首先出现在一些增长点或增长极上，然后这些增长点或增长极通过不同的渠道向外扩散，并对

①陈群元．城市群协调发展研究［D］．长春：东北师范大学，2009.

整个经济产生不同的最终影响①。他借喻了磁场内部运动在磁极最强这一规律，称经济发展的这种区域极化为增长极。

法国的另一位经济学家布代维尔（J. B. Boudeville）认为，经济空间是经济变量在地理空间之中或之上的运用，增长极在拥有推进型产业的复合体城镇中出现。因此，他定义：增长极是指在城市配置不断扩大的工业综合体，并在影响范围内引导经济活动的进一步发展。布代维尔主张，通过“最有效地规划配置增长极并通过其推进工业的机制”，来促进区域经济的发展。

增长极对周围区域经济发展会产生正负两种效果，这种效果叫作增长极的溢出效应，溢出效应是增长极的极化效应和扩散效应的综合影响。如果极化效应强于扩散效应，净溢出效应为负效果，增长极对周围地区经济发展带来不利影响；若溢出效应为正效果，赫希曼称之为“涓滴效应”，也有人称之为“波及效果”，增长极对周围经济发展起促进作用②③④。

区域增长极具有以下特点：在产业发展方面，增长极通过与周围地区的空间关系而成为区域发展的组织核心；在空间上，增长极通过与周围地区的空间关系而成为支配经济活动空间分布与组合的重心；在物质形态上，增长极就是区域的中心城市。

面对日趋激烈的国际竞争环境，提升国家、地区、企业的竞争力日渐成为世界各国的共识，通过构建集群化（或者集团化）的区域经济集团参与国际竞争逐渐成为一种比较流行的做法⑤。城市群正是顺应此种发展趋势并且迅速发展，对地区乃至国家经济增长的贡献率逐渐增大，同时以其日渐增长的对国家经济发展的重要支撑和辐射带动力量逐渐取代单个城市成长为新的区域经济增长极⑥。

---

①崔功豪，魏清泉，陈宗兴．区域分析与规划［M］．北京：高等教育出版社，2004.

②曾德超．增长极理论对中国区域经济发展的启示［J］．经济与经济管理研究，2005（12）：10－16.

③李小建．经济地理学［M］．北京：高等教育出版社，2002.

④金元欢，王建宇．区域经济学［M］．杭州：浙江大学出版社，1997.

⑤吴传钧，甘国辉，刘建一．现代经济地理学［M］．南京：江苏教育出版社，1997.

⑥任军，马咏梅，赵晓辉．增长极理论视角下的我国中，西部增长极战略布局［J］．税务与经济，2008（4）：11－16.

（二）点轴开发理论

点轴开发理论最早由波兰经济学家萨伦巴和马利士提出。点轴开发模式是增长极理论的延伸，从区域经济发展的过程看，经济中心总是首先集中在少数条件较好的区位，呈斑点状分布。这种经济中心既可称为区域增长极，也是点轴开发模式的点。

点轴模式是增长极模式的扩展。由于增长极数量的增多，增长极之间也出现了相互联结的交通线，这样，两个增长极及其中间的交通线就具有了高于增长极的功能，理论上称为发展轴。发展轴应当具有增长极的所有特点，而且比增长极的作用范围更大。点轴开发理论是在经济发展过程中采取空间线性推进方式，它是增长极理论聚点突破与梯度转移理论线性推进的完美结合。

随着经济的发展，经济中心逐渐增加，点与点之间，由于生产要素交换需要交通线路以及动力供应线、水源供应线等，相互连接起来就是轴线。这种轴线首先是为区域增长极服务的，但轴线一经形成，对人口、产业也具有吸引力，吸引人口、产业向轴线两侧集聚，并产生新的增长点。点轴贯通，就形成点轴系统。因此，点轴开发可以理解为从发达区域大大小小的经济中心（点）沿交通线路向不发达区域纵深地发展推移。

“点”是指各级居民点和中心城市，是人口和各种职能集中的地方，是区域内重点发展的对象。“轴”指由交通、通信干线和能源通道连接起来的基础设施束，对附近区域有很强的经济吸引力和凝聚力，而轴线上集中的社会经济设施通过物质流和信息流对附近区域有扩散作用①。因此，点轴开发理论是增长极理论的延伸，它也是以区域经济发展不平衡规律为出发点的。

点轴发展理论基本上符合生产力空间运动的客观规律。首先，它通过重点轴线的开发和渐进扩散形式，弥补梯度推移的平面板块式的递进方式的不足，真正发挥主体优势，有利于转化区域二元结构，促进城镇周围乡

---

①陆大道．关于“点一轴”空间结构系统的形成机理分析［J］．地理科学，2002，22（1）：1－5.

村经济的发展，从而更好地协调城市与区域及区域间的经济发展。其次，通过“点”、“轴”两要素的结合，在空间结构上，出现由点而轴，由轴而面的格局，呈现出一种立体结构和网格态势，对于信息的横向流动和经济的横向联系有较大的优越性。此外，它将有利于最大限度地实现资源的优化配置，避免资源的不合理流动，同时，且有助于消除区域市场壁垒，促进全国统一市场的形成。

点轴开发理论的中心思想是：随着连接各中心地的重要交通干线如铁路、公路、河流航线等的建立，方便了人口的流动，降低了运输费用，从而降低了生产成本。新的交通干线对产业和劳动力产生新的吸引力，形成有利的投资环境，使产业和人口向交通干线聚集而形成新的增长极。这种对地区开发具有促进作用，形成区域开发纽带和经济运行通道功能的交通干线被称为生长轴。该理论认为：在一定的假设条件下，经济中心在地域上呈三角形分布，其吸引范围为六边形。不同等级的经济中心依据市场最优、交通最优、行政区划最优原则，体现了不同等级经济中心吸引范围的差异。因而点轴开发理论重点论述了经济的空间移动和扩散是通过点对区域的作用和轴对经济扩展的影响，采取小间距跳跃式的转移来实现的。

点轴开发模式的主要思路是：

第一，在一定的地域空间范围，选择若干比较优势明显的具有开发潜力的重要线状基础设施经过的地带，作为发展轴予以重点开发；

第二，在各发展轴上确定重点发展的中心城镇，使之成为增长极，并确定其性质、发展方向和主要功能；

第三，确定中心城镇和发展轴的等级体系，重点开发较高级别的中心城市和发展轴，随着区域经济实力增强，开发重点逐步转移扩散到级别较低的发展轴和中心城镇，最终形成由不同等级的发展轴和中心城镇组成的多层次结构的点轴系统，进而带动整个区域的经济发展。点轴开发模式往往成为开发程度较低、经济比较落后的地区首选的空间开发模式。

与增长极开发不同，点轴开发是一种地带开发，它对地区经济发展和布局展开的推动作用，要大于单纯的增长极开发。在点轴开发中，当许多点轴开发在一个地区密集时，由于现代交通和通信的迅速发展，各点的连接进一步加强，各个点互相沟通，点的互相沟通形成了互通的交通网和信息网络，从而形成了点轴密集的群，即城市群，形成点轴群开发①。点轴群开发是点轴开发向网络开发的中间过渡阶段，当区域经济进一步向一体化和均衡化发展时，点轴群开发就逐步演化为网络开发。

（三）空间相互作用理论

为了保持生产和生活的正常进行，城市之间、城市与区域之间存在物质、能源、人员、资金、信息的交换和联系，我们称这种交换和联系为空间相互作用。空间相互作用的表现形式相当复杂，在方向、距离、时间上千差万别。但不管哪种相互作用，都是由迁出地、迁入地和两地之间的流动路线这三个基本要素组成。这三个要素是空间相互作用的基础。千万种相互作用均具有这种基本形态，无数的空间相互作用单元相互重叠，错综复杂交织，使得一定区域内不同等级规模、不同职能性质的城市或乡镇产生密切的联系，并形成具有一定结构和功能的不同层次和等级的有机整体②。

空间相互作用理论最早由美国地理学家乌尔曼（E. L. Ullman）提出，在理论形成和发展过程中，他综合了 B. Ohlin、S. Stoutfer、P. J. Tarlor 等人的观点，大量地吸收了物理学、统计力学、经济学的理论及模型。在具体实践中大量运用定量分析方法和模式，为丰富地理学研究方式做出了自己的贡献。乌尔曼在前人研究基础上提出了空间相互作用 3 个基本观点，即互补性、移动性和中介机会。

空间相互作用是指区域之间所发生的商品、人口与劳动力、资金、技术、信息等的相互传输过程。它对区域之间经济关系的建立和变化有着很大的影响。一方面，空间相互作用能够使相关区域加强联系，互通有无，拓展发展的空间，获得更多的发展机会。另一方面，空间相互作用又会引起区域之间对资源、要素、发展机会等的竞争，并有可能对某些区域造成损害。

---

①贺有利，张仁陟．点轴群理论的分析［J］．兰州大学学报（社会科学版），2002，22（1）：1－5.

②王雪晶．中心城与周边卫星城旅游经济发展及互动研究［D］．石家庄：河北师范大学，2009.

1972 年哈盖特（P. Haggett）[1] 借用物理学中热传递的三种方式，把空间相互作用的形式分为对流、传导、辐射三种类型。第一类，以物质和人员的移动为特征，如原材料、制成品在生产地和消费地之间的运输，邮件、包裹的输送及人口的移动等。第二类，指城市间进行的各种交易。如城市间的财政交易等，这类交易以会计学的系统为特征，通过薄记程序来完成。第三类，指信息的流动和新思想、新技术的扩散等。这样，空间相互作用表现为以下三种主要形式：货物和人员的移动、各种交易过程、信息的流动[2]。

区域之间发生相互作用需要存在以下几个方面的基本条件：

1. 区域之间的互补性

相关区域之间必须存在对某种商品、技术、资金、信息或劳动力等方面的供求关系。从根本上讲，只有区域之间具有了互补性，才有建立经济联系的必要。空间相互作用的大小与互补性成正比。

2. 区域之间的可达性

区域之间进行商品、资金、人口、技术、信息等传输的可能性。一般地，可达性受以下因素的影响：一是空间距离和传输时间。区域之间的空间距离和传输时间越长，进行经济联系就越不方便，为此付出的投入也会增加，因而，可达性就差；反之，可达性就好。二是被传输客体的可传输性。可传输性与被传输客体的经济运距有着密切的关系，由于受经济支付能力、时间、心理等方面的限制，各种商品、人口、技术等的经济运距是不相同的，亦即它们的可传输性存在较大的差异。被传输客体的可传输性越大，则可达性也大。三是区域之间是否存在政治、行政、文化和社会等方面的障碍。如果区域之间存在经济保护壁垒、文化隔离、政治和社会方面的矛盾或冲突，那么，可达性就差。反之，区域之间各方面的关系良好，那么，可达性就好。四是区域之间的交通联系。交通联系方便、通畅，则可达性好；否则，可达性差。总之，区域之间的空间相互作用与可

①Haggett P. Contagious processes in a planar graph：an epidemiological application［J］. Medical Geography，1972：307－324.

②秦玉．基于 GIS 的空间相互作用理论与模型研究［D］．上海：同济大学，2008.

达性是呈正向关联的。

3. 干扰机会

这是指两个区域之间发生相互作用的可能性受到了来自其他区域的干扰。因为区域之间的互补性是多向的，亦即一个区域可以在某个方面与多个区域同时存在互补性，但它究竟与哪个区域实现这种互补性，取决于它们之间互补性的强度，强度越大则发生相互作用的可能性及程度也就越大。从中也可看出，由于干扰机会的存在，有互补性的两个区域之间也不一定就能发生相互作用。总而言之，区域之间发生空间相互作用首先要存在互补性，可达性好，并且没有干扰机会或干扰机会的影响小①。

空间相互作用的水平在一定程度上反映了经济发展的水平，而经济发展的水平也反映了区域经济的分工程度以及经济结构是否合理。

城市群内部城市是空间相互作用的，城市群中每个城市都有自己的经济场、能量场，众多城市在空间中是相互叠加的。资源与劳动力配置水平和垂直分工的格局，以及产品升级市场拓展等均相互影响促进城市群生长发育；同时，城市群体的发展又会带动中心城市更快地发展。

（四）网络开发理论

网络开发理论，是点轴开发理论的延伸。该理论认为，在经济发展到一定阶段后，一个地区形成了增长极即各类中心城镇、增长轴即交通沿线，增长极和增长轴的影响范围不断扩大，在较大的区域内形成商品、资金、技术、信息、劳动力等生产要素的流动网及交通、通信网。在此基础上，网络开发理论强调加强增长极与整个区域之间生产要素交流的广度和密度，促进地区经济一体化，特别是城乡一体化；同时，通过网络的外延，加强与区外其他区域经济网络的联系，在更大的空间范围内，将更多的生产要素进行合理配置和优化组合，促进更大区域内经济的发展。

在经济布局框架已经形成，点轴系统比较完善的地区，进一步开发就可以构造现代区域的空间结构并形成网络开发系统。网络开发系统应具备下列要素：一是“节点”，即作为增长极的各类中心城镇：二是“域面”，

①李小建．经济地理学［M］．北京：高等教育出版社，2006.

即沿轴线两侧“节点”吸引的范围；三是“网络”，由商品、资金、技术、信息、劳动力等生产要素的流动网及交通、通信网组成。网络开发就是已有点轴系统的延伸，提高区域各节点、各域面之间，特别是节点与域面之间生产要素交流的广度与密度，促进地区经济一体化，特别是城乡一体化；同时，通过网络的外延，加强与区外其他区域经济网络的联系，或者将区域的经济技术优势向四周区域扩散，在更大的空间范围内，将更多的生产要素进行合理的调度组合，使生产要素的利用更加充分，空间结构与产业结构将更趋合理①②。

网络开发理论有利于缩小地区间发展差距。增长极开发、点轴开发都是以强调重点发展为特征，在一定时期内会扩大地区发展差距，网络开发主张均衡发展，将增长极、增长轴的扩散向外推移，实现区域整体推进，一般适用于较发达地区或经济重心地区。它一方面要对已有的传统产业进行改造、更新、扩散、转移；另一方面又要全面开发新区，以达到经济空间的平衡。新区开发一般也是采取点轴开发形式，而不是分散投资，全面铺开。这种新旧点轴的不断渐进扩散和经纬交织，逐渐在空间上形成一个经济网络体系。

网络开发一般适用于较发达地区或经济重心地区，在不发达地区不宜应用。网络开发理论注重于推进城乡一体化，加快整个区域经济全面发展。因此，该理论应用的时机应选在经济发展到一定阶段后，区域之间发展差距已经不大，区域经济实力已允许较全面地开发新区的时候。网络开发理论在发达地区应用取得了较好的效果。在我国珠江三角洲、长江三角洲地区，经济发展已达到了较高水平，网络开发已成为当地发展模式的主要选择。这一地区是我国城镇化水平最高，城乡差别最小的地区。

选取这种发展模式主要有两个原因：一是中心城市的生产成本日益加大，在利润最大化规律的作用下，生产要素向相对便宜的落后地区扩散和发展更加有利可图；二是当地政府的主动参与。政府加大了对不发达地区

①张建军．区域网络开发战略模式研究综述［J］．生产力研究，2007（1）：146－147.

②王静．区域经济发展中网络开发战略模式研究［J］．陕西教育学院学报，2007，23（1）：76－78.

的基础设施投入，引导资金流向未开发地区，推进了城乡经济一体化发展。

区域网络开发最终导致了区域网络城市的出现。当以前相互独立但功能存在潜在互补的两个或更多城市在快速交通和通信设施支撑下，争取合作并增加机会经济，网络城市由此应运而生[①]。由于高效的基础设施走廊正逐渐把知识密集中心与大都市区联系在一起，从而使一些城市地区正经历着巨大的变化。在这些多中心城市体系中，紧密联系、功能互补的场所得以形成，而不是简单地建立在距离和需求门槛上，连接关系趋于水平。网络城市理论是时代的产物，是研究城市群空间结构和形态必须具备的基本理念。

二、城市群发展的相关理论

（一）城市群的形成理论

城市群是在一定地区范围内，各类不同等级规模的城市依托交通网络形成的一个相互制约、相互依存的统一体。城市群最初的组合是在生产力水平不高的阶段上自然形成的，随着生产力的提高和基础设施的完善，城市之间的关系日益紧密，城市群功能也就日益凸显。

有关城市群的理论出现于在20世纪初工业化阶段。英国城市规划学者在1915年首先提出了集合城市（Conurbation）的概念。之后，德国地理学家克里斯塔勒（Walter Christaller，1893—1969）在1933年提出了著名的中心地理学说（Central Place Theory），这一理论和后来韦伯等人提出的工业区位论对城市地理的研究以及城市建设的理论和实践产生了深远的影响，被称之为城市群和城市体系的基本理论。法国地理学家戈特曼1961年研究了北美城市化的空间模式，提出了“大都市带”（Megalopolis）的概念。大都市带是一个范围广大、由多个大都市连接而成、具有一定人口密度分布其间的城市化区域。

---

①年福华，姚士谋，等．试论城市群区域内的网络化组织［J］．地理科学，2002，22（5）：568－573.

1. 中心地理论

克里斯塔勒的中心地理论探讨了中心地担负的服务范围，并采用正六边形图式对城镇等级与规模关系加以概括归纳，揭示了一定的区域内城镇等级、规模、职能间关系及空间结构规律，并逐步形成城市群体的等级规模（大、中、小等级排列）的观点①。

根据克里斯塔勒的观点，所绘制的正六边形城镇等级如图3-9所示。

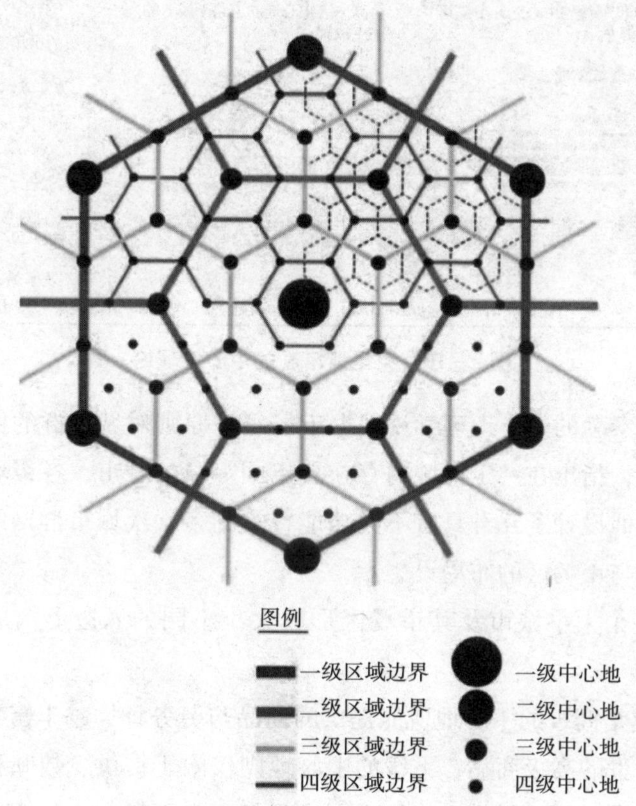

图3-9 克里斯塔勒的六边形城镇体系

经过对德国南部城市的考察，克里斯塔勒认为行政管理区的划分、市场经济的作用及交通网的出现等是对城市群体、城市等级起作用的三个条

①阎小培，林初升，许学强．地理·区域·城市：永无止境的探索［M］．广州：广东高等教育出版社，1994.

件。并由此得出结论，一个地区和一个国家和城市群体按照这三种原则应当形成如下等级的城市等级：A 级城市 1 个，B 级城市 2 个，C 级城市 6 ~ 12 个，D 级城市 42 ~ 52 个，E 级城市 118 个。

克里斯塔勒的中心地理论如图 3 – 10 所示。

对比项	市场原则下中心地系统 K=3 中心地系统	交通原则下中心地系统 K=4 中心地系统	行政原则下中心地系统 K=7 中心地系统
1.原则	中心地商品和服务供应范围最大 高级中心地位于市场区中央 有6个低一级的中心地分布在其市场区脚上	交通干线尽可能联系多的中心地 次一级的中心地分布位于连接两个高一级中心地的道路干线上的中点位置	行政管理方便 6个次一级中心地位于高一级中心地市场区的6个顶点附近，次一级中心的市场区只属于一个高一级的市场区
2.空间结构	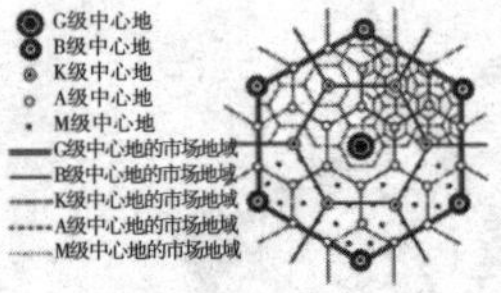 G级中心地 B级中心地 K级中心地 A级中心地 M级中心地 G级中心地的市场地域 B级中心地的市场地域 K级中心地的市场地域 A级中心地的市场地域 M级中心地的市场地域	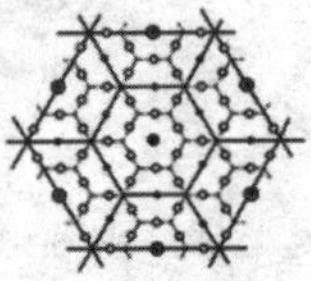	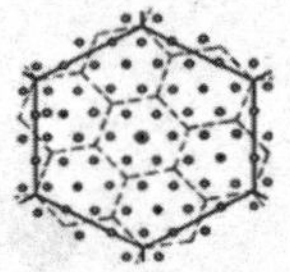
3.中心地市场区体系	1, 3, 9, 27, 81, …	1, 4, 16, 64, 256, …	1, 7, 49, 343, …
4.中心地等级体系	1, 2, 6, 18, 54…	1, 3, 12, 48, 192, …	1, 6, 42, 294, 2058, …
5.中心地距离关系	$\sqrt{3}$	2	$\sqrt{7}$
6.交通运输效率	效率不高	效率最高	效率最差
总结	高级中心按交通原则布局，中级中心按行政原则布局，低级中心按市场原则布局		

图 3 – 10　克里斯塔勒的中心地理论

克里斯泰勒的中心地理学说根据市场经济原则对城市群的城市等级规模作了描述，指出在一定地域内存在着不同等级的城市，各级城市有着不同的功能。他设计了几种具有不同功能特点的多层次城市群网络系统，提出了中心地与市场区的布局设想：

（1）各个大小城市及其市场区形成大小不同的六边形构成一个多极系统；

（2）越是高级的中心地所能提供的商品与劳务种类越丰富齐全，其中包括那些昂贵的高级商品，下级的中心地则仅限于提供少数几种需要频率高的居民日常生活必需品，上级中心应具备所有下级中心的职能，而下级中心不能兼备上级中心所专有的职能；

（3）同一等级中心地城市的市场面积是完全相等的，两个相邻的同一中心之间距离是相等的，越是低级的中心城市之间的距离越短。但该理论不足之处在于其假设条件过于理想化，这对于其现实指导意义将大打折扣，如在设计各层次网络系统时，假设城市是从单一商品供应点发展而成的，而事实上城市是市场经济作用和社会发展的结果。

2. 弗里德曼的城市群形成理论

二十世纪六七十年代，德国地理学家弗里德曼（J. Friedmann）提出的“经济增长引起的空间演化”以及“支配的空间经济的首位城市”的增长极理论对城市群的形成和发展有着极为重要的指导作用①。他结合美国经济学家罗斯托（Rostow）的发展阶段理论，建立了自己的与国家发展紧密联系的空间演化模型，他认为区域城市群的形成发展可以分为四个阶段②：

第一阶段是工业化以前的农业社会，沿海地区出现零星的聚落和小港口，并伴随着一部分人迁入内地。尽管出现了由村庄合并而成的城邦式的城市（Polis），但在这一阶段，生产力水平低，沿海居民点聚落继续其自给自足的农业生活方式；内陆的居民这时是孤立状态，很少与外地发生社会和经济联系。

第二阶段是工业化初期，空间形态产生了极大变化，出现了所谓点状分散的城镇（Town）。此时国家选择 1 ~ 2 个区位优势特别的城市进行开发，选定的点可能是自然资源丰富、交通便利，或是人口稠密、市场很大，开始产生聚集经济效应。

第三阶段是工业化的成熟时期，简单的中心—边陲结构逐渐变为多核心结构，边陲的部分优良地区开始开发，并逐步形成一个区域性的大城市（City）和大市场，这就是成为地区城市群的经济基础。

第四阶段是工业化后期，城市间的边缘地区发展很快，区域性基础设施以及工业卫星城发展较快，城市之间的经济、文化科技联系比较深广，密度大，负荷重，产生城市相互吸引与反馈作用，形成了一体化的网络，即城市群③。

弗里德曼的城市群理论运用发展的观点分析城市群的形成，展示了城市群的动态过程，揭示了城市群隐藏在背后的动力即地区生产力的高度集

①Friedman, J. , Alolso. Regional Development Planning: a Reader [M] . Cambridge, Mass: M. I. T Press, 1964.

②Friedman J. Urbanization, planning, and national development [M] . Sage publications, 1973.

③Friedmann J, Weaver C. Territory and function: the evolution of regional planning [M] . Univ of California Press, 1980.

聚，强调了经济增长对城市群的重要作用，开启了城市群的经济分析，同时也开始关注工业对城市群的作用，为后续研究做了基础性工作。

（二）城市群聚集经济分析

1. 聚集经济和聚集效应

聚集经济（Agglomeration Economies）是指因社会经济活动及相关要素的空间集中而引起的资源利用效率的提高，及由此而产生的成本节约、收入或效用增加①。聚集经济产生的原因主要包括分工和专业化利益、规模经济利益、范围经济、正外部性利益等。与之相对应的概念是聚集不经济（Agglomeration Diseconomies），它是指社会经济活动及其相关要素空间集中所引起的费用增加或收入、效用损失。聚集不经济产生的原因包括负的外部性、过度聚集和聚集不足等。聚集效应是由聚集经济和聚集不经济综合作用的结果。巴顿曾经把城市聚集经济效益按成因大体分为十类②。传统上聚集经济包括内部规模经济（Internal Economies of Scale）、区域化经济（Localization Economies）和城市化经济（Urbanization Economies）。如果说聚集经济为社会经济活动的空间集中提供了吸引力和推动力，那么聚集不经济的存在显然削弱了聚集经济的效果，构成空间集聚的排斥力和约束力。

历史上，德国人经济学家韦伯（Weber A.）最早提出要加强对经济聚集作用的分析研究，他在1909年出版的经典著作《工业区位论》中系统地阐述了他的聚集经济理论。韦伯认为聚集经济与规模经济有关，强调工业企业在空间上的规模化③。美国经济学家艾伦·斯科特（A. J. Scot）为认识聚集经济本质提供了一个新的视角即范围经济。斯科特对新制度经济学提出并发展起来的“交易成本”赋予“空间”的意义，并引入城市群的理论研究。他认为，交易成本在生产过程空间纵向分解或纵向一体化中起着决定性作用。生产过程在空间上的纵向分解，导致交易活动范围增加，

①江曼琦．城市空间结构优化的经济分析［M］．北京：人民出版社，2001.
②巴顿．城市经济学——理论与政策（中文版）［M］．北京：商务印书馆，1984.
③Weber A. Theory of the Location of Industries［M］. University of Chicago Press，1929.

每单位交易活动费用越大，卷入其中的厂商或企业越有可能通过空间聚集而减少交易费用，以便从相互聚集中享受范围经济利益。可见，规模经济利益和范围经济是聚集经济内涵中两个不可分割的部分。聚集经济可以分为三个层次：企业内部经济、企业外部不同行业的聚集经济以及由多个相同或密切相关的行业（产业）向城市地区集中形成的聚集经济。

2. 城市群聚集效应分析

聚集经济是城市群形成的首要原因，聚集经济促使城市群形成主要通过聚集经济效益得以实现。聚集经济是一种全方位的外部经济效益，是现代城市群释放的巨大能量，又是现代城市群发展的重要动力。因此，城市群的本质是聚集经济。城市群聚集经济效应指社会经济活动因为城市空间聚集产生的各种影响或经济效果，主要包含以下几个方面：

（1）近邻效应

聚集经济最直接最明显的外部效应是近邻效应，它是在城市经济活动中，企业之间、部门之间的空间关系对其发展产生的影响，是经济活动集中于城市群地区所带来的经济效果。近邻效应主要表现在：第一，共享经济利益。聚集在一定区位上的企业由于共同利用公共产品和公共服务从而获得巨大外部经济利益，包括节约基础设施建设费用、提高设施利用率等。据国外资料，工业成组布局一般可以节约城市工业用地 10% ~20%，工业管网减少 10% ~20%，交通运输线路缩短 20% ~40%。企业聚集可以减少信息搜寻成本、降低交易成本、增强信息流动和知识技术外溢、提升企业商业信用、密切上下游企业间的合作关系等。第二，劳动力市场经济利益。城市的聚集有利于形成共同的劳动力市场，相同或相关企业的聚集必然导致这类专门或相关技术人才集中，从而可以降低搜寻成本，而劳动力质量也会在专业化聚集过程中通过学习效应得以提高①。

（2）分工和专业化效应

专业化效应指生产专业化能够带来生产效率的提高或生产资源的节约。分工与专业化作为现代经济的一种生产方式，是推动经济增长的重要

①黄旭平．小城镇发展需要企业集群［N］．中国改革报，2001 -03 -19（8）．

力量之一。苏联著名经济地理学家巴郎斯基曾极其精辟地指出："地理分工乃是社会劳动分工的空间形式。"城市群区域内的专业化分工使得各城市根据其自身在自然资源、劳动力、资本、技术等方面的比较优势选择其主导和优势产业，在城市之间形成合理有效的专业化分工格局，扩大区域内贸易和整个城市群区域的对外贸易，产生区域规模经济效应，促进城市群的经济增长①。

(3) 结构效应

结构效应指聚集经济方式和程度对城市群的经济作用。具体可以分为结构关联效应、结构成长效应这两个方面。第一，结构关联效应是城市群企业间联系及产品部门的相互联系状况对城市群聚集质量的影响。城市群专业化发展并非独立地发展少数专业化产业部门，在专业化部门周围，需要众多为它服务和协作配套的机构和企业。从整体上来看，城市群随着聚集的加强，城市群职能日益完善，且城市群的形成使城市职能服务范围扩大，城市群的综合职能大大提升。不仅如此，城市群中产业间也会形成系统的组织，不同城市、不同产业之间会形成网状的产业链系统，在区域内部形成良性增长机制，同时作为一个有机整体显示出在更大区域（全国或全球）的竞争力。第二，结构成长效应即帕累托改进效应。正是城市不能满足经济活动需要，比如城市经济竞争力不强，只有通过城市群，提升经济竞争力才能应对日益激烈的国内、国际竞争。与城市中企业相比，城市群可以为企业提供更广阔的发展空间，更强大的技术支持。另外城市群作为一个整体比单个城市有更强的吸引力，可以吸引更多的企业、人才、资金和技术，整个区域的产业结构也会得到进一步优化和提升。

（三）城市群聚集效应的约束条件

城市群聚集效应的产生和发挥是有一定条件的，这些条件既与市场化程度有关，也与城市群发展状况有关，还与城市的竞争能力有关。影响城市群聚集效应的主要约束条件包括：

---

①萨乌什金，毛汉英．经济地理学：历史、理论、方法和实践［M］．北京：商务印书馆，1987.

1. 市场约束

城市群聚集效应的作用是以市场为中介的，如果没有发达的市场，特别是要素市场，来诱导资源和经济要素向最佳区位聚集，纵有再好的区位动力，也不能很好地吸引生产要素流入。

2. 最优规模的约束

城市群有其一定的承载容量，城市群聚集规模应当限于此容量的允许范围内，这是一个客观的约束条件。城市群聚集规模的增大，会导致城市群基础设施和生存条件的承受力逐渐饱和，有的会出现超载现象，如交通拥挤、用水困难、土地紧张等聚集的负效应。

3. 能力约束

城市竞争力是城市在国内外市场上与其他城市相比所具有的自身创造财富和推动地区或国家创造更多社会财富的现实的和潜在的能力。城市群聚集效应作用的能量以城市竞争力为基础，城市竞争力强，它的吸引力和能量释放力也高。

三、城市群经济空间联系的相关理论

城市群经济空间是城市群区域的产业通过功能联系和空间联系所形成的具有经济联系的经济空间。从城市群经济空间的概念可以看出，城市群经济空间发生与发展的支撑条件是发达的交通运输和信息通信网络；主要动力源是作为地区经济核心的特大城市或大城市；景观表现是城市和产业所构成的城市组群和产业组群；城市群经济空间的本质特征是区域内城市间和产业间存在的经济联系网络，这种联系性决定了城市群城市空间演变和产业发展的基本方向和基本特征，由此形成独特城市群经济空间。城市群经济空间作为较高发展水平的经济区域，其固有的内在联系是区域社会、经济、历史、文化等多要素综合作用的产物。城市群经济空间中的城市是以节点或非节点的方式进行相互作用的聚集体，产业间的经济联系表现为不同类型的功能联系和空间联系。由于城市群经济空间存在着各种各样的功能联系和空间联系，因此城市群空间经济分析要置于不同空间规模水平和不同产业类型所构成的社会经济的整体框架内①。

（一）城市群经济空间联系类型

联合国发展署的隆迪奈里（D. A. Rondinelli）于20世纪70年代提出了“整合的区域发展战略”。该战略强调在主要的乡村地区建立三级城市聚落——乡村服务中心、小集市和区域中心，以及在这一等级体系中建立城乡联系和城市之间的联系，在此基础上促进合理的空间结构形成，其具体途径就是隆弟莱里所谓的“转变途径”，从而建立生产和交换的“整合”系统，主要目标是通过建立各种各样的空间联系来促进形成合理的空间结构。这些空间联系包括：自然联系、经济联系、人口运动联系、社会相互作用联系、服务传输联系、信息联系以及政治、行政和组织联系等组成的错综复杂的联系网络②。空间联系类型如表3－3所示。

表3－3　空间发展中的主要联系类型

联系类型	联系要素
自然联系	道路网络，河流和水运交通网络，铁路网络，生态的相互依赖
经济联系	市场类型，原料和中间产品流，生产的前向、与后向和侧向联系，消费和购物类型，收入流，部门和区域间的商品流
人口运动联系	暂时和永久的迁移、工作旅行，技术相互依赖
社会相互作用联系	出访，亲戚关系，习俗、礼节和宗教活动，社会团体的相互作用
服务传输联系	能源流和网络，信用和财政网络，教育、训练和推广联系，健康服务救护系统，职业与商业和技术的服务类型，运输服务系统
政治、行政和组织联系	组织结构的相互关系，政府预算流，组织的相互依赖，权威—批准—监督，司法部门间交流，非正式的政策决策链

从我国目前城市群空间经济联系现状来看，自然联系已经得到了极大的加强，成为城市群经济空间联系网络的基础，其中经济联系、人口运动联系是最主要和最普遍的联系。伴随着城市群区域产业发展和产业结构的转换升级，第三产业的快速发展以及在区域经济中所占比重的提升，服务传输联系势必持续被强化。城市群经济实力的壮大和经济水平的提高，居

①朱英明．城市群经济空间分析［M］．北京：科学出版社，2004.

②Rondinelli D A. Balanced urbanization, regional integration and development planning in Asia［J］. Ekistics, 1980: 331－339.

民收入的增加，闲暇时间增多，社会相互作用联系将呈现出迅猛的发展势头。当人类社会伴随着知识经济步入信息时代之际，信息联系正以超常规、跳跃式的速度发展，未来的信息联系在城市群经济空间联系中的地位和作用会愈加重要。城市群区域改革开放的深化，社会经济生活的众多方面与国际接轨，特别是随着我国法律法规的进一步健全以及居民素质的提高，我国的政治、行政和组织联系将会为城市群空间经济联系网络的进一步加强起到积极作用①。

（二）城市群经济空间联系机制

在社会环境整体框架内，城市群经济空间联系体系建立在 Ulmall（1954）区域间运动或相互作用的理论方法的基础上。城市群经济空间联系是在城市群区域社会经济和政治环境中，其独特的生产要素和技术组合状况所产生的社会经济联系，城市群经济空间联系过程是一个极其复杂的过程，按照 Cooley（1984）的观点，表现为以下几个阶段②：

第一阶段，是对于发生的相互作用的需求和期望。相互作用受个人或群体的期望、生活方式、政治动机和社会经济关系等诸多方面的影响，城市群经济空间联系深受这些影响因素及其分配方式支配，这些起限定作用的因素被之为“运动空间”。

第二阶段，城市群经济空间联系体系的基本组成部分是方式、资产和网络。城市群经济空间联系过程中的相互作用受到网络渠道、联系方式以及固定和流动资产设备等方面的影响。城市群经济空间联系也许是有形的，如铁路运输联系、公路运输联系、航空运输联系、水运交通联系等；但在许多情况下，城市群经济空间联系也许是相对发散且无形的。这些空间联系交流点在空间联系方面具有互补性，网络因为引导生产要素的运动而存在，联系方式和资产设备在时空上相互作用，产生竞争和互补关系，以各种相互作用的路径产生流动。运动的程度取决于经济的集中化和专业化的程度，网络和运输方式的供应及其空间分布将随社会经济的发展而

①朱英明．城市群经济空间分析［M］．北京：科学出版社，2004.

②朱英明．城市群经济空间分析［M］．北京：科学出版社，2004.

变化。

第三阶段，是城市群经济空间联系的决策者深受其环境的影响，因此决策者具有多种选择权。由于城市群经济空间联系的个体参与者将联系体系看作是既定的，因此他仅仅选择其在联系中的路线安排和时间计划表。然而，城市群经济空间联系的经营者和政策决策者要统筹制定城市群经济空间联系的路径、计划表、价格和可靠性，以决定联系体系的服务水平。

第四阶段，城市群经济空间响应经济联系中的需求、路径、网络和服务水平，人流、物流和信息流开始在城市群经济空间体系中运动。流是城市群经济空间各组成部分相互作用和成功的相互联系程度的数量指标。流随着城市群经济空间的时空变化发生相应的变化，并对服务水平、运作环境和需求本身具有反馈作用。

第五阶段，城市群经济空间联系受到各种直接因素和间接因素的影响。直接因素包括实现区域社会经济发展的一般投资决策，如公共运输和高速公路、铁路运输所组成的综合运输体系的决定。此外，还必须考虑影响城市群区域人民的一般福利、需求和供应的投资决定，综合运输的发展包括对新运输技术设备的研究开发和引进，诸如新运输方式或交通工具、新网络和新的运作体系。除了这些直接影响，还有许多其他外部的，且起重要作用的因素。总之，城市群经济空间联系是区域社会经济背景下的相互作用，反映了以相互作用和地区差异的地理概念为基础的地区间的关系，将网络体系相分离的组成部分（方式、网络、联系设备和流），以及相互作用的原因和运作环境结合在一起，显示出它们在一个整体性的空间内如何相互作用及运转的概念性模型①。

第三节　城市群演化规律及特征

一、城市群形成机制

城市群是新时期推进城市化快速发展的主体形态，也是区域重点开发

①潘朝相．中原城市群经济空间联系及一体化研究［D］．郑州：郑州大学，2006.

及其协调发展的主要形式。城市群的发展对于形成合理的区域发展格局及其健全的协调互动机制，从而促进城市化健康发展具有重要的意义[①]。

（一）城市群形成机制研究的相关研究范式

城市群理论研究始于埃比尼泽·霍华德（Ebenezer Howard）对由若干个田园城市围绕中心城市所构成的社会城市的设想，后经过法国学者戈特曼（Gottmann）的开拓性贡献，特别是以亨德森（Henderson）为代表的城市经济学家和以克鲁格曼（Krugman）为代表的新经济地理学家的不断完善，城市群研究逐渐理论化和系统化。城市群研究的核心问题是城市群是如何产生的，城市群的形成机制是什么。对城市群形成机制的研究，根据赵勇的研究，从总体来说主要受到四种范式的影响：一是传统的城市经济学，强调经济主体之间的相互作用；二是产业组织理论，强调产业间的联系和产品的差异化；三是新经济地理学，强调外部性与集聚在空间结构形成中的作用；四是内生增长理论，强调人力资本和知识在城市增长中的作用[②]。

1. 城市经济学范式下的城市群形成机制研究

城市经济学关于城市群形成的核心思想是城市的集聚力来源于本地化的外部规模经济，分散力则源于“地租”的集聚不经济，而空间距离对最终产品的交易无影响，城市群的形成有赖于地方政府或利润最大化的发展者。基于阿隆索—穆特（Alonso—Muth）的城市内部结构模型框架，亨德森在假定存在着马歇尔型集聚、拥挤导致分散、产品和劳动的完全流动、大代理人（城市发展者）能够创造新城市等假设的基础上，用一般均衡的方法把阿隆索—穆特的模型扩展到具有有限产业部门的城市体系上，建立了城市体系形成的静态模型，模型中强调了地方政府或城市发展者在城市群形成中的作用。但亨德森的模型存在着两个明显的缺陷：一是缺乏微观经济基础；二是假设城市体系中所有城市都是专业化城市。对此，后来的一些学者进行了修正：阿普杜勒—拉赫曼和藤田昌久（Abdel—Rahman &

①赵勇．国外城市群形成机制研究述评［J］．城市问题，2009（8）：88－92.

②赵勇．国外城市群形成机制研究述评［J］．城市问题，2009（8）：88－92.

Fujita）用张伯伦型集聚，赫尔斯利和杜兰特（Helsley & Duranton）用斯密型集聚分别代替了马歇尔型集聚，获得与亨德森模型同样的结果；亨德森进一步研究了专业化城市系统的形成，认为城市的规模取决于当地产业部门的规模，规模经济较大的产业将有助于形成较大城市，同时认为交通服务所需土地数量限制了城市的规模。

为了解决城市体系中无多样化城市的问题，阿普杜勒—拉赫曼（Abdel—Rahman）曾先后通过引入非贸易性最终产品、产业部门间的外部性和范围经济，建立了专业化城市和多样化城市共存的城市系统模型。而戈尔兹坦和格荣伯格（Goldstein & Gronberg）所建立的城市经济模型，将分析的焦点集中于城市聚集经济的源泉这一问题上。当在一个城市中联合生产（不一定在这个城市的一家企业内生产）两个或更多的产品系列时，如果出现其生产成本低于在不同区域分别生产同样产品的成本时，那么就存在着聚集经济。一个城市之所以在生产多种产品时具有类似于范围经济的城市聚集经济，主要是因为不同产品的生产厂商共用了城市的公共基础设施，因而节省了成本。理查德森（Richardson）根据聚集经济与不经济提出了城市最优规模理论，认为随着人口的聚集，聚集经济使居民的边际收益呈倒“U”形曲线变化，而聚集不经济使居民的边际费用呈“U”形曲线变化，边际收益与边际费用相等时的人口规模为城市最优规模。正的外部性促使生产集中，负的外部性（如土地成本上升）促使生产分散，因此城市会有一个“最优规模”。然而，卡佩罗和卡玛齐（Capello & Camagni）经过实证研究发现，城市人口规模的变化并没有表现出所谓的最优规模，进而指出最优规模理论忽略了城市结构的调整和城市间的联系。纯粹的外部性假设常常无法把聚集现象与经济的微观特点联系起来，存在难以明确的有关聚集外部性和微观行为关系的“黑箱”。

此外，比较有影响的研究是亨德森对城市集中度和制度因素在城市群形成中的作用研究。亨德森对世界上 80 多个国家的经济增长状况与城市集中度进行研究后，认为城市集中程度将直接影响城市的经济增长，并且，在给定的收入水平和国家大小的情况下，都存在一个最佳的城市集中度。亨德森建立了一个包括政府在内的城市形成的动态模型，解释了城市的序位形成，强调了制度因素在城市以及城市系统形成中的重要作用。

2. 产业组织理论范式下的城市群形成机制研究

与城市经济学对城市群的研究不同，以霍布森、里维拉—贝蒂兹、阿普杜勒—拉赫曼和藤田昌久等为代表的学者，将迪克希特和斯蒂格利茨产品差异化模型和垄断竞争模型运用到城市环境中对城市群进行了开创性研究。这些研究深入地探寻了城市群形成的微观机理。在这些模型中，不完全竞争的企业具有内部规模经济，每个企业生产独特的差异化产品。这些产品要么作为最终产品供消费者使用，要么作为中间产品为生产同质性产品的投入品。由于企业自由进入，产品数量是内生决定的，而且这些产品的种类在城市水平上具有外部规模经济。差异化产品被假定为城市所特定的，城市之间不存在贸易。由于不同产业可以共同位于同一城市共享差异化中间投入，一系列的产品差异化模型被用来解释城市的多样化。为了建立更加一般的城市系统模型，阿普杜勒—拉赫曼和藤田昌久以及阿普杜勒—拉赫曼将生产中的范围经济概念运用到城市环境中，认为在均衡模式中专业化与多样化的城市能够共存；阿纳斯和雄（Anas & Xiong）以及阿纳斯将城市的多样化和专业化看作是贸易成本与城市区位成本相互作用的结果；杜兰特和帕格（Duranton & Puga）将城市企业区位选择的动态模型与产品周期的动态模型结合起来，对专业化城市与多样化城市的共存进行解释，从知识溢出的角度模拟了多样性城市的形成，并解释了专业化城市和多样性城市共存的微观机理。

3. 新经济地理学范式下的城市群形成机制研究

新经济地理学以报酬递增、规模经济、运输成本和路径依赖为核心概念，采用一系列微观经济学数学模型，分析城市体系结构形成的过程，将城市群的形成看作是一个自组织的过程。中心地理论的城市区位形成的主要因素是厂商的报酬递增。由于报酬递增，厂商坐落在彼此相邻的位置，这有利于获得马歇尔提出的外部集聚经济的三大优势，即劳动力市场匹配、共享中间产品和技术溢出。随着外部集聚经济规模的不断扩大，租金和工资成本随之提高，这迫使厂商通过增加生产地点来降低运输成本。这里，规模经济是促进城市形成的“向心力”，而运输成本则是阻碍城市形成的“离心力”。因此，在生产厂商的规模经济、运输成本以及要素流动三种因素的相互作用下，城市区位就有可能形成。

克鲁格曼（Krugman）最早考察了单城市经济的可能性；赫尔斯利和沙利文考虑了具有中心城市和次中心城市两种区位的大都市区域，中心城市首先形成，因其强调运输成本和通勤成本而导致次中心城市形成，最后就业的增长就在这两个区位上同时进行；克鲁格曼把哈里斯开创的市场潜力法引进一个动态的多区位模型来研究城市及城市体系的形成，并进一步阐明了谬尔达尔（Myrdal）提出的因果循环累积过程可以产生类似于克里斯泰勒和勒施的中心地理结果；克鲁格曼和藤田昌久基于单中心空间经济模型，隐含地得出单个城市体系将向多个城市体系转化，其模型中城市形成和城市体系演化的集聚力是制造品的种类，分散力则是城市之间及其腹地之间的运输成本，该研究证明在制造品差别足够大而人口不太多的情况下，德国农业经济学家约翰·冯·杜能（Johan Heinrich von Thunnen, 1783—1850）于1826年出版了《孤立国同农业和国民经济之关系》一书，杜能的孤立国是一种空间均衡，当人口超过某一临界值时，杜能的单中心空间体将不再是一种空间均衡，单个城市体系将向多个城市体系转化；克鲁格曼在“杜能环”、“中心地理论”和谢林的“分割模型”的基础上，建立了“多中心城市结构的空间自组织模型”，并指出一个城市结构的形成是该城市中厂商之间的向心力和离心力相互作用的自组织结果。

克鲁格曼和莫瑞（Mori）以及藤田昌久、克鲁格曼和莫瑞，应用复杂性理论的最新成果——非线性动力学中的分叉理论，采用演化的方法，将藤田昌久和克鲁格曼模型扩展为多城市模型。这两个模型引进了对经济空间的动态调整，使模型能够明确地分析新城市形成的动态过程，这样就可以考察随着人口的增长，经济空间是如何演进的。模型中，城市体系的演进是从一个单中心城市开始的。其中，每种产业有不同的市场潜力曲线，随着人口的增长和农业区的扩展，弹性最高的产业的市场潜力曲线最先在某一区位达到临界值，此时，该类产业的厂商就会在市场潜力临界值地区办厂，并形成层级最低的城市；随着人口和农业区的进一步增长和扩展，弹性次高的产业的市场潜力曲线也会在某一层级最低的城市地区达到临界值，此时，该类产业的厂商就会到这个层级最低的城市地区办厂，从而形成层级次低的城市。如此下去，经济体内生形成了规则的城市层级结构。

藤田昌久、克鲁格曼和维纳布尔斯（Venables）在综合了已有的关于城市体系研究的基础上，进一步通过模型论证了城市体系的形成和演化过程实际上是企业、居民或消费者在市场条件下追求各自利益或效用最大化的均衡求解结果。

4. 内生增长理论范式下的城市群形成机制

与新经济地理学派不同的是，内生增长理论学派将知识和技术看作是城市群形成的重要内生动力。布瑞兹（Brezis）和克鲁格曼认为，边干边学和地方化知识是集聚力的来源，新技术的获得必将导致新城市的产生和仍然使用老技术城市的衰落（城市“跳蛙”）；杜兰特和帕格通过引入一个关于厂商学习怎样才能更好地生产新产品的动态维度，建立了一个与亨德森、阿普杜勒—拉赫曼和藤田昌久理论相关的分析框架，均衡中三种城市体系结构都可能存在：或者仅仅是专业化的城市，或者仅仅是多样化的城市，或者既有专业化城市又有多样化城市组成的混合型结构。当厂商学习处于中等程度困难时，混合型结构就会产生。在这种混合型结构里，厂商最初在一个多样化的城市里生产新产品的原型，当他们掌握了新产品的理想生产程序后，就会转移到专业化的城市里开始大规模的生产。如果城市的大代理人能够创造新城市，则就会形成一个具有最优规模的城市体系。

布兰克（Black）和亨德森将城市化与经济增长模型化，建立了一个有关城市形成演化的模型，解释了城市化如何影响经济增长过程中的效率以及经济增长如何影响城市化的模式。地方化知识溢出促进了人口的集聚，而人力资本的积累则加快了经济增长。个体城市规模随着当地人力资本和知识的溢出而增大，城市数量随着经济和人口的增长而增加。

格雷泽和塞兹（Glaeser & Saiz）将大学毕业生份额作为技术增长的一个重要指标，考察了受教育群体变化对城市增长的影响。在都市区水平上，具有大学学历的成年人人口每增加 1 个百分点，将使经济增长率提高将近 0.5%；而在城市水平上，具有大学学历的成年人人口每增加 1 个百分点，将使经济增长率提高将近 0.2%；在控制区域特征的情况下，基期都市区具有大学学历群体的标准差提高 1%，会导致都市区规模提高 2.5%。亨德森和王平（Wang）使用 1996—2000 年全世界超过 10 万个都市区的数据，将都市区增长与一国范围内教育程度结合起来，研究了城市增长问题。他们发现了明显的知识溢出效应，该效应随着城市规模的扩大而提高。在拥有100万人口的城市中，受过高中教育人口的标准差每提高1个百分点，会导致城市规模扩大9%；而在拥有250万人口的城市中，该效应达到17%。这种不同效应意味着，随着一个国家受教育人口水平的上升，城市规模分布将递增扩散。

阿隆索—维拉尔（Alonso—Villar）发展了一个一般均衡模型，试图在垄断竞争的框架下解释都市区的形成。城市集中不仅与递增的规模报酬和城市间的运输成本有关，而且与人力资本溢出有关，人力资本外部性成为经济活动集聚以及城市增长的要素。成本外部性与知识外部性构成了城市集聚的向心力，而城市内部拥挤则成为城市集聚的一种离心力。伯利安特、瑞得和王平（Berliant，Reed & Wang）建立了一个空间集聚与城市发展动态相互作用的一般均衡模型，认为依赖于区位的知识溢出是城市体系形成的驱动机制。

（二）城市群形成机制与原因

研究表明，由于科技不断进步、经济专业化分工加强、产业不断聚集的推动促使产业与人口在空间上集聚与扩散运动，从而使城市化达到一定程度之后，就必然形成城市群，其是城市化发展的必然阶段。城市群的形成机制与原因主要有以下几点①：

第一，城市群形成是产业结构演进和梯度转移的结果。

随着城市规模的扩大、经济发展水平的提高和产业结构的不断升级，大城市特别是其中心区的功能会逐步变化，大规模的专业化生产功能将逐步退出大城市而向外围转移，大城市具有更多的商务活动中心功能。产业转移及社会分工的深化使城市之间的相互联系程度增强，通过产业间的前后联系，在大城市周围会形成较大的人口和产业聚集区。

第二，城市群形成是聚集机制作用的结果。

①苏雪串．中国城市群的形成与发展在城市化中的作用——以长江三角洲为例［J］．山西财经大学学报，2004，26（1）：46－49.

随着城市规模的扩大和经济发展水平的提高，聚集利益区位将会发生变化，从而在城市外围地区会形成新的聚集中心，并且新的聚集中心总是以一定的经济活动聚集点为基础，这些新的聚集点就是原有的中小城市。因为在大城市发展的初期，资源向大城市聚集可以获得比较优势和利益，而随着城市的成长，原有的比较优势会逐渐丧失，包括大城市土地和劳动力等要素价格的上升等，同时在其他方面又形成新的优势，导致大城市丧失优势的经济活动向周边中小城市和城镇转移。

第三，在城市化中后期，扩散型城市化成为城市化的主要内容。

聚集是扩散的基础，城市的能量聚集到一定程度，必然会有能量的释放，即城市的扩散。扩散的过程引起扩散型城市化。在这种扩散过程中，区域内各层级城市之间的经济联系更加密切，城市之间协调发展，从而增强了区域内城市体系功能的完整性，带动了整个区域甚至国家经济的发展。

二、城市群形成与演化

城市是一个区域的中心，通过极化效应集中了大量的产业和人口，获得快速的发展。随着规模的扩大，实力的增强，城市对周边区域产生辐射带动效应，形成一个又一个都市圈或城市圈。伴随着城市规模的扩大和城际之间交通条件的改善，尤其是高速公路的出现，相邻城市辐射的区域不断接近并有部分重合，城市之间的经济联系越来越密切，相互影响越来越大，就可以认为形成了城市群。

城市群的出现是一个历史的嬗变过程。城市群是城市化进程发展到一定阶段后，在具备特定地理条件的区域内出现的空间再组织现象，这种空间组织变迁正是以产业在不同等级的城市内进行重组为主要内容的，是产业结构调整和升级的空间表现形式。城市群产业结构以及地域分工的调整与优化成为推动城市群发展和竞争力提高的决定性因素①。

（一）城市群的发展阶段

从城市群的萌生、发展到成型，需要经历一个较为长期的过程，其在

①姚士谋，陈振光，朱英明．中国城市群［M］．合肥：中国科学技术大学出版社，2006.

空间形态上也会呈现出一定的变化，究其实质，由企业所主导的经济活动及其由此所带来的集聚和扩散效应构成这一过程持续演进的基本动力①。

1. 分散发展的单核心城市发展阶段

该发展阶段为城市群发展的最初阶段，也即萌芽阶段。城市主要表现为单核心向外蔓生发展，分散的城市间规模等级差别较小，大多数城市沿区域交通干线分布，也有少数城市分布于远离交通沿线的地区。因此，主要城市中心的吸引范围非常有限，城市间的功能联系仅限于狭窄的交通沿线的城市之间，远离交通沿线的城市间以及这些城市与交通沿线的主要城市间仅有微弱的功能联系。城市间专业化生产联系差，各城市周围被不同的农业地带所环绕。

这一阶段又可分为两个时期：

（1）低水平均衡发展时期，这是以经济活动分散孤立、小地域范围内的封闭式循环为特征的空间结构。

（2）极核发展时期，这是形成单一中心、核心—边缘式发展为特征的空间结构时期，城市和边缘区竞争加剧，但城镇之间共生作用尚弱，城市经济结构比较简单。在这一时期，一些具有较好区位条件和基础设施发达、交通便利而且创新能力强的城市迅速发展成为某一区域经济的“增长极”，直接承接国际化、全球化的要素转移。

2. 城市组团发展阶段

在该发展阶段，交通干线重要中心城市侧向联系的渗透干线发展，对于城市群地域结构质的转变是至关重要的。起初的侧向联系首先从重要城市中心开始，并与远离交通干线的边远城市相连接，这极大地优化了两个中心城市和边远城市间的功能地域结构。随着渗透干线的延伸以及在渗透干线上较大规模城市的建立，各城市市场区域进一步扩大，城市以内城为中心继续向外扩展，而原有的联系密切的城市开始形成城市组团。在这一阶段，容易形成以多核心为特征的空间结构，基本部门体系以垂直发展为主，前、后向联系纵深发展，共生作用加强，企业由极核中心向外围扩散

①肖金成．我国城市群的发展阶段与十大城市群的功能定位［J］．改革，2009（9）：5－23.

十分显著，形成次级核城市向较低等级城镇逐步发展的城镇体系。

3. 都市圈阶段

在这一阶段，区域内城市间相互联系通常需要相对长的时间，这取决于与渗透干线间有着密切联系的支线网络的发展。那些位于渗透干线上的主要城市继续接受较高级城市的辐射功能，自身又对次级城市扩散其部分功能，开始扮演地区中心的角色。不久，来自边远城市的交通支线得以建立，除通过渗透干线间的联系外，它们之间的直接联系开始得到发展。然后，更小的城市便通过起初的干线开始发展，不久它们也开始连接起来。这种相互联系的过程继续沿着干线和支线，与日益增加的专业化生产相对应。通过空间经济联系以及集聚与扩散作用，各城市试图改进其在交通网络中的地位，出现了以大城市为核心的不同等级城市相互依存的都市圈。

4. 城市群形成阶段

在这一阶段，都市圈综合交通走廊的发展以及城市等级系统的出现是成熟城市群的重要特征。都市圈综合交通走廊的发展可以追溯到都市圈内城市间的联系，这种联系已经不能满足都市圈整体发展的要求，需要在更大的空间背景下发展都市圈整体与外部的社会经济联系，这种联系在很大程度上是都市圈功能空间竞争的结果。城市群内各城市间的共生互控效应逐步加强，城市职能分工日趋明确，产业结构与产品结构梯度转移的波及效应逐渐明显，不同等级城市间纵向联系的行政隶属关系逐步弱化，同一等级城市间的横向联系进一步强化，城市群地域结构的功能组织方式日益优化，城市群地域结构开始形成。

（二）城市群的空间演变

城市群在各个发展阶段呈现出不同的空间特征，伴随着城市群的空间演进，城市群的空间也在不断扩展。城市群的空间扩展模式包括城市群整体外推和城市群内部的扩展，受城市群的伸展轴、节点和结节地域、城市群发展阶段的影响，它的扩散影响产业的转移、城市之间的合理分工、城市群功能的集聚和分散以及城市群的结构调整，因此，建立开放、有序的城市群空间扩展模式具有重要的理论和实践意义。在自然要素和经济要素分布比较均一的状态下，城市群的范围不断向外扩展，但是，在实践中，由于各种条件因素的非均质性，特别是交通条件和基础设施的较大差异，城市群的空间扩展模式也会发生变形①。

1. 城市群的整体外推

按照城市群空间扩展的宏观形态，可以把城市群的整体外推划分为三种模式：

（1）团状空间扩展模式

这种空间扩展模式大多都分布在平原地区。它以核心城市为中心作城市集合体外接圆或圆弧，城市群主体部分都在其范围之内。团状空间扩展模式的形态表现为核心城市的功能强大，城市节点和结节地域在城市群的伸展轴上均匀地分布。我国的中原城市群就是比较典型的例子。

（2）带状空间扩展模式

这种空间扩展模式主要分布在河谷地区，城市扩展表现出明确的空间指向，沿交通线的扩展成为这一时期的主导，空间结构不平衡逐渐增强，城乡梯度出现，集聚进一步强化。它主要是由于受自然地理条件的限制，城市群向外均匀扩展的态势被打破，致使其回避限制条件而沿着几条主要轴线向外延伸。如果城市群向外延伸受自然地理条件的限制较小，则城市群呈现出典型的带状；如果受到的限制较大，则城市群表现为组团与廊道形式的带状。这类城市群通常规模比较小，等级较低，我国的关中城市群和海峡西岸城市群就是比较典型的例子。

（3）星状空间扩展模式

这种空间扩展模式没有非常明显的地域特征。它或者是由于自然地理条件的限制，或者是受放射形城市交通网络的影响，导致城市群的伸展轴沿着三条或三条以上的轴线向外扩展，大中城市数量增加，集聚与扩散并存，空间不平衡加剧，城市群的圈层结构表现出不规则的变形，空间形态呈现出星状。这类城市群的规模通常较大，等级较高的东京、纽约、伦敦等一些世界级的城市群都属于该类型，我国珠三角城市群、长三角城市群

①肖金成．我国城市群的发展阶段与十大城市群的功能定位［J］．改革，2009（9）：5－23.

和京津冀城市群的空间形态也都属于该类型。

2. 城市群的内部扩展

从城市群空间扩展的内部形态看，城市群的扩展可以概括为以下四种模式①：

(1) 核心—放射空间模式

在城市群核心首位城市初期的扩散过程中，由于自身还需要集聚经济要素，并不具备圈层扩展的能力，往往只能沿主要的发展轴向外扩展，这就形成了“核心—放射空间模式”。这种情况以欠发达城市群居多，如我国的黔中城市群，如图 3－11 所示。

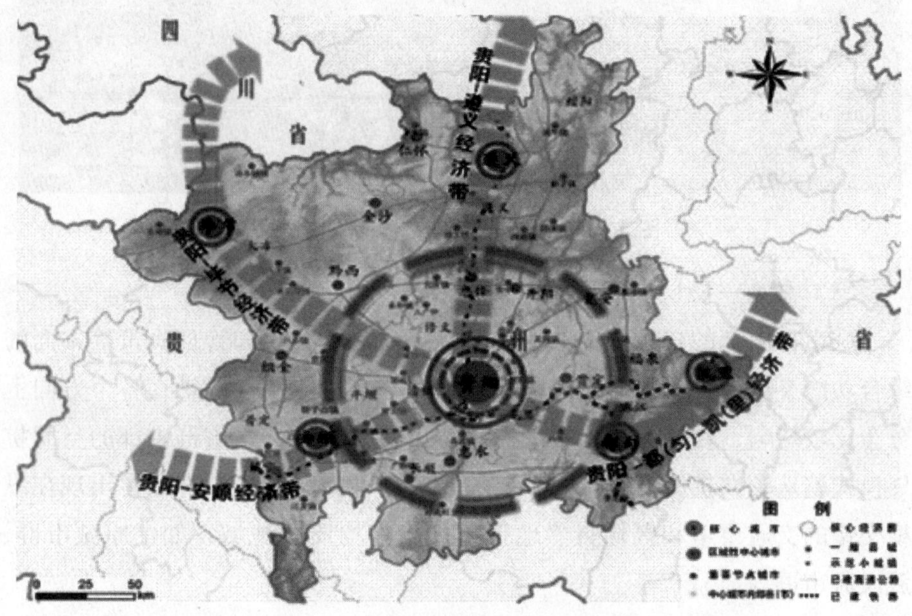

图 3－11 黔中城市群空间示意图

(2) 双子座的空间模式

在城市群内有两个核心首位城市，它们无论是经济实力、城市规模和吸引能力，还是在城市群中发挥的作用，都起着“双核心的作用”。我国沿海地区的许多城市群都具有这种双核心的特征，如北京和天津、广州与

①黄征学. 城市群空间扩展模式及效应分析［J］. 中国经济时报，2007－04－09（5）.

香港、沈阳与大连、济南与青岛、福州与厦门等。双核模式的山东半岛城市群如图 3 - 12 所示。

图 3 - 12　山东半岛城市群的双核模式

（3）核心—圈层空间模式

城市群内部的核心首位城市在经济、政治、文化和管理决策等方面的综合功能突出，且对外的交通基础设施和向外延伸的伸展轴在各个方向上分布比较均匀，在核心首位城市扩散作用明显之时，城市群内部的空间扩展模式就从轴向扩展为主转向圈层扩展。这种类型的城市群经常出现在纵横交错的交通要道和区域自然地理条件较为均质的地域，如中原城市群、武汉城市群等。

（4）多中心网络化空间模式

随着工业化发展的后期，西方发达国家城市极核式空间格局逐渐向互补多中心空间发展格局演化，实现了交通发达与产业分工上的空间分化，为开敞式多城市所替代①。

1945 年哈里斯（Harris C D）和乌尔曼（Ullman E. L.）提出了城市空

①史雅娟．中原城市群空间格局的多中心网络化研究［D］．开封：河南大学，2013.

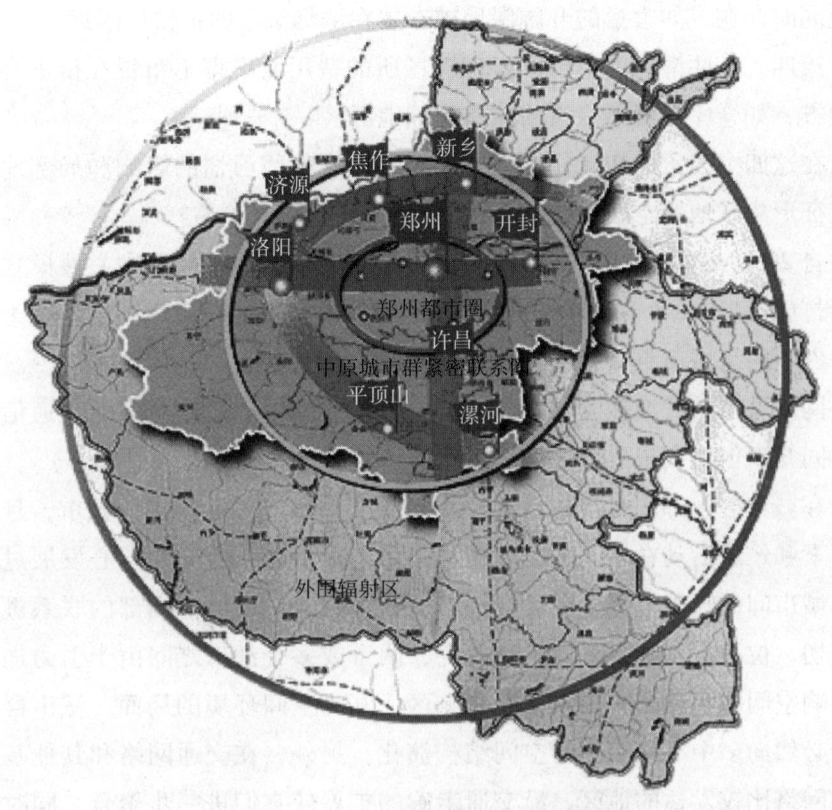

图 3-13 中原城市群扩展的圈层模式

间结构的多核心理论①，他们认为大城市不是围绕单一核心发展起来的，而是围绕几个核心形成中心商业区、批发商业和轻工业区、重工业区、住宅区和近郊区，以及相对独立的卫星城镇等各种功能中心，并由它们共同组成城市地域。他们研究了美国大部分城市，提出了影响城市中活动分布的四项基本原则：

第一，有些活动要求设施位于城市总为数不多的地区，如工厂需要有大量的水资源；

第二，有些活动受益于位置的相互接近，如工厂与工人住宅区；

第三，有些活动对其他活动容易产生对抗或消极影响，这些活动应当

①Harris C D, Ullman E L. The nature of cities [J]. The Annals of the American Academy of Political and Social Science, 1945, 242 (1): 7-17.

避免同时存在，如大量的开阔绿地被布置在浓烟滚滚的钢铁厂附近；

第四，有些活动因负担不起理想场所的费用而不得不布置在很不合适的地方，如仓库布置在冷清的城市边缘地区。

在这四个因素的相互作用下，再加上历史遗留习惯的影响和局部地区的特征形成了地域空间构成①。

自20世纪80年代以来，西方发达国家城市群传统的单中心展模式被逐渐打破（Fishman R.，1990）②，多中心发展模式的呼声逐渐增，认为同等条件下网络城市更具有区域自由度和创造性（Batten D. F.，1993）③。多中心网络城市的地域独立、功能互补，城市之间助于高速可靠的交通信设施协同知识创新实现群体之间最大化经济效应（Batten D. F.，1995）④。

在城市群内部同时存在着几个在规模、功能等方面相当的城市，且经济要素和经济活动在空间上也表现为集中与分散相结合。在向心发展过程中，城市间的吸引范围不断袭夺、削弱或加强，城市群体内部的联系进一步密切，位移扩展和跳跃式扩展并存，两个或多个都市之间由于引力加强和影响空间的临近，会出现互为影响区、互为空间环境的局面，城市群体空间必然向多中心网络化的空间结构演化。另外，在交通网络和其他基础设施网络比较发达的地区，沿交通走廊的扩展使它们进一步聚合，同时新生的次级交通走廊也成为城市群扩展的短轴方向，波及至城市化发展的低谷区，形成交互式的扩展局势，人流、物流和信息流等可以便利地进入这些网络体系，也容易形成多中心网络化的空间模式。如湖南省的长株潭城市群等次级城市群都具有这种模式的雏形。

（三）城市群的空间联系

在城市群空间作用格局中，任何一点所接受的空间扩散都不是单一的距离衰减效应，而是多个方向、多种扩散的复合，因此，整个区域就表现

①刘晓萌．国外城市空间结构研究综述［J］．合作经济与科技，2015（1）：44－45.

②Fishman R. America’s new city［J］. The Wilson Quarterly，1990，14（1）：24－55.

③Batten D F. Network cities versus central place cities：building a cosmo－creative constellation［M］//The Cosmo－Creative Society. Springer，Berlin，Heidelberg，1993：137－150.

④Batten D F. Network cities：creative urban agglomerations for the 21st century［J］. Urban studies，1995，32（2）：313－327.

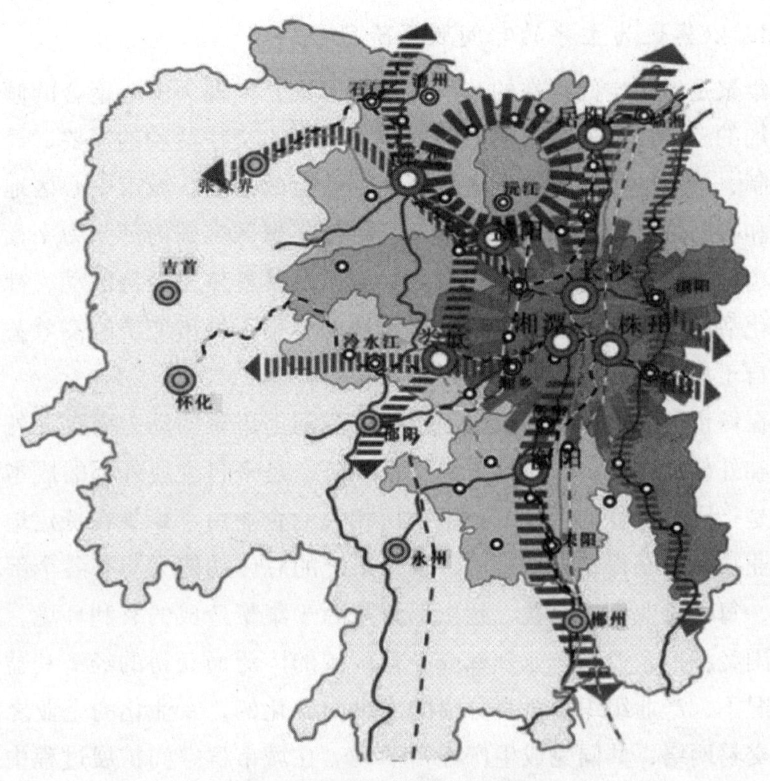

图 3－14 长株潭城市群空间网络图

为整体的相对一致性、密切性。在聚集与扩散机制双重作用下，城乡空间格局发生着演化和交替。随着相近的城镇不断聚集和扩散，区域经济发展和城市化水平不断提高，逐渐形成城市群的轮廓。在城市群形成的初期阶段，集聚是主要的驱动力；在成长阶段，集聚扩散是主要的驱动力；在形成阶段，扩散集聚是主要的驱动力；在成熟阶段，扩散是主要的驱动力。正是通过城市群内部的不同等级城市的集聚和扩散作用，把城市群内各城市紧密地联系在一起，构成合理的城市发展体系、产业发展体系、技术扩散体系、市场组合体系和功能分布体系。城市群空间扩展的根本动力在于核心首位城市和周边地区两类异质空间上产业的集聚和扩散力量协同谋求聚集经济①。

①姜博．辽宁中部城市群空间联系研究［D］．长春：东北师范大学，2008.

1. 以集聚为主导的空间联系阶段

集聚是城市空间存在的基本特征与形式，表现为向心聚合的倾向和人口增加的趋势。促使城市集聚的因素主要有：交往活动的需要、经济收入的限制、较高的可达性、产生经济规模效益的需求、城市中心区地位的象征性和吸引力等。长期不断的集聚，将使集聚区突破内部张力平衡，形成向周边地区的扩散，如此循环往复。城市及其群体是经济活动、社会活动和文化活动的中心和创新源地，集聚功能产生了城市经济的高效益，其根源来自于集聚经济效益和信息经济效益。

在城市群发展的初期阶段，产业在空间上集聚的动力来自于外部规模经济和外部范围经济。所谓外部规模经济，是来自企业外部的成本节约优势，是指同一产业的企业或一组密切相关的企业由于聚集在特定地区，通过产业功能所获得的外部经济，整个系统的总体功能大与其各个部分功能之和，每个企业都能获益，超出部分来源于集聚造成的有利环境。所谓外部范围经济指企业因产业领域或经营区域的广泛而获得的经济利益。在这种情况下，产业组织是垂直分离的或纵向分化的，专业化的企业之间通过外部交易网络，共同完成生产经营活动。在城市群空间扩展过程中，随着城市“极化”作用的增强和优势产业得以确立，外部规模经济为产业发展提供了额外的边际收益。为了获得这部分收益，那些与城市优势产业关系密切的辅助性、补充性产业开始向城市内聚集。当然，只靠规模经济，只能使某些产业的特定的生产中心得到发展，而在多样化经营下，各种经营之间的机能特殊化得以增强。具有异质性的产业及其活动的集聚，使得任何一项经济活动都有足够的个体与之相适应，从而可以减少社会经济活动彼此的损失。由于这种不同产业间相互的关联效应和产业本身的集聚效应，形成外部规模经济和外部范围经济，据此产生了产业的集聚经济。产业的集聚吸引了人口的集中，在需求的指向下，一些相关的经济活动及人口就近选址，聚集在一起的人口和经济活动又会产生正的外部性，在人口和市场规模不断扩大的条件下，以服务社会为目标形成的第三产业甚至一些与集聚经济无关的产业随之也集聚于城市，城市集聚经济逐步形成。

2. 以扩散为主导的空间联系阶段

扩散表现为一种离心的运动趋势，是城市空间向外扩张、蔓延和创新的行为在地域空间的传播过程。随着城市群的不断发展，中心城市在规模达到一定程度后，开始向城市内部相关城市，甚至城市群外部进行产业扩散，以带动中心城市和整个城市群产业结构的优化升级。在这一阶段，产业扩散成为城市群之间相互联系的主要方式。随着城市规模的不断扩张和城市群发展阶段向前推进，产业和人口的迅速集中，必然造成城市集聚不经济，使产业发展的成本大大提高，产业的边际产出被拥挤成本、通勤成本、土地价格和劳动力价格提高所抵消。生产要素成本和报酬发生了变化，那些产品附加值低的产业和劳动密集型产业，就会失去城市区位的集聚经济效应，而不得不向城市外围地区扩散。产业扩散的结果是在核心首位城市的周围形成若干个中小城市，这些城市的产业之间由于存在着密切的关联效应（或劳动地域分工联系）而联系紧密，最终以核心首位城市为核心形成城市群。当然，产业向外扩散除了前面分析的被动扩散，还有主动扩散。所谓产业被动扩散是当城市中产业集聚膨胀到一定程度而导致集聚不经济时开始的，同样地，产业的扩散导致了一批卫星城市和一些中小城市的兴起，从而最终形成城市群。被动扩散是在城市产业集聚膨胀到一定程度而产生的新的集聚经济体，是产业的扩散而形成的，世界上很多城市群，如美国五大湖区城市群、欧洲西部城市群形成的过程中，被动扩散就起到了很大的驱动作用。所谓产业主动扩散一般是由官方或半官方机构的组织协调下进行，韩国的汉城城市圈的形成就是一个典型。当然，在城市群形成的过程中，被动扩散和主动扩散经常同时存在同时进行。因此，如果说集聚经济为城市规模的扩大提供了拉力，集聚不经济则为城市群体系的建立提供了推力。从产业角度来分析，城市群是产业集聚和扩散所形成的结果。在产业的集聚与扩散中，基于产业链关系的城市群体系逐步建立。

由于城市群的集聚和辐射功能存在着重叠性，使得城市间的竞争不可避免；加上辐射的影响及其产业同构现象比较严重，直接或间接导致了内耗性的竞争。但是，城市群功能竞合发展是必然选择，它将贯穿于经济整合的过程中，只是在不同的发展阶段，城市功能的竞合效应是有差异的。但总的情况是，随着城市群的发展，城市之间功能的竞争将逐渐向合作过渡。

在城市发展的初期阶段往往以少数几个功能为主，如政治、军事功能等，随着城市的发展其功能也不断增多，即为城市功能的集聚。此时，由于城市群内各城市之间经济联系比较少，城市体系相对也比较封闭，为满足城市内部及周边地区的需要，各城市就会建立比较完整的功能体系。尽管功能全，但服务能力弱。“弱而全”的功能体系，在城市经济由封闭逐步走向开放的过程中，与其他城市之间产生了激烈的竞争。当城市群的发展进入成长和形成阶段时，各城市的规模也在不断扩大，城市之间的经济联系也越来越密切，城市的功能也进一步增强。但如果城市功能过度密集地集中在一个城市，超过了一定时期内城市的最大利用限度、最优发展规模等方面的限制时，必然会产生城市病。此时，核心首位城市或中心城市的功能就会向临近的城市扩散，即为城市功能的扩散。城市功能的扩散过程，使得城市内部“弱而全”的功能体系被打破，城市之间的功能由竞争向竞争合作转变。进入城市群发展的成熟阶段，在市场力和政府力的共同作用下，城市群内部通过密切的社会经济联系构成一个有机整体，在与外界不断进行能量交换的过程中，系统产生了自组织功能，不断调整和优化自身结构，合理配置城市功能，以适应外部环境的变化，并提高城市群整体的经济效益和对外服务功能。由不同规模的城市等级体系在空间上整合所形成的城市群，有利于汇集区域整体力量，形成区域竞争优势，增强对国内外经济要素的吸引力从而创造出更大的经济效益。由此可见，城市群经济的整合以连衡合纵，形成相互竞合为导向，最终在功能上互补共同促进，使产业群落、市场群落和城市群落高度联结成整体，做大做强，实现内部城市的互利共赢。

3. 以网络化为主导的空间联系阶段

随着城市群以及城市基础设施特别是城市之间交通通信基础设施的不断完善，城市群内部各城市发展相对稳定，于是便进入了复杂的相互依赖的阶段。在这一阶段，城市群内部的空间联系主要是网络化的发展联系，区域网络化组织发展成为推动城市群发展的主要动力。区域内的网络化组织包括由交通运输通信电力等物质性线路组成的物质性网络和由市场中各种要素资源流动形成的非物质性市场网络两种。物质性网络组织的发展对城市群的形成可以分为两种情形。在工业化发展的初期和中期，在一些交通运输业发达的港口城市，凭借其经济、发达的交通运输网络发展相应的传统产业，如石油、化工、钢铁工业等，由于规模经济的内在要求，大量的不同规模的相同的产业、一系列的配套产业、前后相关联产业和服务产业等兴起会带动一定区域范围内若干城市的迅速发展，这些城市之间通过诸如产业关联等方式存在着紧密的联系，这样凭借其优越的交通地理位置和发达的交通运输网络而形成一定地域范围内的城市群。如美国波士顿—华盛顿城市群中的几个主要城市波士顿、费城、纽约、巴尔的摩等都是大西洋沿岸重要的港口城市，它们的兴起和城市群的形成与方便的交通运输条件具有直接的关系。另外一种情形是相邻近的城市之间通过主轴线的联系而形成城市群。相互邻近的城市之间，通过空间相互作用而逐渐形成由铁路、公路、管道、通信线路、电力等各种线状线路形成的网络，不同等级规模的城市均可以通过发达的交通运输网络扩大它的腹地范围，增加它和邻近城市之间的相互联系，各城市之间既可以借助网络中的主要发展轴线进行产业布局，又可以开展分工合作，形成各具特色的劳动地域分工体系，从而形成具有比较完善的城镇体系结构的城市群。中原城市群是一个初具雏形的城市群。依托中原这块肥沃的土地，孕育了若干个中外闻名的大都市，如洛阳、开封、许昌等。郑州虽是后起的城市，由于其得天独厚的交通优势，得以后来居上，成为中原城市群的中心。中原城市群中，两相邻城市间的距离，最远不超过100千米，大多在70千米左右。为了加快城市群的发展，河南省政府关于中原城市群的发展规划中的一个重要举措就是大力进行高等级公路、高速公路、铁路、航空港的建设，积极发展城市群内部的交通运输网络组织①②。

三、城市群地域及空间特征

一般来说，城市群的地域范围及空间形态具有以下四点特征：

①刘静玉．当代城市化背景下的中原城市群经济整合研究［D］．开封：河南大学，2006.

②肖金成．我国城市群的发展阶段与十大城市群的功能定位［J］．改革，2009（9）：5－23.

（一）城市群形成发展过程中的动态化

城市群内各不同性质的城市，其规模、结构、形态和空间布局等均是在不断变化之中，那些区位条件好并具有优越发展机遇的首位城市，其动态变化就呈现稳定上升的发展趋势；反之，呈衰落下降趋势。首位城市的变化影响着区域性城市群的每个城市。从这一点来看，城市群的出现，也是地区经济集聚发展的产物，是区域经济集中化的高度体现。地区经济集聚主要反映在工业项目的布局集中、人口集中、技术集中、区域性基础设施集中，使城市群具有明显的规模效应。

而其中城市的发展程度可以由首位度及其改进法来进行判定，在实际研究中人们常采用一定区域内最大城市与第二位城市人口的比值，即城市首位度，也称为二城市指数（S_2），来作为一种对区域内城市规模分布状况进行衡量的常用指标，首位度比较大的城市规模分布，就称为首位分布，如式 3－3－1 所示。

$$S_2 = P_1/P_2 \qquad (3-3-1)$$

首位度在一定程度上代表了一个城市体系中的城市人口在其最大城市的集中程度，但是在实际应用中未免会出现以偏概全的现象，为了避免首位度二城市指数过于简单化，有人对此进行了改进，提出了 4 城市指数和 11 城市指数。

4 城市指数如式 3－3－2 所示：

$$S_4 = P_1/(P_2 + P_3 + P_4) \qquad (3-3-2)$$

11 城市指数如式 3－3－3 所示：

$$S_{11} = 2P_1/\sum_{n=2}^{11} P_n \qquad (3-3-3)$$

式中，P_1，P_2，…，Pn 为按城市按规模按照从大到小进行排序以后，人口规模排在第 n 位城市的人口规模。

根据首位度的相关理论，正常的 2 城市指数值为 2，4 城市指数和 11 城市指数值为 1。由于这三者都关注于第一大城市与其他城市的比例关系，因此被统称为首位度指数①。

①许学强，周一星，宁越敏，等．城市地理学［M］．北京：高等教育出版社，2009.

（二）城市群具有区域城市的空间网络结构性

城市群不是城市单独个体的发展，具有更广泛的空间网络结构性，主要反映在城市群网络的大小（Network - Size）、城市群网络的密度（Network - Density）、城市群网络的组合形式（Type of Network - Composition）这三个要素上，这三个要素反映了城市群网络结构的基本特征。每个城市在城市群内具有特定的联系关系，城市群整体结构反映了各个城市在一个群体内的集合功能以及形成的千丝万缕的网络状联系，既是城市个性的体现，又反映了城市相互作用的共性关系①。

一方面，城市群内部由交通运输和电力通信等线性物质组成的物质性网络、通过要素资源流动而形成的非物质性网络组成的区域网络化组织发育，网络化组织是城市群形成发展的纽带和支撑。城市群内部不同区域之间相互联系的需要，与人流、物流、信息流的不断密集导致了城市群地区的网络化组织发育，而城市群内部社会经济的发展又为网络化组织的发育提供了坚实的物质基础。另一方面，城市群内部的各级城市、内部的网络化组织、运行于其中的各种流、不同地域单元之间的复杂联系将城市群构建成了一个复杂的网络化组织②。

城市群的发展不仅取决于城镇自身的增长能力，更有赖于其间的网络系统。由于经济社会联系的性质差异，网络形态千差万别，概括为物质网络（如铁路、公路）和非物质网络（如资金、技术）；横向网络（如城市群组之间）和纵向网络（如首位城市与次级城市之间），网络系统是城市群、城市群组发展与综合功能发挥的基本途径，交通网络是网络系统的核心③。

网络结构的密集性和稀疏性的特征体现了网络整体的开放程度和获取资源的能力，反映了网络中资源和信息的流动性的强弱，直接影响到区域内企业交易成本的高低，网络越密集，整体网络和其中结点的吸收、传递和处理功能就越强。联系紧密的整体网络不仅为其中的个体提供各种社会

---

①蔡勇美，郭文雄．都市社会学［M］．台北：巨流图书公司，1985：137 - 139.

②刘静玉．当代城市化背景下的中原城市群经济整合研究［D］．开封：河南大学，2006.

③薛东前，孙建平．城市群体结构及其演进［J］．人文地理，2003，18（4）：64 - 68.

资源，同时也成为限制其中个体的重要力量。一般来说，城市群网络中成员个体间的联系越多，网络密度越大，各城市成员受到来自网络结构的约束越明显，单个城市自主行为的能力越弱。

（三）城市群具有区域内外的连接性和开放性特点

区域内任何一个城市都不能孤立地发展，需要广泛地发生区域联系，实行对内对外开放，引进新的机制，才能使各个城市在区域中认清自己所处的地位，取长补短，进行发展①。

城市群内外部存在着密切的相互联系。首先，城市群内部各个地域单元之间存在着密切的社会、经济联系，根植于城市群密切联系的城市群经济系统及城市群地区不同等级的经济系统之间的相互联系更为紧密。其次，城市群内部逐渐形成了合理的区域分工与区域合作体系，随着区域分工的深化、区域合作的发展，城市群地区相应的地域系统之间经济联系的强度也在不断加大。随着生产力和市场经济的发展，这种相互联系的强度越来越强。由于自然条件和历史基础的原因，不仅城乡之间区域功能和经济发展水平存在着很大的差异性，而且城市之间也存在着巨大的差异性，这种差异随着城市规模的变化而拉大②。

城市群不是一个孤立的系统，而是一个开放的大系统。首先，城市群经济系统是一个开放的区域经济系统。城市群在进行内部的分工与合作的同时，也进行着与外部的城市区域、城市群的分工与合作，城市群经济系统向外面输出各种经济要素的同时也从外面输入各种经济要素。其次，城市群是一个开放的城市区域系统，在城市群的发展过程中，城市群存在着向外扩张的倾向，由此，城市群的地域空间成长存在着向外扩张的过程，地域空间的外向扩张必然导致城市群经济系统的开放性③。

（四）城市群内的城市具有相互之间的吸引集聚和扩散辐射功能

城市群内各城市以首位度为基础，以物资、人员、技术、金融、信息

①肖枫，张俊江．城市群体经济运行模式［J］．城市问题，1990（4）：8－12.

②赵梅，姚士谋，彭立华．中国城市群规划的创新理念［J］．上海城市管理，2007，16（1）：11－13.

③刘静玉．当代城市化背景下的中原城市群经济整合研究［D］．开封：河南大学，2006.

等形式通过经济协作网络和运输通信体系发挥集聚和扩散作用，实现集聚效益和扩散效益的有机统一，使城市群体的整体功能得到更好的发挥。

在特定的城市范围内，首位城市起着核心作用，具有较强的吸引功能。随着交通运输网络的不断完善，集聚与扩散规律几乎是同时发生的。当然，在区域范围内，各个城市（非首位城市）也同样具有集聚与扩散功能，只不过由于经济实力的差异，其作用力有大有小而已。城市群以物资、人员、技术、金融、信息等形式通过经济协作网络和运输通信体系发挥集聚与扩散作用，实现集聚效益与扩散效益的有机统一，使城市群体的整体功能得到更好的发挥。随着社会生产力的不断发展，城市群内部的调节与协调作用将越来越明显，这样又加强了地区城市群的引力与扩散力。

随着社会生产力的不断发展和产业集中度的不断提高，城市的生产生活进一步社会化、现代化，各地区的生产专业化和协作化特征日益明显，要求加强各城市之间的生产、文化和科技等多种联系，增加交流的信息量，增强城市群的互补性。可以充分利用相对集中的特大型城市或大城市的雄厚经济实力促进中小城市发展，进而带动地区经济发展，这样同时也强化了特大城市本身区域经济的基础依托①。

①课题组．城市群客运交通发展的基本特征及系统框架研究［J］．宏观经济研究，2010（4）：3－22．

04 第四章 中国城市群发展现状

第一节 中国城市化发展历程

城市的发展和城市化水平的提高，是文明先进程度的一个集中体现。这是因为一个具有相当规模的都市，必须要有关较高发展水平的经济和文化发展作为支撑，无论是交通系统、粮食供应、城市管理都要求有一定的经济与社会发展水平。

一、中国历史上的城市化

中国是世界四大文明古国之一，在城镇发展方面也有久远的历史。随着我国历史上奴隶制国家的形成，“城郭沟池以为固”，我国早期城市便逐步产生了。根据现有文献史料和考古实物证明，我国早期城市产生于原始社会末期向奴隶社会过渡的时期。具体地说，起源于传说时代的三皇五帝之都（约公元前2600初），初形于夏，形成于商代末期①。但是中国古代由于地域广阔、交通不便，城市往往考虑首先设置在行政、军事、经济发达的地区，从自然地理上来讲，就是多选择设置在近临河流、水源充足、交通便利、物产丰富的地区，而且各下级城市的分布都与上述条件有着密切的联系，以便更好地发挥作为统治中心的作用，这就是我国古代城市规划所具有的城市分布区域规划布局的地理基础的初期思想②。

（一）早期萌芽时期

关于我国远古都城宫室的传说，《周礼》、《尚书》、《左传》、《史记》

①顾朝林．中国城镇体系：历史·现状·展望［M］．北京：商务印书馆，1992.

②鲍世行．跨世纪城市规划师的思考［M］．北京：中国建筑工业出版社，1989.

等早期文献都有记载。最古老的古都记载有所谓“三皇五帝之都”。南宋郑樵《通志·都邑略》、宋代《册府元龟》和《太平御览》等书，都对古代文献中有关这方面的传说进行了整理，比较系统地记载了三皇五帝之都的地点。近代学者王国维曾对我国传说中的三皇五帝之都进行了比较全面的研究。根据著名学者顾朝林的研究，鲧、禹之际为我国早期城市产生的萌芽时期。关于鲧城的记载颇多，《世本·作篇》有“鲧作城郭”；《淮南子·原道训》记有“昔者夏鲧作三仞之城，诸侯背之，海外有狡心”；《吕氏春秋·君守》有“夏鲧作城”；《吴越春秋》记有“鲧筑城以卫君，造郭以守民，此城郭之始也”，等等，都反映了“鲧作城”这一历史事实。至于禹都，据传说记载，或平阳，或安邑，或晋阳，或阳翟，不一而足。

（二）城市雏形时期

自鲧作城至夏代桀灭亡，其间共历时约 500 年（约公元前 21—16 世纪）。从现有考古资料看，我国早期的城市已经产生。近年来，我国在河南登封县王城岗、淮阳县平粮台，以及山东省寿光县边线王等地发掘一批古城址，根据挖掘的资料分析，都证明是夏文化遗址。再结合相当于这一时期的内蒙古包头阿善、凉城老虎山围墙，以及 30 年代发现的山东章丘城子崖城址，河南安阳后冈的一段板筑围墙遗址，可以确认在 4000 多年前的夏代，我国即已出现了最早期的城市。作为这一时期的城市，与一般城市所具有的基本物质要素还相差甚远，当时城市规模不大，只能视作我国早期城市的雏形。

（三）城市形成时期

商灭夏以后，我国奴隶社会的生产力水平又有了进一步的发展和提高，并且伴随着手工业、商品交换的迅速发展，产生了我国人类社会的第三次社会大分工，即商业从手工业中分离。这样，便大大地促进了我国早期城市的形成。根据考古资料分析，河南偃师二里头、湖北黄陂盘龙城，早商都城（隞或亳），晚商王都殷等都是这一时期主要的城市。

20 世纪 60 年代，我国在河南偃师二里头发现了早商都城遗址，挖掘出面积达 10000 平方米的大型宫殿建筑群基址。据研究结果表明，这一大型建筑群是由堂、庑、门、庭等单体建筑组成的廊庑形式的建筑群，布局严谨，层次分明，基本上具备了宫殿建筑的特点和规模，首开了我国宫殿建筑的先河。“殷人善贾”，商业始于商代。据《六韬》记载：“殷君善治宫室，大者百里，中有九市”。《太平御览·帝王世纪》也记有“宫中九市，车行酒，马行炙。”《诗经·商颂》也有“商邑翼翼，四方之极，赫赫厥声，濯濯厥灵”的记载。《尚书·酒诰》称妹士人“肇牵车牛远服贾，用孝养厥父母”，反映了其时人们开始从事经商谋生。这一时期，由于商代货币的使用，又大大地促进了商业的发展，而且由于早期城市的产生，掌握商业大权的奴隶主贵族又都居住在城市，为了经营上的方便，市场区位也由早期“日中为市”的“市井”之地逐渐转移到城市中来。正是由于这种早期城市商业兴起，遂使我国早期城市渐次成为一定地域的商品交换中心。

这一时期，由于技术水平的提高和生产力的发展，手工业工人已经形成了较大的专业生产队伍。原来依附于农业的手工业部门，不仅分化为独立的生产部门，而且由于商品交换的发达和城市商品交换中心的形成，也渐次进入城市，手工业作坊布局表现为由城郊向城缘移动的特征，最后成为构成早期城市的又一个基本要素。

（四）城市体系形成

中国古代城市经过夏、商两代约1000年时间的形成和发展，在进入奴隶社会末及奴隶社会向封建社会转变的时期，即已具备了城市体系产生的条件和基础。

在西周300余年间，中央统治者竭力推行分封制，据史料记载，其分封的诸侯国由最初的71个发展到120个之多，这些诸侯国的统治中心——首邑城市则得到了普遍的发展，形成了我国历史上的第一次城市建设高潮。春秋战国之际（历时549年），随着周王朝统治的衰落，各诸侯国也不断增建新城，这就形成了我国城市发展史上的第二次城市建设高潮。据资料表明，到西周末年，经过诸侯间的互相兼并，仍存有140多个诸侯首邑城市与商代我国早期城市数相比，城市数量有了急剧的增加。

周王朝统治者为了分封政治服务的目的，曾制定了一套严格的城邑建设制度，即“营国制度”。用城邑规模等级关系来强化其宗法、政治上的统属关系。在这一体制下，基本形成了全国以政治职能为主的三级城邑网络：王城居首，为全国宗法血缘政治中心；诸侯城（诸侯封国国都）列第二，是周王朝在一个地区的宗法血缘政治大据点；卿大夫都（采邑城）为第三级，系周王朝宗法血缘政治的基层据点。这种等级系列关系，可视为我国早期城市的等级规模关系。尽管各级城市职能具有强烈的政治、宗教色彩，但除此以外，由于社会生产力的发展，这一时期在全国范围内，除了以政治、军事为中心的城市外，还存在着以管理地方农业经济为主的古代城市，以商业贸易职能为主的交通商业性城市，以及因技术发展和手工业品交换增加而出现的手工业中心城市。

进入封建社会以后，我国的城市规模得到了进一步发展。南京城（古称建康）从孙吴开始，经东晋、南朝的宋、齐、梁、陈相继建都，城市规模迅速扩大。早在梁武帝时（公元502—548年），“城中二十八万余户，西至石头，东至倪塘，南至石子岗，北过蒋山，东西南北各四十里”，每户以四人计，总人口亦逾百万，成为我国都城发展史上第一个人口超过百万的特大城市，也是当时中国乃至全世界最大的城市。隋时洛阳在遭受战火破坏的基础上重建，其规模极大，不仅是国家的政治中心，也是重要的工商城市。据《隋书·炀帝纪》记载，大业六年（公元610年），隋炀帝徙天下富商大贾数万家于东京，全城人口也达百万以上，成为继南京后，第二座百万人口的大城市。宋朝的城市，在盛唐的基础上又前进了一大步。北宋东京开封，据《宋史·地理志》记载，“开封府，崇宁间（公元1102—1106年）有户二十六万一千一百一十七，四十四万二千九百四十口（男丁数）”，全城总人口当在100万以上。南宋临安（杭州），据《武林旧事》记载，有户30万，全城总人口当亦在100万以上①。

不仅城市的规模大，古代中国的总体城市化水平也很高。早在战国时期，城市化率就达到了惊人的15%的水平。唐朝天宝年间，城市总人口达到1100万人，全国总人口约为5300万，城市化率达到20.8%。宋朝的城市化率，则达到了22%的水平。明清以后，城市化的势头减缓，城市化率

---

①顾朝林．中国城镇体系：历史·现状·展望［M］．北京：商务印书馆，1992.

反而下降了，中国历史上的城市化水平如表4－1所示①。

表4－1　中国历史上的城市化水平

时期	年代	城市化率（%）
战国	公元前300年前后	15.9
西汉	公元2年	17.5
唐	745	20.8
南宋	1200年前后	22.0
清	1820	6.9
清	1893	7.7

二、新中国成立后城市化的历史进程

新中国成立后，中国的城市化进程进入了一个新的历史时期。我国城市化水平大幅提高，城市个数由建国前的132个增加到2015年的656个，城镇人口数从1949年的5765万人增加到2015年的77116万人，城镇化水平由1949年10.64%提高至2015年的56.10%，如表4－2所示。

表4－2　新中国成立后的城镇人口与城镇化水平

年份	年末总人口（万人）	城镇		乡村	
		人口数（万人）	比重（%）	人口数（万人）	比重（%）
1949	54167	5765	10.64	48402	89.36
1950	55196	6169	11.18	49027	88.82
1951	56300	6632	11.78	49668	88.22
1955	61465	8285	13.48	53180	86.52
1960	66207	13073	19.75	53134	80.25
1965	72538	13045	17.98	59493	82.02
1970	82992	14424	17.38	68568	82.62
1971	85229	14711	17.26	70518	82.74
1972	87177	14935	17.13	72242	82.87
1973	89211	15345	17.20	73866	82.80
1974	90859	15595	17.16	75264	82.84

①赵冈．中国城市发展史论集［M］．北京：新星出版社，2006.

续表

年份	年末总人口（万人）	城镇		乡村	
		人口数（万人）	比重（%）	人口数（万人）	比重（%）
1975	92420	16030	17. 34	76390	82. 66
1976	93717	16341	17. 44	77376	82. 56
1977	94974	16669	17. 55	78305	82. 45
1978	96259	17245	17. 92	79014	82. 08
1979	97542	18495	18. 96	79047	81. 04
1980	98705	19140	19. 39	79565	80. 61
1981	100072	20171	20. 16	79901	79. 84
1982	101654	21480	21. 13	80174	78. 87
1983	103008	22274	21. 62	80734	78. 38
1984	104357	24017	23. 01	80340	76. 99
1985	105851	25094	23. 71	80757	76. 29
1986	107507	26366	24. 52	81141	75. 48
1987	109300	27674	25. 32	81626	74. 68
1988	111026	28661	25. 81	82365	74. 19
1989	112704	29540	26. 21	83164	73. 79
1990	114333	30195	26. 41	84138	73. 59
1991	115823	31203	26. 94	84620	73. 06
1992	117171	32175	27. 46	84996	72. 54
1993	118517	33173	27. 99	85344	72. 01
1994	119850	34169	28. 51	85681	71. 49
1995	121121	35174	29. 04	85947	70. 96
1996	122389	37304	30. 48	85085	69. 52
1997	123626	39449	31. 91	84177	68. 09
1998	124761	41608	33. 35	83153	66. 65
1999	125786	43748	34. 78	82038	65. 22
2000	126743	45906	36. 22	80837	63. 78
2001	127627	48064	37. 66	79563	62. 34
2002	128453	50212	39. 09	78241	60. 91
2003	129227	52376	40. 53	76851	59. 47
2004	129988	54283	41. 76	75705	58. 24

续表

年份	年末总人口（万人）	城镇		乡村	
		人口数（万人）	比重（%）	人口数（万人）	比重（%）
2005	130756	56212	42.99	74544	57.01
2006	131448	58288	44.34	73160	55.66
2007	132129	60633	45.89	71496	54.11
2008	132802	62403	46.99	70399	53.01
2009	133450	64512	48.34	68938	51.66
2010	134091	66978	49.95	67113	50.05
2011	134735	69079	51.27	65656	48.73
2012	135404	71182	52.57	64222	47.43
2013	136072	73111	53.73	62961	46.27
2014	136782	74916	54.77	61866	45.23
2015	137462	77116	56.10	60346	43.90

新中国成立后的城镇化水平发展趋势如图4－1所示。

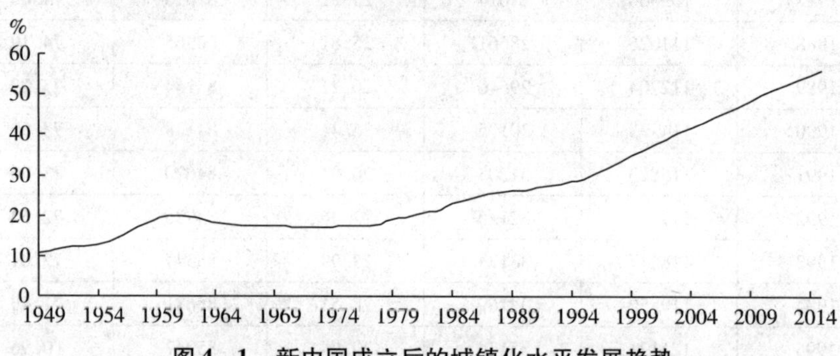

图4－1　新中国成立后的城镇化水平发展趋势

纵观60余年来我国的城市化发展进程，大致可以划分为以下几个阶段。

（一）城市化起步阶段

1949—1957年可以划分为我国城市化的第一个阶段，这个阶段是城市化起步阶段。1949年，新中国刚成立时，全国仅有城市132个，城市市区人口3949万人，城市市区人口占全国总人口比重7.3%。在第一个五年计划时期，随着156项重点工程的启动和推进，带动了城镇快速发展，一批城市的规模很快扩大，并且出现了一批新的工矿城市，如纺织机械工业城市榆次；煤炭新城鸡西、双鸭山、焦作、平顶山、鹤壁等；钢铁新城马鞍山；石油新城玉门等。还完善了一批老城，扩建了武汉、成都、太原、西安、洛阳、兰州等工业占优势城市，发展了鞍山、本溪、齐齐哈尔等中等城市和哈尔滨、长春等大城市。到1957年末，我国城市发展到176个，比1949年增长33.3%，平均每年增长10%；城市市区人口增加到7077.27万人，比1949年增长79.2%，平均每年增长19.9%。城市市区人口占全国人口的比重提高到10.9%，比1949年增加3.6个百分点。这一期间由于我国实行的是计划经济，城市化的突出特点是城乡二元经济格局十分明显，人为造成城乡分割；城市主要为工业服务，城市吸引能力和辐射能力较差；而且由于执行重工业化优先战略，相比这一时期的工业化进程，城镇化显得严重滞后。

（二）城市化波动较大阶段

1958—1965年是我国城市化的第二个阶段，这一阶段由于各种政治与经济原因，我国的城市化波动较大。第二个五年计划时期（1958—1962年），城市的发展同国民经济的巨大震动一样，也呈现由扩大到紧缩的变化。在三年“大跃进”（1958—1960年）后，我国城市数量由1957年的176个增加到1961年的208个，增长18.2%；城市人口由7077.27万人增加到10132.47万人，增长43.2%；城市市区人口占全国总人口比重由10.9%提高到15.4%。1962年开始的国民经济调整时期，又被迫撤销了一大批城市，到1965年，全国拥有城市168个，与1961年相比，减少40个，下降20%。主要原因：一是将“一五”时期以来设置的市恢复到县的建制；二是将一部分地级市降为县级市，停缓建大批建设项目，动员2500万左右职工回农村，城市市区人口由1961年的10132.47万人下降到8857.62万人，下降了12.6%；城市市区人口的比重由15.4%下降至12.2%。

（三）城市化停滞发展阶段

1966—1978年是我国城市化进程的第三个阶段，这一阶段城市化进程基本处于停滞状态。1966年开始的“文化大革命”，使得我国国民经济长期徘徊不前，相应的城市发展也十分缓慢，城市化进程受阻。1966 年到 1978 年十三年间，全国仅增加城市 26 个，平均每年只增加 2 个，1978 年我国第二产业比重已经达到 47.7%，但是城镇人口（居住在城镇地区半年及以上的人口）为 17245 万人，城市化率（城镇人口占全国总人口的比重）只有 17.92%，城镇化水平严重滞后于工业化水平，造成经济发展不平衡程度加剧。

（四）城市化快速发展阶段

1979—1991 年是我国城市化进程的第四个阶段，这一阶段由于国家实施了改革开放，在经济快速发展的同时，城市化也处于快速发展阶段。党的十一届三中全会以来，随着对内改革，对外开放的一系列政策措施的实施，我国城市的建设与发展同国民经济一样进入了生机旺盛的时期。从 20 世纪 80 年代起，城市经济体制改革陆续展开，这一时期的指导方针是“小城镇，大战略”。早在 1980 年，国家建设委员会就提出了“控制大城市规模，合理发展中等城市，积极发展小城市”的城市发展方针，后在 1989 年 12 月颁布的《中华人民共和国城市规划法》将城市化方针修改为“严格控制大城市规模，积极发展中等城市和小城市”。

进入 20 世纪 90 年代以后，小城镇发展战略的实施、经济开发区的普遍建立以及乡镇企业的兴起，带动了城市化水平的高速发展。乡镇企业吸收非农产业就业人数占同期中国非农产业新增就业总数的 43.3%，农村人口转移在很大程度上带有“离土不离乡”的特征。城市经济辐射面增强，城市的中心作用得到进一步发挥，多年来的城乡分割被打破。1979 年到 1991 年的 13 年间，全国共新增加城市 286 个，相当于前 30 年增加数的 4.7 倍，平均每年新增 15 个城市。到 1991 年末，城镇人口增加到 31203 万人，比 1978 年增长 80.9%，平均每年增长 5.8%。城市化率达到 26.94%，比 1978 年提高 9 个百分点。

（五）城市化稳定发展阶段

1992—2008 年是我国城市化进程的第五个阶段，这一阶段城市化持续稳定发展。党的十四大明确了建立社会主义市场经济体制的总目标，确立了社会主义市场经济体制的基本框架。城市作为区域经济社会发展的中心，其地位和作用得到前所未有的认识和重视。2001 年“十五”计划首次提出城镇化战略，提出了“走大中小城市和小城镇协调发展的道路”。2002 年 11 月党的十六大明确提出“要逐步提高城市化水平，坚持大中小城市和小城镇协调发展，走中国特色的城市化道路”，从此，揭开了我国城镇建设发展的新篇章，城市化与城市发展空前活跃。到 2008 年底，全国城市总数达到 655 个，比 1991 年增加 176 个，增长 36.7%，平均年增加 11 个。城镇人口比 1991 年增加 90.3%，平均每年增长 5.6%。城市化率提高到 46.99%，比 1991 年提高 20 个百分点。

（六）实施城市群战略发展阶段

从 2008 年开始是我国城市化进程的第六个阶段，这一阶段对于城市化的认识不断深化，开始注重实施以城市群为中心的发展战略。2007 年党的十七大报告指出，“以特大城市为依托，形成辐射作用大的城市群，培育新的经济增长极，促进大中小城市和小城市协调发展”。说明国家开始在宏观层面重视城市群的作用。2012 年党的十八大报告指出，科学规划城市群规模和布局，增强中小城市和小城市产业发展、公共服务、吸纳就业、人口聚集功能。这一时期我国对于大城市的认识开始有所变化，不再提出严格控制大城市，开始实施城市群发展战略。

城市布局由单一中心向多元中心的转变是城市现代化发展的必然趋势，也是城市布局的重要指导思想。我国经历了 60 多年的城市建设，城市发展体系已逐渐走向成熟。以城市，特别是以大城市发展为代表的，城市区域空间为主体发展的新格局日益显现，一些区域具有区位、资源和产业优势，已经达到了较高的城市化水平，形成了城市发展相对集中的城市群或都市圈，除原有的长江三角洲、珠江三角洲、京津冀、厦泉漳闽南三角地带外，山东半岛城市群、辽中南城市群、中原城市群、长江中游城市群、海峡西岸城市群、川渝城市群和关中城市群也开始初露端倪。由于都市圈、城市群在本质上打破行了行政区的束缚，在一个巨大的城乡交融的区域内实现经济社会的整合，极大地缩短了人们在空间上的距离，经济活动不再局限于某一地区之内。跨地区的产业集团、金融网络和贸易集团也以前所未有的速度和规模发展，从组织结构上确保资本、技术、信息等更加畅通无阻地向全国流动、扩散，成为我国区域经济发展的支撑点。这一时期全国城市总数保持稳定，城市总数从655个增加到656个；城镇人口比1991年增加23.58%，平均每年增长3.4%。城市化率提高到56.10%，比2008年提高将近10个百分点。

世界城市化进程表明，一国城市化率在30%以前为早期阶段，30%～70%为中期阶段，70%以后为后期阶段。我国目前为城市化中期阶段。由30%至70%，美国用了约70年，英国用了约90年①。现阶段中国城乡差距、区域差距依然较大，城镇化发展的内在动力依然较强。预计城镇化快速发展趋势将持续到2030年前后，届时城镇人口比重将达到约70%。

伴随着我国城市进程的不断深入，开始出现了一系列新的社会问题：如非市民化农民工大量增加、城市空间过度扩张。耕地急剧减少，生态环境压力过大，以及由此带来的就业、住房、子女教育和社会保障等一系列问题。我国城市化发展水平相对较低，一个突出特点就是土地的城镇化大大快于人口城镇化，城镇外延扩张造成稀缺土地过量消耗。

三、当前我国城市化的主要特征

（一）城市化水平持续提高，与工业化水平差距缩小

城市化水平持续提高。2016年末，我国常住人口城镇化率已经达到57.4%，比2012年末提高4.8个百分点，户籍人口城镇化率与常住人口城镇化率的差距缩小1.4个百分点。按照党中央、国务院关于加快提高户籍人口城镇化率的部署，土地、财政、教育、就业、医疗、养老、住房保障等领域配套改革不断推进，有力地促进了农业转移人口的市民化。2015年末，地级以上城市户籍人口44639万人，比2012年末增加4321万人，年平均增长率3.5%，远高于同期全国5‰左右的人口自然增长率。

城市化是工业化发展到一定阶段的必然结果，工业化通过拉动就业、增加收入、改变土地形态等方式影响城镇化，两者具有极强的关联性。很

①朱铁臻．中国城市化的历史进程和展望［J］．经济界，1996（5）：14－16.

长一段时间，我国的城镇化远远滞后于工业化。在1978年的时候，我国的工业化水平为47.7%，而城镇化水平仅为17.92%，二者的差距高达29.8%。此后随着我国城镇化进程的深入，城镇化水平与工业化水平之间的差距逐渐缩小。近些年，各大中城市加大工业园区建设，注重产业发展，工业化率与城镇化率差距在逐渐缩小。数据显示，2008年全国城镇化率为46.99%，工业化率为46.9%，二者一致。从2008年开始，城镇化水平开始逐渐超过工业化水平，到了2015年，我国的工业化水平为40.9%，而城镇化水平为56.1%，城镇化水平高于工业化水平15个百分点。

1978年以来工业化水平与城镇化水平如表4－3所示。

表4－3 1978年以来工业化水平与城镇化水平

年份	工业水平（%）	城镇化水平（%）	二者差距绝对值（%）
1978	47.7	17.92	29.8
1979	47.0	18.96	28.0
1980	48.1	19.39	28.7
1981	46.0	20.16	25.8
1982	44.6	21.13	23.5
1983	44.2	21.62	22.6
1984	42.9	23.01	19.9
1985	42.7	23.71	19.0
1986	43.5	24.52	19.0
1987	43.3	25.32	18.0
1988	43.5	25.81	17.7
1989	42.5	26.21	16.3
1990	41.0	26.41	14.6
1991	41.5	26.94	14.6
1992	43.1	27.46	15.6
1993	46.2	27.99	18.2
1994	46.2	28.51	17.7
1995	46.8	29.04	17.8
1996	47.1	30.48	16.6
1997	47.1	31.91	15.2
1998	45.8	33.35	12.5

续表

年份	工业水平（%）	城镇化水平（%）	二者差距绝对值（%）
1999	45.4	34.78	10.6
2000	45.5	36.22	9.3
2001	44.8	37.66	7.1
2002	44.5	39.09	5.4
2003	45.6	40.53	5.1
2004	45.9	41.76	4.1
2005	47.0	42.99	4.0
2006	47.6	44.34	3.3
2007	46.9	45.89	1.0
2008	46.9	46.99	0.1
2009	45.9	48.34	2.4
2010	46.4	49.95	3.6
2011	46.4	51.27	4.9
2012	45.3	52.57	7.3
2013	44.0	53.73	9.7
2014	43.1	54.77	11.7
2015	40.9	56.1	15.2

1978 年以来的工业化与城镇化水平发展趋势如图 4－2 所示。

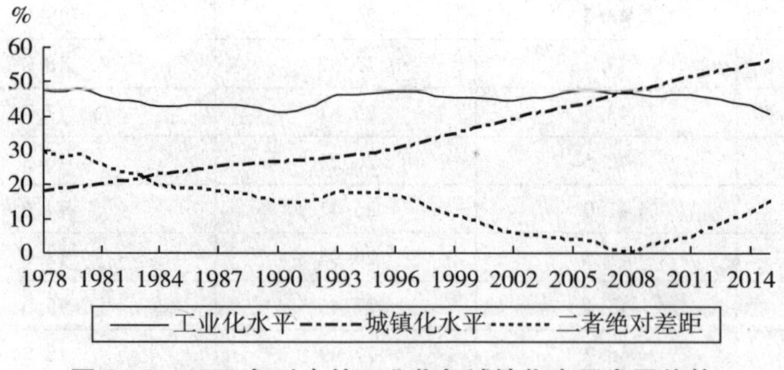

图 4－2　1978 年以来的工业化与城镇化水平发展趋势

（二）城市规模不断扩大，城市群发展格局初步形成

改革开放以来，我国城镇体系日益完善，初步形成了“城市＋建制镇”的框架体系以及以多个城市群为中心的发展格局。从宏观空间看，我

国城镇空间合理布局的“大分散、小集中”格局正在形成，表现为与我国地理环境资源基本相协调的东密、中散、西稀的总体态势。从微观角度看，我国城市内部空间，中心城区、近郊区以及远郊县的城镇空间结构层次日益显现。

2016年末，我国城市数量达到657个。其中，直辖市4个，副省级城市15个，地级市278个，县级市360个。分地区看，东部地区地级以上城市和县级市分别有89个和124个，中部地区分别有80个和89个，西部地区分别有94个和92个，东北地区分别有34个和55个。2016年末，全国建制镇数量达到20883个，比2012年末增加1002个。在地级以上城市中，按2015年末市辖区户籍人口划分，100万~300万人口规模的城市数量增长迅速，达到121个，比2012年增加15个；300万~500万人口规模的城市13个，增加4个；500万以上人口的城市达13个，增加1个。2015年末，地级以上城市行政区域土地面积73.3万平方千米，比2012年增长11.6%。其中，建成区面积40941平方千米，增长13.3%。城市分布状况如图4-3所示。

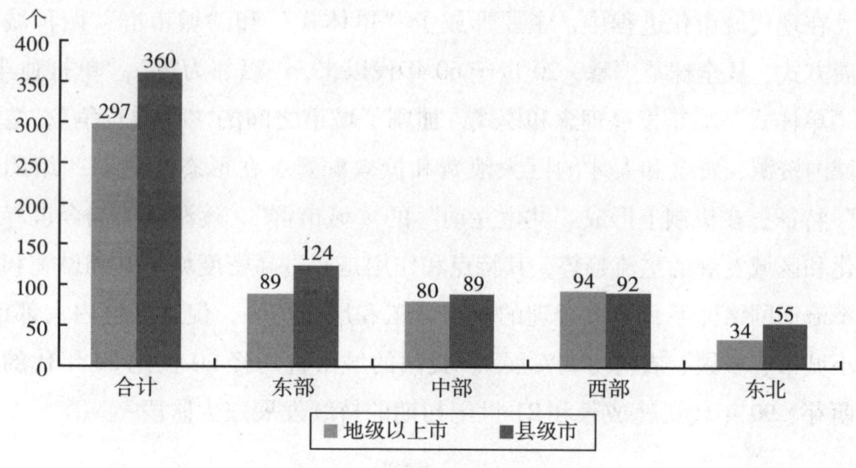

图4-3　我国城市分布状况

城市群发展格局初步形成。按照《国家新型城镇化规划（2014—2020年）》和《全国主体功能区规划》，结合实施“一带一路”建设、京津冀协同发展、长江经济带建设等战略，传统的省域经济和行政区经济逐步向城市群经济过渡，城市的集聚效应日益凸显。2015年，京津冀、长江三角洲、珠江三角洲三大城市群，以5.2%的国土面积集聚了23.0%的人口，创造了39.4%的国内生产总值，成为带动我国经济快速增长和参与国际经济合作与竞争的主要平台。东部地区的山东半岛城市群、海峡西岸城市群，中部地区的中原城市群、长江中游城市群，西部地区的成渝城市群、关中城市群、北部湾城市群，东北地区的哈长城市群、辽中南城市群等都保持较快发展，对我国新型城镇化进程起到巨大的推动作用。

党的十八大以来，新型城镇化进程和城市发展取得的成就举世瞩目，进一步提高了城市的综合实力，有力地推动了整个国民经济持续健康发展。今后要坚持以创新、协调、绿色、开放、共享的发展理念为引领，以人的城镇化为核心，遵循城市发展规律，优化城镇发展布局，因地制宜，突出特色，改革创新，走中国特色新型城镇化道路，为全面建成小康社会，实现中华民族伟大复兴的中国梦而努力奋斗。

第二节　中国城市群的发展历程

在现代城市化进程中，主要形成了“单体式”和“城市群”两种城市发展方式。从全球范围看，20世纪60年代以来，“以邻为壑”“单打独斗”的“单体式”城市发展理念和模式，加剧了城市之间的“同质竞争”，造成区域内资源、资金和人才的巨大浪费和低效配置，在形态上具有“组团发展”特征、在机制上形成“共生互动”的“城市群”，逐渐成为当今世界城市化和区域发展的主流趋势，其特点和作用是通过高密度城镇基础设施和高效率流通网络体系，建立合理的城市分工和层级体系，促进区域内大都市、中小城市、乡镇、农村协调发展①。我国的城市群历经20世纪80年代的发育萌芽、90年代快速成长和21世纪初期的持续发展三大阶段②。

一、城市群发育萌芽阶段

早在20世纪80年代初，中国就已开始编制城市群的发展规划③。“六

①刘士林. 中国城市群的发展现状与文化转型［J］. 江苏行政学院学报，2015（1）：26-32.

②方创琳，姚士谋，刘盛和. 2010中国城市群发展报告［M］. 北京：科学出版社，2011.

③方创琳. 中国城市群形成发育的政策影响过程与实施效果评价［J］. 地理科学，2012，3（32）：257-264.

五”计划中提出区域协作和经济区政策，要求对部分地区国土开发进行整治规划，此后以上海为中心的长江三角洲经济区规划得以编制。“七五”计划提出了以省会城市和一批口岸与交通要道城市为中心，建立二级经济区网络和以地级市为中心建立三级经济区网络的要求。这首次为许多省区规划和建设以省会城市为核心的城市群提供了政策依据，推动了山东半岛城市群、辽东半岛城市群和海峡西岸城市群的发展。

1984 年，我国经济体制改革的重点转向了城市，中央第一份关于经济体制改革的决定指出：“要充分发挥城市的中心作用，逐步形成以城市特别是大、中城市为依托的，不同规模的，开放式、网络型的经济区。”按照这一思路，学术界提出了许多以大城市和超大规模城市为核心构成的我国一级经济区的所谓城市经济圈，其中几个典型方案有王健提出的九大城市经济圈和顾朝林提出的九大城市经济区。在城市经济圈建设和东部沿海优先发展战略的推动下我国区域经济发展迎来了第一个高潮。

区域合作与中心城区的核心作用这两者的有机结合很自然地导致了城市群的形成。改革开放后，我国最早的一批城市群，就是由以城市为中心的区域合作组织演变过来的。1982 年，为搞好国民经济管理体制改革，通过中心城市和工业基地把条条块块协调起来，形成合理的经济区域和经济网络，国务院决定成立上海经济区和山西能源基地两个规划办公室。上海经济区以上海为中心，包括长江三角洲的苏州、无锡、常州、南通和杭州、嘉兴、湖州、宁波等城市。1984 年 12 月，国务院批准上海经济区的范围由上海市及江浙两省九市扩大为四省一市，即江苏、浙江、安徽、江西四个省全部和上海市。从上海经济区的演变过程可以看出，当时的上海经济区是由上海城市群、南京城市群和杭州城市群组成，这次规划成为后来长江三角洲城市群形成的起点，也使得长江三角洲城市群成为我国发育最早的城市群。

二、城市群快速成长阶段

“八五”计划提出开展多领域、多层次、多形式的横向联合与协作，发展各具特色、分工合理的经济协作区；提出了沿海、沿边、沿江、沿主要铁路线开放开发的发展战略。以此催生出沿长江地区的成渝、武汉、长株潭、江淮等城市群的形成，沿边地区的南北钦防城市群、天山北坡城市群等也开始萌芽。“九五”计划提出区域协调发展政策，期间提出的西部大开发战略，推动了中国中西部地区城市群的形成发育。

真正促使城市群形成和发展的还是直接推动我国区域经济和城市化发展的开发区和产业集群的兴起和发展。这些新的经济发展模式和空间形态不断丰富着城市群建设的新要素和新内容，成为推动城市群形成和发展的强大动力。

农村改革成功后，乡镇企业异军突起，在大型及以上规模城市，特别是沿海大型及以上规模城市周边地区形成了大批新兴工业化地区和小城镇，为城市群的形成奠定了坚实的经济基础。改革开放以来，遵循工业化初期阶段的一般规律和特殊国情，我国走的是一条以小城镇为主的分散型城镇化道路，建制镇数量从 1978 年的 2173 座增加到 2007 年的近 20000 座。在这些众多的小城镇基础上，我国城市数目也得到较快的增加，城市数量从 193 座增加到 663 座，这促进了一大批城市经济区和城市群的形成和发展。

20 世纪 80 年代中后期，苏南地区乡镇企业的兴起和以苏锡常周边地区为代表的小城镇群的出现，珠江三角洲地区乡镇企业的兴起和以顺德、南海和东莞等为代表的小城镇群的出现，分别为长江三角洲城市群和珠江三角洲城市群的形成奠定了基础。

开发区的建设和产业集群的形成和发展是工业化和城市化有机结合的区域发展模式，是城市或即将成为城市的建制镇有效扩张城市地域空间的主要载体，是扩大城市规模、增加城市数量的重要手段。改革开放以来，我国的开发区从 5 个经济特区开始，经过沿海 14 个开放城市，全国所有的省会城市，整个海南省，所有沿海、沿边、沿河和沿路地区，直到新近的各类新城区、四大综合改革实验区等，逐步在全国几乎所有地区展开，有力地带动了我国各地区工业化和城市化的快速发展，促进了城市规模的扩张和新城市的形成和发展。1984 年到 1986 年，经过中华人民共和国国务院批准，首先设立了 14 个国家级经开区；截至 2015 年 9 月，根据商务部的数据，中国共设立了 219 个国家级经济技术开发区。同时，各省市也都在建立各自的开发区，全国范围掀起了设立开发区的热潮，各种类型、各种级别的开发区建设呈现迅猛发展之势。这是中国开发区历史上大规模扩张的时期。这些开发区和其所依托的城市或建制镇已成为城市群的核心组成部分，不断促进着城市群的快速成长。20 世纪 90 年代中后期，开发区和产业集群的快速发展进一步强化了长江三角洲、珠江三角洲及京津冀城市群的发展，使这些地区逐步成为我国沿海地区乃至全国的经济核心区。

三、城市群持续发展阶段

进入 21 世纪后，面对我国工业化进入中期阶段、城市化进入快速发展阶段的现实，同时也针对越来越严重的区域发展不平衡问题，国家开始制定和实施加速城镇化发展战略和区域协调发展战略。两大战略的同时实施，既有力地促进了城市群的快速扩张和发展，又有效地扩大了城市群的影响范围，基本实现了增长极战略与腹地建设战略的有机结合，促进了城乡区域的协调发展。

"十五"时期（2001—2005 年），国家制定了加速城镇化发展战略，提出要"走符合我国国情、大中小城市和小城镇协调发展的多样化城镇化道路，逐步形成合理的城镇体系。有重点地发展小城镇，积极发展中小城市，完善区域性中心城市功能，发挥大城市的辐射带动作用，引导城镇密集区有序发展。"这是我国政府文件中首次提出城镇密集区的概念并实施城镇化战略，指明了中国城市群建设的基本方向。期间提出的中部崛起战略，加速了长株潭城市群和武汉城市群的形成。遵循这一城镇化发展方针，这一时期，我国小城镇数目有了进一步增加，城镇密集区在全国范围内得到有序和较快的发展。例如，在西部地区按照实施西部大开发战略的要求，重点促进了西陇海兰新线经济带、长江上游经济带和南（宁）贵（阳）昆（明）经济区的形成，提高了城镇化水平；中部地区是以长江、陇海、京广、京九、京哈等沿线地区为重点，壮大沿线城市规模，充实中心城市，积极培育新的经济增长点和经济带；东部地区重点是促进经济特区和浦东新区增创新优势，进一步发挥环渤海、长江三角洲、闽东南地区、珠江三角洲等经济区域在全国经济增长中的带动作用。到 2005 年底，全国形成了十大城市群，除长江三角洲城市群、珠江三角洲城市群、京津冀城市群三大城市群外，还形成了山东半岛城市群、辽中南城市群、中原城市群、长江中游城市群、海峡西岸城市群、川渝城市群和关中城市群。

“十一五”时期（2006—2010 年），国家继续实施城镇化战略和城乡区域协调发展战略，并正式提出依托特大城市和大城市建设城市群，形成合理的城镇化空间格局。《“十一五”规划纲要》要求：“要把城市群作为推进城镇化的主体形态，逐步形成以沿海及京广京哈线为纵轴，长江及陇海线为横轴，若干城市群为主体，其他城市和小城镇点状分布，永久耕地和生态功能区相间隔，高效协调可持续的城镇化空间格局。已形成城市群发展格局的京津冀、长江三角洲和珠江三角洲等区域，要继续发挥带动和辐射作用，加强城市群内各城市的分工协作和优势互补，增强城市群的整体竞争力。具备城市群发展条件的区域，要加强统筹规划，以特大城市和大城市为龙头，发挥中心城市的作用，形成若干用地少、就业多、要素集聚能力强、人口分布合理的新城市群。人口分散、资源条件较差、不具备城市群发展条件的区域，要重点发展现有城市、县城及有条件的建制镇，成为本地区集聚经济、人口和提供公共服务的中心”。这是国家文件中首次提出城市群的概念，将城市群作为推进城镇化的主体空间形态，并把建设城市群和培育新的城市群摆在了突出重要的位置，城市群在中国城乡区域发展中逐步取得了主导地位。

“十二五”规划则提出构建以陆桥通道、沿长江通道为两条横轴，以沿海、京哈京广、包昆通道为三条纵轴，以轴线上若干城市群为依托、其他城市化地区和城市为重要组成部分的“两横三纵”城市化战略格局。这一布局也进入到 2010 年国务院颁布的《全国主体功能区规划》当中。2014 年《国家新型城镇化规划（2014—2020 年）》正式发布，一系列的城市群规划陆续出台，经过近 30 年的发展，中国的城市群布局已具雏形。

目前的研究表明，我国已经初步形成了 12 个城市群及其雏形。已形成的城市群分别为长江三角洲城市群、京津唐地区、珠江三角洲、辽中南地区城市群、成渝城市群。近似城市群的城镇密集区为：关中城镇密集区、湘中地区城镇密集区、中原城市密集区、福厦城市密集区、哈大齐城市地带、武汉地区城镇群以及山东半岛城市发展带。中国主要的城市群分布状况如图 4 -4 所示。

中国主要的城市群及其包括主要城市状况如表 4 -4 所示。

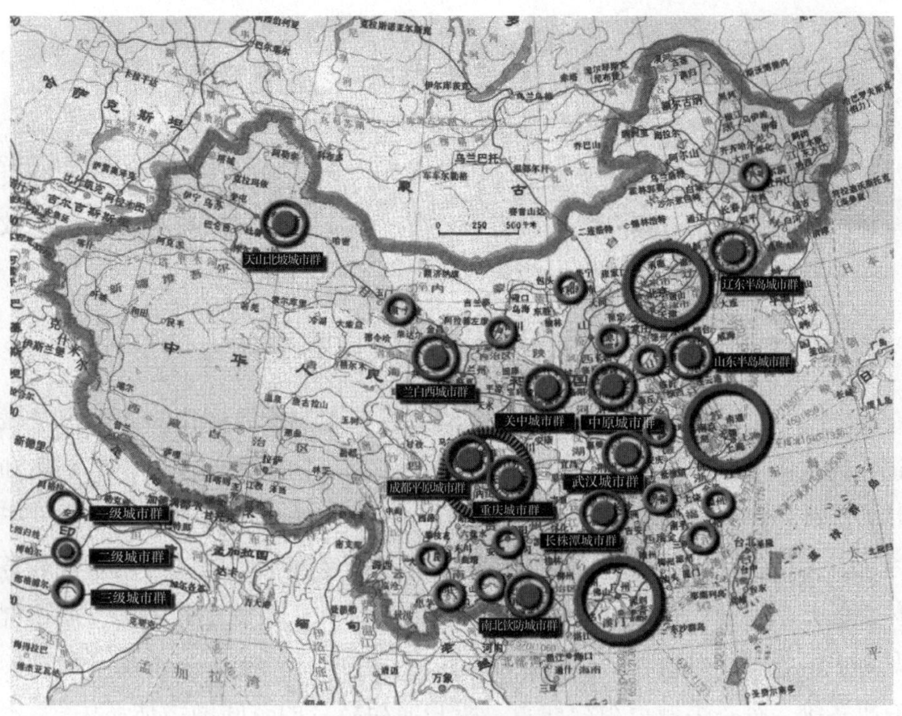

图 4－4　中国城市群

表 4－4　我国主要城市群及其包括的主要城市

城市群名称	主要包括城市
长江三角洲城市群	上海、南京、杭州、无锡、苏州、宁波、常州、南通、镇江、嘉兴
京津唐城市群	北京、天津、唐山、廊坊、秦皇岛、保定、承德
珠江三角洲城市群	广州、深圳、珠海、佛山、惠州、中山、江门、肇庆、东莞
辽中南城市群	沈阳、大连、鞍山、抚顺、本溪、辽阳、营口
成渝城市群	成都、重庆、乐山、自贡等
关中城市群	西安、宝鸡、渭南、咸阳、铜川
中原城市群	郑州、洛阳、开封、新乡、焦作、平顶山、许昌、漯河
福厦城市群	福州、厦门、泉州、漳州、福清
哈大齐城市群	哈尔滨、大庆、安达、齐齐哈尔、绥化、肇东、双城、阿城
武汉地区城市群	武汉、黄石、鄂州、孝感、咸宁、安陆、应城、武穴
湘中地区城市群	长沙、株洲、湘潭等
山东半岛城市群	济南、威海、烟台、青岛、潍坊、淄博

第三节 中国城市群未来发展趋势

城市群是当代社会经济集聚与现代城市文明的重要特征，也是现阶段全球城市化发展的总体趋势。姚士谋等学者认为，中国城市群在今后的数十年中，有以下五大总体发展趋势与方向①。

一、城市群将成为推进我国城镇化的主体空间形态

“十一五发展规划纲要”明确指出：城市群的发展将作为我国推进城镇化的主体形态。城市群是一个复杂的动态发展的区域空间、自然环境和社会经济等要素组成的有机综合体，是一个大系统中的具有较强活力的子系统。无论在区域层面上，还是在相互联系的空间上，均具有网络性和整体性的基本特征，是区域经济发展的核心地区。从地域空间考虑，城市群是特定区域内相对独立的有机整体，也是一个处于动态发展中的开放性的有机系统，将各类城市组织在点、线和面相结合的空间网络体系中②。密切城市之间的社会经济联系，充分发挥城市体系的整体联系性。其生产联系和社会生活联系的巨大流动性、社会性和稳定性，又表明了城市群是一个充满着不断变化的物质世界和文化精神生活的世界，在国家或大地区的社会经济发展中占有极为重要的地位和作用。如 2015 年，京津冀、长江三角洲、珠江三角洲三大城市群，以 5.2% 的国土面积集聚了 23.0% 的人口，创造了 39.4% 的国内生产总值，成为带动我国经济快速增长和参与国际经济合作与竞争的主要平台。可见我国城市群区是我国经济社会发展的主要载体，也是全国现代化最重要的前进基地。今后二三十年间，我国城市群的经济实体与科技文化创新的集中度会更加凸显，不仅在城市群区内首先实现现代化，而且将带动周边地区以及我国中西部地区的巨大发展。城市群形成发展过程中的综合经济实力是城市现代化建设的基本条件；城市群

①姚士谋，李青，武清华，等．我国城市群总体发展趋势与方向初探［J］．地理研究，2010，29（8）：1345－1354.

②方创琳，蔺雪芹．武汉城市群的空间整合与产业合理化组织［J］．地理研究，2008，27（2）：397－408.

内部区域交通运输体系的不断完善，促使区域内各大中城市的集聚与扩散能力达到一个新的标准；全球经济一体化的形势下，城市群为创建现代化的工作、生活提供了场所，成为我国现代化的先行地区。

二、城市群将重点发展具有国际竞争力的产业体系

城市的发展离不开经济的支撑，特别是第二、第三产业的高度发展。城市群的发展更需要坚实而完善的产业体系去支撑，才能在不断保持城市社会经济持续稳定发展的同时，带动周边地区社会经济持续发展，增强群区内中心城市的竞争力与辐射力，进而促进整个区域社会经济的可持续地发展。

与发达国家相比，我国各城市群传统服务业比重较大，以金融、保险、会展、创新创意、物流、商务服务、服务外包等为主的现代服务业比重小，发达国家现代生产服务业比重均达到80%～85%，而我国大多数城市仅有45%左右，其发展的空间非常广阔。要把我国城市群区内现代服务业的结构升级和竞争力提高，作为调整产业结构的重点和突破口。

近年来，我国制造业发展迅猛，工业的产量和产值持续快速增长，但其增加值的总量及人均占有量仍旧与制造业强国有很大距离①。全球化的条件下，我国制造业要充分利用全球化的条件加快制造业的发展，提高自主研发能力②。制造业主要集中在各大城市群，发展先进制造业既是城市群产业发展的重点，同时也是我国制造业发展升级的必然要求。

高新技术产业包括生物工程技术、电子信息、软件、生物医学工程、新材料、新能源、空间技术、海洋、纳米材料和转基因技术等产业，其主要特点是高技术附加值、高增值性经济效益、最新科技、尖端科学技术、高度知识密集型。

在经济全球化作用下，国家之间的竞争越来越多地体现在高新技术产业的发展水平和发展能力方面。对于中国来说，在全球经济一体化进程加

①金碚，李钢，陈志．中国制造业国际竞争力现状分析及提升对策［J］．财贸经济，2007，(3)：3－10.

②郑新立．经济全球化条件下中国制造业的发展趋势［J］．中国制造业信息化，2007，(1)：28－29.

速、科技越来越成为第一生产力的时期，必须加强对科学技术的投入，加快发展高新技术产业①。各大城市群应积极努力发展高新技术产业，发展高端产业，以科技带动我国社会经济持续稳定快速增长。在发展高新技术产业的同时，也要着力提升传统产业。由于我国的经济发展特点，传统产业在我国的经济成分中扮演着重要角色。积极发挥政府导向功能，加大对当前转型产业的引导，充分发挥示范带动效应，寻找提升发展之路，提高各城市群区内传统产业的自身竞争力。

积极发展现代都市农业，这是实现农业可持续发展以及城市群区域经济稳定发展的基础。《农业部办公厅关于加快发展都市现代农业的意见》（农办市〔2012〕21号）指出，都市农业融生产、生活、生态功能于一体，加快发展都市现代农业，是改善城市生态人居环境、维护城市生态平衡、促进人与自然协调发展的重要途径。都市农业在地理上位于城市周边，在功能上服务于城市发展，在资源要素上与城市工商业紧密互动，是推进“三化同步”的有效载体。《全国现代农业发展规划（2011—2015年)》明确把“大城市郊区多功能农业区”列为“率先实现区域”。加快发展都市现代农业，有利于发挥示范、带动、辐射功能，提高“三化”同步发展水平、统筹城乡发展和协调工农关系、促进形成城乡经济社会发展一体化新格局。

三、城市群将成为经济发展与现代化的核心区

要做到提高城市群的自主创新能力，推动城市群区域一体化，保障城市群持续稳定协调发展。城市群是我国的经济社会发展的精华地区，资源、资金、人才大量积聚，一直以来都是我国经济发展的重心。要充分发挥城市群现代服务地区、带动后进地区、竞争国际的重大战略作用，在经济规模、要素掌控能力、创新能力以及可持续发展能力上都保持全国区域重心的先进地位。

面临全球经济社会迅猛发展的重要战略机遇，作为全球经济增长不可

①张晓平，陆大道．中国西部地区高新技术产业发展战略及空间组织形式［J］．地理科学，2004，24（2）：129－135.

或缺的一部分，我国各大城市群需要在科学发展观的指导下，统领发展全局，坚持以率先发展、科学发展、和谐发展为主题，以提升整体竞争力为基点，以改革开放和创新创优为主动力，以结构调整为主线，全面推动城市群的区域一体化进程。今后要充分释放城市群的巨大发展能量，使之成为带动其他地区可持续发展先导区域。

城市群作为区域经济最为发达、创新资源最为密集、创新成果最为丰富的地区，理应在国家自主创新能力提升过程中发挥前沿阵地和示范功能。提高城市群的自主创新能力。我国拥有多个城市群，各城市群经济发展水平差距显著。城市群内部各城市、城市群与城市群之间的产业同构现象比较严重，产业分工不明显。为了更好地发挥各城市群的自身优势，各城市群之间和城市群内部应当做到合理分工，推动区域一体化进程以及最终实现城乡一体化。

四、城市群将建成可持续发展的示范区

随着我国城市化过程的空前加速，城乡间的人地关系矛盾日益显现，生态环境越来越脆弱，经济发展与环境保护、产业集聚与用地紧张矛盾最为突出。可持续发展既包括了经济发展也包括社会发展和生态发展，是实现经济、社会、生态环境三者合一的发展。城市群的可持续发展不仅是促进我国经济社会环境可持续发展的重要保障，更是各区域可持续发展的内在要求。现阶段我国城市的发展消耗大量能源、资源，并对生态环境造成一定的影响为代价的。面对城市发展的种种“城市病”，首先要从国家层面提倡环境保护与可持续发展，摒弃或调整高投入、高消耗和低效率的粗放型产业，加强发展循环经济、生态经济、低碳经济的政策支持；建立可持续发展示范区对于城市群落实可持续发展理念具有积极意义。充分利用城市群资源，选择部分条件优越的地区作为可持续发展现行区域，抓住机遇，加快“可持续发展示范区”的建设。

五、城市群将建成对外开放与国际化的示范区

伴随着全球经济一体化的大趋势，我国沿海城市群高度集聚发展，群区内重要的国际城市在国家城市体系中具有很高的首位度和很高的中心

性。城市群要发挥重要经贸开放性区域的“窗口”作用，以区际合作、国际合作为平台，大力推进对内对外开放，全面加强与世界主要经济体的联系，积极主动参与国际分工，提升开放型经济发展水平，率先建立全方位、多层次、宽领域、高水平的开放型经济新格局，建成我国对外开放合作高端发展的示范区。

国际性城市是世界政治、经济、金融、文化科技与信息交换的枢纽城市以及其门户城市，社会经济等各种要素、产业和商务贸易等高度集聚的中心。经过30多年的城市建设，我国已有若干城市具有国际性城市的特征。从国际性城市建设条件分析，我国沿海若干个发育较快而且具有雄厚经济实力的超大城市有一定的条件，但比较世界国际性城市仍有较大差距。需要有一个较长期的建设过程，重要城市的主导功能要有明确分工，分期分批地规划建设，才能逐步实现。

由以上五大发展趋势可以看出，我国城市群未来发展的策略，就是在协调稳定的基础之上，不断集约化、开放化、国际化可持续发展下去，这也对城市群各个方面提出了不断提高、完善的要求，作为重要基础设施之一交通系统来说，更是首当其冲。

05 第五章 交通系统与城市群

第一节　中国整体交通系统发展

作为我国城市化进程及经济发展的重要因素之一的交通系统，其发展大概可分为四个阶段：

一、以水运为中心的交通系统

第一阶段是以水运为主。水路运输有着悠久的历史，人类还在石器时代，就以木作舟在水上航行，后来才有了独木舟和船。人类在古代就已利用天然水道从事运输。最早的运输工具是独木舟和排筏，以后出现了木船。帆船出现于公元前4000年，15—19世纪是帆船的鼎盛时期。

（一）先秦时期

中国是世界上水路运输发展较早的国家之一。先秦时期，我国古代交通初具规模。早在3000多年前的商朝，我国古代交通已有所发展。公元前2500年已经制造舟楫，商代有了帆船。

根据甲骨文、金文、出土实物及古籍记载，商朝不仅有了“车马”“步辇”和“舟船”等交通工具，而且开始建立“驲传”制度，进行有组织的通信活动。到了春秋战国时期，战争频繁，又修筑了许多通行战车的道路。中原各国陆路交通纵横交错，还沿途设立了“驲置”，即驿站。水路交通不仅利用长江、淮河和黄河等天然河道，还相继开凿了胥河、邗沟、菏水和鸿沟等人工运河。公元前486年开凿的邗沟，引长江水经瓜洲（今江苏省邗江县南部）北入淮河，长约150千米，联结了长江与淮河两大水系，是最早见于明确记载的运河。据《淮海晚报》的资料，古邗沟示意图如图 5 -1 所示。

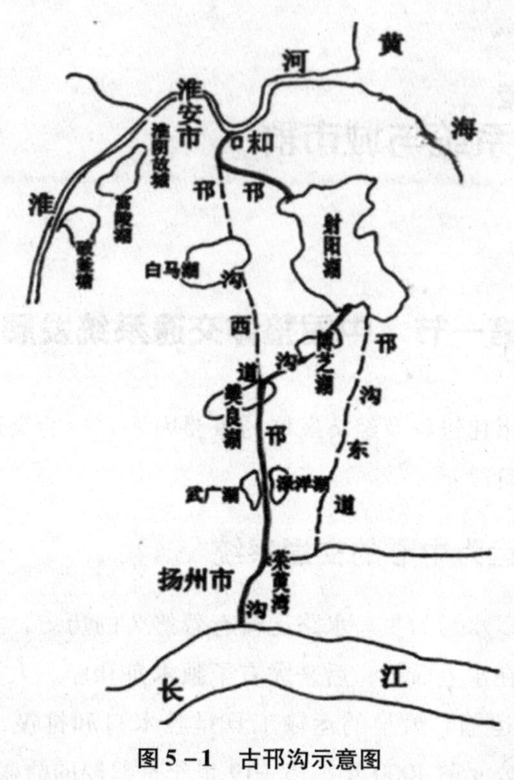

图 5 -1　古邗沟示意图

据《汉书》及《水经注》记载，邗沟的路线大致是：南引长江水，再从今观音山旁的邗城西南角，绕至铁佛寺稍南的城东南角，经螺丝湾、黄金坝北上，穿过今高邮南 15 千米的武广湖（后名武安湖）与陆阳湖（又名渌阳湖）之间，进入距今高邮西北 25 千米的樊良湖；再向东北入今宝应东南 30 千米的博芝湖（又称博支湖，即广洋湖）、宝应东北 30 千米的射阳湖；出湖西北至山阳（今淮安楚州）以北的末口，汇入淮水。因为利用天然湖泊以减少人工，所以邗沟线路曲折迂回，全长 200 余千米。

（二）秦汉时期

秦汉时期水运事业有了较大发展，水陆交通形成全国网络。秦朝挖掘的灵渠把长江水系和珠江水系连接起来，汉朝则开辟了沟通世界两大帝国——东方的汉帝国和西方的罗马帝国的海上航线。

全国性交通网的形成，始于秦代。秦始皇统一中国后，颁布“车同轨”的法令，把过去杂乱的交通路线，加以整修和联结。公元前 220 年，即秦统一全国后的第二年，秦始皇就下令修筑以咸阳为中心、通往全国各地的驰道，其“道广五十步，三丈而树，厚筑其外，掩以金椎，树以青松”，可谓气势磅礴，前古无匹，车辆可以畅行各地①。同时又设置驿道，颁布有关邮驿的法令，建立起传递官府文书和军事情报的邮传系统。秦代交通网如图 5－2 所示。

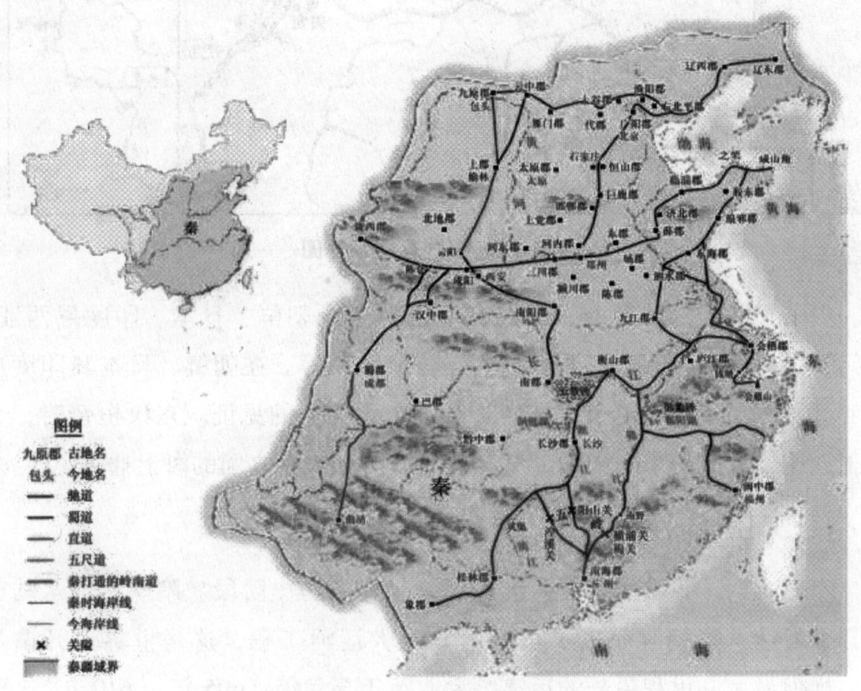

图 5－2　秦代交通网示意图

公元前 214 年秦国建成了连接长江和珠江两大水系的灵渠，灵渠流向由东向西，将兴安县东面的海洋河（湘江源头，流向由南向北）和兴安县西面的大溶江（漓江源头，流向由北向南）相连，是世界上最古老的运河之一，有着“世界古代水利建筑明珠”的美誉，如图 5－3 所示。

汉朝开辟了经西域通往西方的道路“丝绸之路”。汉朝在秦朝原有道路的基础上，继续扩建延伸发展了以京都为中心、向四面八方辐射的交通

①宋燕，刘言，谢谦．秦国道：一网筑天下［J］．中华遗产，2010（007）：32－47.

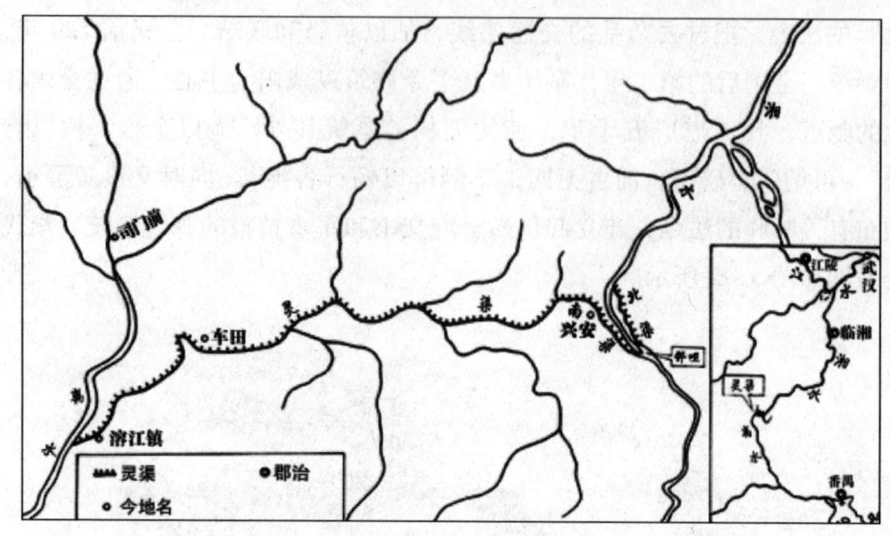

图 5－3　秦国灵渠示意图

网。史书记载，汉武帝时，海路交通已可达今朝鲜、日本、印度尼西亚、苏门答腊、缅甸、印度、斯里兰卡、马来半岛等。在朝鲜、日本和印度尼西亚都曾有汉代文物出土，是当时经济文化交流的见证。东汉桓帝时，大秦王派遣使者航海来到中国，又开辟了中国和大秦之间的海上通路。

（三）隋唐时期

隋唐时期，我国水陆交通进入了一个新的历史阶段。隋唐两代水陆交通都很发达。隋朝时完成了贯穿南北的大运河工程，这是世界上开凿最早、规模最大、里程最长的运河。大业元年至六年（605 年至 610 年），隋炀帝动用百余万百姓，疏浚之前众多王朝开凿留下的河道，修大运河（隋唐大运河）。隋唐大运河以洛阳为中心，北至涿郡（今北京），南至余杭（今杭州），是中国古代南北交通的大动脉，在中国的历史上产生过巨大的作用，是中国古代劳动人民创造的一项伟大的水利建筑工程。隋唐大运河如图 5－4 所示。

唐朝时海上贸易逐渐发展起来，开辟了新的海上航线，加强了东西方的交流和联系。中唐之前，内河航运和海上交通更为繁忙，当时贯通南北的大运河以及全国各主要河道和广州、泉州、明州（今宁波）等沿海一带，如同《旧唐书》所说“弘舸巨舰，千舳万艘，交贸往还，昧旦永日”，

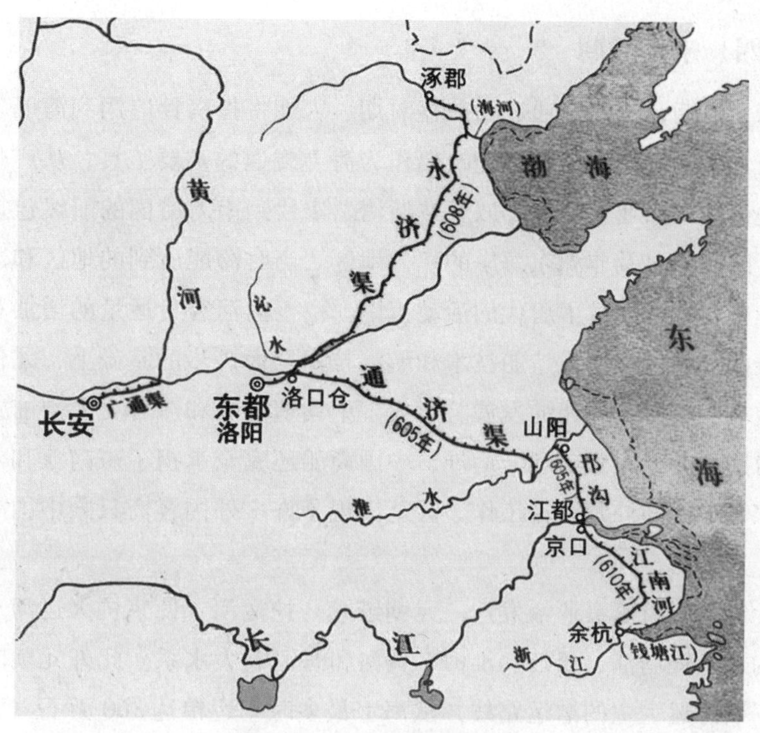

图 5-4　隋唐大运河示意图

呈现了空前的繁荣景象。唐代造船技术和航海技术的提高，促进了航海事业的发达，通往东南亚、南亚、西亚和东北非的海上航路继续得到扩展。唐代已有从广州经海峡（新加坡海峡）和波斯湾到缚达城（今巴格达）以及到东非三兰国（今达累斯萨拉姆）的航线。中国与亚非各国共同开辟的这条航线，长达一万多千米。其中从广州到波斯湾的航线是 16 世纪以前人类定期使用的最长航线。唐代对外运输丝绸及其他货物的船舶直达波斯湾和红海之滨，其航线被誉为海上丝绸之路。隋唐时期航海业的进步，也为宋元时期航海业的大发展奠定了基础。唐朝京都长安发展为国内外交通的重要枢纽和中心，变成世界上最大的都市之一。唐代是我国古代道路发展的鼎盛时期，初步形成以城市为中心的四通八达的道路网。唐朝在各水陆要道上，广设馆驿，每 30 里一驿，构成了以京都长安为中心、遍布于全国的驿路系统。唐有驿站 1639 所，以 30 里一驿来估算，唐当时道路干线至少有五万里。

（四）宋元时期

宋元时期，古代交通进入鼎盛时期。宋朝将指南针应用到海船上，使航海技术大大提高。宋朝已把帆船作为海上交通的重要工具，从广州、泉州等地出航东南亚、印度洋以至波斯湾。宋代到南海诸国的航线包括了东南亚、阿拉伯以及非洲东海岸的广大地区。当时海船所到的地区和国家有五六十处，远远超过了唐代的活动范围。由于内河客货运量的增加和沿海新航线的开辟，在宋代造船技术和航海技术全面进步的基础上，元代造船业和航海业获得了高速的发展，形成了中国造船史和航海史上空前繁荣的鼎盛时期。除国内贸易和漕运外，中国商船还完全承担了东南亚和西亚一些国家和地区的外贸运输工作，甚至出现了许多外国客商只乘中国海船的局面。

元朝沿海航运事业最发达。元朝继续开挖运河，使京杭大运河全线通航，沟通了钱塘江、长江、淮河、黄河和海河五大水系。此外元朝时期又开辟了以海运为主的漕运路线，从海上最多时年运粮达 360 万石，元代京杭大运河与海运略图如图 5－5 所示。

元朝的幅员之大，盛于前代；驿路分布之广，也为前代所不及。在全国水陆通道上，遍设站赤（驿站），构成了以大都（今北京）为中心、通向全国乃至境外的稠密的驿路交通网。

（五）明清时期

明清时期，我国水运交通日趋衰落。明代造船业的规模最大，出现了造船高峰。永乐十二年（1414）凿成会通河后，漕船成为南粮北运的主要运输工具，每年运送漕粮达三四百万担，运船之数达三千艘，后又陆续增至万艘，天顺以后，“定船万一千七百七十”。这一时期在交通史上最重要的事件，就是明朝大航海家郑和，从公元 1405 年到 1433 年先后七次渡洋远航，把我国古代航海活动推向了顶峰。但是这样的繁荣景象持续了一个时期以后，明清两朝相继实行了海禁，航海事业从此就一蹶不振了。

清代的道路网系统分为三等：“官马大路”，由北京向各方辐射，通往各省城；“大路”，自省城通往地方重要城市；“小路”，自大路或各地重要

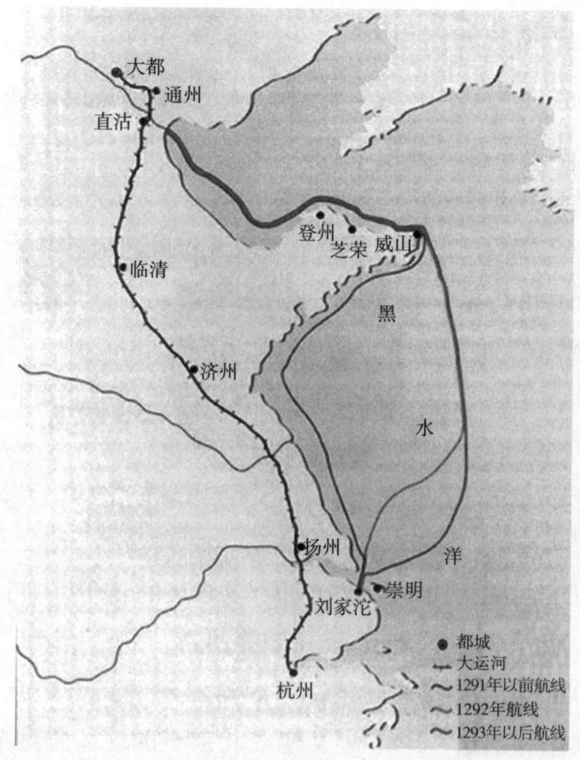

图 5－5　元代京杭大运河与海运略图

城市通往各市镇的支线，在各条道路的重要地点设驿站。“官马大路”分成东北路、东路、西路和中路四大干线，共长4000余华里。

1840年鸦片战争以后，帝国主义纷纷侵入，近代交通工具火车、轮船和汽车相继兴起，铁路、航线和公路不断开辟，遂使我国以帆船为主要工具的古代水上运输业，以畜力车、人力车为主要工具的古代陆路运输业和以邮驿为主要方式的古代邮政通信业，日趋衰落并逐步废弃。

在以舟船为主要交通手段的时代，城市大多建在沿江、沿河地带，后来逐渐发展到沿海。但是时到今日，随着陆路运输的快速发展，水运对于城市群内部各种交通流、物资流的通达作用已大不如前。

二、以铁路与公路为中心的交通系统

第二阶段是新中国成立之后铁路与公路的修建，这期间主要是铁路系统与公路系统的大规模建设。

（一）铁路系统的建设

1953—1957 年的第一个五年计划期内，先后建成的新铁路干线有：成都至重庆、天水至兰州、来宾至凭祥、丰台至沙城、集宁至二连浩特、兰村至烟台、黎塘至湛江、宝鸡至成都以及鹰潭至厦门等铁路。

1958—1962 年的第二个五年计划期内，先后建成的新干线有：萧山至穿山、包头至兰州、南平至福州、北京至承德、兰州至西宁等铁路，并重建了柳州至贵阳的铁路。

1963—1965 年的三年调整时期，先后建成的新干线有：兰州至乌鲁木齐、贵阳至重庆等铁路。

1966—1970 年第三个五年计划期内修建的新干线有：贵阳至昆明、通辽至让胡路（大庆）、成都至昆明等铁路。

1971—1975 年的第四个五年计划期内修建的新干线有：北京至原平、焦作至枝城、通县至古冶、株洲至贵阳等铁路。

1976—1980 年的第五个五年计划期内修建的新干线有：阳平关至安康、太原至焦作等铁路。1981 年又建成北京至通辽、襄樊至重庆等铁路；枝城至柳州以及芜湖至贵溪等铁路亦相继完成。

以上新铁路干线的建成，使铁路先后伸展到烟台、宁波、福州、厦门、湛江等沿海城市和港口，继而又伸展到西北、西南边远地区，初步改变了中国过去偏重在东北地区和东部沿海地区的铁路布局，使大陆上各省省会和自治区首府（除西藏拉萨外）均有铁路同首都北京相连，并沟通沿海和内地之间的铁路运输。

截至 1981 年，在原有铁路线旁增建第二线的双线工程主要有北京至上海、北京至衡阳以及其他铁路的运输繁忙区段。将原有铁路改建成电气化铁路以增加运输量的有宝鸡至成都、宝鸡至天水以及阳平关至安康等铁路。建成的枢纽共有 42 个，其中规模较大的有北京、郑州、武汉、天津、上海、沈阳、太原等①。

进入 20 世纪 90 年代，尤其是 1995 年以后，铁路进入了快速发展阶

①成都市规划设计研究院．成都平原城市群规划［Z］．2009.

段。截至2010年底，全国铁路营业里程达到9.12万千米，里程长度居世界第二位；路网密度95.0千米/万平方千米；复线里程3.7万千米，复线率41.1%；电气化里程3.27万千米，电化率35.86%。

1978年到2010年铁路营业里程、电气化里程与电气化率如表5－1和图5－6所示。

表5－1　1978—2010年铁路营业里程、电气化里程与电气化率

年份	铁路营业里程（千米）	电气化里程（千米）	电气化率（%）
1978	5.17	0.10	1.93
1980	5.33	0.17	3.19
1981	5.39	0.17	3.15
1982	5.33	0.18	3.38
1983	5.46	0.23	4.21
1984	5.48	0.30	5.47
1985	5.52	0.41	7.43
1986	5.58	0.44	7.89
1987	5.60	0.46	8.21
1988	5.62	0.57	10.14
1989	5.70	0.64	11.23
1990	5.79	0.69	11.92
1991	5.78	0.78	13.49
1992	5.81	0.84	14.46
1993	5.86	0.89	15.19
1994	5.90	0.90	15.25
1995	6.24	0.97	15.54
1996	6.49	1.01	15.56
1997	6.60	1.20	18.18
1998	6.64	1.30	19.58
1999	6.74	1.40	20.77
2000	6.87	1.49	21.69
2001	7.01	1.69	24.11
2002	7.19	1.74	24.20
2003	7.30	1.81	24.79

续表

年份	铁路营业里程（千米）	电气化里程（千米）	电气化率（%）
2004	7.44	1.86	25.00
2005	7.54	1.94	25.73
2006	7.71	2.34	30.35
2007	7.80	2.40	30.77
2008	7.97	2.50	31.37
2009	8.55	3.02	35.32
2010	9.12	3.27	35.86

1978 年到 2010 年铁路营业里程、电气化里程发展趋势如图 5－6 所示。

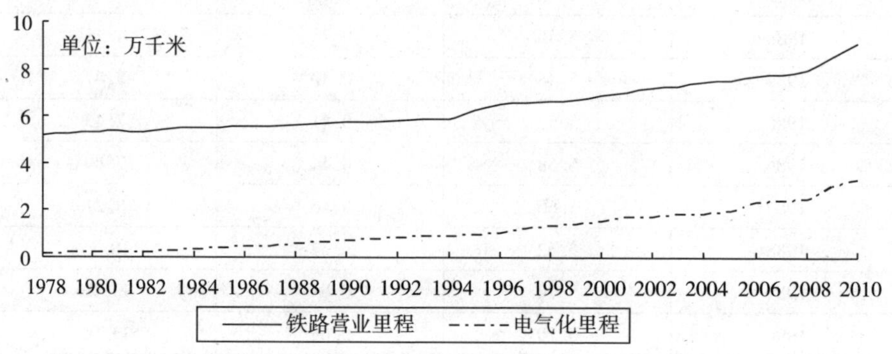

图 5－6　1978—2010 年铁路营业里程、电气化里程发展趋势

2010 年以后，在高速铁路快速发展的同时，铁路营业里程仍然在快速增长。截至 2016 年末全国铁路营业里程达到 12.4 万千米，全国铁路路网密度 129.2 千米/万平方千米。铁路营业里程中，复线里程 6.8 万千米，电气化里程 8.0 万千米。

（二）公路系统的建设

新中国成立时，中国公路通车里程仅为 8.07 万千米，公路等级都在二级以下，路面里程只有 3 万千米。新中国成立后，公路建设进入了一个新的历史时期。

1950—1952 年，新中国新建公路 3846 千米，改建公路 18931 千米，加上恢复通车的公路，全国公路通车总里程近 13 万千米。1953 年，第一个五年计划开始实施，举世闻名的川藏、青藏公路于 1954 年底建成通车，这是中国人民不畏艰苦、百折不挠的意志的缩影。第二个五年计划受到“大跃进”的干扰，公路建设遇到了极大的阻力，很多新建公路质量很差，而且由于缺乏统一规划，一些公路建成后根本无车行驶，后又改路为田。在纠正了“大跃进”的错误后，中国公路建设在“调整、巩固、充实、提高”八字方针指引下进入了第三个五年计划建设时期，成鹰、宝成、川黔、渝厦、福温、沈丹、滩石等国家干线公路在这个时期相继建成。到 1978 年，全国公路通车里程达到 89 万千米。尽管等级低、质量差，但它的确通到了全国 90% 以上的乡（镇），初步形成了遍布全国各地的公路网。

1978—1985 年，这一阶段国民经济恢复较快，交通紧张问题突现，交通运输系统内结构不合理问题逐渐暴露，国家开始着力调整国民经济结构，加强以铁路为中心的运输基础设施的建设，对公路建设也给予了相应重视。国家计委、国家经委、交通部联合颁布了《国家干线公路网（试行方案)》，确定首都放射线 12 条、北南纵线 28 条、东西横线 30 条共 70 条国道，总规模约 11 万千米的普通国道，从功能和布局上确定了全国公路网的基本构架，并采取措施加快发展公路建设，如允许省、市、自治区调整养路费收费费率，增加用于公路的改造，此阶段末期国家开始利用国际金融组织贷款修建国际标准高速公路，允许利用贷款、集资修路收取车辆通行费偿还贷款等政策。至“六五”结束时，公路通车总里程增长到 94. 24 万千米，其中一级公路 422 千米，四级及等外公路 79. 23 万千米。“六五”期间（1981—1985 年）公路通车里程年均增长 1. 1 万千米。

“七五”时期（1986—1990 年），国家明确交通运输是国民经济发展的瓶颈产业，国务院批准设立公路建设专项基金和车辆购置附加费，专门用于公路建设。根据我国人口密度大，车辆技术水平差异大，大量农用拖拉机、牲畜车上路运输的国情，首次明确提出汽车专用公路的概念，国家开始较大规模地建设汽车专用公路，建成了沈阳至大连、上海至嘉定等共 600 多千米高速公路，实现了我国大陆高速公路零的突破，此阶段高速公路建设停留在试点的规模上。1989 年全国公路里程才突破 100 万千米，达到 101. 43 万千米。“七五”期末，公路通车总里程为 102. 8 万千米，其中高速公路 522 千米，一级公路 2617 千米，四级及等外公路 61. 3 万千米。

“七五”期间，公路通车里程年均增长1.7万千米。

进入20世纪90年代以后，公路建设进入快速发展时期。“八五”期间（1991—1995年），公路建设的特点是高等级公路通车里程增长迅速，到1996年底，全国公路通车总里程已达118.6万千米，其中高速公路3422千米，在一些大经济区域内，已经形成或正在形成以高速公路为主的高等级干线公路网。在此期间，出台了“五纵七横”国道主干线系统布局方案。早在1989年，交通部提出了建设公路主骨架的长远规划设想；1992年，正式提出国道主干线系统布局方案，得到国务院的肯定；1993年，全面部署实施“五纵七横”国道主干线系统建设。

“五纵”是同江—三亚、北京—福州、北京—珠海、二连浩特—河口、重庆—湛江五条纵线；“七横”是绥芬河—满洲里、丹东—拉萨、青岛—银川、连云港—霍尔果斯、上海—成都、上海—瑞丽、衡阳—昆明七条横线。五纵七横国道主干线总规模约3.5万千米，贯通首都、各省省会、直辖市、经济特区、主要交通枢纽和重要对外开放口岸；约覆盖全国城市总人口的70%。连接了全国所有人口在100万人以上的特大城市和93%的人口在50万人以上的大城市。初步构筑了我国区域和省际横连东西、纵贯南北、覆盖全国的国家公路骨架网络，具有重要的政治、经济、社会意义。实践证明，这个规划适应了经济社会发展需求，具有很强的前瞻性。

“五纵七横”国道主干线布局如图5-7所示。

“九五”期间（1996—2000年），计划集中力量建设“三纵两横”和两条重要国道主干线公路，除部分路段外，基本以高速公路或汽车专用公路贯通。五年累计新建公路88770千米，其中新建高速公路11449千米。

“十五”期间（2001—2005年），我国新建公路35万千米，其中高速公路2.47万千米，超过2000年以前的高速公路长度总和，到2005年末总里程达到4.1万千米，跃居世界第二位，实现历史性突破。

“十一五”期间（2006—2010年），我国公路发展又迈上一个新的台阶。特别是2008年下半年以来，交通运输业落实中央应对国际金融危机、促进经济增长的一揽子计划，基础设施建设明显加快。在投资带动下，公路基础设施投资规模、建设规模达到新中国成立以来的最高水平。公路网规模不断扩大，截至2010年底，全国公路网总里程达到398.4万千米，5

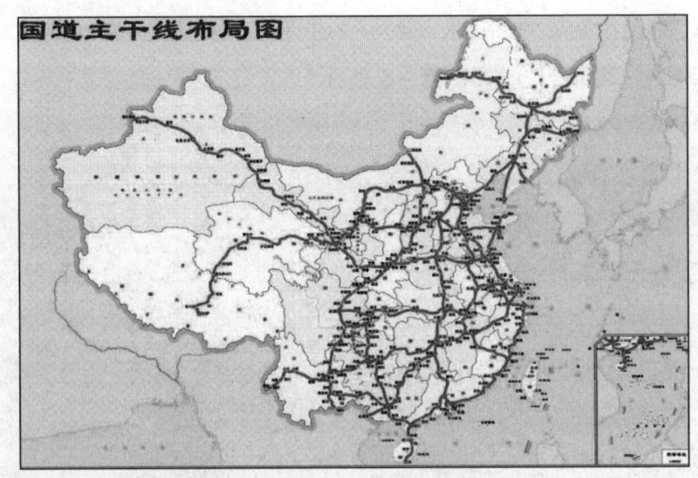

图5－7　“五纵七横”国道主干线布局

年增加63.9万千米。国省干线公路里程达到46.22万千米，其中国道16.39万千米、省道29.83万千米，比“十五”末分别增加了3.12万千米和6.44万千米。西部开发8条省际通道基本贯通，全国公路网密度由“十五”末的每百平方千米34.8千米提升至40.2千米。到2007年底，“五纵七横”12条国道主干线提前13年全部建成。“五纵七横”国道主干线建设促进了城市群、城市带的整体发展，增强了中心城市的辐射带动能力。“五纵七横”国道主干线的建成通车，有效地改善了我国主要城市间的交通条件，使城市化进程加快，为区域经济合作提供了较好的基础支撑。许多大都市和中心城市几乎都制定了几小时交通圈经济发展战略，各类规模的城市带和产业带都在不断形成和迅速发展。

“十二五”期间（2010—2015年），公路网逐渐形成。2014年末，公路里程、高速公路里程分别达到446.4万千米、11.2万千米，分别比2010年末增长11.4%、51.0%。2013年6月20日正式发布了由国务院批准的《国家公路网规划（2013—2030年）》，普通国道由12条首都放射线、47条北南纵线、60条东西横线和81条联络线组成，总规模约26.5万千米。按照“主体保留、局部优化，扩大覆盖、完善网络”的思路，调整拓展普通国道网：保留原国道网的主体，优化路线走向，恢复被高速公路占用的普通国道路段；补充连接地级行政中心和县级节点、重要的交通枢纽、物流节点城市和边境口岸；增加可有效提高路网运行效率和应急保障能力的部分路线；增设沿边沿海路线，维持普通国道网相对独立。普通国道布局方案图（2013—2030 年）如图 5－8 所示。

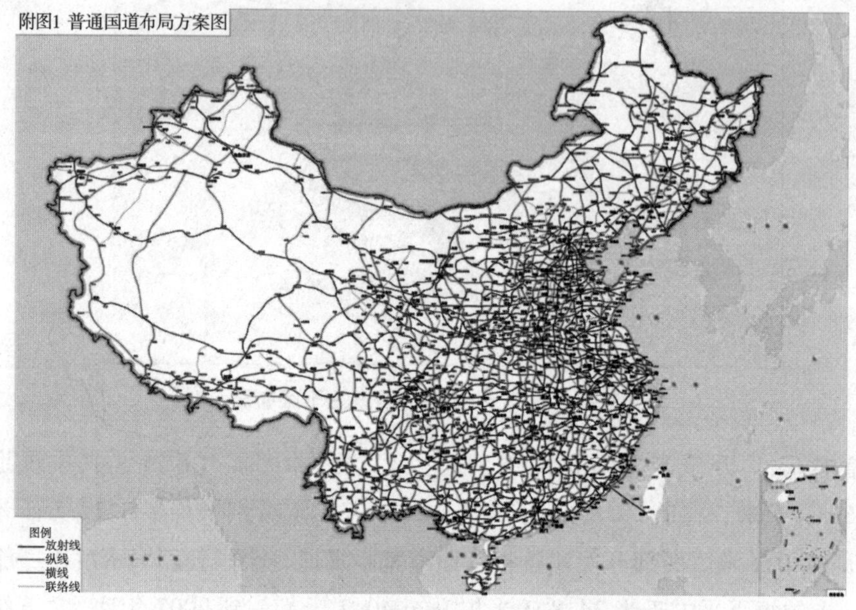

图 5－8　普通国道布局方案（2013—2030 年）

截至 2016 年末，全国公路总里程达到 469.63 万千米，公路密度由改革开放初期的 9.1 千米/百平方千米，提高到 2016 年底的 48.92 千米/百平方千米，是改革开放初期的 5.24 倍。全国等级公路里程 422.65 万千米，等级公路占公路总里程的 90.0%。其中，二级及以上公路里程 60.12 万千米，占公路总里程的 12.8%。目前已经形成了较为完整的国家道路主干线布局。

三、以航空运输与高速公路为中心的交通系统

第三阶段是航空运输与高速公路的快速发展。

（一）高速公路建设

我国高速公路建设酝酿于 20 世纪 70 年代，起步于 80 年代，发展于 90 年代，腾飞于 21 世纪，起步时间较西方发达国家晚了近半个世纪，但起点高、发展速度快。

1988 年，上海至嘉定高速公路的通车，标志着中国大陆高速公路零的

突破。上海至嘉定高速公路是我国第一条按高速公路工程技术标准设计、施工的高等级公路工程，全长 18.5 千米。全路设计行车时速 120 千米，双向 4 车道，中央分隔带宽 3 米，全封闭，全立交，沿线建有大型互通式立交桥 3 座，设有完整的交通标志、标线和交通监控系统。沪嘉高速公路的建成，结束了我国大陆没有高速公路的历史，对其他地区高速公路的建设起到推动、示范作用。

“七五”期间（1986—1990 年），建成沈大高速公路、京津塘高速公路为代表的一批高速公路 522 千米。1989 年 7 月，第一次全国高等级公路建设现场会在沈阳召开，这次会议是专题研究高等级公路建设的第一次会议，提出了今后建设高等级公路的 10 条政策措施。1990 年 9 月，沈大高速公路通车。沈阳至大连高速公路全长 375 千米，连接沈阳、辽阳、鞍山、营口、大连 5 个城市，是当时公路建设项目中由我国自行设计、自行施工，规模最大、标准最高的工程。

“八五”期间（1991—1995 年），建成高速公路 1600 多公里。“九五”期间（1996—2000 年），建成高速公路 14000 多千米。1993 年京津塘高速公路通车，这是我国第一条经国务院批准利用世界银行贷款建设的跨省、市的高速公路工程，全长 142 千米，时速 120 千米，设置监控、通信、收费、照明等服务设施。通过这条路的修建，我国制定了第一个高速公路工程技术标准。1993 年 6 月交通部在山东召开了全国公路建设工作会议，明确了建设“两纵两横三个重要路段”的国道主干线任务。从 1993 年至 1997 年的 5 年中，全国高速公路建设速度加快，共建成高速公路 4119 千米，京津塘、济青、京石、首都机场、太旧、郑开等一大批高速公路相继建成通车。1998 年，全国高速公路总里程达到 8733 千米，居世界第四。1999 年，全国高速公路总里程突破 1 万千米，接近世界第三水平。2000 年 12 月 18 日，京沪高速公路通车。2000 年底，全国高速公路总里程达到 1.6 万千米，居世界第三位。

“十五”期间（2001—2005 年），建成高速公路 24000 多千米。这期间，《国家高速公路网规划》于 2004 年经国务院审议通过，这是中国历史上第一个“终极”的高速公路骨架布局，同时也是中国公路网中最高层次的公路通道。国家高速公路网覆盖 10 多亿人口，其直接服务范围，东部地区超过90%、中部地区达83%、西部地区近70%，覆盖地区的GDP将占到全国总量的85%以上；实现东部地区平均30分钟上高速，中部地区平均1小时上高速，西部地区平均2小时上高速。国家高速公路网将连接全国所有的省会城市、83%的50万以上人口的大型城市和74%的20万以上人口的中型城市；连接全国所有重要的交通枢纽城市，其中包括铁路枢纽50个、航空枢纽67个、公路枢纽140多个和水路枢纽50个，形成较为完善的集疏运系统和综合运输大通道。

《国家高速公路网规划》采用放射线与纵横网格相结合的布局方案，形成由中心城市向外放射以及横贯东西、纵贯南北的大通道，由7条首都放射线、9条南北纵向线和18条东西横向线组成，简称为“7918网”，总规模约8.5万千米，其中：主线6.8万千米，地区环线、联络线等其他路线约1.7万千米。国家高速公路网布局如图5－9所示。

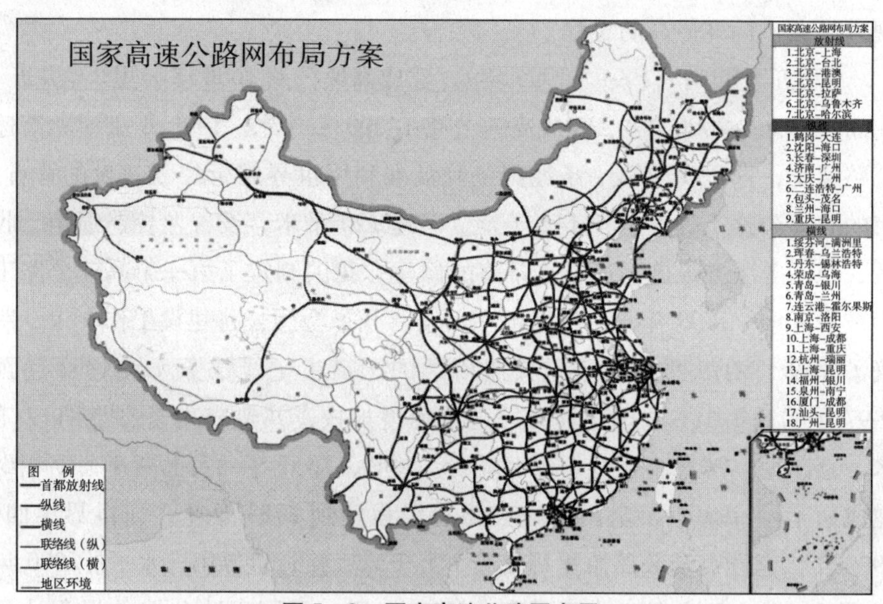

图5－9　国家高速公路网布局

此后高速公路建设一直在飞速发展，基本上一年增加1万千米高速公路。1999年高速公路里程突破1万千米，2002年突破2万千米，2004年突破3万千米，2005年突破4万千米，2007年突破5万千米，2008年突破6万千米。从零起步到1万千米，用了不到12年时间；从1万千米到6万千米，只有短短 9 年，高速公路的发展速度举世瞩目。

2013 年，我国高速公路里程突破 10 万千米。在这一年，国务院批准了国家公路网规划（2013—2030 年），新的国家高速公路网由 7 条首都放射线、11 条北南纵线、18 条东西横线，以及地区环线、并行线、联络线等组成，约 11.8 万千米，连接了全国地级行政中心、城镇人口超过 20 万的中等及以上城市、重要交通枢纽和重要边境口岸。到 2030 年，我国将完成 4.7 万亿元投资，使国家公路网总规模扩大至 40.1 万千米，形成布局合理、功能完善、覆盖广泛、安全可靠的国家公路网络，实现首都辐射省会、省际多路连通、地市高速通达、县县国道覆盖。

国家高速公路布局方案图（2013—2030 年）如图 5－10 所示。

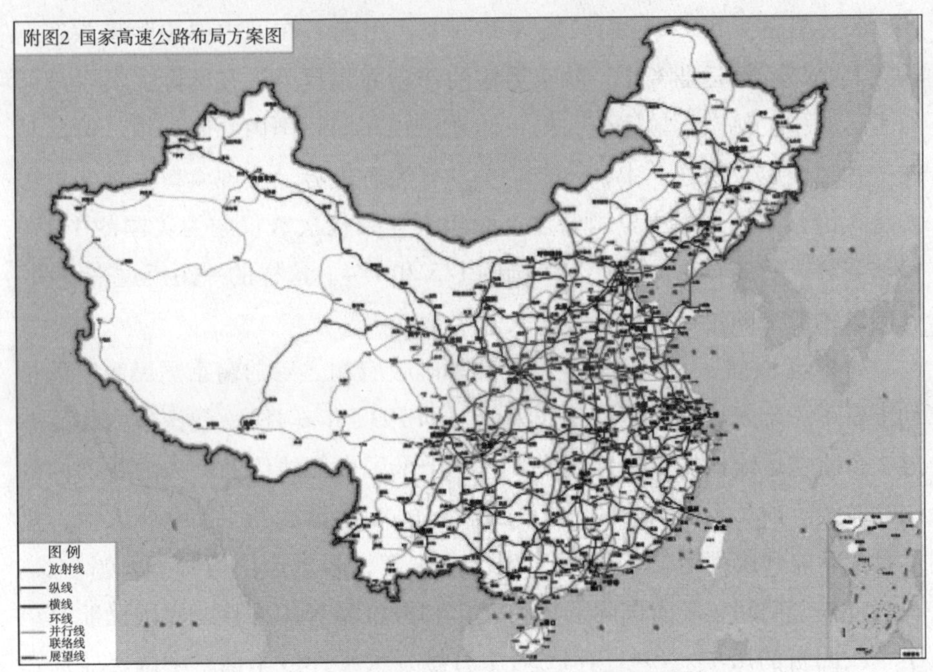

图 5－10　国家高速公路布局方案（2013—2030 年）

截至 2015 年底，全国高速公路里程 12.35 万千米。其中，国家高速公路 7.96 万千米，全国高速公路车道里程 54.84 万千米。

（二）民用航空运输

各种运输方式的作用会伴随着工业化进程和经济社会发展水平的提高

而发生重大变化。当前，在世界范围内产业结构调整和全球性经济竞争的新形势下，民用航空的作用日益突出。随着人们收入水平的提高、生活节奏的加快和消费结构的升级，航空运输以其快速、便捷、舒适、安全、机动等特点，日益成为长距离客运最重要的方式。例如，美国航空公司（American Airlines，Inc.）客运周转量在1957年就超过了铁路，2006年美国国内航空客运周转量为铁路的105倍，美国的铁路主要承担国内货物运输，而飞机主要承担中长距离客运功能。在我国，改革开放以来，民航的增长速度远远高于其他运输方式。1978—2007年，从旅客周转量年均增长率看，铁路为6.7%，公路为11.2%，水运为-0.9%，而民航为17.2%；从货物周转量年均增长率看，铁路为5.3%，公路为13.7%，水运为10.1%，管道为5.1%，而民航为17.8%。目前，在国内中长距离旅客运输尤其是城际客运业务中，航空运输的作用大幅提升；在国际尤其是洲际旅客运输中，航空运输完全占据主体地位；在国际国内高附加值、鲜活易腐货物运输以及快递业中，航空运输具有绝对优势。我国人口大约是美国的4.3倍，国土面积比美国略多，而年人均乘机次数仅约为美国的1/17，年航空客、货周转量分别约为美国的1/5和1/4。这样的差距反过来说明，我国民用航空的发展潜力十分巨大①。

1949年以前，我国民航业在北洋军阀政府和之后的南京国民政府的推动下有了一定发展。截至抗日战争前（即1937年6月），我国境内先后有过4个航空运输机构，合计约有15000千米国内航线以及一条通往河内的国际航线。1936年“中航”和“欧亚”的客运量达到了28000人次，货运量250吨和邮件运量118吨，相比1931年，客货运量均有了大幅增长。在抗日战争期间，随着国际形势的变化和战争局势的推移，中国民航经历了一段曲折的历史。1941年12月7日爆发太平洋战争前，中国民航运输事业在挣扎中求生存，业务日益衰落。太平洋战争爆发后，中国的民用航空得到了发展的机会，并逐渐壮大了自己的力量，引入了大量美制新型飞机。到了新中国成立之前，中国大陆用于航空运输的主要航线机场仅有36个，包括上海龙华、南京大校场、重庆珊瑚坝、重庆九龙坡等机场，大都

①李家祥．世界民用航空与中国民用航空的发展［J］．中国民航报，2009-06-19（01）．

历经多年的战乱破坏，设备简陋，亟须改造和建设。

新中国成立后，中国的民用航空事业开始了新篇章。在1949年至1957年的初创时期，民航重点建设了天津张贵庄机场、太原亲贤机场、武汉南湖机场和北京首都机场。首都机场于1958年建成，中国民航从此有了一个较为完备的基地。1961年开始，民航系统认真贯彻执行中央“调整、巩固、充实、提高”的方针，使民航事业重新走上正轨，并取得较大的发展。到1965年，国内航线增加到46条，国内航线布局重点，也从东南沿海及腹地转向西南和西北的边远地区。通用航空的发展在这个时期稳步上升。为了适应机型更新和发展国际通航需要，在此期间，新建和改建了南宁、昆明、贵阳等机场，并相应改善了飞行条件和服务设施，特别是完成了上海虹桥机场和广州白云机场的扩建工程。

航空运输的另一建设高峰是在改革开放之后。在“八五”期间，中国民航继续保持持续、快速发展的势头，共完成基本建设和技术改造投资320亿元，新建、迁建机场19个，改扩建机场15个，同时，新开工了一些大型机场建设项目。到1995年末，有航班运营的机场139个，其中能起降波音747飞机的14个，起降波音737飞机的81个。而“九五”期间，共建设了40个城市的41个机场。它们包括27个省会（首府）和3个直辖市的31个机场，以及深圳、厦门、重庆、大连、桂林、汕头、青岛、珠海、温州、宁波等10个重要的开放和旅游城市机场。

截至2009年底，中国民航内地颁证机场数量已达166个（不含港、澳、台），其中定期航班通航机场165个、定期航班通航城市163个，可起降B747飞机的大型机场33个，航班起降484.1万架次，旅客吞吐量48606.3万人次。

进入2010年之后民航业继续快速发展，截至2016年底，全国共有颁证民用航空机场218个，其中定期航班通航机场216个，定期航班通航城市214个。2016年我国全年旅客吞吐量首次突破10亿人次，完成101635.7万人次，比上年增长11.1%。国内航线完成91401.7万人次，比上年增长10.3%；国际航线首次突破1亿人次，完成10234.0万人次，比上年增长19.3%。完成货邮吞吐量1510.4万吨，比上年增长7.2%。

中国主要航空线路分布如图5－11所示。

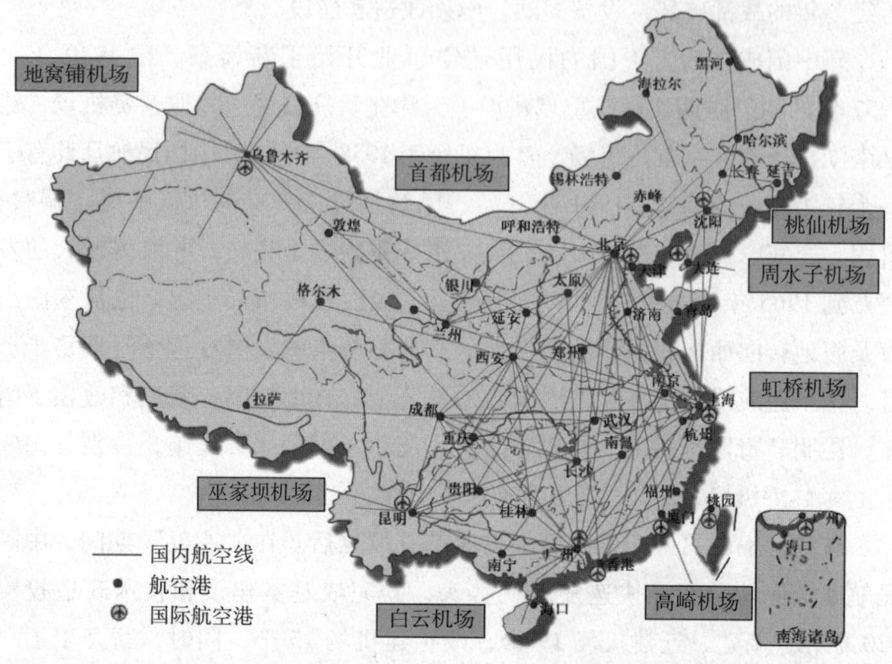

图 5－11　中国主要航空线路分布

机场作为航空运输和城市的重要基础设施，是综合交通运输体系的重要组成部分。经过几十年的建设和发展，我国机场体系初具规模，初步形成了以北京、上海、广州等枢纽机场为中心，其余省会和重点城市机场为骨干，以及众多干、支线机场相配合的基本格局，为保证我国航空运输持续快速健康协调发展，促进经济社会发展和对外开放，以及完善国家综合交通体系等发挥了重要作用，对加强国防建设、增进民族团结、缩小地区差距、促进社会文明也具有重要意义。

2016 年我国旅客吞吐量达到 100 万人次以上的通航机场有 77 个，年旅客吞吐量达到 1000 万人次以上的有 28 个，年货邮吞吐量达到 10000 吨以上的有 50 个。

民航资源网制作了我国 28 个年旅客吞吐量达到千万级机场，如图 5－12所示。

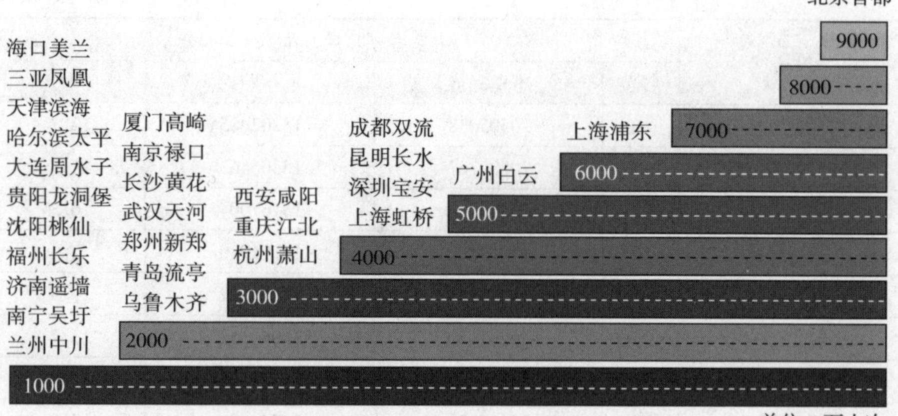

图 5－12　2016 年国内旅客吞吐量千万级机场

2016 年我国 28 个年旅客吞吐量达到千万级机场详细情况如表 5－2 所示。

表 5－2　2016 年我国 28 个年旅客吞吐量千万级机场详细情况

机场	旅客吞吐量（人次）			
	名次	本期完成	上年同期	同比增速%
合计		1016357068	914773311	11. 1
北京/首都	1	94393454	89939049	5. 0
上海/浦东	2	66002414	60098073	9. 8
广州/白云	3	59732147	55201915	8. 2
成都/双流	4	46039037	42239468	9. 0
昆明/长水	5	41980339	37523098	11. 9
深圳/宝安	6	41975090	39721619	5. 7
上海/虹桥	7	40460135	39090865	3. 5
西安/咸阳	8	36994506	32970215	12. 2
重庆/江北	9	35888819	32402196	10. 8
杭州/萧山	10	31594959	28354435	11. 4
厦门/高崎	11	22737610	21814244	4. 2
南京/禄口	12	22357998	19163768	16. 7
长沙/黄花	13	21296675	18715278	13. 8
武汉/天河	14	20771564	18942038	9. 7
郑州/新郑	15	20763217	17297385	20. 0

续表

机场	旅客吞吐量（人次）			
	名次	本期完成	上年同期	同比增速%
青岛/流亭	16	20505038	18202085	12.7
乌鲁木齐/地窝堡	17	20200767	18506463	9.2
海口/美兰	18	18803848	16167004	16.3
三亚/凤凰	19	17369550	16191930	7.3
天津/滨海	20	16871889	14314322	17.9
哈尔滨/太平	21	16267130	14054357	15.7
大连/周水子	22	15258209	14154130	7.8
贵阳/龙洞堡	23	15105225	13244982	14.0
沈阳/桃仙	24	14967228	12680118	18.0
济南/遥墙	25	11616914	9520887	22.0
福州/长乐	26	11606446	10887292	6.6
南宁/吴圩	27	11559860	10393728	11.2
兰州/中川	28	10897025	8009040	36.1

为了通过优化机场布局结构和增加机场数量规模，进一步加强资源整合，完善功能定位，扩大服务范围和提高服务水平，适应经济社会和民航事业的发展，国家在2008年制定了《全国民用机场布局规划》，提出到2020年，布局规划民用机场总数达244个，其中新增机场97个，如图5-13所示。

近年来，我国机场数量显著增加，机场密度逐渐加大，机场服务能力稳步提升。但机场总量不足、布局不尽合理等问题还较为突出，难以满足综合交通运输体系建设和经济社会发展的需要，无法适应国家重大战略实施和广大人民群众便捷出行的要求。

2017年，国家发展改革委、民用航空局对此布局规划又做了修订与完善，制定了新的《全国民用运输机场布局规划》。在2008年《全国民用机场布局规划》的基础上，从综合交通运输体系发展考虑，对民用运输机场建设数量、空间布局等进行了调整完善，提出了一体化衔接、绿色集约发展等政策措施，形成与高速铁路优势互补、协同发展的格局。规划到2025年，在现有（含在建）机场基础上新增布局机场136个，全国民用运输机

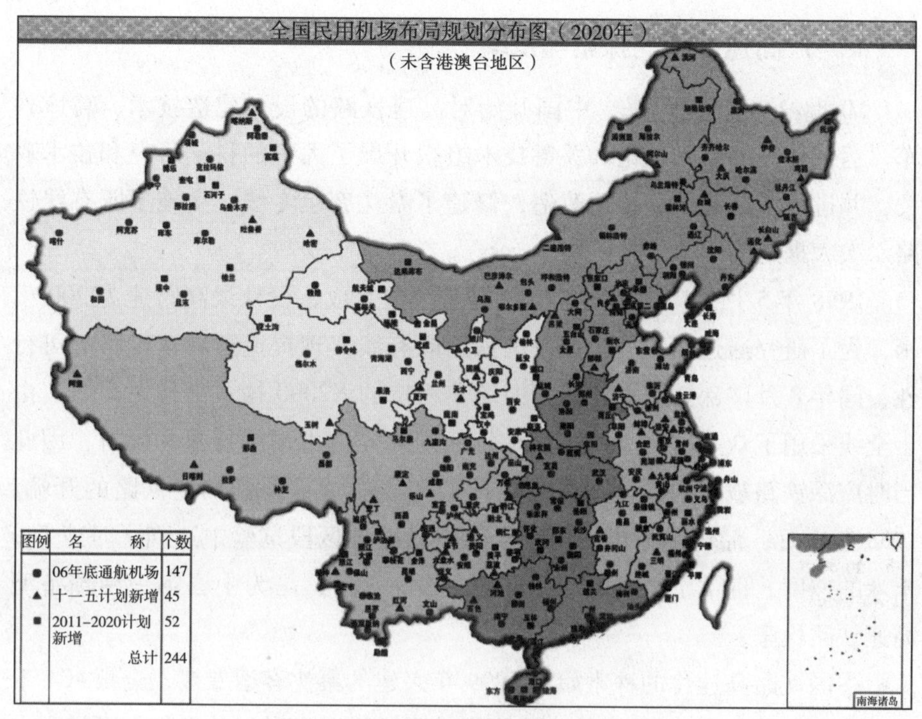

图 5－13 全国民用机场布局规划分布

场规划布局 370 个（规划建成约 320 个）。

其中到 2020 年，我国运输机场数量达 260 个左右，北京新机场、成都新机场等一批重大项目将建成投产，枢纽机场设施能力进一步提升，同时一批支线机场投入使用。到 2025 年，我国将建成覆盖广泛、分布合理、功能完善、集约环保的现代化机场体系，形成 3 个世界级机场群、10 个国际枢纽、29 个区域枢纽。京津冀、长三角、珠三角世界级机场群形成并快速发展，北京、上海、广州机场国际枢纽竞争力明显加强，成都、昆明、深圳、重庆、西安、乌鲁木齐、哈尔滨等国际枢纽作用显著增强，航空运输服务覆盖面进一步扩大。展望 2030 年，机场布局进一步完善，覆盖面进一步扩大，服务水平持续提升。

四、以高速铁路为中心的交通系统

第四阶段是现在的高速铁路/客运专线大建设时代。

（一）高速铁路的探索与试验

20 世纪 90 年代以来，中国开始对高速铁路的设计建造技术、高速列车、运营管理的基础理论和关键技术组织开展了大量的科学研究和技术攻关，并进行了广深铁路提速改造，修建了秦沈客运专线，实施了既有线铁路六次大提速等。

1998 年 5 月，广深铁路电气化提速改造完成，设计最高时速为 200 千米，为了研究通过摆式列车在中国铁路既有线实现提速至高速铁路的可行性，同年 8 月广深铁路率先使用向瑞典租赁的 X2000 摆式高速动车组。由于全线采用了众多达到 20 世纪 90 年代国际先进水平的技术和设备，因此当时广深铁路被视为中国由既有线改造踏入快速铁路和高速铁路的开端。1998 年 6 月，韶山 8 型电力机车于京广铁路的区段试验中达到了时速 240 千米的速度，创下了当时的"中国铁路第一速"，是为中国第一种预备型高速铁路机车。

中国铁路高速化的探索始于 1999 年兴建的秦沈客运专线，全长 404 千米，本线于 2003 年开通运营。为了提升中国铁路在世界的竞争力以提升中国在国际上的形象和地位，铁道部于 2003 年大刀阔斧地开展了"铁路跨越式发展"，并要求新建高速铁路的设计时速为 350 千米（1985 年联合国欧洲经济委员会在日内瓦签署的国际铁路干线协议规定：新建客货运列车混用型高速铁路时速为 250 千米，新建客运列车专用型高速铁路时速为 350 千米以上）。

2002 年 12 月建成的秦皇岛至沈阳间的客运专线，是中国自己研究、设计、施工、目标速度 200 千米/小时，基础设施预留 250 千米/小时高速列车条件的第一条铁路客运专线。自主研制的"中华之星"电动车组在秦沈客运专线创造了当时"中国铁路第一速"——321.5 千米/小时。

2004 年，中国在广深铁路首次开行时速达 160 千米的国产快速旅客列车，广深铁路被誉为中国快速铁路成长、成熟的"试验田"。

（二）高速铁路大发展时期

1. 初步全面启动

2004 年 1 月，国务院批复《中长期铁路网规划》，该规划提出："到

2020 年，全国铁路营业里程达到 10 万千米，主要繁忙干线实现客货分线，复线率和电化率均达到 50%，运输能力满足国民经济和社会发展需要，主要技术装备达到或接近国际先进水平。”其中对客运专线做了详细部署，提出建设客运专线 1.2 万千米以上，客车速度目标值达到每小时 200 千米及以上，建设满足旅客运输需求的省会城市及大中城市间快速客运通道。

《中长期铁路网规划》中规划了“四纵四横”铁路快速客运通道以及三个城际快速客运系统。

“四纵四横”客运通道包括：“四纵”客运专线：北京—上海（京沪高速铁路）、北京—武汉—广州—深圳—香港（京港高速铁路）、北京—沈阳—哈尔滨（大连）、杭州—宁波—福州—深圳（沿海高速铁路）、北京—蚌埠—合肥—福州—台北（京台高速铁路，大陆段叫“京福高速铁路”）。

“四横”客运专线：徐州—郑州—兰州、杭州—南昌—长沙—昆明（沪昆高速铁路）、青岛—石家庄—太原、上海—南京—武汉—重庆—成都（沪汉蓉高速铁路）。

三个城际客运系统：环渤海地区、长江三角洲地区、珠江三角洲地区城际客运系统，覆盖区域内主要城镇。

2004 年至 2005 年——中国北车长春客车股份、唐山客车公司、南车青岛四方、南车株机先后从加拿大庞巴迪、日本川崎重工、法国阿尔斯通和德国西门子引进技术，联合设计生产高速动车组。

2007 年 4 月 18 日——实施中国铁路第六次大提速和新的列车运行图，快速铁路达 6003 千米，采用 CRH 动车组。繁忙干线提速区段达到时速 200 至 250 千米。这是世界铁路既有线提速最高值。

根据《国民经济和社会发展第十一个五年规划纲要》和《中长期铁路网规划》，原铁道部编制了铁路“十一五”规划。“十一五”铁路建设规模之大、标准之高，是中国铁路发展史上从未有过的。按照中央批准的规划，“十一五”铁路拟建设新线 17000 千米，其中客运专线 7000 千米。2010 年全国铁路营业里程达到 9 万千米以上，基建总投资 12500 亿元，是“十五”建设投资规模的近 4 倍。要通过建设客运专线、发展城际客运轨道交通和既有线提速改造，初步形成以客运专线为骨干，连接全国主要大中城市的快速客运网络。

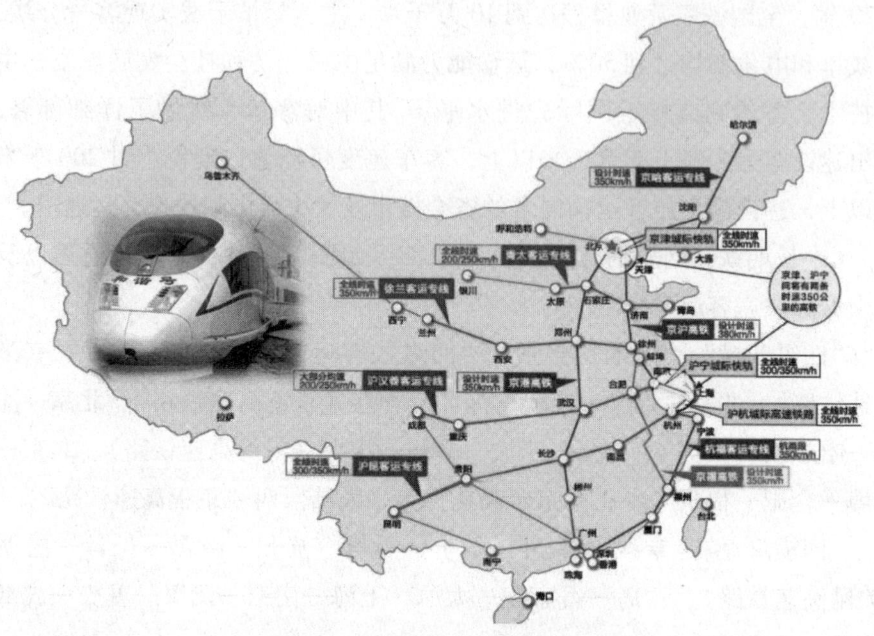

图 5－14　中国高铁四纵四横示意图

铁路“十一五”规划提出建设北京—上海、北京—郑州—武汉—广州—深圳、哈尔滨—大连、天津—秦皇岛、上海—杭州—宁波、石家庄—太原、济南—青岛、徐州—郑州—西安—宝鸡客运专线，沪汉蓉、甬厦深快速客运通道。建设长三角、珠三角、环渤海经济圈以及其他城镇密集地区城际轨道交通。主要建设北京—天津、上海—南京、南京—杭州、南京—芜湖—安庆、广州—珠海、九江—南昌、青岛—烟台—威海、绵阳—成都—峨眉、长春—吉林、柳州—南宁城际轨道交通系统以及沪杭磁悬浮交通。

“十一五”铁路网规划如图 5－15 所示。

2. 跨越式发展时期

2008 年之后，中国的高速铁路进入了跨越式发展时期。

2008 年 10 月，国家发展和改革委员会批准了《中长期铁路网规划(2008 年调整)》，将客运专线建设规模提高到 1.6 万千米以上，在原“四纵四横”客运专线基础上，提出建设南昌—九江、柳州—南宁、绵阳—成都—乐山、哈尔滨—齐齐哈尔、哈尔滨—牡丹江、长春—吉林、沈阳—丹

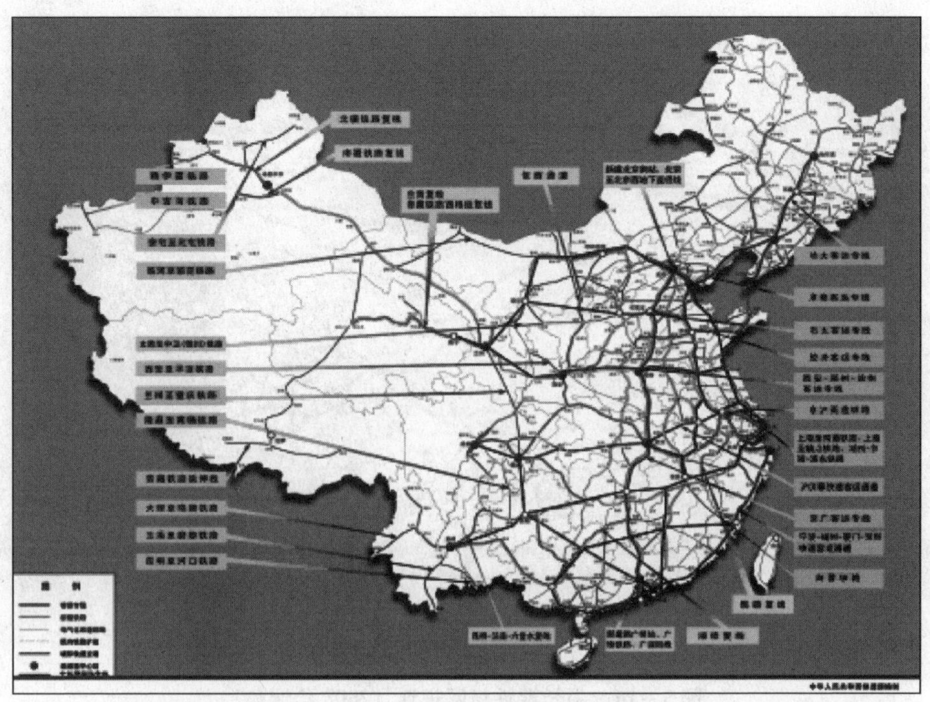

图5－15　“十一五”铁路网规划

东等客运专线，扩大客运专线的覆盖面；城际客运系统也大规模增加，提出在环渤海、长江三角洲、珠江三角洲、长株潭、成渝以及中原城市群、武汉城市圈、关中城镇群、海峡西岸城镇群等经济发达和人口稠密地区建设城际客运系统，覆盖区域内主要城镇。

中长期铁路网规划（2008年调整）如图5－16所示。

自2008年8月1日中国第一条350千米/小时的高速铁路——京津城际铁路开通运营以来，高速铁路在中国大陆迅猛发展。按照国家中长期铁路网规划和铁路“十一五”、“十二五”规划，以“四纵四横”快速客运网为主骨架的高速铁路建设全面加快推进，建成了京津、沪宁、京沪、京广、哈大等一批设计时速350千米、具有世界先进水平的高速铁路，形成了比较完善的高铁技术体系。通过引进消化吸收再创新，系统掌握了时速200～250千米动车组制造技术，成功搭建了时速350千米的动车组技术平台，研制生产了CRH380型新一代高速列车。

京广高铁武广段2009年12月9日试运行成功，于26日正式运营。最

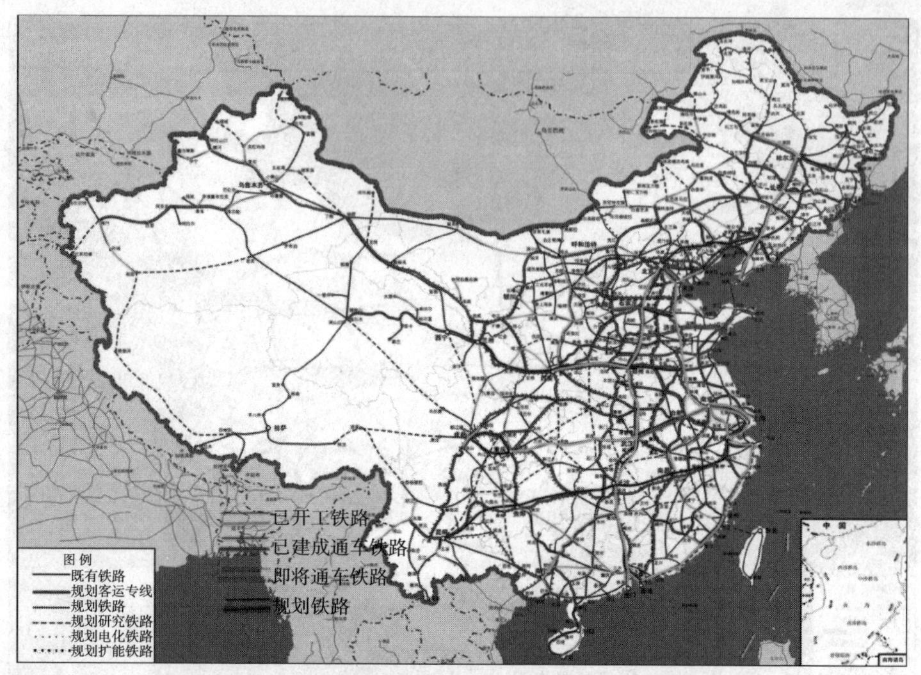

图 5-16　中长期铁路网规划（2008 年调整）

高运营速度达到 394 千米/小时，武汉到广州 3 个小时便可到达。武汉至广州间旅行时间由原来的约 11 小时缩短到 3 小时左右，武汉到长沙直达仅需 1 个小时，长沙到广州直达仅需 2 小时。武广高铁成为世界上运营速度最快、密度最大的高速铁路，而且还是中国第一条 350 千米/小时速高铁。

截至 2014 年底，中国铁路营业里程达 11 万千米，其中高铁里程达到 1.6 万千米，超过世界高铁营业里程的一半，是当之无愧的世界第一。2015 年，中国高速铁路运营里程达到 1.9 万千米，居世界第一位。截至 2016 年底，中国高速铁路运营里程超过 2.2 万千米。

截至 2017 年 7 月，中国高速铁路运营线路图如图 5-17 所示。

3. 深化发展时期

2004 年《中长期铁路网规划》和 2008 年修编《中长期铁路网规划》实施以来，我国铁路发展成效显著，基础网络初步形成，对促进经济社会发展、支撑国家重大战略实施发挥了重要作用。截至 2015 年底，全国铁路营业里程已达 12.1 万千米，其中高速铁路 1.9 万千米，提前实现原规划目

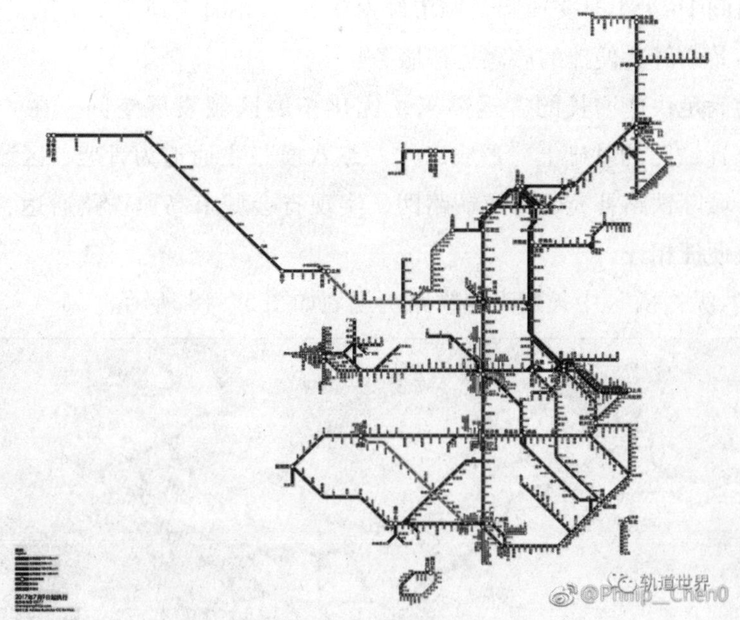

图 5－17　中国高速铁路运营线路图

标。从总体上看，当前我国铁路运基本适应经济社会发展需要，但仍然存在路网布局尚不完善、运行效率有待提高、结构性矛盾较突出等不足。当前我国经济社会发展面临的新趋势新机遇，对铁路发展提出新的更高要求。在这种情况下，2016 年经国务院批准，国家发展改革委、交通运输部、中国铁路总公司印发了最新修编的《中长期铁路网规划》（以下简称《规划》）。规划期为 2016—2025 年，远期展望到 2030 年。

《规划》提出到 2020 年，铁路网规模达到 15 万千米，其中高速铁路 3 万千米，覆盖 80% 以上的大城市，为完成“十三五”规划任务、实现全面建成小康社会目标提供有力支撑。到 2025 年，铁路网规模达到 17.5 万千米左右，其中高速铁路 3.8 万千米左右，网络覆盖进一步扩大，路网结构更加优化，骨干作用更加显著，更好发挥铁路对经济社会发展的保障作用。展望到 2030 年，基本实现内外互联互通、区际多路畅通、省会高铁连通、地市快速通达、县域基本覆盖。建成现代的高速铁路网。连接主要城市群，基本连接省会城市和其他 50 万人口以上大中城市，形成以特大城市为中心覆盖全国、以省会城市为支点覆盖周边的高速铁路网。实现相邻大中城市间 1 ~4 小时交通圈，城市群内 0.5 ~2 小时交通圈。提供安全可靠、优质高效、舒适便捷的旅客运输服务。

为满足快速增长的客运需求，优化拓展区域发展空间，在“四纵四横”高速铁路的基础上，形成以“八纵八横”主通道为骨架、区域连接线衔接、城际铁路补充的高速铁路网，实现省会城市高速铁路通达、区际之间高效便捷相连。

“八纵八横”中长期高速铁路网规划如图 5 – 18 所示。

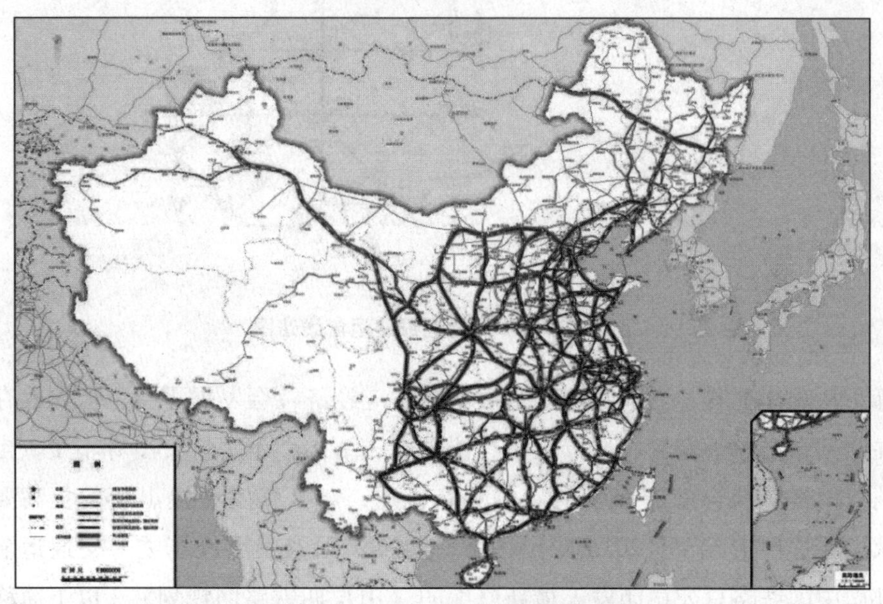

图 5 – 18　中长期高速铁路网规划图

“八纵”通道分别是：沿海通道、京沪通道、京港（台）通道、京哈—京港澳通道、呼南通道、京昆通道、包（银）海通道、兰（西）广通道。

“八横”通道分别是：绥满通道、京兰通道、青银通道、陆桥通道、沿江通道、沪昆通道、厦渝通道、广昆通道。

在“八纵八横”主通道的基础上，规划建设高速铁路区域连接线，进一步完善路网、扩大覆盖。同时发展城际客运铁路，规划建设支撑和引领新型城镇化发展、有效连接大中城市与中心城镇、服务通勤功能的城市群城际客运铁路。京津冀、长三角、珠三角、长江中游、成渝、中原、山东半岛等城市群，建成城际铁路网；海峡西岸、哈长、辽中南、关中、北部湾等城市群，建成城际铁路骨架网；滇中、黔中、天山北坡、宁夏沿黄、呼包鄂榆等城市群，建成城际铁路骨干通道。

五、我国综合交通系统存在问题

总之，我国综合交通系统随着我国经济水平的迅速提高和城市群规模、水平的发展是十分迅速的，但是不可否认的是，在发展中也存在着一些问题：

1. 各交通方式自身发展不平衡

各运输方式的线路基础设施和运输基础设施仍在不同程度上存在总量不足、结构不完善、布局不合理、质量水平还不够高的问题。

2. 交通方式之间衔接不紧密，重复建设较多

1995 年以后，我国公路网络和基础设施建设发展势头迅猛，民航运输、沿海运输和管道运输发展速度也很快，而铁路路网的发展和运输能力的发展、道路运输业务的发展却相对缓慢，内河运输的发展更为落后。五种运输方式各自规划、各自建设、各自为政，本位主义思想严重，导致很多设施重复建设，但却缺乏实现彼此衔接的综合运输枢纽，影响了运输方式之间的合作①②。

3. 交通枢纽发展仍不足

在重要的交通运输通道枢纽节点常常会出现季节性、区域性的运输紧张状况，特别是一些干线铁路及航空枢纽长期处于饱和甚至超饱和状态。

4. 各城市群交通受到整体交通系统制约

由于整体交通系统是由各城市群交通系统及非城市群交通系统组合而成，因此各城市群单体在发展交通时，也要受到上述整体交通系统的问题影响，无法充分发挥实力。

---

①肖昭升．我国综合运输结构问题成因分析［J］．综合运输，2003，25（5）：8－11.

②沈培钧．进一步发展和完善综合运输体系［J］．综合运输，2002，24（9）：4－6.

第二节　城市群发展与交通系统

随着中国经济飞速发展，城市群规模不断扩大，城市基础设施也逐渐完善，城市空间持续延伸。随着城市化的不断深入，城市的集聚功能不断被放大，大大小小的城市群也随之涌现，为区域经济发展提供载体。城市群经济、社会、人文的发展和变化要求有相对应的交通网络系统为其提供保障和支持，城市群的生长发育与交通系统的形成是同步并进的。城市群交通是其形成、发展和规划的根本，是协调和分配经济、人口和资源的动脉，城市交通系统是城市群内部流动和对外经济联系的纽带，城市群之间、大城市和卫星城市之间要依靠道路网的贯通才能从根本上加强衔接，协调发展①。

一、城市群交通系统发展演化

交通运输在城镇化发展过程中起到了至关重要的作用，城市群人口迁移、产业结构调整和社会经济发展等对于交通有很大的需求，这种需求会在城市群发展到一定规模时达到平稳状态，并表现出与城市群等级划分、职能分工等密切相关的发展特征。高密度的区域运输廊道的形成满足了城市群都市圈中各个中心城市间的交通需求。尽管现今全球高度城镇化的各大城市群城镇体系布局结构有着非常大的差异，但主要运输走廊分布特征明显，表现为不同中心城市之间的高强度运输需求，通常沿这些走廊地区也是产业等重要集聚发展带。在高度发达城市群中，在都市圈间特别是都市圈中心城市间的联系更为紧密频繁。功能和产业一体化促使区域高强度运输走廊的形成，客货运联系相当密切，进而加快城市群整体的发展和提升。

（一）城市交通系统的演化

城市交通在城市发展中扮演着及其重要的角色。成书于春秋战国时期

---

①王鹏．城市群发展与交通系统研究［J］．湖北经济学院学报（人文社会科学版），2014（11）：11－13.

的《周礼·考工记》记述了关于周代王城建设的空间布局："匠人营国，方九里，旁三门。国中九经九纬，经涂九轨。"这表明当时的道路交通系统已经作为一种固定模式运用到城市建设当中，交通是组成当时城市格局重要的一部分。周代城市建设的空间布局制度对中国古代城市发展有着极其重要的意义，其影响一直延续到中国封建社会制度的结束，如唐代长安城、北魏平城、元大都等城市在空间布局上都遵从以道路交通作为城市骨架的布局制度。这样的城市规划方式也对国外城市产生了很强的借鉴意义，最具代表性的是日本奈良时代的都城平城京（现奈良）及平安京，其城市空间形态与唐长安城几乎如出一辙。

在西方，被誉为"西方古典城市规划之父"的希波丹姆，以其追崇的古希腊哲理为基础，探求几何与数的和谐，强调以棋盘式的交通路网为骨架构造城市。在历史上，这种模式被大规模应用与希波战争后城市的重建与新建以及后来古罗马大量的营寨城，甚至影响了近代西方许多殖民城市的规划形态。到了中世纪，教权成为当时最强大的社会力量，教堂常占据城市中心位置，道路则向周围边地区辐射出去，逐渐在整个城市中形成蛛网状的曲折交通系统。如此一致格局几乎呈现在中世纪不同规模的西方城镇中。从城市规划的角度来看，尽管东西方城市布局形态差异巨大，但在早期城市规划经验相对较为欠缺的时代，交通系统都是作为引领城市布局的方式，充分说明了交通在城市发展中的重要性①。

（二）城市群交通系统发展与构成

城市群交通系统是城市群内各城市间联系的纽带，并同时将城市群与外部联系起来。城市群交通的各个发展阶段反映出它是整个城市群人口、资源的内部流通和与外部交流的必要条件，同时也是城市群各发展阶段的标志和城市群社会经济发展关系的体现。一般来说，交通系统由公路、铁路、水运、航空和管道五部分组成，这五种交通方式随着不同时间，不同的运输性质、运输距离、运输条件等要求，发挥着各自不同的作用；除上

① 王鹏．城市群发展与交通系统研究［J］．湖北经济学院学报（人文社会科学版），2014（11）：11－13.

述几个部分外，还有城市内部轨道交通和城际交通组成的城市通勤交通。城市群通勤交通通过连接区域城市内部以及中心城市与周边城市，为城市密集地区中短途人流、物流运输提供服务。城市群通勤交通作为快捷的新兴交通联系通道是城市群发展的产物，是原有交通系统的升级；在全球背景下的城镇化过程中，城市群的发展越来越依靠城市群通勤交通，并使其逐渐占据城市群交通运输过程中的主导地位。从交通在城市群中发展的历史演变过程来看，交通系统和城市群都遵循着同样的发展规律，大致可以分为以下四个过程：

1. 单核心集聚阶段

在这个过程中，城市自身发展基本自给自足，且受制于当时交通技术，城市群中的各城市之间联系较少且区位较分散，城市交通系统主要为城市内部的客运货运服务。

2. 单核心放射形态

在这一阶段，城市主干道成了城市的主心骨，整个城市布局依附于主干道呈放射状发展。伴随着蒸汽电力时代的到来，交通工具得到大幅度升级，轮船、电车以及火车的出现改变了只有低效率的马车作为交通工具的状况，加速了各城市相互间联系，并提高了联系频率和范围，使得城市规模逐渐变大。这便产生了城市竞争，从而导致了更加强烈的核心城市集聚效应。

3. 多核心的放射型及环路轴线形态

第二次工业革命使得交通系统得到进一步升级，同时也促使各城市之间的联系变得更加便利并日趋频繁，原有的道路系统已经不能满足现有的交通发展需求，于是放射道路逐步发展成轴线发展，出现了单核心城市环路格局和沿主干道的轴线格局。在这一阶段，各城市之间出现了分工和合作，区域交通系统逐步升级，形成了交通网络框架的雏形。

4. 交通网络系统的形成和完善

飞机、高铁、城际铁路成了城市之间交通便利必不可少的基础条件，城市分工和合作进一步加强体现出了很强的城市扩散效应，形成了以城市中心区为核心的多中心、网络状的交通体系，如日本东京城市群[①]。

二、交通系统对于城市群发展程度的影响

在城市群发展过程中，交通因素作为区域内资源、人口有序流动的保证，产生了非常积极的影响。交通条件的进化以及交通系统的升级过程直接导致城市空间与区域空间结构的变化从而把控着区域形态变化的趋势。除此之外，交通系统不仅有利于资源合理配置，并且放大了城市群的集聚与扩散效应。城市群交通系统在城市空间结构具有举足轻重的价值和影响力。

（一）交通轴线奠定了城市群发展的基本格局

道路交通系统反映了早期城市的整个城市形态与面貌。同样的，城市群交通系统直接影响着城市群内部组织结构的发展以及城市群布局的演化，事实上城市群交通本身也是构成城市群体空间形态的重要因素之一。城市群发展伴随着交通方式的变革、更新与演替过程，交通系统的发展成为城市群空间整体不断加强的基本构成。城市空间结构一般被划分为三个层面，包括城市内部空间、外部空间与群体空间，它们从各自的层面反映了城市群中各个城市的经济结构、社会结构、规模结构、职能结构等组合结构。城市群交通系统对于城市群空间结构的影响主要表现在以下几个方面：

1. 交通系统对城市群以及区域空间结构起着制约和引导的作用，主要交通方式和发展程度决定着城市群发展的规模。

2. 城市群交通系统对于城市群发展起着主导作用，甚至有的成为城镇聚合轴线或城市发展带。

3. 交通系统的发展重新分布了区域内的人口、优化资源配置，产生了新的空间集聚和区域核心区。

4. 城市群交通系统的发展程度还对区域内部的分工与合作的程度产生

---

① 王鹏. 城市群发展与交通系统研究［J］. 湖北经济学院学报（人文社会科学版），2014（11）：11－13.

影响，完善的交通系统总是意味着城市群有着更高的整体竞争力。

区域经济的发展带动科学技术进步，在城市群在形成和发展过程中，城市群内的交通系统也不断完善升级，交通运输方式不断增多。在交通不断发展的情况下，区域人口流动性增加、资源分布不均性和环境生态等问题也随之出现，使得城市群交通系统的发展面临着新的挑战。城市群交通系统和城市群的形态息息相关，不同类型的城市群对应着不同布局形式的城市群交通系统。城市群可分为单核心城市群、带状城市群和环网络式分散型城市群，这三种形态由于空间结构的差别在交通系统布局上也存在较大差异。大多数城市群属于以中心城市为依托的放射型及环状型交通网络的单核心城市群，如纽约、伦敦、柏林、巴黎、莫斯科等。而带状城市群，主要是采取在城市群内各中心城市之间设立快速交通廊道以及中心城市环状交通系统的网络模式，形成以若干城际主干道路位为主轴线，以中心城市的放射状的交通线路和环状相组合的模式，如东京圈、阪神圈等。网络式分散型城市群，主要是以城市为中心的交通节点的发达的网络交通，此时主要是环形发展交通体系，如德国德鲁尔、荷兰德兰斯塔德等。[①]

（二）交通刺激城市群发展

城市群交通系统是城市群经济和城市化发展到一定水平、内部流通需求的必然产物，是地区分工、合作和城市之间联系密切、相互依存的结果。当城市群发展到一定阶段，人口和产业聚集到一定程度，经济规模不断扩大，交通运输需求不仅在总量上持续增加，并在质量上不断提高，允许城市承载更多客流物流以及信息流从而产生更大的集群效应发挥城市核心区的潜能。交通产业的发展，使得更多原来单一城市的产业分散到整个城市群中，分布于更为广阔的区域内，城市之间的分工与合作越来越频繁。而随着传统城市内部的交通部分转移到中心城市以外的城市群地域，内部交通系统逐渐演变成为城际间的枢纽，这对于城市群的形成和发展起着至关重要的支撑和促进作用。如位于广东省的广佛地铁，连接了广州、

① 王鹏．城市群发展与交通系统研究［J］．湖北经济学院学报（人文社会科学版），2014（11）：11－13.

佛山两市，大大缩短了客运时间，广佛地铁的建成标志着珠江三角洲城市城际快速轨道交通线网建设的开始。交通系统不仅是区域经济一体化的动脉，也是区域产业整合的前提，是合理配置资源、提高经济运行质量和效率的重要基础。国内外发展的经验表明，交通系统服务能力的提高制约着城市群的形成和功能发挥，交通网络系统构建不仅能有效地提高系统效益，而且是引导区域整体协调发展的先行条件和有效手段。因此，城市群交通网络发展的质量将直接影响到区域经济的发展速度①。

三、我国城市群交通系统的现状

我国的城市群处于不断发展的过程，城市群交通系统也会不断地完善。我国典型的城市群出现了不同类型的交通系统，主要呈现出以下特点：

1. 大多数城市群是以行政中心为代表单核放射状交通格局，属于单中心交通网络系统模式。这些城市群在整体上来看，中心城市的集聚以及扩散效应十分突出，整个区域交通布局以放射型为主，在中心城市的周边构建环形交通系统。在区域内城市密集区设立了城际铁路、高铁等交通设施。这种交通网络模式体现的是一种中心城市集聚和辐射城镇化模式，如京津冀都市圈、武汉城市圈等。

2. 部分城市群是以城镇聚合区域为主要轴线，顺延此轴线设置产业带形成交通网络格局，属于多中心城市群交通网络模式。在交通系统发展程度及分布上，此类型城市群的中心城市空间布局结构与其他城市无明显差异。事实上，大多数此类城市群没有明显的中心城市或核心区域，并呈现“带状”分布，交通系统沿廊道形成的产业带轴线延伸，呈带状的交通网络模式。这种交通模式是产业聚集型和中心城市复合的空间发展模式，如皖江城市带、长株潭城市群等这些位于长江沿线流域内的区域。

3. 在我国南方沿海一些经济发达的区域，各城市的分工与合作更为频繁从而促使交通系统发展迅速，已具有交通网络的雏形，最具代表的就是珠江三角洲区域，在各城市之间分工明显，城市合作加强，并以广州、深

---

① 王鹏. 城市群发展与交通系统研究［J］. 湖北经济学院学报（人文社会科学版），2014（11）：11－13.

圳、珠海等地为核心区，形成覆盖整个区域的网状交通系统，各城镇之间以高速公路、高速铁路连接，城际交通导向作用比较明显，表现出产业聚集和人口集中在重要交通节点城市和沿主要城际交通干线分布的特点，这种交通网络化模式是城市辐射与城市合作的复合空间发展模式。

目前我国城市群交通发展迅速，交通体系逐步完善，许多城市群、如长江三角洲、珠江三角洲等地区已经进入现代综合交通体系的建设阶段，综合运输通道已经形成，这主要表现在运输方式的多样化、运输体系完善等方面。而随着交通的运输结构、能力和服务质量的提升，交通基础设施等级也在不断提升，如公路、铁路等。许多城市群形成了以核心城市为中心，密切联系周围各重要城镇、重点客货集散点，连接国内外、四通八达的城市群综合交通。但尽管我国城市群交通发展势头良好，在这过程中仍然暴露出一些问题。例如，在城市群区域经济一体化发展中，缺乏实现城市群交通一体化的综合交通枢纽体系规划，城际与城市交通之间、对外交通与城市交通之间在枢纽内部缺少有效衔接，使得城市群客运枢纽处于无序状态，并阻碍了城市群交通一体化的有序发展。再者，我国区域城市普遍存在交通结构不尽合理的现象。城市公共交通发展不足，城际交通结构单一并缺乏独立的客运系统以承担交通运输需求，运输时间长、费用高难以满足不同需求的旅客①。

四、我国城市群交通系统的发展思路

城市群交通系统的发展现状与发展程度直接影响着城市群的布局形态和经济发展潜力。从城市群交通系统的发展演化过程来看，城市群交通系统不仅承担着输送城市群及其所在区域中人流、物流和资源的功能，交通运输网络是城市群协调发展的重要支撑，同时也是考究城市群发展程度、城市群综合实力的重要指标之一。城市群如何可持续、协调发展，交通系统至关重要②。

①王鹏．城市群发展与交通系统研究［J］．湖北经济学院学报（人文社会科学版），2014（11）：11－13.

②王鹏. 城市群发展与交通系统研究［J］. 湖北经济学院学报（人文社会科学版），2014（11）：11－13.

（一）合理布局综合运输网络，适度超前建设交通系统

合理布局综合交通运输网络，以优化城市群空间结构。以前，我国城市公共交通建设更多考虑是否适应当下需求的问题，现在，相关管理部门要充分发挥交通运输的引导作用，优化城市及城市群空间布局，以适应组团式城市发展和都市圈城市群发展的需要。

城市群内部的联系主要有三个层面：第一个是城市群各城市间以城际铁路和高速公路为骨干；第二个是城市群中心城区与各卫星城间以市域铁路（市郊铁路）和快速公路（道路）为重点；第三个是城市和小城镇间以普通国省干线公路和农村公路为重点。以这三个层次形成的综合交通运输网络，适应性更好、更高、更强。

我们要充分发挥交通运输的引导作用，优化城市及城市群空间布局，以适应组团式城市发展和都市圈城市群发展需要。围绕城镇化发展“两横三纵”的主骨架和若干个城市化地区以及城市群内的大中小城市和小城镇，合理布局，逐步推进城市群之间的区际通道，城市群内部的城际网络以及城市内部、城乡一体的交通设施建设。未来，城市群各城市间以城际铁路和高速公路为骨干；都市圈中心城区与各卫星城间以市域铁路（市郊铁路）和快速公路（道路）为重点。

现阶段我国城市群处于合理分配交通资源的关键时期，要适度超前建设综合交通网络，适应持续发展的城镇化需要。我国城镇化水平明显偏低，未来城镇化快速发展仍将持续一个较长时期。今后的20～30年，预计我国每年将有1000多万人口转移到城镇，这是一个巨大的发展空间。截至2011年底，我国铁路网密度为0.97千米/百平方千米，仅相当于美国的40%；公路网密度为42.77千米/百平方千米，仅相当于美国的61%；机场密度为0.19个/万平方千米，仅为美国的1/3。这就要求在科学规划的前提下，网络规模、运输能力和衔接节点都进行适度超前规划和建设，以适应城镇化快速发展的需求①。

①赵沛楠．城市群交通：系统研究 超前谋划——专访国家发改委基础产业司司长黄民［J］．中国投资，2013（12）：18－21.

（二）推进综合运输枢纽建设，完善内外交通系统衔接

推进城市群综合运输枢纽建设，实现城市群内城市交通与城际交通的接轨。完善的城市群交通系统是区域内部各城市间联系的纽带，发达的交通系统可缩短城市间在时空差上的距离，产生“同城效应”从而推动城市群经济、文化的共同繁荣。国家“十二五”规划强调了区域整体性的作用，并将规划的重点放在主体功能区上，而交通网络系统的构建有利于区域的整体规划，并进一步优化产业结构，整合稀缺资源，从而增强城市群在区域经济领域中的凝聚力、竞争力及影响力，要做到这一点，关键是推进城市群综合运输枢纽的建设，需要加快建设以中心城市为依托的立体化综合人流物流枢纽，促进综合客运枢纽与民航、铁路、地铁、公交、出租车等有效衔接，实现城市交通与城际交通的衔接。在国家刚出台的新型城镇化规划纲要中明确提出了建设交通运输枢纽的意见，建设以铁路、公路客运站和机场等为主的综合客运枢纽，以铁路和公路货运场站、港口和机场等为主的综合货运枢纽，优化布局，提升功能。依托综合交通枢纽，加强铁路、公路、民航、水运与城市轨道交通、地面公共交通等多种交通方式的衔接，完善集疏运系统与配送系统，实现客运“零距离”换乘和货运无缝衔接①。

（三）提高交通网络运行效率，建设绿色低碳综合交通

提高综合交通网络运行效率，适应集约高效城市群发展需求。综合交通网络发展，要注重对产业布局、城镇分布形成的客货运输需求进行分析，注重科学确定基础设施的合理规模、技术标准和建设时序，注重各种运输方式的综合衔接配套，做到各城市间通道“快速、畅通”、中心城区与各卫星城间通道要“便捷、高效”、城市与小城镇间通道要“广覆盖、全通达”，交通网络节点衔接要“顺畅、无缝化”。同时，有效推进科技创新，集成、整合现有信息资源（系统），推进公共信息平台建设，建立不同运输方式的信息采集、交换和共享机制。

建设绿色低碳的综合交通网络，适应生态城市群发展需要。一是节约

---

①王鹏．城市群发展与交通系统研究［J］．湖北经济学院学报（人文社会科学版），2014（11）：11－13.

集约利用资源，在规划、建设、运营、养护等各个环节提高土地、线位、岸线、空域等资源的综合利用水平；二是着力优化运输结构，发挥各种运输方式的技术经济特性，根据城市群、城市交通需求特点，大力发展轨道交通，使其成为城市群交通运输系统的骨干，积极发展市区、市郊及各城市间公共交通；三是大力发展循环经济，切实推进绿色交通系统建设，鼓励发展新能源、低排放的私人交通工具，如电动汽车等①。

①赵沛楠．城市群交通：系统研究 超前谋划——专访国家发改委基础产业司司长黄民［J］．中国投资，2013（12）：18－21.

06 第六章 城市群交通系统协调发展分析

第一节 概念界定

为了解协调发展（Coordinated Development）的概念，就必须首先对“协调（Coodination）”和“发展（Development）”两个概念进行准确认知。

从某种层面上来讲，协调发展就是对“协调”概念的进一步推广和应用，是“发展”概念演化的一种结果。

一、协调的概念和内涵

协调发展虽然是一个使用频率相当高的词汇，但是其内涵并无一个一致明确的表述。要正确理解协调发展的内涵，可以从认识“协调”这个概念入手。

协调，作为汉语词汇，在《现代汉语词典》中有两种不同的含义：“协调”一词作名词和形容词讲，是指“和谐一致、配合得当，在交往中相互满足的行为过程”；而作动词讲，“协”有“和”“合”“协理”“和谐”和“协同”的含义，“调”则指“调配”、“调解”，综合的意义可以概括为“协作和调节”。中国传统哲学特别重视事物发展变化中相互“协调”的重要性，即主“和”的思想。传统主“和”的哲学思想对今天的协调发展有两点重要的启示：其一，强调协调并不排除差异和冲突，差异（分工）和冲突（竞争）是协调发展的重要基础；其二，协调发展要讲求平衡，不走极端，需要时时将差异和冲突调节在合理的范围和程度内。

从语义上讲，“协调”中的“协”和“调”同义，都具有和谐、统筹、均衡等富有理想色彩的哲学含义，“协调”即“配合得当”，即尊重客观规律，强调事物间的联系，坚持对立统一，取中正立场，避免忽左忽右两个极端的理想状态（崔满红，2002；孔祥毅，2003）。从语用上讲，“协调”一是指事物间关系的理想状态；二是指实现这种理想状态的过程。经济学中，“协调”既可以视为在各种经济力共同作用下，经济系统的均衡状态，也可以视为经济系统在各种经济力的共同作用下，趋向均衡的过程。管理学中，协调主要指实现管理目标的手段和过程，强调的是对各种管理要素的综合考虑。系统科学中，协调是为实现系统总体演进的目标，两种或两种以上相互关联的系统或系统要素之间相互协作、配合得当、互为促进的一种良性循环态势及其控制过程。

在实际工作、生活中，协调又有两种含义：

一种含义是把协调理解为管理活动的一种职能。管理学者法约尔认为，“协调是调整不同部门、不同人员的活动与关系，指导他们走向一个共同的目标”①。

另一种含义是把协调理解为事物的一种态势。《辞海》给出协调的解释是“配合得适当”。从所给出的协调的定义来看，协调的主体必然不是单个事物，而是存在着一定关系的若干事物。因此，协调可以理解为相互关联的若干事物配合适当的一种态势②③。

我国经济发展中，明确提出“协调”的概念是在20世纪70年代末80年代初，七届全国人大四次会议的政府工作报告将“协调（发展）”定义为“按比例（发展）”，中国共产党第十六次代表大会则把“协调”作为“科学发展观”的内核，强调“五个统筹”。可见，“协调”尽管定义不同，但基本都具有目标和过程两层含义。

二、发展的概念和内涵

发展作为21世纪国际社会两大主题之一，是一个具有普遍意义的范畴。但是，在发展的初期研究之中，往往陷入一个比较狭窄的学科范畴。特点是：

---

①王维国．协调发展的理论与方法研究［M］．北京：中国财政经济出版社，2000.

②顾培亮．系统分析与协调［M］．天津：天津大学出版社，1998.

③白华，韩文秀．复合系统及其协调的一般理论［J］．运筹与管理，2000，9（3）：1－7.

第一，以经济增长理论为依据，常常把“增长”与“发展”相提并论；

第二，把研究的重点放置在经济均衡上，专以分析经济均衡机制为中心；

第三，并不重视经济发展的研究①。

而在现代，发展的内涵早已超出了这种规定，进入到一个更加深刻也更为丰富的新层次。其已从单一的经济领域，扩大到以人的理性需求为中心（以人为本）和社会领域中那些具有进步意义的变革②。

三、协调发展的概念和内涵

到目前为止，有关“协调发展”的研究成果已经有很多，但是这个词汇本身的内涵在学术上仍然没有一个统一的认定。有关“协调发展”的概念、定义和解释已经多达数十个，不同的国家、不同的机构和不同的学者对其都有着不相同的理解。

一些学者认为，协调发展是“协调”与“发展”的交集，是系统之间或系统内要素之间在和谐一致、配合得当、良性循环的基础上由低级到高级，由简单到复杂，由无序到有序的总体演化过程。协调发展是一种强调整体性、综合性和内在性的发展聚合，它不是单个系统或要素的增长，而是多系统或要素在协调这一有益的约束和规定之下的综合发展③。

这一定义有以下特点：

（1）从纵向上看，协调发展是一个动态的历史发展过程。同任何事物一样，社会综合发展也是一个由量变到质变的自然历史过程，具有明显的阶段性。

（2）协调发展是一种以各子系统及其各子系统内部各要素的相互适应、相互配合、相互协作和相互促进为前提条件的社会发展。

此外，另一些学者从系统的角度对协调发展进行界定：协调发展是为

---

①王维国．协调发展的理论与方法研究［D］．北京：中国财经出版社，2000.

②赵璟．中国西部地区城市群协调发展机理及实现机制：理论分析与实证研究［D］．西安：西安理工大学，2008.

③韩跃．面向协调的区域经济环境管理研究［D］．西安：西北工业大学，2005.

实现系统总体发展目标，在外界提供的物质、能量、信息等的支持下，各子系统和要素相互适应、相互促进、相互配合而形成的一种良性的动态发展态势。

因此，系统的协调发展具有以下特点：

（1）协调发展是以实现系统发展为目标的

系统要素之间的相互适应、相互促进、相互配合会促使系统朝着更好的方向发展，实现系统总体水平提高、系统结构优化等目标。

（2）协调发展是一种良性的发展态势

为了实现这种良性的发展态势，不仅要求各自子系统和要素各自完成自身良性发展，同时还要求各子系统在数量规模上相互适应、发展速度上相互配合、行为上相互协作，从而形成一种合力，实现系统的整体目标。

（3）协调发展是动态的发展过程

这种动态反映在两个方面：一是系统的总体目标不断变化，因此各子系统和要素的目标也要随之变化；二是即便系统总体目标相对稳定，各子系统和要素的关系也会在系统实际的发展过程中发生一定程度的改变，这是因为各子系统和要素在发展过程中不仅彼此配合、相互促进，也会独立运动。

（4）协调发展需要具备一定的外界条件

在外界所提供的有效物质、能量和信息的支持下，系统才会呈现出良性的动态发展态势。

根据协同学的自组织理论，当一个系统在开放状态下，系统具有一定的自由度，其会根据外界环境提供的条件通过自组织实现系统内外的相对稳定与平衡，但是并不保证这种相对平衡状态的优化程度。若外界环境提供了促使系统向改善方向发展的物质、能量和信息后，系统通过自组织朝着越来越有序的方向发展，所实现的相对平衡状态会从优；反之，系统所达到的平衡状态会从劣。同样，系统内在要素配置也同样遵循这种规律。

此外，系统在发展演化过程中，各子系统和要素必然要有分工与协作，系统通过自组织实现协调发展、走向有序的过程，也是各子系统或要素实现合理分工与协作的过程。

综上所述，本书将协调发展定义为：为实现系统总体发展的目标，系统内各子系统或各元素之间相互衔接、相互协作、相互配合、相互促进而形成一种良性循环态势。

四、城市群交通系统协调发展

根据上文协调发展的定义，将之推广到城市群交通系统上来，可以得到如下结论：

交通系统的协调发展，就是追求各交通方式协同发展，同时与城市群经济、环境良性耦合发展的过程，从而实现整体的有序演化、运营组织活动高度有序。

其中，协调的有序性包括空间结构的有序性、时间序列的有序性、功能上的有序性和交通组织的有序性，具体来说：

（1）空间结构的有序性主要指各交通方式的基础设施（线路、场站及载运工具等）、技术设备与城市群发展在空间上的协调以及交通运输能力分布与人口、资源分布及生产力布局相协调。

（2）时间序列的有序性指各交通方式发展速度、投资规模等与当地实力相协调。

（3）功能上的有序性指运输供给能力与由经济发展状况和消费水平决定的旅客、货物运输在质量和数量提出的需求相协调。

（4）交通组织的有序性包括各交通方式之间的分工协作等。

通过上述分析，结合上文交通系统发展机理研究内容，可将交通系统协调发展定义为：

为实现交通系统总体从优演进、可靠性增加、各交通方式协同发展，同时与城市群经济、资源系统良性耦合发展，从而实现整体的有序演化、运营组织活动高度有序的目标，内部子系统自身、外部系统及其他相关系统之间相互协作、相互配合、相互促进，所形成的系统或系统组成要素从简单到复杂、从低级到高级、从无序到有序的变化过程。

第二节　协调发展影响因素

一、区域政策影响

城市群具有极强的地域性，纵观新中国的经济发展史，可以明显看出，我国各地区经济发展的状态主要是区域经济发展战略及实施程度决定的。

总体上看，我国区域经济发展战略大致可以分为三个历史时期：一是改革开放之前的均衡发展战略；二是改革开放后到20世纪末的不均衡发展战略；三是进入21世纪后的协调发展战略。如图6－1所示①。

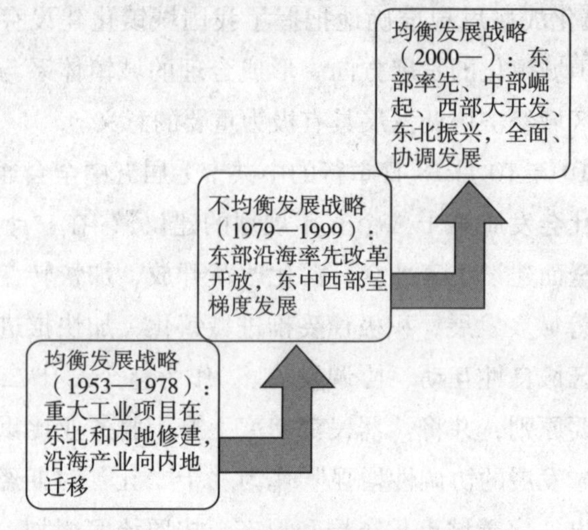

图6－1　我国区域发展战略各阶段

均衡发展战略的问题在于：忽视了沿海地区的建设，资源和要素没有得到充分的利用；资金和资源投入到落后地区所产生的效益不高，导致全国整体的经济发展速度不是很高；各地区工业结构均重型化、投资主体一元化、所有制结构一元化，决策权高度集中于中央，使各地区的经济发展失去了应有的活力和特色，影响了国民经济整体效率的提高。

---

①陈群元．城市群协调发展研究——以泛长株潭城市群为例［D］．长春：东北师范大学，2009.

不均衡发展战略的问题在于：各地区经济结构趋同，没有展现地区优势；东部地区与中西部地区发展差距过大，制约了中西部地区承接东部产业转移的能力；过度强调政策倾斜的作用，忽略了日益强大的市场机制对资源配置的作用，使国家宏观经济调控能力明显不足，不利于地方经济发展平衡目标的实现。

因此，在国家“十一五”规划纲要中调整了以往“控制大城市规模，合理发展中等城市，积极发展小城市”的城镇化战略，提出了坚持大中小城市与小城镇协调发展的新思路。十七大报告中进一步确认了上述城镇化战略思想，提出“按照统筹城乡、布局合理、节约土地、功能完善、以大带小的原则，促进大中小城市和小城镇协调发展。以增强综合承载能力为重点，以特大城市为依托，形成辐射作用大的城市群，培育新的经济增长极”。这种城镇化战略思想准确地把握了我国城镇化建设存在的问题，科学地提出了我国城镇化的发展方向。形成合理的城镇体系与城镇空间分布格局，对促进区域经济协调发展具有极为重要的意义。

此后于2010年10月18日举行的中共十七届五中全会通过的《关于制定国民经济和社会发展第十二个五年规划的建议》，在“十一五”规划的基础之上，从全面建设小康社会、深化改革开放、加快转变经济发展方式出发，将“统筹城乡发展，积极稳妥推进城镇化，加快推进社会主义新农村建设，促进区域良性互动、协调发展。”作为整个“十二五”时期必须坚持的一个重要原则，并将“居民消费率上升，服务业比重和城镇化水平提高，城乡区域发展的协调性增强”作为“十二五”时期经济社会发展的主要目标，提出“完善城市化布局和形态。按照统筹规划、合理布局、完善功能、以大带小的原则，遵循城市发展客观规律，以大城市为依托，以中小城市为重点，逐步形成辐射作用大的城市群，促进大中小城市和小城镇协调发展。科学规划城市群内各城市功能定位和产业布局，缓解特大城市中心城区压力，强化中小城市产业功能，增强小城镇公共服务和居住功能，推进大中小城市交通、通信、供电、供排水等基础设施一体化建设和网络化发展。”这标志着我国区域协调发展战略由初级走向成熟，我国的区域协调发展又步入了一个新时期。

实施区域协调发展战略，是对改革开放以来我国实施非均衡区域经济发展战略的重大调整，但这种调整并不是向计划经济时期实行的均衡发展战略的回归，而是体现了充分发挥各地区的发展优势和潜力，促进区域间共同发展和统筹互动的非均衡协调发展的思路。

总之，可以预见的是，新的区域协调发展战略对我国城市群的协调发展将产生以下影响：

（1）实施区域协调发展战略，使城市群的协调发展有了明确的政策保障和支持，有利于增强城市群实施协调发展的主动性。

（2）城市群已成为我国经济领域最重要的区域类型，推动城市群的协调发展将是实施区域协调发展战略中的重点、主要内容和主要途径。

（3）由于城市群是经济社会发展与资源环境的矛盾冲突最集中的区域，因此实现城市群协调发展是实施区域协调发展战略中的重中之重。

实施全国区域协调发展大战略不仅对解决城市群内部各城市之间的矛盾与冲突有关键指导作用，而且对解决城市群与城市群之间发展中的冲突与矛盾，破解城市群协调发展中的行政区界线束缚所带来的一系列难题，都将会有极大的支持作用。

二、制度影响

制度是一个内涵和外延都非常广的概念，即可以决定经济变化的走向，是增长、停滞还是衰落，也可以决定社会秩序的关系，是稳定、协调还是冲突动荡。

制度上的创新可以对社会经济发展带来巨大的促进作用，是经济和社会发展的重要基础，也是其他所有创新的基础，在整个创新体系中具有重要的地位，起着不可替代的中枢作用①。在现实中，组织结构效率低下等问题，大都与制度的缺失或制度僵化有关。制度障碍是导致城市群地区行政分割和市场隔离的主要因素。

因此，实现城市群协调发展，必须高度重视制度创新，只有通过建立起一套完备的城市群协调制度体系，城市群各项发展的有序进行才能得到根本保障。

---

①蒙少东．区域经济协调发展研究［D］．天津：天津大学管理学院，2004.

目前，我国不同行政区之间的恶性竞争、重复建设、生态破坏与环境污染等区域不协调发展问题仍时有发生，一个主要原因就是行政型竞争代替市场竞争机制。例如，大型交通基础设施建设或管理的决策主体是各城市政府机构，各级地方政府就会在分工合作与不分工合作中权衡。一般在实际行为过程中，地方政府理性选择常常更注重自身的短期收益和近期发展，往往会选择不参与分工，从而也就容易形成区域交通运输基础发展的“反分工”①。

因此，由各城市负责其行政辖区内基础设施建设的制度很难形成城市群内统一协调的支撑体系，结果往往表现出整体上的无序发展和不合理性。

因而，无论从国家的层面，还是从单个城市行政区的层面，都殷切期盼通过区域规划来约束、控制这些有损区域整体发展的行为，引导区域整体朝着良性互动、有序竞争的方向协调发展。

随着我国进入全面建设小康社会的关键时期，要求促进人与自然之间、经济与社会之间、区域之间、城乡之间更加协调地发展。

然而，我国的区域规划工作还存在着概念不清、理念不新、地位不高、体制不顺、效果不好等诸多与当前形势要求不相符合的重大缺陷与不足，亟须对区域规划的理念、体制、内容和方法等进行系统的改革与创新。具体到城市群交通系统，可以参考以下几点：

（1）建立城市群交通运输系统的分工与合作机制；

（2）合理设置城市群交通运输权威性管理机构；

（3）建立一体化规划机制；

（4）建立互动协调式的规划组织方式。

第三节　城市群交通系统协调发展内容

交通系统是一个复杂的系统，交通规划必须从全局、整体出发，将交通系统视为一个相互联系的有机整体，进行全面的综合分析，从整体上、系统上进行宏观控制。局部应服从全局、个别应服从整体、微观应服从宏观、治标应服从治本、眼前应服从长远、子系统应服从大系统。只有重视

①胡汝银．低效率经济学：集权制理论的重新思考［M］．上海：上海人民出版社，1995.

了全局、整体和大系统的要求，使系统在整体上合理、经济、最优，才能提高交通规划的综合效益和整体质量。

由上述定义，本书主要考虑交通系统自身的协调发展、与社会经济的协调发展以及与资源环境的协调发展，具体内容如下。

一、交通系统与城市群发展水平的协调

交通系统与社会经济间存在强相互作用，一方面，交通系统应满足社会经济发展的需要；另一方面，高效的交通系统反过来能促进经济发展。

交通系统发展布局必须服从于社会经济发展的总战略、总目标，服从于生产力分布的大格局。交通系统建设必须与所在区域或城市群的社会经济发展各阶段目标相协调，并为当地社会经济发展服务。由于社会经济发展是一个动态的发展过程，具有阶段性，因此，交通系统应满足社会经济不同发展阶段、不同发展水平的需要，满足货物运输需求和人员出行需求。城市群综合交通应根据社会经济发展的实际需要及发展趋势确定自身的规模、功能、结构等，在不同时期应有不同的发展侧重点。各交通方式的发展速度、投资规模均与城市群实际相协调，对应不同发展阶段应有所不同，与城市群本身所处的发展经济发展阶段相对应，与城市化水平、工业化水平相协调。

我国地域辽阔，不同地区自然地理条件差异大，经济社会发展不平衡，人口分布不均衡，导致城市群在发展阶段、规模水平、空间形态等方面存在差异，决定了我国必须走多元形态的城镇化道路。不同城市群的发展定位也有明显区别，有需要全面提升的世界级城市群，有需要培育发展的新城市群，还有需要着力推进的区域性城市群。因此，要发挥各种交通方式的技术经济优势，宜陆则陆、宜水则水、宜空则空，区别对待。

长江三角洲、珠江三角洲、京津冀三大城市群综合实力强，是具有一定国际竞争力的国家级特大城市群。这三大城市群要加快推进以轨道交通为主的城市群交通系统建设，在加快建设基本骨架的前提下，逐步推进部分路网加密线、外围延长线及内部联络线的建设，基本形成城际轨道交通网络；进一步发展高速公路和高等级公路，满足城市群快速化和多样化的客货运输需求。积极发展公共客运和专业化货运，改善城市群区域交通出

行结构，构建以公共运输为主导的城市群交通模式。要注重培育都市圈，加快建设中心城市市域轨道交通。

其他已经形成并在加快发展的城市化地区，人口密度和经济规模较大，区域内部城市间联系紧密，城镇体系正在逐步建立。这类城市群要适度发展城际轨道交通，在旅客运输需求规模较大的城市群通道上建设城际轨道交通线路，有效发挥城市群中心城市对周边中小城市的辐射作用，同时，充分利用既有铁路资源，实现区域中心城市及主要大城市间轨道交通快速服务；要进一步完善区域高速公路网络，加密区域内中小城市之间的高等级公路网络①。

二、交通系统与城市群功能布局的协调

城市群功能布局与城市群交通存在着相互影响机制，两者之间需要进行协调。

城市群各城市定位不同，功能各异，随着城市群的不断发展，城市功能划分更加具体，更加专业，不同的城市功能改变了不同的交通方式。不同的城市功能布局，对交通系统提出了具体的要求。城市功能区域集中的地方，需要的交通方式更加多样化，能够实现各个功能区间的往来，提高人们的出行效率和生产生活效率。功能区域不集中的地方，交通流量相对较少，根据城市群功能布局设计交通系统，不仅能够节省不必要的资源浪费，还能够合理化城市群空间布局。

某一层次的交通规划必须服从于上一层次交通系统总体布局的要求。例如，在区域交通系统规划中，省域公路网规划必须以国家干线网规划为前提，市域公路网规划必须以国家干线网、省域干线网规划为前提。在城市交通系统规划中，某一交通方式的规划必须服从于综合交通规划，道路网络规划及停车场布局规划必须以综合交通规划为前提，等等。

众所周知，城市群功能布局影响着城际交通出行量大小、出行距离长短和出行空间分布。而城市群的不同形态和不同发展阶段，表现出不同的运输需求特征，从而也对交通系统提出了不同的要求；另外，交通系统的

①李江涛．黄民：我国城市群交通存在三大问题［J］．综合运输，2013（11）：90－90.

效率直接影响着城市集聚、扩散效应发挥的程度，从而间接地对城市群的形成与发展产生影响。

因此，依据城市（镇）功能布局来规划布置好交通系统，打破城市局部地区、主要城际走廊的瓶颈现象，将能够显著增强城市扩散效应，推动区域经济从不平衡向平衡的更高层次发展，从而促使区域城市之间产业分工进一步深化，导致规模经济和专业化经济，使城市群产业分布更加合理，整体竞争力得以提高。

城市功能区划的布局及结构是交通需求的根源，决定了城市的交通源、交通供需总量与空间分布特征，因此城市功能区划变化将客观影响交通系统的空间布局，城市功能区划布局的变化将引起交通产生和交通吸引特征的变化，改变交通需求的总量水平和空间分布特征，从而影响到交通设施的供给和交通线网的布局，引起新一轮的交通系统发展，改变城市交通系统的特征。居民出行交通需求是交通结构确定的重要约束条件。由于各交通方式具备不同的技术经济特征，针对不同的交通需求也有不同的出行效用；功能区划内部土地的使用形态决定了交通产生量，在追求出行综合效益最高目的下，居民选择交通方式要考虑到不同的交通需求，由于个体经济行为对群体行为的影响，会逐渐形成基于特定城市功能区划的交通结构，并稳定下来①。

三、城市群内部交通与外部交通的相互协调

就城市群交通系统本身而言，也是从属于我国整个交通大系统的，因此除承担城市群自身的交通功能之外，也要承担相应外部交通功能。而且我国城市群面积都比较大，且多处于交通干线上，有大量的过境交通流，因此在系统发展时，就必须考虑到相关因素，从而加快发展和完善城市群内部交通和外部交通之间的协调，从而更好地为我国整体的经济发展进行支持和推动。

①黄启焕．城市功能区划与交通系统的互动机制［J］．城市建设理论研究：电子版，2011（14）．

城市群内部交通与外部交通的协调主要包括以下三个方面①：

1. 交通设施的协调

重大的交通基础设施应该做到城市群内外部交通的协调，主要是道路设施、轨道设施、枢纽设施、停车设施与管理设施等的协调。协调分为四个层次：平衡道路与轨道设施，静态与动态交通的协调，构建以枢纽为核心的交通衔接系统，协调交通管理设施。

2. 交通方式协调

随着城市化进程加快与出行距离的增加，一方面将刺激交通机动化水平的提高，另一方面越来越多的出行将依赖于多种方式的组合。每次出行过程都可以理解为各种交通方式紧密组合在一起的链条，即出行链，在出行链中，换乘是实现各种交通方式有效转换的关键环节。

3. 交通信息系统协调

信息化与智能化交通管理系统是现代交通管理的必然要求，能够最大限度发挥交通网络的运行效益，保障交通安全，节约能源，保护环境，并大大提高交通服务水平。实现内部交通与外部交通协调的重要途径就是整合交通信息系统，包括道路监控系统，道路信息采集与发布系统，泊车信息系统，出行诱导系统，公交运营调度与服务系统，物流服务系统等。

四、交通子系统之间的协调

根据协同学理论，系统通过系统因素、子系统的协同行动产生自组织现象，从而导致系统结构的有序化，完成特定的功能行为。因此城市交通系统的协调发展，必须在适应区域经济一体化要求的基础之上，注重各交通子系统协同发展、高效衔接、统一配套规划，从而提高系统整体交通效率、资源利用率和运输服务质量，实现系统整体的有序演化、运营组织活动高度有序。

在区域交通系统中进行某一交通运输方式网络的规划时，必须综合考

---

①沈文，李志强．交通一体化的实施策略研究［J］．全国商情：经济理论研究，2009（3）：131－132.

虑所在区域的铁路、公路、水路、航空、管道五大运输方式的优势与特点，宜陆则陆、宜水则水，形成优势互补、协调发展的综合运输网络。在城市交通系统规划中进行某一专项交通规划时，必须综合考虑步行、自行车、公共交通、私人小汽车、出租车等出行方式的优势与特点，形成优势互补、协调发展的城市群综合交通系统。

以系统整合协调发展为规划目标，城市群综合交通规划应抓住国家和区域交通的大发展以及城镇空间不断融合的机遇，以促进交通与城市群协调发展为目标，整合与完善城市群区域综合交通系统，实现各种交通方式协调发展，引导区域城镇合理空间布局与城镇体系的形成，利用交通促进城市群区域城乡统筹，促进集约化发展的节约型城镇群建设，促进枢纽型大型区域设施共享。

五、交通系统与资源环境系统的协调

我国土地资源与能源相当缺乏，环境污染已经相当严重，而交通系统要消耗大量的土地资源与能源，同时影响环境。交通规划应尽量节约宝贵的土地资源，优先发展低能耗、低污染的交通方式，促进交通系统的可持续发展。

1. 交通系统对资源的占用

由于对资源禀赋和现代化交通的理解存在偏差，我国的交通发展一直比较粗放，包括敞开布置交通设施的地域空间，急速增长的高速公路、过大的码头和场站用地、城市宽马路、大广场等。在岸线和水域资源方面，虽然我国岸线总长度达到3.2万千米，但真正适宜建港口码头的岸线资源并不多，其中深水港口岸线更是稀缺资源，在一些沿海地区，运输类港口以及临港工业与传统的渔港争夺岸线与水域的情况日益突现。内河水运业只有长江等少数几条河流通航，且运输效率很低。相对而言，未来民航发展的空域资源相对丰富，但在空管体制上存在制约。交通对地下资源的利用将是一个方向，主要是管道运输和城市地下交通系统，包括大城市地下轨道系统和公路系统，但是，发展城市地下交通系统不可避免地遭遇资金约束。应合理规划配置交通方式，完善综合运输系统，提高交通运输的资源利用效率。

2. 交通系统对资源的消耗

从统计上来看，中国的交通系统能耗占全社会能耗的比重并不高。根据研究，交通运输业能耗增长率总体上高于全社会能耗增长率，占全社会能耗比重基本维持在7.5%左右[①]。但是，由于能源统计是按行业能耗进行统计，一些非交通行业的道路或水运交通工具以及大量的社会非运营交通工具的燃油消耗没有纳入交通行业的能源消耗统计中，这部分比重不断上升。据估计，全国汽油消耗总量的约90%和柴油消耗量的约60%被各种道路机动交通工具消耗，显然与能源统计中的口径有出入。交通用能的快速增长从道路交通的快速发展，特别是机动车的快速增长可以直接反映出来。中国的机动车总量虽然不及一些发达国家，但由于技术相对落后、路况差、管理水平低等因素，单位车辆行驶里程能耗高于发达国家也是不争的事实。同时，石油及其制品的消耗量快速增长和进口量增加也反过来印证了交通能耗的加剧以及对国家能源安全的影响。

3. 交通系统对环境的影响

交通系统运输业对环境的影响主要是各种机动化交通工具运行所排放的各种污染物对环境的影响，其中主要是道路机动车的尾气排放，包括一氧化碳（CO）、碳氢化合物（HC）和氮氧化物（NO_x）、微粒物（PM）等。随着全球变暖趋势的加剧和京都谈判的开始，温室气体的排放问题早已超出城市乃至国界，成为全球关注的问题。因此，削减城市能源消耗造成的 CO_2 排放不仅是各级城市政府而且是中央政府的责任。由于我国是世界最大的 CO_2 排放国，从现在起，我们必须考虑如何应对不断增加的国际压力，有效减少 CO_2 排放的增长率。在一些城市或省份，已经试点清洁燃料汽车、使用替代燃料等项工作。但是，交通系统实现清洁化所面临的任务很重，有效降低移动源污染排放的空间也很大。

一般而言，城市群城镇、产业、人口高度聚集，土地、能源等资源相对来说就显得十分紧张，其环境承载力也存在极限，因此，交通系统必须与资源、环境相协调，如提倡大运量、快速、环保型的轨道交通方式，以提高发展的可持续性。

①周新军．交通运输业能耗现状及未来走势分析［J］．中外能源，2010，15（7）：9－18.

07 第七章 城市空间结构发展研究

上文的分析说明，城市群交通系统的协调发展离不开其与城市发展水平、功能布局的协调，而这两者都与城市的空间结构形态有关，因此，对城市空间结构的发展进行研究，对于城市群交通系统的规划和发展具有重要意义。

第一节 研究概述

一、传统城市空间结构研究方法

城市空间结构是一个跨学科的研究对象，由于各个学科的研究角度不同，难以形成一个共同的概念框架。主要以地理学、社会学、经济学和建筑学方面的研究最多，但不同学科在关注重点上有所不同：建筑学主要强调实体空间；经济学则偏重于解释城市空间格局形成的经济机制；地理学和社会学主要强调土地利用结构，以及人的行为、经济和社会活动在空间上的表现①。

（一）城市空间结构概念

Foley 和 Weber 是试图建构城市空间结构概念框架的早期学者。早在1964 年 Foley 就提出，城市结构的概念框架应是多层面的。第一，城市结构包括三种要素，分别是文化价值、功能活动和物质环境；第二，城市结构包括空间和非空间两种属性，城市结构的空间属性是指文化价值、功能活动和物质环境的空间特征；第三，城市空间结构包括形式和过程两个方

①刘晓萌．国外城市空间结构研究综述［J］．合作经济与科技，2015（1）：44－45.

面，分别指城市结构要素的空间分布及空间作用的模式①。Weber 在 1964 年基于 Foley 的概念框架进一步提出，城市空间结构的形式是指物质要素和活动要素的空间分布模式，过程则是指要素之间的相互作用，表现为各种交通流。并把城市空间划分为“静态活动空间”（如建筑）和“动态活动空间”（如交通网络）。

Bourne 试图用系统理论的语汇使城市空间结构概念的表述更为严密。Bourne 认为：第一，系统理论强调各要素之间的相互关系，这正是城市空间结构的本质所在；第二，系统理论的中性立场使之能够适用于不同的观点和理念。Bourne 为城市空间结构做出了定义：城市空间结构包括城市形态和城市相互作用，其中城市形态是指城市各个要素（包括物质设施、社会群体、经济活动和公共机构）的空间分布模式；城市相互作用是指城市要素之间的相互关系，它们将个体土地利用、群体活动的形式和行为，整合成为一个个功能各异的实体，也称为子系统，城市空间结构则以一定的组织规则，将城市形态和各个子系统相连接，并整合成为一个城市系统②。

（二）城市空间结构研究方法

传统的城市空间结构主要着眼于研究城市各组团之间的经济发展及联系，如利用引力模型、断裂点模型等对地区之间的经济联系进行分析③，利用分形理论对城市空间结构特征进行描述④，利用城市流强度理论对城市之间与城乡之间的数量关系进行研究⑤，等等。

1. 引力模型理论

城市作为一个巨大的物质实体，因此在相互之间必定存在着某种物理引力，从而可以借助牛顿万有引力公式近似地计算它们之间经济联系的力

①Foley D L. An approach to metropolitan spatial structure [J]. Explorations into urban structure, 1964: 21 - 78.

②Bourne L S. Internal structure of the city: readings on urban form, growth, and policy [M]. Oxford University Press, USA, 1982.

③袁贺．基于多模型的长三角中心城市区域经济联系定量分析［J］．南通大学学报，2011 (1)：31 - 36.

④王良健，周克刚等．基于分形理论的长株潭城市群空间结构特征研究［J］．地理与地理信息科学，2005，21（6）：74 - 77.

⑤朱英明，于念文．沪宁杭城市密集区城市流研究［J］．城市规划汇刊，2002（1）：31 - 33.

量。英国人口统计学家雷文茨坦（E. G. Ravenstein）于1880年首开了将牛顿引力模型应用于社会科学研究的先河①。美国学者威廉·J. 雷利（W. J. Reilly）利用三年时间调查了美国150个城市，并根据牛顿力学的万有引力理论于1931年提出了“零售引力规律”，总结出都市人口与零售引力之间的相互关系，被称为“雷利法则”或“雷利零售引力法则”，从而为区域空间联系研究提供了可供借鉴的定量分析工具，其公式如下②：

$$\frac{T_A}{T_B}=\frac{P_A}{P_B}\left(\frac{d_B}{d_A}\right)^2 \tag{7-1-1}$$

式中：T_A、T_B 分别代表某中间城市被吸引到A城和B城的贸易额；

P_A、P_B 分别代表 A 城和 B 城的人口；

d_A、d_B 分别代表 A 城和 B 城到中间城市的距离。

根据这个规律，一个城市对其周围地区的吸引力与其规模大小成正比，与距离的平方成反比。

Zipf于1946年对这一模型做了进一步的研究与理论阐释，在他所著的 *The P1 * P2/D Hypothesis: on the intercity movement of persons* 中对两城市间空间相互作用水平进行了分析研究，并在运算上采用铁路运输量、电话通话量，以及相似的社会或经济交流形式的数量来进行定义，并提出了公式（P1 * P2）/D，即两城市人口的积，除以它们之间的距离。Zipf利用这一公式计算了他所研究区域内所有“城市对”的数据，并且将其画在双对数纸上，由此发现了两个城市间的相互作用水平将会随着距离的变化而呈现出一种线性关系③。

2. 断裂点理论

康弗斯（P. D. Converse）进一步发展了赖利的理论，并于1949年提出了“断裂点”（Breaking Point）的概念，即两个城市间的分界点（即断裂点）可以用下式求出：

---

①谢文蕙，邓卫. 城市经济学［M］. 北京：清华大学出版社，2008.

②Reilly W J. The law of retail gravitation［M］. WJ Reilly，1931.

③Zipf G K. The P 1 P 2/D hypothesis：on the intercity movement of persons［J］. American sociological review，1946，11（6）：677-686.

$$d_A = \frac{d_{AB}}{1 + \sqrt{P_B/P_A}} \qquad (7-1-2)$$

式中：d_A 为从断裂点到 A 城的距离；

d_{AB} 为 A 和 B 两个城市间的距离；

P_B 为较小城市 B 城的人口；

P_A 为较大城市 A 城的人口。

根据这一公式，A 城由于规模比较大，因此其吸引区也比较大，所以将会把断裂点推向更靠近 B 城的地方。

断裂点公式在实际运用中存在着相当大的局限性，因为城市人口规模并不能完全反映城市的实际吸引力，如果能够根据本地区的具体情况，选择出若干比较具有代表性的指标来确定城市吸引区的边界，将会更加符合这个城市的实际情况①。

3. 分形理论

分形理论（Fractal Theory）是美国数学家曼德布罗特（Mandelbrot）于20世纪70年代中期创立的一种数学方法。分形的本意为破碎和不规则，指那些与整体以某种方式相似的部分组成的一类形体，城市地理学的分形研究开始于分形理论的创始人，同时也是城市地理分形研究的奠基人——曼德布罗特所开展的城市规模分布研究。

城镇区域的城市在空间分布上具有比较强的无标度性，因此显示出非常显著的统计分形（fractal）特征②。城市体系的自相似性（self－similarity）意味着人文地理系统的自组织演化受到某种隐含规则的支配，具有优化趋向，因而揭示城镇体系的分形几何特征及其支配法则有着非常重大的理论意义与实践价值。分形理论的引入给城市地理学的理论探讨带来了生机与活力，并由此形成了全新的理论体系。国内学者刘继生等较早地对城镇体系空间结构分形维数的测算方法进行了研究，并对国内相关城市群的空间结构分形特征进行了分析③。利用分析理论对城市群的空间结构特征

①许学强，周一星，宁越敏等．城市地理学［M］．北京：高等教育出版社，2009.

②陈涛，刘继生．城市体系分形特征的初步研究［J］．人文地理，1994（1）：25－30.

③刘继生，陈涛．东北地区城市体系空间结构的分形研究［J］．地理科学，1995，15（2）：136－143.

进行描述，主要有以下三种基本分维数①：

(1) 聚集维数，从密度的一点相关出发，主要描述系统要素围绕核心聚集的形态，在测算时主要借助回转半径，因而也有人将其命名为半径维数。

(2) 网格维数，直接从要素分布出发，主要描述系统的空间构造特征，在测算时主要利用区域的网格化方法进行，主要应用于区域城镇空间分布的均衡性研究。

(3) 关联维数，从多点密度出发，主要描述系统要素的相对分布状态，利用城镇之间的欧氏距离来进行测算。

分形理论主要以追求体系和系统结构优化为目的，而城镇体系的分形特征则主要是自然优化的结果②。

4. 城市流强度理论

城市流强度是城市外向功能（集聚与辐射）所产生的集聚与辐射能量及城市之间与城乡之间影响的数量关系（中国规划城市设计研究院，1994），是说明城市与外界联系的数量指标③，其公式如下：

$$F = N \cdot E \qquad (7-1-3)$$

式中：F 为城市流强度；N 为城市功能效益，即各城市间单位外向功能量所产生的实际影响；E 为城市外向功能量。

城市功能是城市流产生与发展的内在机制，城市功能是城市中进行的所有生产、服务活动的总称，它是由城市的各种结构（地域结构、产业结构、产品结构、技术结构等）所共同决定的机能，这种机能在城市与其外界的联系中就表现为城市流，通过城市集聚与城市辐射对城市群区域的发展产生重要影响。

根据城市联系范围的不同，城市功能可以划分为城市外向功能与城市内向功能。外向功能是反映城市在与外界联系的过程中所产生的经济活

①王良健，周克刚，等．基于分形理论的长株潭城市群空间结构特征研究［J］．地理与地理信息科学，2005，21（6）：74－77.

②刘继生，陈彦光．城镇体系空间结构的分形维数及其测算方法［J］．地理研究，1998，17（1）：171－178.

③朱英明，于念文．沪宁杭城市密集区城市流研究［J］．城市规划学刊，2002（1）：31－33.

动，而内向功能则是城市内部的经济联系过程中所产生的经济活动。由于城市流是城市与外界的联系中所产生的那些经济活动，因而这些活动也就构成了城市的外向功能。

城市流强度说明了城市与外界联系的数量指标。对城市间城市流影响因素、城市流结构、城市流变化趋势等问题进行研究，将会有助于对城市群经济空间联系进行定量分析，从而为城市群区域的规划与发展提供科学依据①。

上述方法大多着眼于城市空间比较宏观的方面，而对城市空间在微观上是如何变化的则没有太多涉及，更多的是采用实地观测对比等研究方法，没有一个通用的城市空间微观化研究方法，局限性比较大。鉴于此，在本书中引入了基于社会网络的空间研究方法，可以比较有效地对城市空间的微观变化进行研究。

二、基于社会网络的空间研究方法

人们对于社会网络的研究由来已久，其结果大多数整合在了人类学、社会学、心理学、数学和计算科学之中，其中最具有代表性的是 Wasserman 和 Faust 的一整套研究方法，被后人奉为社会网络分析的经典②。

经典的研究方法强调对网络中关键节点的探索和描述以及可视化，但是随着科学技术的发展和进步，更多的研究工作集中在网络数据的统计与建模上③，如 2006 年 Snijders 等④便对局部地区结构进行了分析和建模，此外，这还有助于进行参数建模及对多重竞争效应、理论预测的定量分析进

①姚士谋，陈振光，朱英明．中国城市群［M］．合肥：中国科学技术大学出版社，2006.

②Wasserman，S. and Faust，K. Social Network Analysis：Methods and Applications［M］. Cambridge：Cambridge University Press，1994.

③Butts，C. T. Social networks：A methodological introduction［J］. Asian Journal of Social Psychology，2008，11（1）：13 - 41.

④Snijders，T. A. B.，Pattison，P. E.，Robins，G. L.，and Handcock，M. S. New specifications for exponential random graph models［J］. Sociological Methodology，2006，36：99 - 153.

行估计[①][②]。

虽然人们在比较长的一段时间里，对于空间结构与网络结构的研究都是独立进行的，但是近期的大量研究表明，两者之间存在着密切的关联。如 Hoff 等[③]及 McPherson 等[④]认为空间作用可以被看作是一个包含距离所构成的网络形式，而大多数非空间网络结构也可以近似地由某种空间形式来重构，换言之，社会关系往往是由空间关系所构成的，而团体和个人的空间分布模型往往与其本身社会结构有关。

遗憾的是，虽然前人已经进行了很多实证研究，如 Bossard[⑤]、Stewart[⑥]及 Zipf（1949）[⑦]，但是对于社会联系与空间关系之间的研究仍显得不够深入。对于城市、城市群这样的具有复杂社会及空间关系的巨系统来进行研究的话，单独对社会关系或者空间关系的研究往往和现实具有比较大的差距，这就需要有一个比较统一的模型来对其两者之间的联系与规律进行分析，这也就是本书要引入的社会—物理空间。

第二节 基本概念及定义

一、空间与人口分布

本研究的基础工作要从居民个体所在的社会—物理空间的定义来进

①Wasserman, S. and Robins, G. 'An introduction to random graphs, dependence graphs, and p＊', in P. J. Carrington, J. Scott, and S. Wasserman (eds), Models and Methods in Social Network Analysis [M]. Cambridge: Cambridge University Press, 2005.

②Robins G, Morris M. Advances in exponential random graph (p＊) models [J]. Social Networks, 2007, 29 (2): 169－172.

③Hoff P D, Raftery A E, Handcock M S. Latent space approaches to social network analysis [J]. Journal of the american Statistical association, 2002, 97 (460): 1090－1098.

④McPherson J M, Ranger－Moore J R. Evolution on a dancing landscape: organizations and networks in dynamic Blau space [J]. Social Forces, 1991, 70 (1): 19－42.

⑤Bossard, J. H. S. 'Residential propinquity as a factor in marriage selection' [J], American Journal of Sociology, 1932, 38: 219 － 244.

⑥Stewart J Q. An inverse distance variation for certain social influences [J]. Science, 1941, 93 (2404): 89－90.

⑦Zipf G K. Human behavior and the principle of least effort [J]. 1949.

行，这种空间通常被称为“布劳空间”①。

首先必须说明的是，在本书的定义之中，居民中每一个个体都假定认为是可以进行观测的。此外，本书将人口与时间作为基本的参量，并且假定在某一给定时刻中的参量都可以由其数量或者质量来进行衡量，进而两两构成一个观测向量。另外，本书中的参量都是在最理想条件之下所观测得到的。基于以上条件，有以下定义：

定义1（社会—物理空间）：设Ⅱ表示居民个体的集合，t表示某一具体时间点，o表示观测向量组（o_1，…，o_n），则有 o_j（l，t）$\in R$，$\forall j \in$ 1，…，n，l∈Ⅱ，t，k∈1，…，n，则 o_j（l，t）$= \alpha + \beta o_k$（l，t）对于 ∀l∈Ⅱ，t。那么，则有S＝｛v：v＝o（l，t），l∈Ⅱ｝就构成以o为基本属性的一个社会—物理空间，其中l为居民个体在S中某一时刻t时所在位置，v是坐标向量，由o（l，t）确定。此外，对于某一区域 $A \subseteq S$，B（A）$= \int_A dv$ 称为A的容量。

显然，S不是唯一的，其内容取决于基本属性的选择。这些基本属性可以包括物理位置、性别、种族、年龄、收入，等等②③④。在一般情况之下，已经声明的S的属性都是固定的。

研究的目标是最终获取区域的人口特征，但是如果要盯着区域中的每一个个体，显然是不科学也是不现实的方法。因此，本书引入了一个人口密度函数，以反映在某一给定时刻，某一给定区域之内的居民人口总量。

定义2（人口密度函数）：设S是某一社会—物理空间，P_A（t）表示在给定时刻t时在给定空间范围AS内的居民人口总数。那么就有人口密度函数 f_p（v，t），其中 $\int_A f_p$（v，t）$d_V = P_A$（t）对于 $\forall A \subseteq S$，t。

已有研究表明，假定已知一个大区域的人口总量，但是却忽略其个体的位置时，在一个足够小的区域的人口分布概率是趋向泊松分布的，也就

①Blau，P. M. Inequality and Heterogeneity［M］. New York：Free Press，1977.

②Terman L M，Miles C C. Sex and personality：studies in masculinity and femininity［J］. 1936.

③Bem S L. On the utility of alternative procedures for assessing psychological androgyny［J］. Journal of consulting and clinical psychology，1977，45（2）：196.

④Andrews F M. Measures of Personality and Social Psychological Attitudes［M］. Gulf Professional Publishing，1991.

是说，如果研究范围足够大的话，区域间人口变化相对较小，因此本书为研究方便起见，将各小分区的人口进行约固化处理①。

对于每个个体来说，在给定时间点在区域 S 内都是有其位置的，因此 S 中的区域可以用来“选择”个体集合，也就是说，我们可以很自然地将导出子图的概念扩展至由物理空间导出的围子图。

定义 3（空间导出子图）：设 G =（V，E）为一包含关联顶点位置集合 Vt 及社会—物理空间 S 的简单图，则有，在某一给定空间区域 A⊆S，定义 G［A］ =（V＊，E＊）称为 G 被 A 导出的子图，其中 V＊ = $\{v_i: v_i \in V, v_{it} \in A\}$，$E^* = \{\{v_i, v_j\}: vi, vj \in V*, \{vi, vj\} \in E(G)\}$。

需要注意的是，这种标记法不仅仅局限于导出子图，其也可用于表示区域界限的边缘。

定义 4（空间导出割集）：设 G =（V，E）为一包含关联顶点位置集合 V_t 及社会—物理空间 S 的简单图，则有，在某两个给定空间区域 A，B ⊆S，定义 G［A，B］ =E＊作为 A，B 的边界切割，其中 E＊ = $\{\{v_i, v_j\}: v_{it} \in A, v_{jt} \in B, \{v_i, v_j\} \in E(G)\}$。

二、随机网络模型

如前文所述，对研究人际关系进行研究的成果已经有很多，其中大部分研究表明，物理距离对于人际连接形成是起负面作用的，也就是说，如果其他条件均一样，个体与某一近邻个体的连接概率是高于某一远离个体的。

为了重现这一论证，本书构建了一个网络模型，其连接（或者称为边）的建立概率是由端点距离相关的 Bernoulli 随机变量推导出的。另外，为了研究方便起见，本书还需要假设这些依附于顶点距离矩阵的随机变量都是独立的，虽然这并不能涵盖所有情况，但是研究总有一个由简入繁的过程，更复杂的情况可以在研究中不断进行深入讨论②。

①Kalos M H，Whitlock P A. Monte carlo methods［M］. John Wiley & Sons，2008.

②Mayhew B H. Baseline models of sociological phenomena［J］. Journal of Mathematical Sociology，1984，9（4）：259 -281.

基于上述假设，本书在建立的社会—物理空间 S 中引入了若干被观察对象 V，记每个观察对象（顶点）在 t 时刻的位置为 $v_i \in V$，构成向量 v_{it}，然后，定义 $Vt = \{v_{it}: v_{it} = o(v_i, t), v_i \in V\}$ 作为 t 时刻顶点位置的集合。此外，对于一个给定图 G =（V，E），定义边界指示函数如下：

$$\varepsilon_G(v_i, v_j) = \begin{cases} 1 & \{v_i, v_j\} \in E(G) \\ 0 & \{v_i, v_j\} \notin E(G) \end{cases} \tag{7-2-1}$$

据此便可以将上述随机网络模型具体化，对于上述的给定图 G =（V，E），其网络概率分布由下式给出：

$$p(G=g \mid V_t) = \prod_{\{v_i,v_j\}\in V} [B(\varepsilon_g(v_i,v_j) \mid F_d(d(v_{it}, v_{jt})))] \tag{7-2-2}$$

其中 B 是典型的 Bernoulli 密度，d 是空间 S 中的距离函数，Fd 是距离效用函数。其中距离效用函数，就是在距离（从 0 至正无穷的区间）及概率（在［0，1］区间）之间起到连接转换桥梁的作用。显然，此函数的选择决定了空间模型的表现形式。

公式 7-2-2 并没有指定空间 S 中的距离函数 d 的形式，但是它又对于模型建立非常重要，因此需要对其进行限定。作为距离函数，$d(v_{it}, v_{jt})$ 必须满足如下条件：

条件 1. $d(v_{it}, v_{jt}) \geqslant 0$；

条件 2. $d(v_{it}, v_{jt}) = 0$ 等价于 $v_{it} = v_{jt}$；

条件 3. $d(v_{it}, v_{jt}) = d(v_{jt}, v_{it})$ 对于 S 中所有顶点对都是成立的；

条件 4. $d(v_{it}, v_{kt}) \leqslant d(v_{it}, v_{jt}) + d(v_{kt}, v_{jt})$ 对于所有的 i，j，k 都成立。

那么，对于二维物理空间上的点来说，可以选择欧氏距离作为距离函数，即

$$d_E(v_{it}, v_{jt}) = \sqrt{((v_{it})_1 - (v_{jt})_1)^2 + ((v_{it})_2 - (v_{jt})_2)^2} \tag{7-2-3}$$

对于球面上的点来说，则可以选择黎曼弧距离作为距离函数，即

$$d_R(v_{it}, v_{jt}) = C_r cos^{-1}[cos(v_{it})_2 cos(v_{jt})_2 + cos(v_{it})_1 - (v_{jt})_1 \\ sin(v_{it})_2 sin(v\,jt)_2] \tag{7-2-4}$$

式中 Cr 代表球半径。

但是，有研究表明，由于 S 的基本属性可能因为研究的不同而作不同的选择，因此很难去确定一个通用的距离函数①。一个比较可行的方案，是 Hamming 提出的 Hamming 距离函数，其定义如下②：

$$d_H(v_{it}, v_{jt}) = \sum_k \zeta[(v_{itk}, (v_{jt})_k)] \quad (7-2-5)$$

式中，ζ 是一个参变量，当维度度量相同时其值取 1，否则取 0。

在实际应用之中，社会和物理距离的因素应当以某种方式结合在一起，产生一个净距离值，这样一个“总”社会—物理空间距离函数式如下：

$$d_A(v_{it}, v_{jt}) = \beta_p d_R(v_{it}^p, v_{jt}^p) + \beta_s d_H(v_{it}^s, v_{jt}^s) \quad (7-2-6)$$

在这个函数之中，将 S 划分为物理维 p 与社会维 s，并构造一个加权平均 β（将物理距离作为弧距离对待，将社会距离作为 Hamming 距离对待）。在权重 β 的选择上，可通过采取先验手段或者是以实际调查数据为基础进行参数估计，后面一种方法可以确保对每个维度的距离影响进行分别评价，以便于其对连接概率影响进行更真实的分析③。虽然这可能使距离度量和随机模型之间相混淆，但是其二者间本来在理论上的关系也不是十分密切，况且可以采取措施使影响降至最低④。

三、简单重力空间模型

当 Vt 及 d 确定的前提之下，广义距离模型只与距离效用函数 Fd 有关，事实上，Fd 确实是整个随机网络模型的核心，因此本节将举一个比较简单的 Fd 例子，以便后续研究的顺利进行。

由以往的实证研究可以发现，在人际网络的边缘概率是随着社会—物理网络的人际距离增加而下降的，鉴于此，不妨假设当距离为 0 时，边的

---

①Levine J. H. Exceptions Are the Rule：Inquiries on Method in the Social Sciences［M］. Westview Press，1993.

②Hamming R W. Error detecting and error correcting codes［J］. Bell System technical journal，1950，29（2）：147－160.

③McCullagh P，Nelder J A. Generalized linear models［M］. CRC press，1989.

④Levine J. H. Exceptions Are the Rule：Inquiries on Method in the Social Sciences［M］. Westview Press，1993.

概率从一些特殊值开始，而随着距离增大，概率趋近于0，此类模型形式如下：

$$F_d(x)=\frac{P_b}{1+f_d(x)} \qquad (7-2-7)$$

式中，p_b 代表两个个体距离为“0”时建立连接的基准概率。

显然这个模型只能被称为是一个大体的模型框架，其具体特性还要取决于为了达到具体研究目的选取的 f_d，鉴于此，需要对其进行进一步细化研究。下面，本书基于上述模型将定义一个特殊的连接概率的重力模型。

顾名思义，重力模型的距离效应函数应该是抛物线的形式：

$$f_d(x)=\alpha x^2 \qquad (7-2-8)$$

式中，α 是一个比例因子，表示 f_d 增加的基本单位。

那么，继续推导模型如下：

$$p(G=g\mid V_t)=\prod_{\{v_i,v_j\}\in V}[B(\varepsilon_g(v_i,v_j)\mid F_d(d(v_{it},v_{jt})))] \qquad (7-2-9)$$

$$=\prod_{\{v_i,v_j\}\in V}[B(\varepsilon_g(v_i,v_j)\mid \frac{P_b}{1+f_d(d(v_{it},v_{jt}))})] \qquad (7-2-10)$$

$$=\prod_{\{v_i,v_j\}\in V}[B(\varepsilon_g(v_i,v_j)\mid \frac{P_b}{1+\alpha(d(v_{it},v_{jt}))^2})] \qquad (7-2-11)$$

以上推导出的式7-2-11就提供了一个在任何特定的可能性图上的顶点位置的设置条件，是本书后续研究的基础。

第三节　网络中顶点（个体）连接的概率模型

在上一节中，一个进行空间研究的简单的模型框架已经建立了起来，在这一节，本书要对如何细化模型的形式及参数进行进步研究。

为了进一步确定顶点距离与连接概率之间的关系，就需要考虑不同的距离效用函数 F_d 构成的空间模型，其中有的模型看上去可能会非常相似，但是其细微的差异（如修正量）都会对模型造成不同的影响。此外，研究距离和连接概率的关系可以为揭示产生这种关系的潜在机制提供重要线索①。

因此，下面本书将重点研究 8 个模型。

一、标准幂函数模型

在上一节中已经提到，研究距离效应时最通常使用的模型就是幂指数模型，形式诸如 $p=\alpha d^{\beta}$ 之类，但是当 d 趋于 0 时，函数是发散的，因此，可以简单地用 d+1 来代替 d，就使得函数落在［0，1］区间。为了调整 d 的取值范围，还需要引入一个乘子 α。则标准幂的距离效应函数表示为

$$F_d(x)=\frac{p_b}{(1+\alpha x)^{\gamma}} \tag{7-3-1}$$

式中，p_b 为基准概率，α 为范围参数，γ 为控制距离效应的指数。那么，给定位置集的连接概率集就可以写为

$$p_1(G=g \mid V_t, p_b, \alpha, \gamma)=\prod_{\{v_i,v_j\}\epsilon V}\left[B\left(\varepsilon_g(v_i, v_j) \mid \frac{P_b}{(1+\alpha d(v_{it}, v_{jt}))^{\gamma}}\right)\right] \tag{7-3-2}$$

二、衰减幂函数模型

这个模型属于前文重力模型的推广形式，但其仍然是一个负幂指数模型，其距离效应函数形式如下：

$$F_d(x)=\frac{p_b}{1+(\alpha x)^{\gamma}} \tag{7-3-3}$$

式中各参数含义都与模型 1 相同，则有

$$p_2(G=g \mid V_t, p_b, \alpha, \gamma)=\prod_{\{v_i,v_j\}\epsilon V}\left[B\left(\varepsilon_g(v_i, v_y) \mid \frac{p_b}{1+(\alpha d(v_{it}, v_{jt}))^{\gamma}}\right)\right] \tag{7-3-4}$$

值得注意的是，当 d 足够小时，模型 2 受距离的影响要比模型 1 来的小，并且短的距离在连接概率上的影响非常微弱，因此，模型 2 可以被看

①Fararo，T. J. and Butts，C. T. Advances in generative structuralism：Structured agency and multilevel dynamics［J］. Journal of Mathematical Sociology，1999，24（1）：1-65.

作是一个“位置”模型。本模型的最重要部分属于 $(\alpha d)^{\gamma}$：当其远小于1时，距离的边缘连接影响力非常弱，反之，当 $(\alpha d)^{\gamma}>>1$ 时本模型近似模型1。

模型2提供了对这样一个现象的解释：当个体集中时，连接概率会随着距离的增加而迅速降低。

三、正切概率函数模型

与以上两个模型不同的是，本模型不是基于幂指数的形式，而是利用正切函数将非负实数映射进［0，1］区间。其具体形式如下：

$$F_d(x)=p_b\left(1-\frac{2}{\pi}tan^{-1}(\alpha x)\right) \tag{7-3-5}$$

则其连接概率可以表示为

$$p_3(G=g\mid V_t,p_b,\alpha)=\prod_{\{v_i,v_j\}\in V}\left[B(\varepsilon_g(v_i,v_j)\mid p_b(1-\frac{2}{\pi}tan^{-1}(ad(v_{it},v\,ij))))\right] \tag{7-3-6}$$

经过分析，可以发现，本模型与模型1是比较相似的，仅有细微的差别。

四、指数衰退函数模型

由于模型1、模型3都存在着一个缺点：当连接概率随着距离增加而迅速降低时，一些小的但是却不可能忽视的连接却仍然在大尺度的距离上存在。为了解决这个问题，本书引入了指数衰退模型，该模型可以较为有效地解决以上问题，其距离效用函数具体形式如下：

$$F_d(x)=\frac{p_b}{e^{\alpha x}} \tag{7-3-7}$$

则其连接概率可以表示为：

$$p_4(G=g\mid V_t,P_b,\alpha)=\prod_{\{v_i,v_j\}\in V}\left[B\left(\varepsilon_g(v_i,v_j)\mid\frac{p_b}{e^{\alpha d(v_{it},v_{jt})}}\right)\right] \tag{7-3-8}$$

五、逻辑概率函数模型

在模型4的基础之上，可以推出模型5，其距离效用函数具体形式如下：

$$F_d\ (x)\ =\frac{2p_b}{1+e^{\alpha x}} \qquad (7-3-9)$$

则其连接概率可以表示为

$$p_5\ (G=g\mid V_t,\ p_b,\ \alpha)\ =\prod_{\{v_i,v_j\}\in V}\left[B\ \left(\varepsilon_g\ (v_i,\ v_j)\ \middle|\ \frac{2p_b}{1+e^{\alpha d(v_{it},v_{jt})}}\right)\right] \qquad (7-3-10)$$

如同模型4一样，模型5也消除了在大尺度距离上的连接的概率，但是与模型2相比，模型5也存在着区域性衰减的缺陷。模型5的另一个特性是其相关可能性可以由与二元距离p∗模型的限制形式作为预测①②。

六、截断线性概率函数模型

前5个模型有一个共同之处，就是其图形都是光滑曲线或者部分为光滑曲线，并且从最开始近距离的高概率向距离无穷远处的低概率演化。对于这些模型来说，可以看出距离是通过一系列将世界划分为“近/远”的“边界”来影响概率分布的，因此，下面本书将考虑一个截断线性概率模型，在这个模型之中，连接概率是线性递减的，直至它们越过一个给定的距离边界。

其距离效用函数具体形式如下：

$$F_d\ (x)\ =\max\ (\min\ (\beta-\alpha x,\ p_b),\ \gamma p_b) \qquad (7-3-11)$$

则其连接概率可以表示为

$$p_6\ (G=g\mid V_t,\ p_b,\ \alpha,\ \beta,\ \gamma)\ =\prod_{(v_i,v_j)\in V}\left[B\ (\varepsilon_g\ (v_i,\ v_j)\ \mid \max\ (\min\ (\beta-ad\ (v_{it},\ v_{jt}),\ p_b)\ \gamma p_b))\right] \qquad (7-3-12)$$

模型之中，连接概率首先由基准值 p_b 开始取值，直到点 $d=(\beta-p_b)/\alpha$ 之前都是一个常量，然后概率开始线性递减，直至点 $d=(\beta-\gamma p_b)/\alpha$，在该点其值重新固定为常量 γp_b。这样，就使得区域被划分为

①Pattison P，Wasserman S. Logit models and logistic regressions for social networks：II. Multivariate relations［J］. British Journal of Mathematical and Statistical Psychology，1999，52（2）：169－194.

②Robins G，Pattison P，Wasserman S. Logit models and logistic regressions for social networks：III. Valued relations［J］. Psychometrika，1999，64（3）：371－394.

“内圈”和“外圈”。

七、Feld 焦点函数模型

正如同模型 6 将“远”和“近”的个体进行区分一样，同样可以假设有一个模型可以区分“本地”和“非本地”个体。这样一个比较典型的模型的案例便是由 Feld 所提出的：

在由某种特殊联系构成的社会组织内，那些连接度大的个体更容易与其他发生连接①。

以此为基础，本书引入了一个概率阈值函数 ζ_F，只有当且仅当两个个体在临界半径 α 之内时，其值取 1：

$$\zeta_F(x,\alpha)=\begin{cases}1 & x<\alpha\\0 & x\geqslant\alpha\end{cases} \quad (7-3-13)$$

有了上述函数，就可以比较容易地写出本模型的距离效用函数：

$$F_d(x)=p_b\zeta(x,\alpha)+\beta p_b(1-\zeta(x,\alpha)) \quad (7-3-14)$$

则其连接概率可以表示为

$$p_\Gamma(G=g\mid V_t,p_b,\alpha,\beta)=\prod_{\{v_i,v_j\}\epsilon V}[B(\varepsilon_g(v_i,v_j)\mid p_b\zeta(d(v_{it}v_{jt}),\alpha)+\beta p_b(1-\zeta(d(v_{it},v_{iy}),\alpha)))] \quad (7-3-15)$$

由于模型 7 代表了最简单的非退化边缘概率假设，因此也可以称之为“半智能”模型。

八、常数概率模型

有时，也需要对比较简化的模型进行研究，如由恒定连接概率构成的简单 Bernoulli 图。虽然已有研究表明，恒定概率的随机图在某些领域都十分接近真实网络结构②，但是其在宏观研究上的价值仍然不是很高。

---

①Feld S L. The focused organization of social ties [J]. American journal of sociology, 1981: 1015-1035.

②Butts C T. The complexity of social networks: theoretical and empirical findings [J]. Social Networks, 2001, 23 (1): 31-72.

为此，本书对其进行了部分改进，其距离效用函数：

$$F_b\ (x)\ = p_b \tag{7-3-16}$$

则其连接概率可以表示为

$$p_8\ (G = g \mid V_t,\ p_b)\ = \prod_{\{v_i, v_j\} \in V} [B\ (\varepsilon_g\ (v_i,\ v_j)\ \mid p_b)] \tag{7-3-17}$$

显然，在这个模型之中，p_b 是唯一的参数。

九、模型属性的比较

虽然以上 8 个模型在某些数值方面有相似之处，但是在空间却具有不同的意义，下面将具体说明：

首先是模型的相似之处，它们都提供了两个基本的作用，首先在距离为 0 时提供了一个常连接概率，其次将无穷远处的连接概率收敛至某一极小值（通常为 0）。这些模型相互之间的关系见图 7－1。

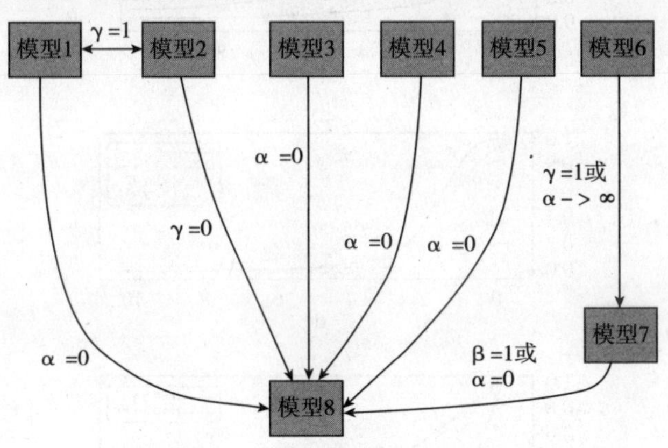

图 7－1　连接概率模型关系

图中，粗箭头表示箭尾指向模型至少包括箭头模型的特殊情况之一，其具体条件也标注于图上。由图可以看出，所有模型经过条件限制后，都可以归结为模型 8。

将模型 1 至模型 6 由不同的距离及参数进行绘制（模型 7 和模型 8 由于变化不明显而被略去）如图 7－2 所示。

由图 7－2 可以看出，标准幂概率模型、正切概率模型和指数概率模型的末端比重较大，而对于截断线性概率模型来说，其尾部是平的，因此其比重完全由 γ 的取值决定。对于模型 1 和模型 4 来说，对于取值较小的 d，

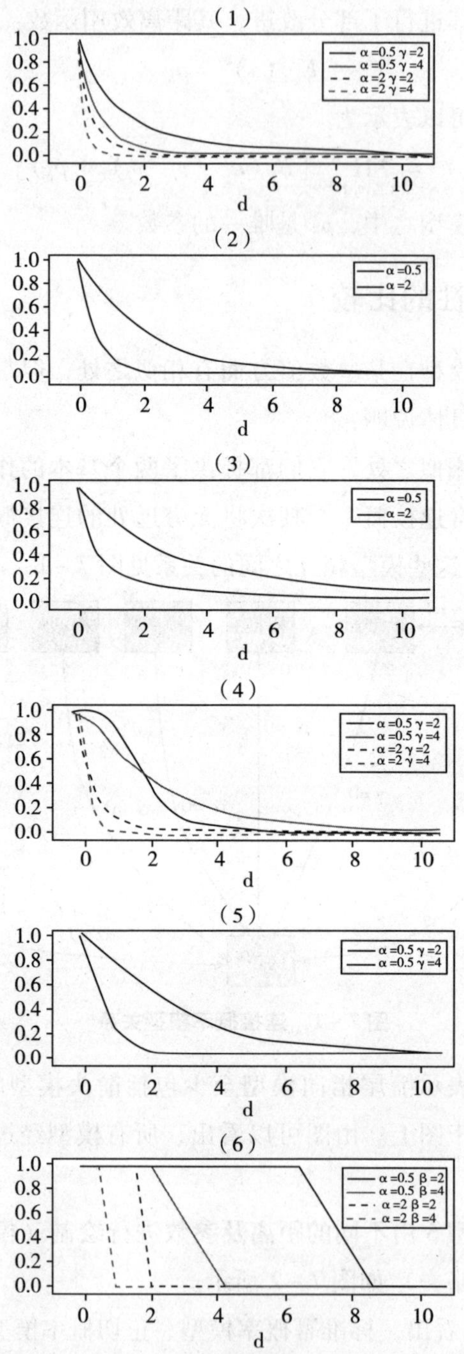

图 7－2　连接概率模型关系

其概率降低的速度也更慢一些。

另外一个比较重要的事实就是，衰减与非衰减形式还与参数 α 有关，在非衰减模型中，α 只是简单地起到“延伸”或者“缩减” x 轴的作用，而在衰减模型之中，α 还会对 $d<1/\alpha$ 的函数形状起到影响。

上述模型之间的差异，可以直接由其对 d 求偏导数看出，如表 7－1 所示。

表 7－1　连接概率模型对 d 求偏导

模型编号	原函数 Fd（d）	一阶导数 $\frac{\partial}{\partial d}$Fd（d）	二阶导数 $\frac{\partial^2}{\partial d^2}$Fd（d）
1	$\frac{p_b}{(1+\alpha d)^{\gamma}}$	$\frac{-p_b\alpha\gamma}{(1+\alpha d)^{\gamma+1}}$	$\frac{p_b\alpha^2(\gamma^2+\gamma)}{(1+\alpha d)^{\gamma+2}}$
2	$\frac{p_b}{1+(\alpha d)^{\gamma}}$	$\frac{-p_b\alpha\gamma(\alpha d)^{\gamma-1}}{(1+(\alpha d)^{\gamma})^2}$	$\frac{p_b\alpha^2\gamma(\alpha d)^{\gamma-2}}{(1+(\alpha d)^{\gamma})^2}\left[\frac{2\gamma(ad)^{\gamma}}{1+(ad)^{\gamma}}+(1-\gamma)\right]$
3	$p_b\left(1-\frac{2}{\pi}\tan^{-1}(ad)\right)$	$\frac{-2p_b\alpha}{\pi(1+(ad)^2)}$	$\frac{4p_b\alpha^3 d}{\pi(1+(ad)^2)^2}$
4	$\frac{p_b}{e^{ad}}$	$\frac{-\alpha p_b}{e^{ad}}$	$\frac{\alpha^2 p_b}{e^{ad}}$
5	$\frac{2p_b}{1+e^{ad}}$	$\frac{-2p_b\alpha e^{ad}}{(1+e^{ad})^2}$	$\frac{-2p_b\alpha e^{ad}}{(1+e^{ad})^2}\left(\frac{2e^{ad}}{1+e^{ad}}-1\right)$
6	$\begin{cases}p_b & d<(\beta-p_b)/\alpha\\ \beta-\alpha d & (\beta-p_b)/\alpha\leqslant d\leqslant(\beta-\gamma p_b)/\alpha\\ \gamma p_b & d>(\beta-\gamma p_b)/\alpha\end{cases}$	$\begin{cases}0 & d<(\beta-p_b)/\alpha\\ -\alpha & (\beta-p_b)/\alpha\leqslant d\leqslant(\beta-\gamma p_b)/\alpha\\ 0 & d>(\beta-\gamma p_b)/\alpha\end{cases}$	0
7	$\begin{cases}p_b & d<\alpha\\ \beta p_b & d\geqslant\alpha\end{cases}$	0	0
8	pb	0	0

由表 7－1 可以得知，模型 5 的二阶导数给出了一个拐点，即有

$$\frac{2e^{ad}}{1+e^{ad}}-1=0 \quad (7-3-18)$$

$$2e^{ad}=1+e^{ad} \quad (7-3-19)$$

$$e^{ad}=1 \quad (7-3-20)$$

$$d^{*}=0 \quad (7-3-21)$$

d^{*} 代表拐点距离，在物理意义而言，该点对模型有两类影响：在局部地区，该点使得连接概率降低得相对缓慢（但是速度是增加的）；在外部地区，使得连接概率迅速下降（但是下降速度减少）。

因此就可以得知：与模型 2、模型 4 相比，模型 5 是没有一个具有物理意义的区域性边界的，这就是模型间的细微区别。

对模型间细微差别进行研究的意义在于，可以弄清楚模型是否存在着一个“本地化”区域，以及大尺度空间距离上的边界概率减少速率等。这是因为，首先在一个个体的直接互动区域范围之内是存在着多种重叠的通信（运输）方式的，那么在更近距离上的个体在连接概率上也就更具有优势；其次，如果个体的活动范围受到了人为的限制的话（如某个半径）那么在这个范围之内的个体的连接概率也比范围之外有更大的优势。因此，为了进行更客观的研究，就必须要考虑形成一种新的连接“机制”。

第四节　模型推断及选择

由于复杂随机模型的确定一向都是比较困难的问题，社会—物理空间模型也不例外，无论上以上模型的选择还是其参数估计都是需要进行深入、细致的工作。

通常该项研究有许多方法，如统计中的极大似然估计法等，经过仔细分析，本书决定使用分层贝叶斯方法来选择模型和估计其参数，这是由于分层贝叶斯方法的优点所决定的——相对于别的方法来说，它可以极为有效地利用已有的先验信息①②。

一、联合模型表示

为了对模型进行推断，首先要做的工作是对模型的表示方法做一些修改，以便其更适合数据的处理。

那么，首先是从 d 的概率分布 P 开始，假设其分布是条件独立的，在距离向量集合 $d=(d_1, \cdots, d_n)$ 时，有边向量集合 $y=(y_1, \cdots, y_n)$，其值取 $P=(P_1, \cdots, P_n)$ 就可以作为个体的联合概率。

那么，其模型的形式就可以由下式给出：

①Ghosh M. The Bayesian Choice: A Decision – Theoretic Motivation [J]. Journal of the American Statistical Association, 1996, 91 (433): 431 – 433.

②Gelman A, Carlin J B, Stern H S, et al. Bayesian data analysis [M]. London: Chapman & Hall/CRC, 2014.

$$p\ (y \mid P,\ d)\ = \prod_{i-1}^{n} Bin\ (y_i \mid P_i,\ F_d\ (d_i)) \qquad (7-4-1)$$

该形式的主要作用就是使参数及连接概率之间的关系更明确地对应起来。

由于各模型的参数都是包含于 F_d 之中，因此这个统一的模型形式改写起来会比较方便，因此，将上述8个模型均改写如下：

$$P_1\ (y \mid p_b,\ \alpha,\ \gamma,\ P,\ d)\ = \prod_{i-1}^{n} Bin\ (y_i \mid P_i,\ \frac{P_b}{(1+\alpha d_i)^{\gamma}}) \qquad (7-4-2)$$

$$P_2\ (y \mid p_b,\ \alpha,\ \gamma,\ P,\ d)\ = \prod_{i-1}^{n} Bin\ (y_i \mid P_i,\ \frac{P_b}{(1+\alpha d_i)^{\gamma}}) \qquad (7-4-3)$$

$$P_3\ (y \mid p_b,\ \alpha,\ P,\ d)\ = \prod_{i-1}^{n} Bin\ (y_i \mid P_i,\ P_b\left(1-\frac{2}{\pi}\tan^{-1}\ (ad_i)\right)) \qquad (7-4-4)$$

$$P_4\ (y \mid p_b,\ \alpha,\ P,\ d)\ = \prod_{i-1}^{n} Bin\ (y_i \mid P_i,\ \frac{P_b}{e^{\alpha d_i}}) \qquad (7-4-5)$$

$$P_5\ (y \mid p_b,\ \alpha,\ P,\ d)\ = \prod_{i-1}^{n} Bin\ (y_i \mid P_i,\ \frac{2P_b}{1+e^{\alpha d_i}}) \qquad (7-4-6)$$

$$P_6\ (y \mid p_b,\ \alpha,\ \beta,\ \gamma,\ P,\ d)\ = \prod_{i-1}^{n} Bin\ (y_i \mid P_i,\ \max\ (\min\ (\beta-\alpha d_i,\ p_b),\ \gamma p_b)) \qquad (7-4-7)$$

$$P_7\ (y \mid p_b,\ \alpha,\ \beta,\ \gamma,\ P,\ d)\ = \prod_{i-1}^{n} Bin\ (y_i \mid P_i,\ P_b\zeta\ (d_i,\ \alpha)\ + \beta p_b\ (1-\zeta\ (d_i,\ \alpha))) \qquad (7-4-8)$$

$$P_8\ (y \mid p_b,\ P,\ d)\ = \prod_{i-1}^{n} Bin\ (y_i \mid P_i,\ P_b) \qquad (7-4-9)$$

在这里假定模型的参数和连接概率之间的对应关系对于所有的向量集合都是固定的，也就是说参数值不会随着向量集的变化而变化。

二、模型参数的先验

在本节中，本书将对各个模型参数分布进行量化的先验分析。

其具体步骤为：

首先，假定一个模型的参数先验属性条件是存在的，然后，在特定的条件之下推导其分布，最后进行验证，直至在推导出所有的参数的先验集。

在下文中，假设所有的概率分布都是连续的，并用 f（x）表示 x 的密度函数。

（一）模型 1 的先验

作为一个三参数的模型，其参数先验还是比较复杂、具有代表性的，也正因如此，学者们已经对其做出了一些比较有效的研究①，从而方便了参数范围的确定。

（1）p_b 的先验分布

先验命题 1（p_b 的范围）：$f(p_b)=0$ 对于 $\forall p_b \notin [0, 1]$

显而易见，$p_b=0$ 意味着顶点在任何距离都不会存在连接，而这是不符合常理的，而 $p_b=1$ 意味着所有距离为 0 的顶点都会有连接，这也不太符合事实。

先验命题 2（p_b 的极值）：$f(p_b=1)>0$ 且 $f(p_b=0)=0$

先验命题 3（p_b 的概率偏向）：$p(p_b>0.5) >> p(p_b<0.5)$

先验命题 4（p_b 的模式）：$f(p_b=1) > f(p_b \in \{p_b: p_b<1\})$

下面将给出一个满足上述限制条件的分布，称为 Beta 分布，其中 $\beta=1$ 且 $\alpha>1$，证明如下：

命题 1 是由 Beta 分布定义的随机变量验证的，又注意到 $\beta=1$ 且 $\alpha>1$ 意味着在由 $F_{beta(\alpha,1)}=\theta^{\alpha}$ 给出的相同间隔上，$f_{beta(\alpha,1)}=\alpha\theta^{\alpha-1}$ 对于 $\forall\theta\in(0, 1)$。明显地，$F_{beta(\alpha,1)}(0.5)$ 是 α 的严格减函数（当 $\alpha>1$ 时），$F_{beta(2,1)}(0.5)=0.25$，因此命题 3 就得到了验证。另外，有 $\lim_{\theta\to 1} f_{beta(\alpha,1)}\to\alpha$（当 $\alpha>1$ 时）且 $\lim_{\theta\to 0} f_{beta(\alpha,1)}\to 0$，这样命题 2 也得到验证，此外还有 $f_{beta(\alpha,1)}(\theta)<\alpha$ 对于 $\forall\theta\in(0, 1)$ 满足命题 4，因此命题全部得到满足。

（2）α 的先验分布

先验命题 5（α 的范围）：$f(\alpha)=0$ 对于 $\forall\alpha\notin(0, \infty)$

①Latané B，Liu J H，Nowak A，et al. Distance matters：Physical space and social impact［J］. Personality and Social Psychology Bulletin，1995，21（8）：795－805.

α 的范围与 p_b 类似，以常理推断即可。

先验命题6（α 的概率偏向）：p（$\alpha \leqslant 1$）<p（$\alpha > 1$）

这个问题的研究可以从1/2概率的距离入手，如表7－2所示，当 $\gamma = 1$ 时连接概率减少为 $p_b/2$ 的距离。

表7－2 α 取值与1/2概率的距离

α 取值	1	5	10	15	20	25
1/2 概率的距离	1km	0.2km	0.1km	0.07km	0.05km	0.04km

从表7－2中可以看出，虽然在缩减率上有所下降，但是总体来看，更大的 α 取值将会造成更小的1/2概率的距离，也就间接验证了命题6。

由比较可以看出，约为0.044km的距离大约是两个最为典型郊区近邻的设置长度，而此时的 α 取值约为22.6，当然这需要进一步进行验证。

先验命题7（α 的期望）：E（α）≈20

上文说明，α 的取值范围大约会在［15，25］之间，而对应的，基本连接作用也会发生在0.04km也就是40m的范围，而为了在这个距离能够较好的放入至少两个个体以及研究的方便，就需要 α 取20，那么就有如下命题：

先验命题8（α 的方差）：Var（α）≈25

与 p_b 类似，本文给出一个Gamma分布，其中 $\alpha_\alpha = 16$，$\beta_\alpha = 4/5$ 满足以上命题，其证明如下：

该分布的参数定义就使得命题5得到满足，然后，有 $F_{Gamma(16,4/5)}$（1）<0.5，满足命题6；其次，计算Gamma（16，4/5）的期望和方差，得到数值是在20至25之间的，那么命题7、8也就得到了满足。

（3）γ 的先验分布

基于 p_b 及 α 的先验结果，来考虑 γ 的先验分布。

先验命题9（γ 的范围）：f（γ）=0对 $\forall \gamma \notin (0, \infty)$

由于 γ 的取值对于研究参数的先验分布是很重要的，因此，一般地会首先考虑使 $\gamma = 1$，因为当 $\gamma < 1$ 时，距离效应随着d减少的函数是非线性的，但是这与研究的事实不相符合，事实上，人际连接概率至少有一段是线性减少的，因此，就可以断定 $\gamma \geqslant 1$，那么则有

先验命题 10（γ 的概率偏向）：p（$\gamma \leqslant 1$）< < p（$\gamma \geqslant 1$）

基于前人大量的研究成果①，可以得出结论：连接概率与距离的平方成反比下降关系，那么则有

先验命题 11（γ 的先验模式）：f（$\gamma=2$）>f（$\gamma \in \{\gamma: \gamma \neq 2\}$）

为了进一步搞清楚 γ 的分布，本书引入了一个“影响距离”的概念，具体情况如表 7－3 所示。

表 7－3　γ 取值与影响的距离

γ	1	2	3	4	5
d = 2	2	4	8	16	32
d = 3	3	9	27	81	243
d = 4	4	16	64	256	1024

从表中明显可以看出：在忽略其他参数的条件下，如果 γ 值取 5，那么 4km 之外的个体将会是 1km 外个体连接概率的约千分之一。另一个关于 γ 的表格是针对一个个体在 1000km 的距离上由于 γ 的不同取值而得出的不同连接的期望，其中 $p_b=\alpha=1$：

表 7－4　γ 取值与 1000km 距离的连接期望

γ	1	2	3	4	5
连接期望	1×10^{-2}	1×10^{-5}	1×10^{-8}	1×10^{-11}	1×10^{-14}

从表中可以看出，当 γ 取 4 时，连接期望就已经足够的小，因此大于 3 的 γ 值也是不可取的，此外，这也预示着其方差也不会太大。经过分析，其方差大约取 $\sqrt{0.5}$ 也就是 0.707 较为适宜：

先验命题 12（γ 的方差）：Var（γ）＝0.707

与以上各参数类似的是，分布 Gamma（7.52，3.26）就可以满足上述命题，在此不再证明。

其余模型参数的先验均与上述模型 1 类似，在此不再赘述，具体情况如表 7－5 所示。

①Stewart J Q. An inverse distance variation for certain social influences［J］. Science, 1941, 93 (2404): 89－90.

表7－5　各模型先验结果

模型名称	参数		先验取值或满足条件分布
模型2	α	同模型1	Gamma（16，4/5）
	γ	同模型1	Gamma（7.52，3.26）
模型3	pb	同模型1	Beta（8，1）
	α	概率偏向	p（α≤0.33）＜p（α＞0.33）
		期望	E（α）≈7.5
		方差	Var（α）≈49
			Gamma（1.148，0.153）
模型4	pb	同模型1	Beta（8，1）
	α	概率偏向	p（α≤－ln（1/2））＜p（α＞－ln（1/2））
		期望	E（α）≈15.75
		方差	Var（α）≈225
			Gamma（1.103，0.070）
模型5	pb	同模型1	Beta（8，1）
	α	概率偏向	p（α≤ln3）＜p（α＞ln3）
		期望	E（α）≈29.97
		方差	Var（α）≈400
			Gamma（2.245，0.075）
模型6	pb	同模型1	Beta（8，1）
	α	期望	E（α）≈11.36
		方差	Var（α）≈121
			Gamma（1.065，0.094）
	β	范围	f（β）＝0对于∀β∉（0，∞）
		期望	E（β）≈0.94
		方差	Var（β）≈0.883
			Gamma（1，0.064）
	γ	中位数	Med（γ）≈10－5
		置信区间	90%PI（γ）≈［10－6，10－4］
			Beta（1，20000）
模型7	pb	同模型1	Beta（8，1）
	α	期望	E（α）≈0.044
		方差	Var（α）≈0.019

续表

模型名称	参数		先验取值或满足条件分布
			Gamma (0.998, 22.680)
	β		Beta (1, 20000)
模型 8	pb		Beta (1, 20000)

(二) 模型的先验验证

为了验证各模型的参数先验，本书将对每一个模型的 F_d (d) 进行随机仿真，对每一个模型，都对于不同取值的 d 进行了 1000 次运算，其结果如图 7-3 所示，其中实线表示先验中位数估计，虚线表示 90% 的置信区间。

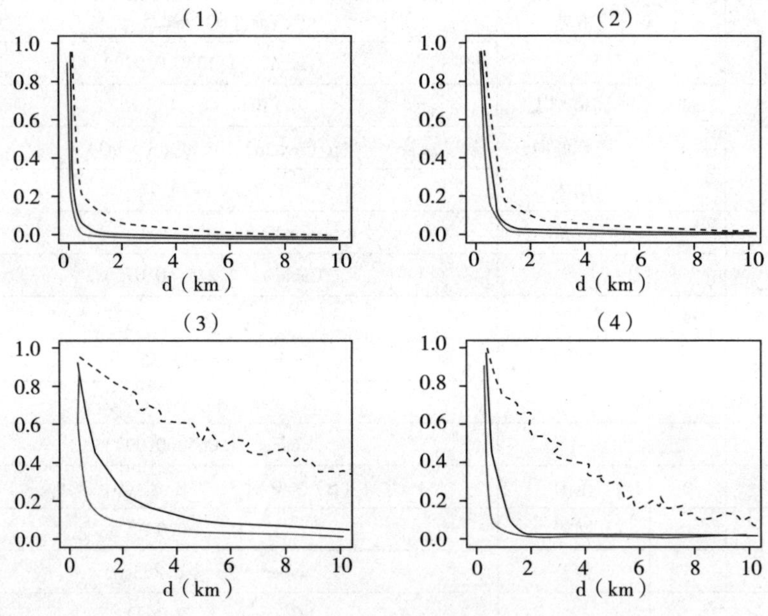

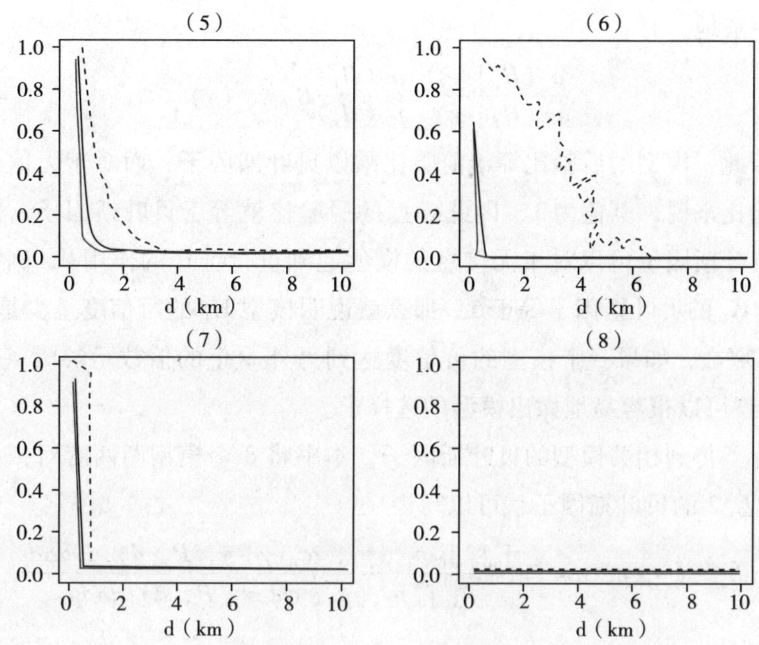

图 7－3　各模型先验结果验证

从图中可以看出，虽然每个模型的分布各不相同，但是其大的趋势还是类似的，这就说明先验结果基本上是合理的，可以进行下一项步骤。

三、模型选择

上节中本书已经确定了 8 个独立的连接概率模型，但是具体到实际问题之中，还存在着模型选择的问题，究竟哪个或者哪几个模型是比较符合研究实际情况的，还需要进行进一步分析。

下面，将运用贝叶斯因子法对模型进行选择。

简单来说，贝叶斯因子就是指两个给定先验假设概率模型之间的比值①。假定有模型 H_1 及 H_2，其参数向量分别为 θ_1 和 θ_2，则给定数据向量 y 的贝叶斯因子可由下式给出：

$$B_{H_1/H_2}(y)=\frac{\int p(y\mid\theta_1,H_1)\,p(\theta_1)\,d\theta_1}{\int p(y\mid\theta_2,H_2)\,p(\theta_2)\,d\theta_2} \qquad (7-4-10)$$

①Gelman A, Carlin J B, Stern H S, et al. Bayesian data analysis [M]. London: Chapman & Hall/CRC, 2014.

一般地，有

$$\frac{p\ (H_1 \mid y)}{p\ (H_2 \mid y)} = \frac{p\ (H_1)}{p\ (H_2)} B_{H_1/H_2}\ (y) \qquad (7-4-11)$$

因此，模型的后验比等于前验比乘以贝叶斯因子，而对于无信息的模型前验比来说，其值为1，因此模型的后验比就等于贝叶斯因子，也就是说，贝叶斯因子可以对于无信息的模型起到进行选择的作用①。例如，如果 H_1/H_2 的贝叶斯因子等于5，那么就说明模型 H_1 的可信度至少是 H_2 的5倍。那么，如果一个模型的可信度达到另外一个的倍数足够大（如100倍），就可以很容易地做出模型的选择了。

为了得到相关模型的贝叶斯因子，本书将8个模型两两凑对，如模型1与模型2的贝叶斯因子就可以写为

$$B_{1/2}\ (y,\ p,\ d) = \frac{\int_0^1 \int_0^\infty \int_0^\infty p_1\ (p_b,\ \alpha,\ \gamma \mid y,\ P,\ d)\ d\gamma d\alpha dp_b}{\int_0^1 \int_0^\infty p_2\ (p_b,\ \alpha \mid y,\ P,\ d)\ d\alpha dp_b} \qquad (7-4-12)$$

其余模型间的贝叶斯因子也与之相类似，不再赘述。

那么既然有了模型的先验结果和模型选择方法，随后本书就要对适用于中国城市的模型参数进行选择分析。

下面，本书将分析由成都市规划设计研究院提供的中国北部某城市居民居住和日常出行数据，该组数据描述了2004—2005年当地居民日常出行的距离及目的地。

为了研究数据，首先，本书使用 Monte Carlo 积分投点计算法对8个模型的贝叶斯因子进行估计，其结果如表7-4所示。

表7-6　估计贝叶斯因子值

贝叶斯因子值	模型1	模型2	模型3	模型4	模型5	模型6	模型7	模型8
模型1	-	-366.59	1419.41	814.64	12379.91	8928.24	9156.61	9017.0
模型2	366.59	-	1786.0	1181.23	12746.5	9294.83	9623.2	9383.59
模型3	-1419.41	-1786.0	-	-604.77	10960.5	7508.93	7737.2	7597.59

①Robert C. P.. The Bayesian Choice: A Decision - Theoretic Motivation [M]. Berlin: Springer, 1994.

续表

贝叶斯因子值	模型1	模型2	模型3	模型4	模型5	模型6	模型7	模型8
模型4	-814.64	-1181.23	604.77	-	11565.2	9113.6	8341.9	8202.36
模型5	-12379.91	-12746.5	-10960.5	-11565.2	-	-3451.67	-3223.3	-3362.91
模型6	-8928.24	-9294.83	-7508.83	-8113.6	3451.67	-	228.37	88.76
模型7	-9156.61	-9523.2	-7737.2	-8341.97	3223.3	-228.37	-	-139.61
模型8	-9017.0	-9383.59	-7597.59	-8202.36	3362.91	-88.76	139.61	-

其中正数代表模型 i 对模型 j 更可信，负数则相反。明显地，模型 2 相对于其他模型来说更有优势，其次是模型 1 及模型 4。

因此，下面将用模型 2 来对出行数据进行分析。运用 Metropolis 法[①][②]从模型的后验分布中抽取 10 次每次 1000 个样本共计 10000 个样本来对每个参数的边际后验分布特性进行分析，具体结果如表 7-7 所示。

表 7-7　模型参数分析

	最小值	5%	25%	50%	均值	75%	95%	最大值	标准差	四分位差
p_b	0.647	0.814	0.914	0.957	0.937	0.981	0.997	0.999	0.061	0.067
α	0.468	0.508	0.532	0.541	0.538	0.548	0.557	0.567	0.015	0.016
γ	2.909	2.927	2.948	2.957	2.956	2.968	2.985	3.009	0.017	0.023

从分析结果可以看出，连接基准概率 p_b 是相当的高，接近 1.0，这与先验预期相差不是很大，而 γ 则与我们先验的预期是有所差别的，十分接近 3，α 的均值则约为 0.54。参数之间的相关性为：$E[p(p_b, \alpha)] = 0.91$，$E[p(p_b, \gamma)] = -0.17$，$E[p(\alpha, \gamma)] = -0.54$，说明 p_b 与 α 是正相关的，而 γ 与二者都是负相关的关系。

接着，根据以上数据，本书绘制了在不同距离上的连接概率的后验预测分布（10 条 Markov 链），如图 7-4 所示。

从图中可以明显看出，在首个 2km 的范围内，p_b 的变化对概率的影响比较明显，在此区间内概率有跨度约 0.2 的波动，这是由于收集的数据中

①Metropolis N, Ulam S. The monte carlo method［J］. Journal of the American statistical association, 1949, 44 (247): 335-341.

②Metropolis N, Rosenbluth A W, Rosenbluth M N, et al. Equation of state calculations by fast computing machines［J］. The journal of chemical physics, 1953, 21 (6): 1087-1092.

1 ~2km 以内的资料比较缺乏而造成的后果，然后在 4km 到 10km 的范围，概率则急剧下降，说明物理距离对于社会出行网络连接的概率影响还是十分强大的。

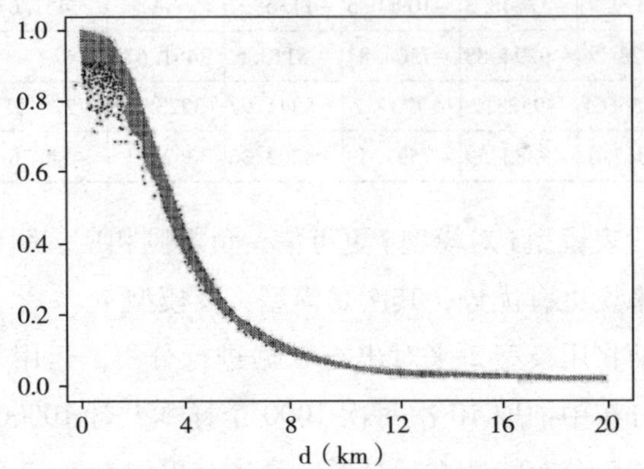

图 7－4　不同距离的概率后验预测分布

第五节　城市空间结构仿真

在用相关数据确定了适用于我国北部某一类型城市的模型及其参数之后，可以开始入手空间结构仿真研究，首先需要搭建起一个仿真框架。

一、仿真框架及工具

正如前方中提到的，前人的研究表明，大规模的人际网络的结构可以对社会—物理空间造成相当影响，因此，本节中将会研究以上述空间模型为依托的城市空间尺度上物理距离与个体连接概率的关系，以及空间结构的基本变化过程和规律。

整个仿真的框架具体如下：首先设定好研究区域类型及其人口分布初始状态，然后利用元胞自动机模型对土地和人口密度进行划分，然后利用上节计算得到的模型及参数结合多智能体对元胞进行状态转换，并以一年为仿真的步进，观察其十年之后的状态，并以此得到分析结论。

(一)元胞自动机模型简介

元胞自动机是一个用于仿真模拟复杂系统的空间动态模型[①]。元胞自动机的特征具有:开放性和灵活性、离散性和并行性、空间性、局部性[②]。最早在19世纪40年代,Ulam在研究一种生命系统的一种自我复制功能时,提出元胞自动机模型。随后,Von Neumann研究了其逻辑本质[③]。

元胞自动机被广泛应用于模拟城市地理空间系统[④]。元胞自动机模型用于仿真城市土地利用动态变化被许多研究学者青睐[⑤⑥]。其根本的原因在于以下几点:

(1)元胞自动机能够模拟可视化的复杂空间分布过程,能够采用简单的规则,即可捕捉城市扩张的复杂行为。由于它能捕捉城市复杂的时空动态特点,元胞自动机非常适用于描述引起土地利用变化的空间因素;

(2)元胞的离散、方格特点能够动态灵活地表现对应地理位置的空间因素。与基于交通分析小区的土地利用模型相比,基于离散方格的元胞自动机模型能够更为精确地描述土地利用变化,同时也能与栅格地理数据完美结合,便于GIS的空间分析。

1. 元胞

元胞(CA)由空间特征、时间步骤、状态集合、转换规则、邻域五个元素组成。当只考虑二维状况,元胞的空间特征可以用任何几何形状来

---

①Bone C, Dragicevic S. Sensitivity of a Fuzzy – Constrained Cellular Automata Model of Forest Insect Infestation [J]. 1964.

②徐昔保. 基于GIS与元胞自动机的城市土地利用动态演化模拟与优化研究 [D]. 兰州:兰州大学,2007.

③White R, Engelen G. Cellular automata and fractal urban form: a cellular modelling approach to the evolution of urban land – use patterns [J]. Environment and planning A, 1993, 25 (8): 1175 – 1199.

④Batty M, Xie Y. From cells to cities [J]. Environment and Planning B abstract, 1994, 21 (7): 31 – 48.

⑤Clarke K C, Gaydos L J. Loose – coupling a cellular automaton model and GIS: long – term urban growth prediction for San Francisco and Washington/Baltimore [J]. International journal of geographical information science, 1998, 12 (7): 699 – 714.

⑥Li X, Yeh A G O. Neural – network – based cellular automata for simulating multiple land use changes using GIS [J]. International Journal of Geographical Information Science, 2002, 16 (4): 323 – 343.

表示。一般在土地利用变化模拟中，一个元胞的方格对应于一块正方形的土地（比如，本文采用的代表面积为50m×50m）。采用正方形不仅简单直观，而且与栅格 GIS 数据吻合，有利于进一步的 GIS 数据处理。时间步骤用于描述元胞在时间维上的变化、间距相等。在土地利用变化预测模型中，时间步骤一般为 1 年或者 5 年，可以根据数据获取情况决定。

元胞的状态为土地利用类型，如居住用地、工业用地等。严格意义上讲，在某一时刻，元胞的状态是唯一的。随着时间的变化，元胞状态也可能随之更新。元胞的时间、状态集合都是离散集。元胞 t+1 时刻的状态都将根据其当前 t 时刻的状态和转换规则进行更新。

2. 转换规则

土地利用预测模型中元胞自动机模型的转换规则，是指元胞从当前状态转换到另一种状态的具体依据，通常是一个元胞当前状态 st、邻居状态 N 及影响因素 Y 的函数：

$$s^{t+1} \approx f\ (s^{t},\ N,\ Y)$$

元胞自动机土地利用模型中，转换规则一般与周边邻域的土地利用类型、元胞的交通、环境、政策等因素有关。元胞自动机的领域常有三类，Von Neumann 型、Moore 型和扩展的 Moore 型。Von Neumann 型只考虑与元胞直接相邻的上、下、左、右四个元胞，Moore 型考虑周边的八个元胞（如图 7－5 所示）。

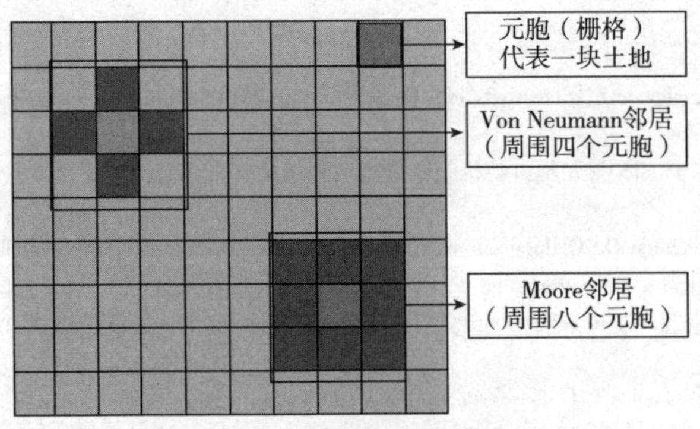

图 7－5　元胞及其邻居示意图

当然，在实际运用过程中，可根据模型特点自定义元胞邻居范围，比如考虑 500 米以内、2000 米以内的邻居性质等。

在基于元胞自动机的土地利用模型中，通过制定不同的转换规则，或者设定一系列的约束条件，以满足不同的土地变化目标，并产生理想的城市土地利用形态结果[①][②]。

元胞自动机土地利用模型中，每个元胞的状态表示一种土地利用类型。元胞状态与不同的空间属性相关，每一个时间步骤下，每个元胞状态根据转换规则进行同步更新。研究表明，能够通过定义适当的转换规则，很好地模拟城市时空复杂的系统变化[③][④]。

（二）多智能体模型简介

“智能体”（Agent）的概念最初出现于20世纪70年代。与神经网络一样，智能体也是人工智能的一种，能够通过传感器感知其周围环境，并借助于执行器作用于该环境的任何事物。

随着计算机网络、分布并行处理技术的发展，智能体已成为人工智能和计算机领域一个十分活跃的研究领域，并在工业、军事、交通等领域得到广泛应用[⑤]。

智能体是一种具有自主性、交互性、反应性和主动性等基本特征的载体[⑥]，拥有一定的计算资源和控制机制，根据其自身状态和外部环境信息，做出最优决定并主导自身行为[⑦]。

更复杂的“多智能体”是由许多智能体一同组成的系统，是一个高度

---

①Al－Ahmadi K，See L，Heppenstall A，et al. Calibration of a fuzzy cellular automata model of urban dynamics in Saudi Arabia［J］. Ecological Complexity，2009，6（2）：80－101.

②Yang Q.，X. Li，X. Shi. Cellular automata for simulating land use changes based on support vector machines［J］. Computers & Geosciences，2008，34（6）：592－602.

③Santé I，García A M，Miranda D，et al. Cellular automata models for the simulation of real－world urban processes：A review and analysis［J］. Landscape and Urban Planning，2010，96（2）：108－122.

④Wu F. Calibration of stochastic cellular automata：the application to rural－urban land conversions［J］. International Journal of Geographical Information Science，2002，16（8）：795－818.

⑤承向军，杨肇夏. 基于多智能体技术的城市交通控制系统的探讨［D］. 北方交通大学学报，2002，26（5）：47－50.

⑥Lambin E F，Geist H J. Land－use and land－cover change：local processes and global impacts［M］. Springer Science & Business Media，2008.

⑦Matthews R B，Gilbert N G，Roach A，et al. Agent－based land－use models：a review of applications［J］. Landscape Ecology，2007，22（10）：1447－1459.

开放的智能系统。在“多智能体”系统下，为达到某个特定目标，多个智能体通过相互间协调作用，与外界环境交互作用，可以各自做出反应决策。

Manson S. M. [①] 通过对比一系列土地利用模型[②]，表明多智能体方法非常适合于描述复杂空间环境下的土地利用变化的微观个体决策行为。

多智能体系统能够研究土地利用智能体的个体行为以及它们之间的相互作用。通常，多智能体的土地利用模型主要有两个模块构成：

第一部分是采用栅格元胞代替表面的一块土地，这与元胞自动机模型的构建一致；

第二部分是构建基于智能体模型，描述各智能体对土地栅格的决策行为。

在许多土地利用交通一体化模型中，多智能体也得到了广泛应用。比如，在 UrbanSim 中，多智能体模型被应用于描述房地产市场中家庭、开发商及政府等智能体的选择行为及它们之间的相互作用关系[③]。这些房地产市场下的智能体通过一定原则，做出关于位置选择、开发等方面的决策行为，UrbanSim 对这些行为进行处理、转化，使规划者、政府决策者等易于理解分析。

Zhou & Kockelman（2010）提出一多智能体模型的基于块数据范围的土地利用均衡模型，考虑土地利用市场智能体的行为及其间的相互作用，包括家庭智能体，就业智能体以及土地开发商/拥有者智能体。

（三）结合方法

近年来，国内外很多学者广泛采纳元胞自动机模型与多智能体模型，描述土地利用动态变化。将二者结合起来，被认为能够综合表现土地利用

①Manson S M. Agent－based dynamic spatial simulation of land－use/cover change in the Yucatán peninsula，Mexico［C］//Fourth International Conference on Integrating GIS and Environmental Modeling（GIS/EM4），Banff，Canada. 2000，2（8）.

②Parker D C，Manson S M，Janssen M A，et al. Multi－agent systems for the simulation of land－use and land－cover change：a review［J］. Annals of the association of American Geographers，2003，93（2）：314－337.

③Waddell P. UrbanSim：Modeling urban development for land use，transportation，and environmental planning［J］. Journal of the American Planning Association，2002，68（3）：297－314.

变化的各驱动因素，以较好地预测仿真土地变化。图7－6显示了将元胞自动机与多智能体结合的框架图①。

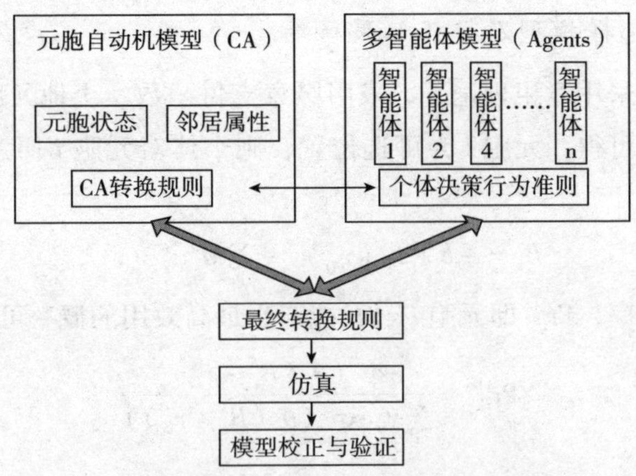

图7－6　元胞自动机与多智能体模型结合基本框架

元胞自动机被广泛应用于时空复杂的城市土地利用模拟②，而多智能体系统主要研究土地利用智能体之间的智能行为的协调、协商、协作、竞争③。

在本书中的智能体主要是居民智能体。

1. 搬迁模型

居民搬迁模型采用二元Logit模型，以计算现有居民从当前元胞i搬离的概率，Pr_{ik}^{nov}。假设居民搬迁的效用与其当前元胞的属性 O_i（如周边空元胞数量等）以及与其他元胞的连接率 P_i 相关，即有

$$u_{ik}^{mov} = w_{1,mov} O_i + W_{2,mov} P_i \qquad (7-5-1)$$

其中W为对应各指标的参数。假设效用函数 u_{ik}^{mov} 服从参数 ζ 为的IID Gumbel分布，则搬迁概率 $Pr_{ik}^{h,nov}$，可表示为

①Sudhira H S. Integration of agent－based and cellular automata models for simulating urban sprawl［J］. Unpublished Master Thesis，International Institute for Geo－Information Science and Earth Observation & Department of Space，Indian Institute of Remote Sensing，National Remote Sensing Agency（NRSA）（Enschede，Dehradun，2004），2004.

②Batty M，Xie Y，Sun Z. Modeling urban dynamics through GIS－based cellular automata［J］. Computers，environment and urban systems，1999，23（3）：205－233.

③Torrens P M. New advances in urban simulation：Cellular automata and multi－agent systems as planning support tools in SS Geertman，J.，ed［J］. Planning Support Systems in Practice. 2002.

$$\Pr_{ik}^{\mathrm{mov}}\frac{\exp\ (\zeta u_{ik}^{\mathrm{mov}})}{1+\exp\ (\zeta u_{ik}^{\mathrm{mov}})} \tag{7-5-2}$$

2. 位置选择模型及校正结果

位置选择采用竞租理论下，采用愿意支付函数，土地元胞被最高竞价者获得。推理可得，元胞 i 为可选位置，则个体对元胞 i 愿意支付函数 B_i 可表示为

$$B_i = -b + z_i\ (\eta_{i1})\ - \sum_p M^p \varphi_i^p\ (t) \tag{7-5-3}$$

则选择概率，$\Pr_{ik}^{\mathrm{cho}}$ 即元胞 $i \in \Omega_1$ 能产生最高效用的概率可表示为

$$\Pr_{ik}^{\mathrm{cho}} = \frac{\exp\ (\theta\ (B_i^K - r_{ik}))}{\sum_i x_{il}\exp\ (\theta\ (B_i^1 - r_{ik}))} \tag{7-5-4}$$

二、两类典型仿真对象及其特点

对城市交通规划来说，最关心的问题便是一个城市的空间形态随着时间的推移会作何种改变，进而再去适应它，因此本书将研究对象分为两种典型，一种是研究一个具有核心的城市在社会—物理网络作用下如何变化，另一种是研究两个具有不同实力的城市之间在社会—物理网络作用下如何变化。

1. 类型一

其具体特点如图 7－7 所示。

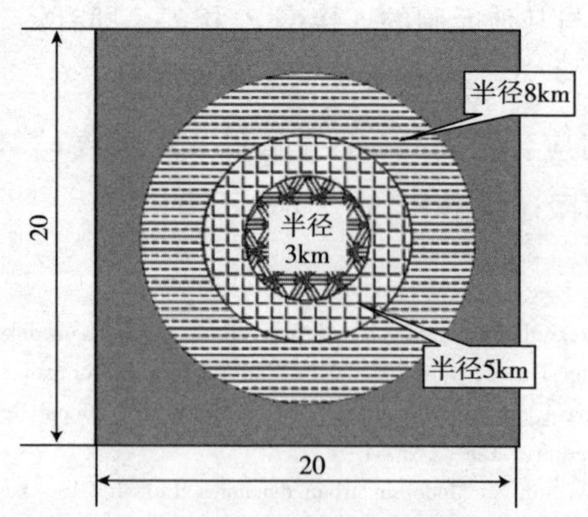

图 7－7　单核心城市及其人口分布

这种类型将研究范围固定在一个 20km×20km 的矩形空间之内，主要研究一个具有核心的城市在社会—物理网络作用下如何变化，其中其核心地区为一以矩形重心为圆心、半径 3km 的圆形，设其中人口（非空元胞）密度为每单位 100，其第二层次为半径 5km 的圆形，元胞密度为每单位 80，第三层次为半径 8km 的圆形，元胞密度为每单位 50，则以 50m×50m 为单位元胞划分，其非空元胞总量约为 51870 个。此外，根据相关资料，非空元胞（人口）的年自然增长率取 1%。

2. 类型二

其具体特点如图 7－8 所示。

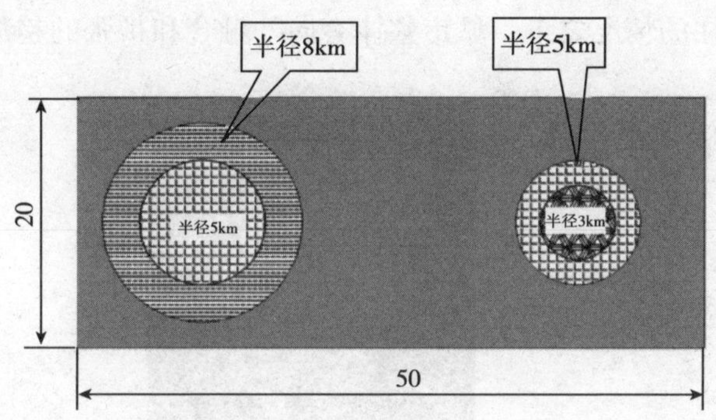

图 7－8 两城市及其人口分布

这种类型将研究范围固定在一个 20km×50km 的矩形空间之内，主要研究两个较近距离、具有不同实力的城市之间在社会—物理网络作用下如何变化，其中左侧的 A 市其核心地区为一半径 5km 的圆形，设其中人口（非空元胞）密度为每单位 100，其第二层次为半径 8km 的圆形，元胞密度为每单位 80；右侧的 B 市其核心地区为一半径 3km 的圆形，设其中人口（非空元胞）密度为每单位 100，其第二层次为半径 5km 的圆形，元胞密度为每单位 80，则以 50m×50m 为单位元胞划分，其非空元胞总量约为 97960 个，A 市非空元胞约是 B 市的 2.58 倍。此外，根据相关资料，非空元胞（人口）的年自然增长率取 1%。

三、仿真结果分析

（一）类型一仿真结果分析

类型一的仿真结果如图 7－9 所示。

其中颜色越浅的部分代表非空元胞密度越大。

从图中可以明显看出，以半径 3km 的圆形区域为核心，整体的元胞分布还是比较均匀的，基本呈平滑衰减趋势，在半径 6km 的圆形区域以内，基本符合 d－3 与核心距离的衰减，而在半径约 8km 的圆形区域的边缘，存在着一个非空元胞与空元胞的比较模糊的扩张性边界，说明在只考虑居民的社会交往的情况之下，城市整体有向外融合和扩张的趋势。

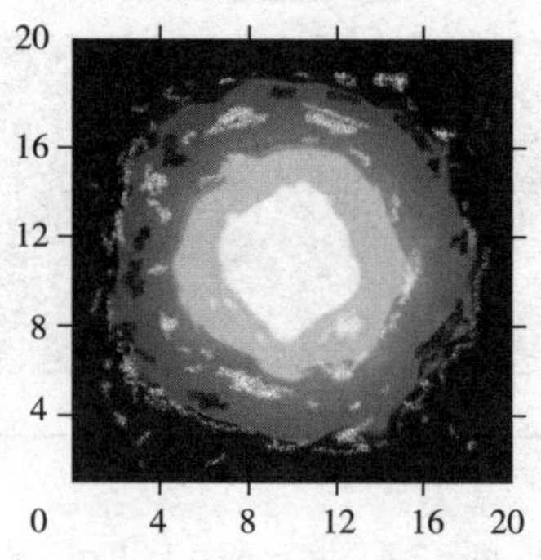

图 7－9　类型一仿真结果

（二）类型二仿真结果分析

类型二的仿真结果如图 7－10 所示。

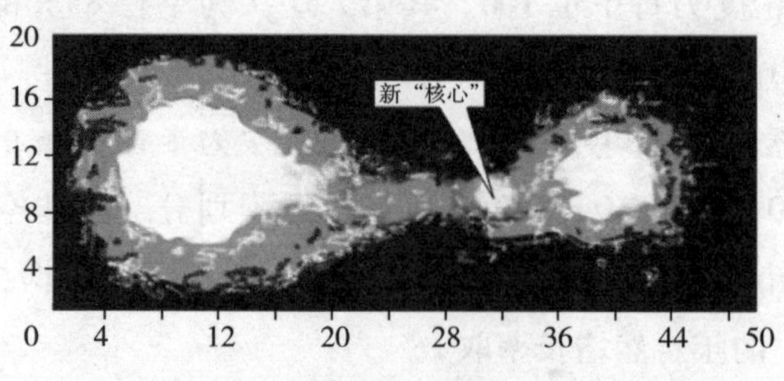

图 7－10　类型二仿真结果

从图中可以明显看出，类型二除与类型一有类似之处的特征之外，各城市的核心区域相对变化较小，总体扩张方向都是向着对方，两城市之间出现了一条狭长的非空元胞带。此外，在非空元胞带之中，还隐约有形成新的“核心”的趋势，且该“核心”的位置与两市核心区域的非空元胞数量存在一定的关系，据初步测算，在本类型模型之中，若两市核心区域的元胞数量分别为 C_1 和 C_2，核心距离为 d，则该位置与$\frac{C_2\ln d}{C_1\exp(d^{-1})}$有关，且更接近较弱小的核心，这也揭示了城市群是如何从小到大生长的过程。

（三）结论分析

1. 仿真结果与事实情况相似

在实际研究之中发现，我国现有的城市群都是依托一个或者两个城市为核心发展起来的，如珠三角城市群、成渝城市群等，而其发展的规律可归纳为原有核心对周边地区的扩张、辐射和吸引，且外围每点受到影响的程度与该点到核心距离 d^{-3} 有关，如图 7－11 所示。

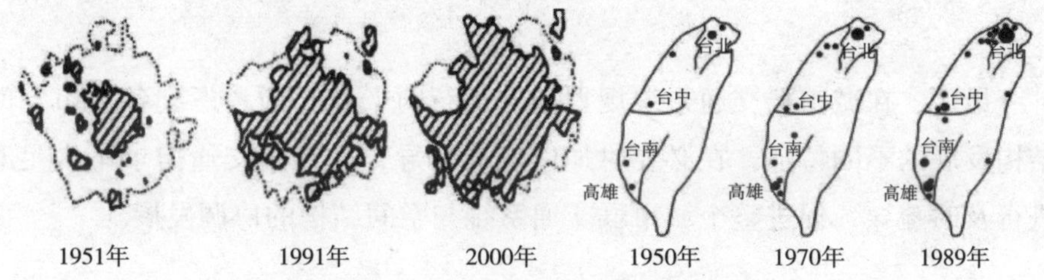

图 7－11 城市发展过程对比

此外，在两个近距离的城市之间，更容易形成新的聚集点，进而发展为小城镇带或者两个城市最终“同城化”，如图 7－12 所示。

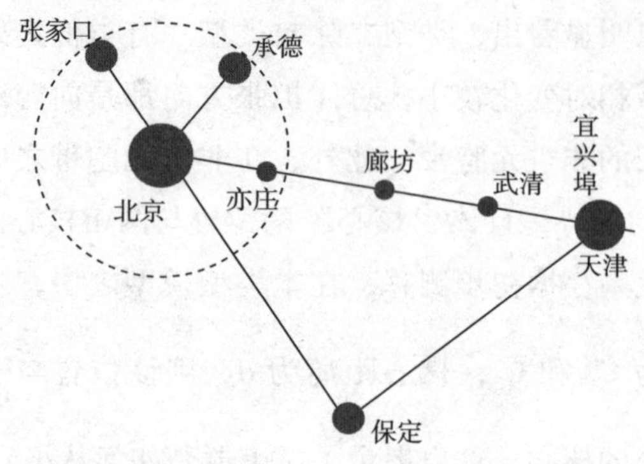

图 7－12　两个近距离城市之间的聚集点①

2. 根据仿真结果所提出的建议

通过分析认为，首先，城市空间结构的关键在于人口高密度地区也就是城市核心区域的确定和发展。

其次，两近距离城市之间可能形成的新“核心位置”与$\frac{C_2 \ln d}{C_1 \exp(d^{-1})}$有关，且更接近较弱小的核心，这需要在进行交通枢纽、站点布局时加以注意。

最后，在城市群交通系统规划工作进行时，就必须考虑到各城市空间结构发展的不同特征，在必要时加以发展引导，在预期交通需求不满足时进行及时疏导，促进整个城市群交通系统与空间结构的协调发展。

①穆学明．京津冀区域的结构化与城镇布局［J］．城市，1995（1）：21－25.

08 第八章 城市群交通系统效率测度指标与方法

上文的分析说明，城市群交通系统的协调发展离不开其内部交通与外部交通、各交通子系统之间的协调，而这两者都与城市群交通系统的效率有关，因此，对城市交通系统的效率进行研究，对于城市群交通系统的规划和发展具有意义。

第一节 测度指标体系构建

一、构建思路

指标，具有揭示、指明、宣布或者使公众了解等含义。它是帮助人们理解事物如何随时间发生变化的定量化信息，反映总体现象的特定概念和具体数值。指标一般是由指标名称及具体数值构成。指标名称表明所研究对象数值方面的科学概念，即质的规定性。依据指标名称反映的社会经济内容，通过统计工作获得的统计数字就是指标数值。

任何指标都是从数量上说明物质的总体或某种属性和特征的，它的语言是数字。凡是客观存在的、相互联系的若干个指标所组成的一个整体，都称为指标体系。它是由一系列相互联系、相互制约的指标组成的科学的、完整的总体。

因此，对城市群交通系统协调发展进行定量研究，首先要建立一套把系统要素及影响因素进行量化的综合测度指标体系，根据测度指标体系对交通系统进行监测、评价、预测等研究，为系统协调发展规划提供决策与支持，使发展不偏离可持续发展的正确轨道；同时，通过衡量测度指标体系的监测结果，了解交通系统协调发展系统目标达到的程度，对其发展水平进行纵向与横向的分析比较，以便发现问题，检验其发展的方向。总之，建立城市群交通系统协调发展测度指标体系，是将系统协调发展理论从定性分析阶段向定量阶段转变的必要条件。

交通系统测度指标体系的建立主要是指标选取及指标之间结构关系的确定。对于交通系统测度指标的选取和指标关系的确定，既要求对交通系统所涉及的专业领域的知识、系统评价理论等有深邃的把握，也要求必须具备丰富的应用研究经验。

交通系统的测度指标体系的建立过程应该是定性分析和定量研究的相互结合的过程。定性分析主要是从测度的目的和原则出发，考虑评价指标的完备性、针对性、稳定性、独立性以及指标与测度方法的协调性等因素，主观确定指标和指标结构的过程。定量研究则是指通过一系列检验，使测度指标体系更加科学和合理的过程。为此，交通系统测度指标体系的构造过程可分为两个阶段：

1. 指标体系的初选

指标体系的初选方法有综合法和分析法两类①②。

综合法是指对已存在的一些指标群按一定的标准进行聚类，使之体系化的一种构造指标体系的方法。如在一些拟定的指标体系基础上，作进一步归类整理，使之条理化后形成一套指标体系。

分析法是指将度量对象和度量目标划分成若干部分，并逐步细分，直到每一部分都可以用具体统计指标来描述、实现。

2. 指标体系的完善

初选后的指标体系未必是满意的、可取的，还必须对初选的指标体系进行完善化处理。测验每个指标的数值能否获得，那些无法或很难取得准确资料的指标，或者即使能取得但费用很高（高于指标体系本身所带来的社会经济效益）的指标，都是不可行的。同时还要考虑测验每个指标的计算方法、计算范围及计算内容的正确性。此外，还要对指标体系中指标的重要性、必要性及完备性进行分析。

①秦寿康，等．测度原理与应用［M］．北京：电子工业出版社，2003.

②叶义成，柯丽华，黄德育．系统测度技术及其应用［M］．北京：冶金工业出版社，2006.

二、测度指标选择原则

在实际的交通系统协调发展测度研究中，如果测度指标过多、存在重复性，分析会受到干扰；测度指标过少，则可能所选的指标缺乏足够的代表性。因此，在建立测度指标体系时应该遵循以下原则①。

1. 系统性原则

综合指标体系应能全面反映测度对象的本质特征和整体性能，从中找出主要方面的指标，既能反映直接效果，又能反映间接效果，以保证综合评价的全面性与可信度。综合指标体系的整体评价功能大于各分项指标的简单总和。应注意使综合指标体系层次清楚、结构合理、相互关联、协调一致。要抓住事物的主要因素，以保证测度的全面性和可信度。指标体系是指标的有机集合，不仅要注意指标体系整体的内在联系，而且要注意整体的功能和目标，并形成一定的层次。

2. 一致性原则

测度指标体系应与评价目标一致，从而充分体现测度活动的意图。所选的指标既能反映直接效果，又要反映间接效果，不能将与评价对象、评价内容无关的指标选择进来。指标选择上，特别注意在总体范围内的一致性，指标选取的计算量度和计算方法必须一致统一。

3. 独立性原则

测度的同层次上的指标不应具有包含关系，保证指标能从不同方面反映系统可协调发展的实际情况。指标之间应尽可能避免明显的关联和重叠关系。对隐含的相关关系，要在模型中用适当的方法消除。

4. 可测性原则

测度指标能够被测定或度量，尽可能用数字说话。测度指标含义要明确，数据要规范，口径要一致，资料收集要简便。指标含义明确，计算指标所需的数据资料便于收集、计算方法简便、易于掌握。指标设计必须符合国家和地方的方针、政策、法规。

---

①郭亚军．测度理论与方法［M］．北京：科学出版社，2002.

5. 科学性原则

以科学理论为指导，以客观的系统内部要素以及其本质联系为依据，定性与定量分析相结合，正确反映系统整体和内部相互关系的数量特征。指标体系必须科学地反映研究对象的水平，指标设计在名称、含义、内容、时空和计算范围、计量单位和计算方法等方面必须科学明确和没有歧义。能客观真实地反映各个子系统的特点和状况，能客观全面反映出各指标之间的真实关系。各评价指标应该具有典型代表性，不能过多过细，使指标过于烦琐，相互重叠，指标又不能过少过简，避免指标信息遗漏，出现错误、不真实现象。

6. 可比性原则

交通系统测度指标体系可比性越强，测度结果的可倍度就越大。测度指标和评价标准的制定要客观实际、便于比较。可比性原则指标应该在不同的时间或空间范围上具有可比性。为使建立的指标具有可比性，实现指标定量化，对于非定量指标，也需建立相对优劣的评定标准。各指标尽量简单明了、微观性强、便于收集，各指标应该要具有很强的现实可操作性和可比性。而且，选择指标时也要考虑能否进行定量处理，以便于进行数学计算和分析。

7. 继承性和创新性相结合原则

首先指标要具有继承性，应在充分利用已有研究的指标体系基础上，避免重复与无效工作。同时，指标也要具有一定的创新性，城市群作为一个新生事物，人们对他的认识还在不断深化之中，同时随着经济与社会的发展，城市群交通出现了许多新问题。因此，在指标设计上要结合城市群交通系统协调发展的理念有所发展和创新。

8. 数据易于获取原则

指标的设计必须具有可操作性，必须考虑指标值的测量和数据搜集工作的可行性，同时还要求在建立指标体系时搭配好主观指标和客观指标的比例关系，尽可能使用现行的统计指标。选取的指标的数据应是比较公开和权威的，便于研究的进行。

第二节　测度指标选取

一、初选指标体系及解析

根据上文城市群交通系统协调发展测度指标的系统分析和构建思路、构建原则，并结合各种统计数据的获取难易程度，可以初步建立如表8－1所示的指标体系结构。

表8－1　城市群交通系统协调发展测度初选指标体系

指标名称	指标编号
城市群人口总数	X1
非农业人口总数	X2
人均国内生产总值	X3
工业总产值	X4
城镇建成区面积	X5
城市人口密度	X6
平均每人可支配收入	X7
人均社会消费品零售总额	X8
人均居住面积	X9
普通高等学校大学生数	X10
科技人员数	X11
人均固定投资额	X12
普通高等学校专任教师数	X13
能源消费总量	X14
城镇居民每百户拥有家用汽车	X15
人均城市道路面积	X16
公路网密度	X17
铁路网密度	X18
公路固定资产投资额	X19
公路客运量	X20
公路货运量	X21
公路客运周转量	X22

续表

指标名称	指标编号
公路货运周转量	X23
公路平均运距	X24
铁路固定资产投资额	X25
铁路客运量	X26
铁路货运量	X27
铁路客运周转量	X28
铁路货运周转量	X29
铁路平均运距	X30
航空固定资产投资额	X31
航空客运量	X32
航空货运量	X33
航空客运周转量	X34
航空货运周转量	X35
航空平均运距	X36
内河航道里程	X37
管道里程	X38

对这些指标的说明如下：

1. 城市群人口总数（X1）

又称总人口数。是指一定时点（通常为年末）、城市群地域范围内所有的有生命活动的个人的总和。人口总数是人口统计中最基本的指标。

2. 非农业人口总数（X2）

指不以农业为主要生产对象的人口，一般来说，包括：①各类专业、技术员；②国家机关、党群组织、企业单位负责人、办事人员和有关人员；③商业工作人员；④服务性工作人员；⑤生产工人、运输工人和有关人员；⑥不易分类的其他劳动者。

3. 人均国内生产总值（X3）

指区域内国内生产总值与人口总数的比值。反映了单个人对经济发展所做出的贡献，也反映了人均收入的变化和资源消耗的变化，是反映经济发展水平的重要指标。

4. 工业总产值（X4）

以货币表现的区域内工业企业在报告期内生产的工业产品总量。根据计算工业总产值的价格不同，工业总产值又分为现价工业总产值和不变价工业总产值，不变价工业总产值是指在计算不同时期工业总产值时，对同一产品采用同一时期或同一时点的工业产品出厂价格作为不变价，又称 w 定价格。

5. 城镇建成区面积（X5）

实际开发建设起来的集中连片的、市政公用设施和公共设施基本具备的地区的面积。

6. 城市人口密度（X6）

人口密度是单位面积内的人口数。表示生活在城市范围内的人口稀密程度的指标。其计算公式为

城市人口密度 = 城市人口/城市面积。

7. 平均每人可支配收入（X7）

又称为人均可支配收入。指个人收入扣除向政府缴纳的个人所得税、遗产税和赠予税、不动产税、人头税、汽车使用税以及交给政府的非商业性费用等以后的余额。个人可支配收入被认为是消费开支的最重要的决定性因素。因而，常被用来衡量一国生活水平的变化情况。其计算公式为

人均可支配收入 =（实际收入 - 副业生产支出 - 记账补贴 - 个人所得税）/总人数

8. 人均社会消费品零售总额（X8）

指区域内批发和零售业、住宿和餐饮业以及其他行业直接售给城乡居民和社会集团的社会消费品零售总额与总人数的比值。反映一定时期内人民物质文化生活水平的提高情况，反映社会商品购买力的实现程度，以及零售市场的规模状况。由社会商品供给和有支付能力的商品需求的规模所决定，是研究居民生活水平、社会零售商品购买力、社会生产、货币流通和物价的发展变化趋势的重要资料。

9. 人均居住面积（X9）

指住宅建筑各层平面中直接供住户生活使用的居室净面积之和与居民人数的比值，反映居民生活水平。其计算公式为

人均居住面积 = 住宅居住面积/居住人口

10. 普通高等学校大学生数（X10）

如字面意思。反映区域人力资源及科技水平。

11. 科技人员数（X11）

广义上来说是掌握一项相关技术的人才数量，可以是具有农、林、电、工、理、医、法、经济等各个学科领域相关技术的人才数量。

12. 人均固定投资额（X12）

一定时期（一年）区域花在各种资本品的支出，如政府兴建道路、机场等基本设施或是一般企业辟建厂房、购买机器设备等的支出与总人数的比值。

13. 普通高等学校专任教师数（X13）

如字面意思。反映区域人力资源及科技水平。

14. 能源消费总量（X14）

一定时期（一年）内区域用于生产和生活的各种能源消费量的总和。观察能源消费水平、构成和增长速度的总量指标。包括原油及其制品、天然气、电力。

15. 城镇居民每百户拥有家用汽车（X15）

如字面意思。反映区域生活消费水平及城市交通现代化发展水平的重要指标。

16. 人均城市道路面积（X16）

人均道路面积是指城市道路总面积与城市人口总量的比值，它反映了城市交通中人均拥有的交通资源情况，可以通过计算得到，也可以直接在相关城市或交通的统计资料、统计年鉴中查阅。

17. 公路网密度（X17）

指每百平方千米的公路长度，是衡量公路发展水平的主要指标。

18. 铁路网密度（X18）

指每百平方千米的铁路营业里程，是衡量铁路发展水平的主要指标。

19. 公路固定资产投资额（X19）

一定时期（一年）区域花在公路资本品上的支出。

20. 公路客运量（X20）

指在一定时期内，公路交通运输工具实际运送的旅客数量。它是反映交通为国民经济和人民生活服务的数量指标，也是制订和检查运输生产计划、研究运输发展规模和速度的重要指标。

21. 公路货运量（X21）

指在一定时期内，公路交通运输工具实际运送的货物数量。它是反映交通为国民经济和人民生活服务的数量指标，也是制订和检查运输生产计划、研究运输发展规模和速度的重要指标。

22. 公路客运周转量（X22）

指在一定时期内，公路运输工具运送的旅客数量与其相应距离的乘积之总和。该指标反映运输业生产的总成果，也是编制和检查运输生产计划，计算运输效率、劳动生产力以及核算运输单位成本的主要基础资料。

23. 公路货运周转量（X23）

指在一定时期内，公路运输工具运送的货物数量与其相应距离的乘积之总和。该指标反映运输业生产的总成果，也是编制和检查运输生产计划，计算运输效率、劳动生产力以及核算运输单位成本的主要基础资料。

24. 公路平均运距（X24）

亦称“平均运程”。一定时期内公路运输部门运送的货物或旅客的平均距离。说明平均每吨货物或每名旅客的运送里程。以公里表示。

25. 铁路固定资产投资额（X25）

一定时期（一年）区域花在铁路资本品上的支出。

26. 铁路客运量（X26）

指在一定时期内，铁路运输工具运动的旅客数量与其相应距离的乘积之总和。该指标反映运输业生产的总成果，也是编制和检查运输生产计划，计算运输效率、劳动生产力以及核算运输单位成本的主要基础资料。

27. 铁路货运量（X27）

指在一定时期内，铁路交通运输工具实际运送的货物数量。它是反映交通为国民经济和人民生活服务的数量指标，也是制订和检查运输生产计划、研究运输发展规模和速度的重要指标。

28. 铁路客运周转量（X28）

指在一定时期内，铁路运输工具运送的旅客数量与其相应距离的乘积之总和。该指标反映运输业生产的总成果，也是编制和检查运输生产计划，计算运输效率、劳动生产力以及核算运输单位成本的主要基础资料。

29. 铁路货运周转量（X29）

指在一定时期内，铁路运输工具运送的货物数量与其相应距离的乘积之总和。该指标反映运输业生产的总成果，也是编制和检查运输生产计划，计算运输效率、劳动生产力以及核算运输单位成本的主要基础资料。

30. 铁路平均运距（X30）

亦称“平均运程”。一定时期内铁路运输部门运送的货物或旅客的平均距离，说明平均每吨货物或每名旅客的运送里程，以公里表示。

31. 航空固定资产投资额（X31）

一定时期（一年）区域花在航空资本品上的支出。

32. 航空客运量（X32）

指在一定时期内，航空交通运输工具实际运送的旅客数量。它是反映交通为国民经济和人民生活服务的数量指标，也是制订和检查运输生产计划、研究运输发展规模和速度的重要指标。

33. 航空货运量（X33）

指在一定时期内，航空交通运输工具实际运送的货物数量。它是反映交通为国民经济和人民生活服务的数量指标，也是制订和检查运输生产计划、研究运输发展规模和速度的重要指标。

34. 航空客运周转量（X34）

指在一定时期内，航空运输工具运送的旅客数量与其相应距离的乘积之总和。该指标反映运输业生产的总成果，也是编制和检查运输生产计划，计算运输效率、劳动生产力以及核算运输单位成本的主要基础资料。

35. 航空货运周转量（X35）

指在一定时期内，航空运输工具运送的货物数量与其相应距离的乘积之总和。该指标反映运输业生产的总成果，也是编制和检查运输生产计划，计算运输效率、劳动生产力以及核算运输单位成本的主要基础资料。

36. 航空平均运距（X36）

亦称“平均运程”。一定时期内航空运输部门运送的货物或旅客的平均距离，说明平均每吨货物或每名旅客的运送里程，以公里表示。

37. 内河航道里程（X37）

也称内河通航里程，指在一定时期内，能通航运输船舶及排筏的天然河流、湖泊水库、运河及通航渠道的长度。该指标反映内河水运网的规模。

38. 管道里程（X38）

也称输油（气）里程，指油品（或天然气）的实际输送距离，一般按输油（气）管道的单线长度计算。若包括复线和备用线长度则称为输油（气）管道延展长度，是指管道铺设的实际长度。我们通常使用的是不包括复线的“输油（气）管道里程”。该指标可以反映管道运输的发展规模和水平。

二、指标隶属度及因子分析

（一）指标隶属度

由于初选指标主观性较强，相互间可能存在较大相关性，因此反映信息情况可能出现重叠。此外指标过多会影响评价工作的可操作性，并影响评价结论的稳定性和可信度，所以必须对其进行进一步筛选。

本研究通过德尔菲法和模糊数学分析法相结合，对初选指标进行隶属度分析，以增强其可信度和有效度。

德尔菲法最主要的一环是专家选择。一般地，拟选的专家应该是经历与本研究相关，且在相关领域从事10年以上技术工作的专业人员。专家选择必须通过有目的的程序进行，其人数根据研究规模控制在15至50人左右。

本次研究共选择30位在交通规划与管理相关领域工作的专家和学者，在专家咨询过程中，共进行两轮函询。第一轮发出问卷30份，回收问卷26份，回收率为86.7%，第二轮发出问卷26份（即第一轮对问卷进行了回复的专家），回收率100%。这26位专家分别工作在与交通运输规划和管理相关的教学、科研、生产和行政管理领域，职业分布情况为：大学副教授（及以上）10人，科研机构研究人员10人，交通运输企业高工3人，政府交通管理部门专家3人。在本领域工作年限最低的为10年，最高28年。在参加调查的专家中，表示对评价指标很熟悉的占18人，占69%，熟悉和基本熟悉的8人，占31%，没有人表示不熟悉。由于专家选择比较合理，所收集的建议和意见具有较好代表性。

在第一轮函询时，向专家提供和谐交通体系评价指标体系设计问卷调查表I，见附录1。请专家根据自身的专业知识和经验，从38个和谐交通体系评价指标中选出15个他们认为最理想的指标。在回收的26份有效问卷基础上进行统计分析，分别得到38个评价指标的隶属度，见表8-2。其中隶属度的计算公式为

$$R_i = M_i / P \tag{8-2-1}$$

式中，P是参加调查的总人数；

M_i 是第i个指标 X_i 被选择的次数；

R_i 值越大，表明 X_i 有较大可能属于模糊集合，在系统中重要程度越高。

表8-2　指标隶属度

指标名称	隶属度	指标名称	隶属度
城市群人口总数	0.923	公路客运量	0.923
非农业人口总数	0.577	公路货运量	0.923

续表

指标名称	隶属度	指标名称	隶属度
人均国内生产总值	0.846	公路客运周转量	0.654
工业总产值	0.308	公路货运周转量	0.654
城镇建成区面积	0.269	公路平均运距	0.654
城市人口密度	0.308	铁路固定资产投资额	0.846
平均每人可支配收入	0.385	铁路客运量	0.885
人均社会消费品零售总额	0.769	铁路货运量	0.885
人均居住面积	0.462	铁路客运周转量	0.692
普通高等学校大学生数	0.423	铁路货运周转量	0.692
科技人员数	0.385	铁路平均运距	0.692
人均固定投资额	0.615	航空固定资产投资额	0.885
普通高等学校专任教师数	0.577	航空客运量	0.808
能源消费总量	0.808	航空货运量	0.808
城镇居民每百户拥有家用汽车	0.731	航空客运周转量	0.654
人均城市道路面积	0.654	航空货运周转量	0.654
公路网密度	0.692	航空平均运距	0.654
铁路网密度	0.692	内河航道里程	0.500
公路固定资产投资额	0.808	管道里程	0.462

删除隶属度低于0.3的，其余指标按隶属度排序，并加入专家建议的城市化水平指标，最终形成城市群交通系统效率指标体系，共有15个评价指标，见表8-3。

表8-3　专家选取指标体系

指标名称	指标名称	指标名称
城市群城镇总人口	城市化水平	人均社会消费品零售总额
人均国内生产总值	能源消费总量	城镇居民每百户拥有家用汽车
铁路固定资产投资额	公路固定资产投资额	航空固定资产投资额
铁路客运量	公路客运量	航空客运量
铁路货运量	公路货运量	航空货运量

（二）因子分析

然后需要对指标间的关系进行因子分析，将相关性密切的指标归在同一类因子中，以便进行以后工作。

因子分析的一般模型为：

$$
\begin{cases}
x_1 = \alpha_{11}F_1 + \alpha_{12}F_2 + \cdots + \alpha_{1n}F_n + \varepsilon_1 \\
x_2 = \alpha_{21}F_1 + \alpha_{22}F_2 + \cdots + \alpha_{2n}F_n + \varepsilon_2 \\
\qquad \cdots\cdots \\
x_m = \alpha_{m1}F_1 + \alpha_{m2}F_2 + \cdots + \alpha_{mn}F_n + \varepsilon_m
\end{cases}
\tag{8-2-2}
$$

在该模型中，x_n 为实测变量；a_{ij}为因子载荷；Fn 为综合因子；ε_i 为特殊因子。载荷因子越大，则说明第 i 个变量与第 j 个综合因子的关系越强；反之，载荷越小，关系越弱。特殊因子表示该变量中不能被综合因子解释的部分，实际上就是实测变量与估计值之间的残差。各个特殊因子之间以及特殊因子与综合因子之间是相互独立的。

因子分析的前提是变量之间存在较强的相关关系。偏相关系数越高，表明因子分析的效果越好。在进行因子分析时，首先对其进行 KMO 与巴特利球形检验，KMO 值为 0.5 及以上适合作因子分析。Bartlett 检验显著性概率小于 0.01，拒绝其零假设，认为适合于因子分析。

本研究在第二轮函询时，根据专家咨询的统计结果所形成的城市群交通效率测度指标体系Ⅱ，设计用于因子分析的调查问卷Ⅱ（见附录2）。问卷采取五点量表法，请专家对每一项指标的合适程度做出判断。

本研究利用 SPSS 13.0 进行分析。构建相关系数矩阵 R，并求相关系数矩阵的特征值和因子贡献率。采用 KMO 检验和巴特利特球体检验，KMO 值超过 0.6，Bartlett 显著性概率为 0.000，见表 8-4，说明本指标体系适合进行因子分析。

表 8-4 因子检验

KMO 检验值		0.633
巴特利球体检验	近似卡方值	302.573
	自由度	122
	相伴概率	0.000

随后，选用主成分方法提取公因子，并按特征值大于 1 的标准提取主成分，公因子提取和正交旋转后的结果见表 8-5。

表 8－5　相关系数特征值及因子旋转

因子	初始解			提取公因子			旋转后		
	特征值	方差贡献率%	累计贡献率%	特征值	方差贡献率%	累计贡献率%	特征值	方差贡献率%	累计贡献率%
1	5.66	40.682	40.682	5.66	40.682	40.682	3.044	22.314	22.314
2	2.742	16.689	57.371	2.742	16.689	57.371	2.808	21.577	43.891
3	1.923	12.705	70.076	1.923	12.705	70.076	2.726	26.185	70.076
4	1.697	11.477	81.553	1.697	11.477	81.553	2.552	11.477	81.553
5	1.159	4.088	85.641						
6	0.965	4.115	89.756						
7	0.687	1.575	91.331						
8	0.59	1.911	93.242						
9	0.461	2.613	95.855						
10	0.338	1.129	96.984						
11	0.266	1.37	98.354						
12	0.233	1.008	99.362						
13	0.094	0.326	99.688						
14	0.077	0.2	99.888						
15	0.055	0.112	100						

从表中可以看出，因子 1 至因子 4 的累积方差贡献率达到 81.55%。一般认为方差累计贡献率大于 80% 就可以基本反映变量的绝大部分信息，因此本书选取 4 个公共因子来反映 15 个和谐交通体系评价指标包含的信息。

初始因子解达到了数据简化的目的，但是根据初始因子解，往往很难解释因子的意义，大多数因子都和很多变量相关。因此，为了更好地寻找因子的意义，通过做因子正交旋转，使因子结构更简单。旋转后的因子载荷矩阵见表 8－6。

表 8－6 因子旋转载荷矩阵

	公因子			
	F1	F2	F3	F4
X1	0.3296	−0.52	0.6056	−0.1
X2	−0.1104	0.168	−0.092	0.028
X3	−0.776	−0.572	−0.1304	−0.0152
X4	−0.368	−0.0992	−0.2504	−0.2104
X5	−0.4976	−0.248	−0.1432	−0.4056
X6	0.1072	0.7064	−0.0264	−0.0752
X7	−0.5584	−0.3184	−0.0408	0.2624
X8	0.1328	0.1432	−0.152	0.648
X9	−0.1208	0.1632	−0.08	−0.1256
X10	0.4672	0.3576	0.0336	0.028
X11	0.5184	0.3488	0.4784	0.0704
X12	0.0736	−0.1136	0.2256	0.6208
X13	0.6104	0.1352	0.196	0.2008
X14	0.1784	0.5864	0.3088	0.4008
X15	0.3768	0.076	−0.5424	0.2328

从旋转后的公因子载荷矩阵可以看出15项指标与每个公因子之间的相关数，公因子F1在指标X1、X10、X11、X13、X14、X15上具有较大载荷，说明城市群的指标之中，城镇总人口、城市化水平、人均社会消费品零售总额、人均国内生产总值、能源消费总量、城镇居民每百户拥有家用汽车是城市群建设中最重要的，是反映经济发展水平的指标，对其命名为：社会经济系统。

依次类推，可以对15项指标进行如下归类合并，分别将其他3个公因子命名为铁路系统，公路系统，航空系统，从而形成最后的评价指标，见表8－7。

表 8-7　城市群交通系统效率指标结构

子系统分类	指标
社会经济系统	城市群城镇总人口 R_{11}
	城市化水平 R_{12}
	人均社会消费品零售总额 R_{13}
	人均国内生产总值 R_{14}
	能源消费总量 R_{15}
	城镇居民每百户拥有家用汽车 R_{16}
铁路系统	铁路固定资产投资额 R_{21}
	铁路客运量 R_{22}
	铁路货运量 R_{23}
公路系统	公路固定资产投资额 R_{31}
	公路客运量 R_{32}
	公路货运量 R_{33}
航空系统	航空固定资产投资额 R_{41}
	航空客运量 R_{42}
	航空货运量 R_{43}

第三节　测度方法

对于系统协调程度及效率方面的测度方法主要有：专家评价法，如评分法、优序法等；经济分析法，如指标评价法、一般费效分析法和可能满意度方法等；运筹学和其他数学方法，如多目标决策方法、AHP 方法、模糊总体评价法和数理统计方法等。

但是上述这些评价方法对系统静态评价多、时序性评价较少、主观性强、相关约束不容易检验。而且上述方法仅仅只做评价，不对结果做相应的调整，因此不适用于本书研究。

数据包络分析方法（Data Envelopment Analysis，DEA）是一种非参数的统计分析的新方法，适用于具有多输入多输出的有效性评价①。应用这

①段永瑞，田澎，张卫平．基于 DEA 的供应商选择方法研究［J］．工业工程与管理，2004（2）：71-74.

种方法一方面可以综合考虑各种因素，另一方面也可以在一定程度上避免引入较大的主观性。

DEA 具有以下几个突出的优点：

（1）以决策单元各输入输出的权重为变量，很大程度上排除了主观因素干扰；

（2）可以同时处理多个输入和多个输出，而不必确定这种关系的显式表达式；

（3）利用数学规划的手段估计有效生产前沿面，避免了传统统计方法的缺陷；

（4）数值越小越好和数值越大越好的指标在评价时可以直接同时考虑。

所以，DEA 是解决多输入输出的时序性评价问题较为有效和便捷的方法，并能对结果进行排序和调整①②。

因此，本书以 DEA 方法为基础，建立城市群交通系统的各个子系统内和系统之间的协调发展程度测度模型，从系统内协调和系统间协调两方面对城市交通系统协调发展进行测度。

一、DEA 基本模型

假设有 n 个部门或单位称之为“决策单元”（Decision Making Units，DMU），每个 DMU 都有 m 种投入和 s 种产出，如表 8－8 所示。

表 8－8　DMU 及投入产出数据

DMU 投入与产出		1	2	…	j	…	n
投入 1	V1	x_{11}	x_{12}	…	x_{1j}	…	x_{1n}
投入 2	V2	x_{21}	x_{22}	…	x_{2j}	…	x_{2n}
…	…	…	…	…	…	…	…
投入 m	V_m	x_{m1}	x_{m2}	…	x_{mj}	…	x_{mn}

①张军，杜文，赵月，等．基于 DEA 的城市交通可持续发展综合评价研究［J］．铁道运输与经济，2007，29（8）：48－52.

②穆东，杜志平．系统协同发展程度的 DEA 评价研究［J］．数学的实践与认识，2005，35（4）：56－64.

续表

DMU 投入与产出		1	2	…	j	…	n
产出 1	U1	y_{11}	y_{12}	…	y_{1j}	…	y_{1n}
产出 2	U2	y_{21}	y_{22}	…	y_{2j}	…	y_{2n}
…	…	…	…	…	…	…	…
产出 s	Us	y_{m1}	y_{m2}	…	y_{mj}	…	y_{mn}

其中第 j 个决策单元 DMU_j 投入向量 $X_j = (x_{1j}, x_{2j}, \cdots, x_{mj})^T$，产出向量 $Y_j = (y_{1j}, y_{2j}, \cdots, y_{mj})$ T。$V = (v_1, v_2, \cdots, v_m)^T$ 和 $U = (u_1, u_2, \cdots, u_m)^T$ 分别为投入、产出的权值向量①。

定义第 j 个 DMU 的效率评价指数为下式：

$$h_j = \sum_{r=1}^{s} u_r y_{rj} / \sum_{i=1}^{m} v_i x_{ij}, j = 1,2,\cdots,n \tag{8-3-1}$$

评价第 j_0 个 DMU 效率的数学模型如式 8－3－2，

$$\begin{aligned} &\max \left(\sum_{r=1}^{s} u_r y_{rj0} / \sum_{i=1}^{m} v_i x_{ij0} \right) = h_{j0} \\ &s.t. \sum_{r=1}^{s} u_r y_{rj0} / \sum_{i=1}^{m} v_i x_{ij0} \leqslant 1, \ V \geqslant 0, \ U \geqslant 0 \end{aligned} \tag{8-3-2}$$

则 DEA 模型的分式规划表达向量表达式为

$$\begin{aligned} &\max h = \frac{U^T Y_0}{V^T X_0} \\ &s.t. \ \frac{U^T Y_0}{V^T X_0} \leqslant 1, \ V \geqslant 0, \ U \geqslant 0 \end{aligned} \tag{8-3-3}$$

8－3－3 式是以权系数为非负变量，以 j_0 个 DMU 的效率指数 h_j 为约束的非线性规划模型。对该模型进行 Charnes－Cooper 线性变换和对偶变换，引入松弛变量 S^- 和 S^+，将不等式约束变为等式约束：

①盛昭瀚，朱乔，吴广谋．DEA 理论、方法与模型［M］．北京：科学出版社，1996.

$$\min h = V_D$$
$$s.t. \sum_{j=1}^{n} x_j \cdot \lambda_j + S^- = h \cdot x_{j0}$$
$$\sum_{j=1}^{n} y_j \cdot \lambda_j - S^+ = y_{j0} \qquad (8-3-4)$$
$$h \leqslant 1, \ \lambda_j \geqslant 0, \ S^- \geqslant 0, \ S^+ \geqslant 0, \ j = 1, 2, \cdots, n$$

以上即为 DEA 的 C^2R 模型，由于模型的等价性，本书主要研究 8-3-4模型。

有效性定义：如果存在全部 DMU 的某种组合与需要判别的第 j_0 个 DMU 相比，同产出时投入较小或同投入时产出较多，则第 j_0 个 DMU 就不是相对有效的。否则，就是相对有效的。DEA 有效指的是技术有效且规模有效，弱 DEA 有效指技术有效或者规模有效二者其中一种情况。

模型 8-3-4 的有效性判断定理：

（1）若最优值 $V_D = 1$，则第 j_0 个 DMU 弱 DEA 有效，反之亦然；

（2）若最优值 $V_D = 1$，且每个最优解中 $S^{-*} = 0$ 和 $S^{+*} = 0$，则第 j_0 个 DMU 弱 DEA 有效，反之亦然。

但是考虑到有可能需要对每个最优解中的 $S^{-*} = 0$ 和 $S^{+*} = 0$ 进行判断，比较困难，因此在实际计算时，可以考虑以下模型 8-3-5：

$$\min \left[\theta - \varepsilon \left(\hat{e}^T S^- + e^T S^+\right)\right] = V_D$$
$$s.t. \sum_{j=1}^{n} x_j \cdot \lambda_j + S^- = \theta \cdot x_{j0}$$
$$\sum_{j=1}^{n} y_j \cdot \lambda_j - S^+ = y_{j0} \qquad (8-3-5)$$
$$\theta \geqslant 0, \ \lambda_j \geqslant 0, \ S^- \geqslant 0, \ S^+ \geqslant 0, \ j = 1, 2, \cdots, n$$

其中 θ 为决策单元 DMU_{j0} 的有效值；ε 为阿基米德无穷小量，在实际计算中一般可以取 10^{-6}；$\hat{e}^T = (1, 1, \cdots, 1)^T_{1\times m}$，$e^T = (1, 1, \cdots, 1)^T_{1\times S}$，则其有效判断定理为

（1）若最优值 $\theta^* = 1$，则第 j_0 个 DMU 弱 DEA 有效；

（2）若最优值 $\theta^* = 1$，且存在最优解中 $S^{-*} = 0$，$S^{+*} = 0$，则第 j_0 个 DMU 为 DEA 有效。

这样只需要检查一个解满足 $\theta^*=1$，$S^{-*}=0$，$S^{+*}=0$ 即可。

此外，设模型 8－3－4 的最优解为 θ^0，S^{-0}，S^{+0}，λ^0，则有

（1）若最优值 $\theta^0<1$，则 DMU_{j0} 不为弱 DEA 有效，其经济含义是可通过组合将投入降至原投入 x_{j0} 的 θ^0 比例而保持原产出 y_{j0} 不变；

（2）若最优值 $\theta^0=1$，且 $\hat{e}^T S^- + e^T S^+ = 0$，则 DMU_{j0} 仅为弱 DEA 有效，其经济含义是决策单元部分投入过剩或部分产出不足，意味着在这 n 个决策单元组成的系统之中，对于投入 x_{j0} 可减少而保持原产出 y_{j0} 不变，或者在投入 x_{j0} 不变的情况下，将产出提高 S^{+0}；

（3）若最优值 $\theta^0=1$，且 $\hat{e}^T S^- + e^T S^+ = 0$，则 DMU_{j0} 为 DEA 有效，其经济含义是决策单元同时为技术有效和规模有效，投入和产出的组合达到最优。

上述的 C^2R 模型在进行有效性评定时，涉及的生产可能集 T 是一个多面图锥，它满足生产可能集命题系统的凸性、锥性、无效性和最小性。实际问题中，有时生产可能集不能用凸锥来描述，而用凸多面体来描述则较为合适①。

因此，就需要引入 C^2GS^2 模型，在 C^2R 模型基础之上，增加凸性假设，考虑如下的数学模型：

$$\begin{aligned}
&\min\left[\theta-\varepsilon\left(\hat{e}^T S^- + e^T S^+\right)\right]=V_D\\
&s.t.\ \sum_{j=1}^{n} x_j\cdot\lambda_j + S^- = \theta\cdot x_{j0}\\
&\sum_{j=1}^{n} y_j\cdot\lambda_j - S^+ = y_{j0}\\
&\sum_{j=1}^{n}\lambda_j = 1\\
&\theta\geqslant 0,\ \lambda_j\geqslant 0,\ S^-\geqslant 0,\ S^+\geqslant 0,\ j=1,\ 2,\ \cdots,\ n
\end{aligned}\tag{8-3-6}$$

与 C^2R 模型类似，该模型同样需要判断 DMU 有效性，因此，设其最优解为 θ^0，S^{-0}，S^{+0}，λ^0，则有

①王志良．水资源管理多属性决策与风险分析理论方法及应用研究［D］．成都：四川大学，2003.

（1）若 $\theta<1$，则 DMU_{j0} 不为 DEA 有效（不为纯技术有效），即该决策单元投入组合不当，可以做全面的等比压缩；

（2）若 $\theta^0=1$，且 $\hat{e}^TS^-+e^TS^+>0$，则 DMU_{j0} 仅为弱 DEA 有效，意味着在这 n 个决策单元组成的系统之中，有部分超量投入或亏量产出；

（3）若最优值 $\theta^0=1$，且 $\hat{e}^TS^-+e^TS^+=0$，则 DMU_{j0} 为 DEA 有效，表明该决策单元技术效率最佳。

C^2R 模型用于评价 DMU 的规模效率与技术效率的总体有效性，而 C^2GS^2 模型仅用于评价 DMU 的技术有效性，两者相结合便可以对决策单元进行综合分析。

二、协同发展的有效性

技术有效为系统间或系统内部各要素间的“协同有效”。衡量协同有效性的指标定义为“协同效度”，当协同效度等于 1 时，即为“协同有效”①。

规模有效为系统之间或系统内部的“发展有效”，本书用“发展效度”作为衡量发展有效性的指标。

因此，定义：

$$发展效度=1/\sum_{j=1}^{n}\lambda_j \tag{8-3-7}$$

（1）当 $\sum_{j=1}^{n}\lambda_j^0=1$ 时，发展效度 $=1$，发展有效；

（2）当 $\sum_{j=1}^{n}\lambda_j^0<1$ 时，发展效度 >1，DMU 处于收益递增阶段，应增加投入以获得更大产出；

（3）当 $\sum_{j=1}^{n}\lambda_j^0>1$ 时，发展效度 <1，DMU 处于收益递减阶段，应投入技术进步以提高效率或者减少无效投入。

评价单元的 DEA 有效性，从评价结果上可分成：“有效”和“非有效”两大类；从有效的内容上可以分为“协同有效”和“发展有效”；从

①王志良．水资源管理多属性决策与风险分析理论方法及应用研究［D］．成都：四川大学，2003.

DEA 有效性评价对象（即评价单元）不同上可分成：系统有效性（或称系统内有效性，它反映单一系统的有效性，即系统自身的有效性）和系统之间有效性（反映两个或两个以上系统之间的有效性）。

若分式规划中分子和分母为同一系统的输入及输出组合，则可以计算出该系统 C^2R 模型的“系统内综合效度”。同样，系统内综合有效是以“系统内协同有效”和“系统内发展有效”同时成立为充分必要条件的。系统内协同有效性和系统内发展有效性反映本系统内部各要素间的协同和发展状态。

若分式规划中分子和分母分别为某一系统输入组合与另一同类系统（或若干同类系统）输出组合之比，则 C^2R 模型计算出的有效性是“系统间综合效度”。系统间综合有效表明“系统间协同有效”和“系统间发展有效”同时存在。系统间协同有效性和系统间发展有效性反映若干个同类系统之间的协同和发展情况，也可以说是对系统外部的协同和发展状态的反映。

三、协同发展综合效度计算

系统由若干个子系统组成，由于子系统间的组合方式有多种。因此，既有某一系统对其他系统的综合效度，也有两系统间或若干系统间的综合效度。所以，系统的综合效度不是一个而是若干个。若 h_e 表示系统间协同有效程度，f_e 表示系统间发展有效程度，则系统间的协同有效程度（zh_e）的计算公式为

$$(zh_e) = h_e \times f_e = \theta^0 \cdot 1/\sum_{j=1}^{n} \lambda_j \qquad (8-3-8)$$

其中，θ^0 是评价系统的 C^2GS^2 技术有效性，反映系统内部各要素间的协同有效度；$1/\sum_{j=1}^{n} \lambda_j$ 反映评价系统的规模效益情况，体现系统的发展有效度。

若要研究某一系统（或若干同类系统）对另一同类系统（或若干同类系统）的 DEA 有效性，首先需要构建反映系统之间数量关系的输入输出表。以 A，B 两同类系统为例，将 8－3－4 模型中的输入指标设置成 A 系

统的，输出指标设置成是B系统的，则由此构建出评价A系统对B系统的综合有效性的“交叉”输入输出表，这种评价单元具有相同的目标和任务、相同的外部环境以及相同的输入和输出指标，符合DEA模型的评价单元的特征。

1. 子系统A对子系统B协同发展的综合有效度计算

若h_e（A/B）表示子系统A对子系统B的协同有效度，f_e（A/B）表示子系统A对子系统B的发展有效度。则由式8-3-6，A对B的协同发展综合有效度zh_e（A/B）的为

$$zh_e(A/B) = h_e(A/B) \times f_e(A/B)$$
$$\text{且}\ zh_e(A/B) \neq zh_e(B/A) \quad (8-3-9)$$

2. 多个子系统之间的协同发展综合有效程度的计算

$$h_e(1,2,\cdots,k) = \sum_{i=1}^{k} h_e(i/\overline{i}_{k-1}) \times h_{ek-1}(\overline{i}_{k-1}) / \sum_{i=1}^{k} h_{ek-1}(\overline{i}_{k-1}), k = 3,4,\cdots,m$$

$$f_e(1,2,\cdots,k) = \sum_{i=1}^{k} f_e(i/\overline{i}_{k-1}) \times f_{ek-1}(\overline{i}_{k-1}) / \sum_{i=1}^{k} h_{ek-1}(\overline{i}_{k-1}), k = 3,4,\cdots,m$$

$$zh_e(1,2,\cdots,k) = h_e(1,2,\cdots,k) \times f_e(1,2,\cdots,k) \quad (8-3-10)$$

式中，m为子系统个数；$\overline{i}_{k-1}$表示除第i个系统之外任意k-1个子系统的集合；h_e（$i/\overline{i}_{k-1}$）表示第i个子系统对其他任意k-1子系统的协同有效度。

四、协同发展的有效性判断

对一个系统进行DEA综合有效、协同有效及规模有效的判断技术路线如图8-1所示。

在此要说明的是，当$\theta_1=\rho$时，发展效度>1，表示增加较小的投入会产生较大产出，效益也相应相加，说明评价单元j_0具有较大潜力；反之当$\theta_1 \neq \rho$时，发展效度<1，表示增加较大的投入只会有较小产出，评价单元j_0具有已经没有发展潜力。

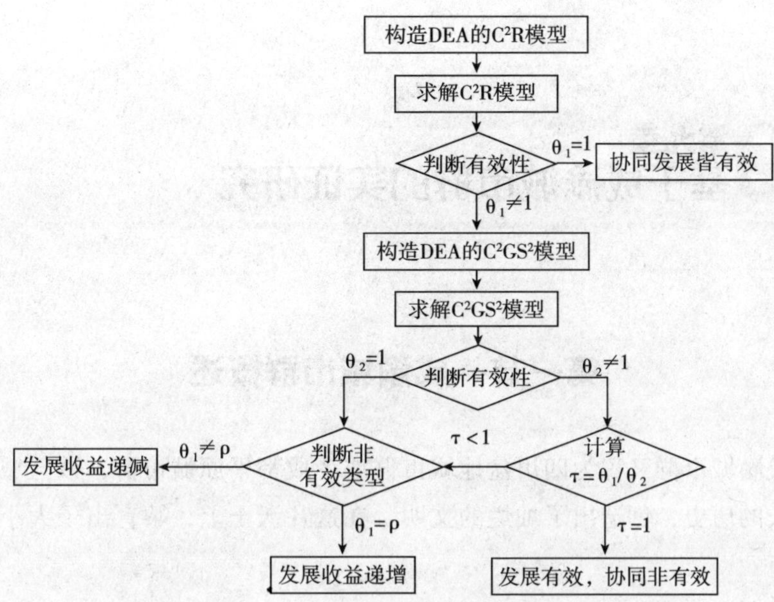

图 8-1　系统 DEA 有效判断技术路线

09 第九章 基于成渝城市群的实证研究

第一节　成渝城市群概述

成渝城市群又称为四川盆地城市群或者成都平原城市群，该区域有十分悠久的历史，创造出了灿烂的文明。在这片沃土上，孕育出了大小数十个城市。

一、发展历程

成都平原自然生态环境独特，孕育了灿烂的古文化，其人类活动的遗存最早可以追溯到旧石器时期的资阳人文化、铜梁人文化、鲤鱼桥文化、富林文化、十二桥文化等众多文化遗址。至迟在新石器时代晚期，成都平原已经迈进了城市文明的门槛，先有新津宝墩、郫县古城、都江堰芒城、温江鱼凫古城、崇州双河古城和紫竹古城，大邑盐店古城和高山古城遗址等8座颇具规模的古城，后有更为著名的三星堆城址和金沙遗址，以及广汉金鱼乡石佛村、兴隆乡烟堆子、三星乡人民村、什邡市隐井和金马、彭州市竹瓦铺、新都区的新繁水观音等遗址。

迄今，长江上游发现的史前城址主要分布在成都平原范围内，是我国较早出现古城群的地区之一。

公元前256年，蜀郡太守李冰父子兴建了都江堰水利工程，从此水患频繁的成都平原“水旱从人，不知饥谨”。发达的农业促进成都平原人口高度集聚。

据史料记载，汉元二年全川总人口351.4万（见《汉书·地理志》），唐开元28年总人口达491.8万（见《新、旧唐书》），宋元丰三年达804万（见《文献通考·11卷》），清乾隆51年达842.9万（李文治《中国近

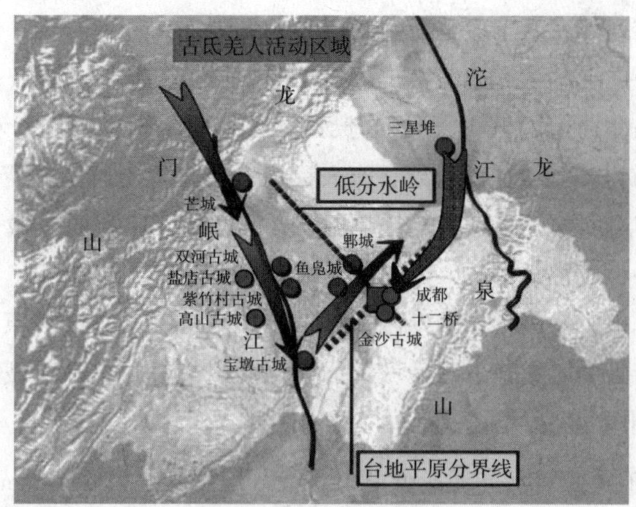

图 9－1　古蜀城镇分布

代农业史》)。从总体看四川一直是全国人口最多的省份，而人口又高度密集于成都平原。

发达的农业、高度集聚的人口在成都平原孕育出古老辉煌的城市文明。西汉末年（公元八年），成都因其经济的繁荣和织锦业的发达与洛阳、邯郸、临淄、宛城并称为“五均”（均即市场管理），成为全国五大商业都市之一；唐代和宋代，因其综合经济水平列全国前茅，又有“扬一益二”的评价，盛名天下。在唐代 3 万人口以上的城市有彭州、蜀州（今崇州）、汉州（今广汉）等。

历史上相当长的时期内，成都平原城镇的发展是建立在发达农耕文明基础上的，体现为相对封闭，城镇分布较为均衡的特点；随着对外联系不断加强，主要出川通道上的城镇加速发展，城镇分布由均衡逐渐走向集聚。成都平原城镇发展经历了以下几个阶段：

1. 隋朝以前建立在发达农业基础上的城镇均衡分布格局

都江堰水利工程孕育了成都平原最为发达的传统农业形式，推动了人口的集聚、城镇的发展。在秦朝设 1 郡 16 县，在隋朝设 8 郡 46 县，奠定了城镇均衡分布的基础。

2. 唐宋至清后期，手工业和商业推动城镇快速发展

唐宋时期是成都平原城镇发展的一个高峰。当时，成都平原除农业发

展居全国前列外，手工业也得到了巨大的发展，纺织业方面，蜀锦名闻天下，蜀郡、广汉的漆器，邛崃的陶瓷，郫县的酿造业，梓潼、简阳的盐业；特别是北蜀道的开通，使处于水陆要冲的德阳、绵阳、利州（今广汉）等城市得到了快速的发展，时人称蜀道上“岁贡纲运，使命商旅，昼夜相继，庐舍骈接”；至明宣宗时期，四川盆地工业和商业城市约占全国的十分之一，成都、重庆、泸州居全国33个大工商城市之列。

经过汉代、三国时期的发展，至唐代，在四川及成都平原内，已形成了以成都市为中心集聚发展的城镇体系格局，当时，成都市城市建设用地扩大到“周围48里”，是全国六大都市之一。

3. 清末至1949年重庆开埠通商、川江航运开通及抗战时期企业内迁，形成较为开放的城镇体系雏形

20世纪前半叶有两次历史事件对成都平原城镇的发展起到了重要推动作用。

第一次事件是重庆开埠通商和川江航运的开通，密切了四川盆地内部城市之间，以及与长江中下游地区之间的经济联系，资源型传统产业、手工业飞速发展，形成了一大批具有鲜明职能特征的城市，同时部分城市作为物资集散地，也得到了较快的发展。

第二次事件是抗战时期企业和高校的内迁。据《大西南自然经济社会资源评价》，1940年底迁往长江上游的企业共400家，机器设备7万吨，技术工人12000余人，内迁工业门类较为齐全，其中机械工业占40.4%，纺织工业占21.65%，化学工业占12.25%，文化用品业占8.25%，电器工业占6.47%，钢铁工业占0.24%。初步形成了以岷江流域、沱江流域为中心的化学工业区，以万县、涪陵为中心的水电、榨油工业区，以成都、重庆为中心的综合工业区等八大工业区的格局。同时迁入成都平原的高校包括中央大学、东吴大学、燕京大学等十余所。这些内迁企业工厂和高校遍布成都平原，极大地推动了成都平原工业化进程，带动了城市的快速发展。

4. 新中国成立后城镇发展由计划模式转为市场模式

“三线”建设奠定了成都平原城市群发展的基础格局。20世纪50年代，随着宝成铁路、成昆铁路、川陕公路等交通骨干工程的相继通车，成

都到广元沿线中等城市交通条件极大改善，为中等城市的崛起产生了重要的推动作用。特别是1964年开始的“三线建设”，推动了成都平原城市群工业化的起步；从广元到绵阳一线的核工业、电子工业、电力工业等大中型企业和科研院所集聚，开始了工业化推动城镇化的过程，为绵阳、德阳和乐山等城市的飞跃奠定了坚实的基础。

从“三线建设”到改革开放初期，在国家重点投资和“三线企业”的推动下，成都平原的城镇发展模式为计划经济模式下的“自上而下”型城镇化道路，一直处于较为平稳的状态。如资阳市城镇人口比重由1949年的2.15%提高到1976年的4.88%，德阳市城镇人口比重由1953年的7.4%提高到1982年的16.6%。

从历史上看，成都平原在中国的战略地位举足轻重：沃野千里，自古是中国的粮仓钱库，秦、汉、晋、隋皆因得蜀而统一天下。抗日战争爆发后，成都平原更是作为战略大后方，有力地推动了抗战的胜利。正如一位历史人物所言：假如没有四川，我们就不能想象抗战能支持如此之久。

在新中国成立之初的“三线建设”，是新中国成立以后进行的一次大规模战略后方基地建设，也是我国一次重大的经济战略调整，四川省同期工业投资占全国工业总投资的10%以上，在成都平原兴建了大量基础设施、留下了宝贵的科技和人才资源，在新的历史时期，四川承担西气东输、西电东送、南水北调西线工程等众多国家战略项目，在相当长的时期内仍将承担我国战略大后方的战略职能。

二、发展现状

根据《中国城市竞争力报告》对城市群阶段划分标准，成渝城市群处于发育的第二阶段，即城市群快速发展阶段。

表9-1　成渝城市群发展阶段判断

类别		萌芽阶段	快速发展阶段	稳定发展阶段	成熟发展阶段	成渝城市群
中心城市	集聚程度	有集聚	聚集与扩散较明显	聚集与扩散趋于平衡	聚集与扩散趋于动态平衡	聚集与扩散较明显
	人口	200万以下	300万~800万	800万~1500万	1500万以上	460万
	GDP比重	低	不高	较高	很高	58%

续表

类别		萌芽阶段	快速发展阶段	稳定发展阶段	成熟发展阶段	成渝城市群
规模指标	城市群人口	500 万	500 万～2500 万	2500 万～7000 万	7000 万～1 亿	3129 万
	城镇化率	25% 以下	25%～60%	60%～80%	80%～90%	42.9%
	GDP（元）	1000 亿	2000 亿～3 万亿	3 万亿～5 万亿	8 万亿以上	5766 亿
	GDP 规模比重（%）	30～50	50～70	80～90	90 以上	54.9（全省）
城镇体系	城镇体系	不完善	趋于完善	较为完善	完善	趋于完善
	土地产出率（元/km^2）	较低	一般	较高	很高	977 万元/km^2
	人口密度（人/km^2）	300 以下	300～800	600～800	800 以上	530
	城乡发展	二元结构突出	二元结构较突出	城乡差异缩小	城乡一体化	二元结构较突出
分工体系	分工情况	不完善	不完善	较为完善	完善	较为完善
	首位城市功能	综合	综合，趋于管理	管理	管理职能	综合，趋于管理

资料来源：中国城市竞争力报告 NO.2。

成渝城市群已基本达到国家小康标准，但对照在我国得到广泛引用的英格尔斯现代化指标体系，仍有相当距离，这种差距主要体现在人均经济水平偏低，产业结构有待提升，城镇化水平不高。

表 9－2　成渝城市群与现代化的差距

	人均 GDP/美元	农业比重	服务业比重	非农就业人口比重	城镇化水平	成人识字率	千人医生数	人口自然增长率
英格尔斯现代化指标	3000 以上	12%～15%	大于 45%	大于 70%	大于 50%	大于 80%	大于 2	小于 10‰
城市群现状	2450	13.14%	39.8%	61.9%	42.9%	92.36%	3.5	2.8‰

资料来源：现代化指标的国际述评，人民网。

1980—2007 年，成都平原三种产业比重由 1980 年的 40.24∶38.73∶21.04 上升到 2007 年的 13.14∶47.11∶39.75，产业结构向非农化方向调整，整体结构不断优化，已进入工业化中期阶段。

城乡二元结构强度通常用二元对比系数来衡量，二元对比系数是指二元经济中农业与非农业比较劳动生产率的比值，比值越接近 0 表明二元结构越突出。成都平原城市群二元对比系数从 2000 年的 0.169 上升到 2004

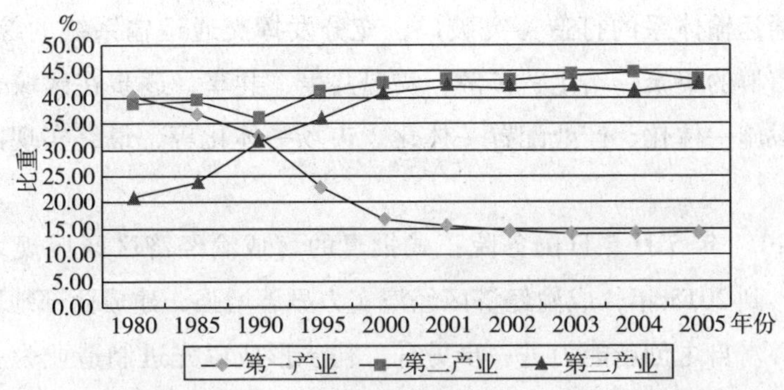

图 9-2 成都平原城市群产业结构变化

年的 0.246，城乡二元结构在逐步改善。

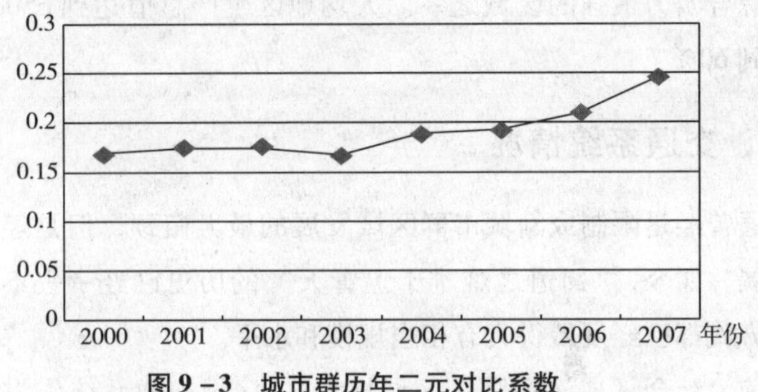

图 9-3 城市群历年二元对比系数

总之，以成都和重庆为双核心的成渝城市群经济区已经在西部、甚至全国都具有了较大的影响力，区内的城市密集程度和实力规模都在西部占有明显优势，促进成渝城市群的进一步发展和完善将会更有力的促进成渝经济区的发展和西部大开发的进行。

因此，2010 年底通过的“十二五规划发展建议”中，将成渝城市群区域功能定位为：全国统筹城乡发展的示范区，全国重要的高新技术产业、先进制造业和现代服务业基地，科技教育、商贸物流、金融中心和综合交通枢纽，西南地区科技创新基地，西部地区重要的人口和经济密集区。

成渝城市群发展的最终目的是要实现区域经济一体化。城市群实现经济一体化，主动融入全国乃至世界城市体系，广泛参与全球竞争和国际分工合作，迈向国际化和现代化是成渝城市群发展的必然趋势。区域经济一体化需要分阶段分层次逐步实现，近期主要以区域合作为突破口，特别是综合交通运输体系的打造为突破口，充分发挥交通运输系统的综合效应，实现城市群的集聚、增生、扩散，实现共生、共享，逐步在区域合作中实现基础设施一体化、产业配置一体化、市场一体化等，最终实现区域经济一体化。

在2011年5月5日国务院正式批复的《成渝经济区区域规划》中明确提出，到2015年，成渝经济区经济实力显著增强，建成西部地区重要的经济中心。自主创新能力进一步提升，初步形成以先进制造业为主的产业结构。地区生产总值占全国的比重达到7%，人均地区生产总值达到39000元，城镇化率达到52%。到2020年，经济社会发展水平进一步提高，成为我国综合实力最强的区域之一。人均地区生产总值达到65000元，城镇化率达到60%。

三、交通系统情况

交通曾经是限制成渝城市群区域发展的最大瓶颈，但是经过数十年的快速发展，如今，“蜀道之难难于上青天”的历史已经一去不复返了，各种运输方式都已经发展得具有相当规模和水平。

目前，结合《成渝经济区区域规划》，区域交通系统作为成渝经济区全面快速发展的“血管”，更加备受重视。

（一）铁路以城际轨道为建设重点

随着铁路高速化的步伐，成渝两地的“时间距离”正在步步缩短，从成都出发乘坐成渝动车到重庆仅需要两小时左右，每两小时发车一趟，未来的成渝经济区还将进一步加强铁路交通建设。

首先是加强区域内城际轨道和城市轨道交通的规划建设，重点建设成渝、渝万、成绵乐客运专线。其次构筑以重庆、成都为枢纽，成兰、兰渝、成都—康定为主干线的西北向通道，襄渝、郑万为主干线的东北向通道，渝利、万宜铁路为主干线的东向通道，渝怀、渝黔为主干线的东南向通道，成昆为主干线的西南向通道的放射状铁路网。未来还将打通重庆、成都至兰州、西安、郑州、武汉、长沙、贵阳、昆明等周边省会城市的快速铁路通道。

（二）公路将打通成渝间最近高速

区域中轴线最重要的三条高速通道是成渝高速、成遂渝高速以及成安渝高速，最后一条线路正在建设中，该路建成后将是成渝间最近的高速公路，从成都开车至重庆仅需两小时多一点。这三条高速公路共同构成了成渝间高速公路大动脉体系。此外，成渝间的高速公路在未来还将建设“一卡通”收费体系，这将进一步提升往返成渝的速度。

同时将加强成渝经济区内其他公路通道建设，重点建设成都—重庆、重庆—广安等公路通道。还将重点建设重庆沿长江、万州—城口往西安、重庆—宜宾往昆明、广安—丰都往务川、万州—达州往西安、万州—利川、成都—自贡—泸州往赤水、宜宾往攀枝花、成都—德阳—南部往巴中、绵阳往西宁等方向的公路通道建设。

（三）航空建设飞速发展

首先将加强机场建设。提升重庆江北、成都双流枢纽机场功能，其次加强万州、绵阳、乐山、泸州、南充、宜宾、达州支线机场建设。并计划在区域内共享数十条国际航线。

上述交通设施修建完成之后，不但加强了成渝城市群间的联系，也便利了与外界的沟通，对于促进区域的发展具有巨大作用。但同时，成渝城市群的发展对进一步建设和完善交通运输体系提出了更高的要求，两者之间俨然成为一个相互联系，相互促进的复合系统。

第二节　成渝城市群交通系统协调发展测度与分析

一、发展测度

根据本书第 5 章确定的测度指标体系及四川盆地城市群的现实发展情况，将城市群系统分为人口经济系统和交通系统两个子系统，其中交通系统又分为：铁路系统、公路系统、航空系统三个子系统。

各个子系统的输入输出指标选取如下：

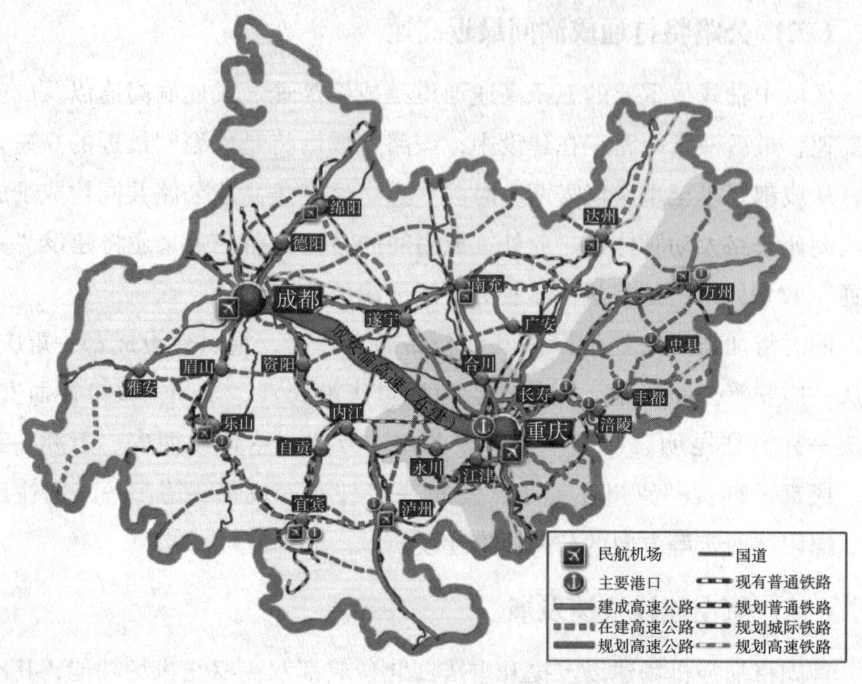

图 9－4　成渝城市群交通系统规划

铁路系统的输入指标为城市群总人口数、人均国民生产总值、铁路固定资产投资额；铁路系统的输出指标为铁路客运量、铁路货运量。

公路系统的输入指标为城市化水平、能源消费总量、公路固定资产投资额；公路系统的输出指标为公路客运量、公路货运量。

航空系统的输入指标为人均社会消费品零售总额、城镇居民每百户拥有家用汽车、航空固定资产投资额；航空系统的输出指标为航空客运量、航空货运量。

通过传统资料收集手段如查阅《四川统计年鉴（2005—2009）》、《重庆统计年鉴（2005—2009）》以及信息化收集手段如互联网络等方法，可以得到上述测度指标的原始数据，再将部分数据代入测度指标的计算公式进行计算后，得到如表所示的交通系统投入产出指标数据。

表 9－3　成渝城市群 2005—2009 年交通系统投入产出指标数据

人口经济与铁路系统

指标名称	单位	2005 年	2006 年	2007 年	2008 年	2009 年
城市群城镇总人口	万人	3975.95	4117	4258	4463.09	4642.92
人均国民生产总值	元	9474	11222	13523	17143	19179
铁路固定资产投资额	亿元	59.9	91.6	113.3	182.9	309.1
铁路客运量	万人	6346	6501	7628	8246.4	8343
铁路货运量	万吨	9256.4	9289	9647.9	9766.8	9635.1

人口经济与公路系统

指标名称	单位	2005 年	2006 年	2007 年	2008 年	2009 年
城市化水平	%	36.11	37.51	38.91	40.66	42.04
能源消费总量	万吨标准煤	15697.52	17220.61	18996.36	20236.52	22476.63
公路固定资产投资额	亿元	148.1	186.6	226.8	330.4	562.1
公路客运量	万人	217730	243031	270349	279303.3	321438
公路货运量	万吨	88378	96276	105730	123256	161600

人口经济与航空系统

指标名称	单位	2005 年	2006 年	2007 年	2008 年	2009 年
人均社会消费品零售总额	万人	3721.7	4253.9	5005.9	6164.8	7225
城镇居民每百户拥有家用汽车	辆	1.81	2.54	3.64	5.53	6.19
航空固定资产投资额	亿元	28.56	62.90	91.42	113.62	118.9
航空客运量	万人	1512	1727	2047	2014	2566
航空货运量	万吨	23.88	28.71	35.96	33.19	38.12

由上述表中的数据还可知：各个子系统 DEA 综合评价模型的输入指标个数均为 3，输出指标个数均为 2，即 $m=3$，$s=2$，而综合评价单元分别为 2005 年至 2009 年的年度数据，即 DMU = 5。

（一）各子系统的综合效度

1. 铁路子系统

根据第 5 章中 DEA 的 C^2R 模型，通过 MATLAB7.0 软件编制出程序，将表 9－3 中铁路子系统发展的数据代入，可以得到铁路子系统 C^2R 模型，例如，决策单元2005年的投入产出数学方程为：

$$\begin{cases} \min \left[\theta - 10^{-6} \left(s_1^- + s_2^- + s_3^- + s_1^+ + s_2^+ \right) \right] \\ 3975.95\lambda_1 + 4117\lambda_2 + 4258\lambda_3 + 4463.09\lambda_4 + 4642.92\lambda_5 + s_1^- = 3975.95\theta \\ 9474\lambda_1 + 11222\lambda_2 + 13523\lambda_3 + 17143\lambda_4 + 19179\lambda_5 + s_1^- = 9474\theta \\ 59.9\lambda_1 + 91.6\lambda_2 + 13.3\lambda_3 + 182.9\lambda_4 + 309.1\lambda_5 + s_1^- = 59.9\theta \\ 6346\lambda_1 + 6501\lambda_2 + 7628\lambda_3 + 8246.4\lambda_4 + 8343\lambda_5 + s_1^- = 6346 \\ 9256.4\lambda_1 + 9289\lambda_2 + 9647.9\lambda_3 + 9766.8\lambda_4 + 9635.1\lambda_5 + s_1^- = 9256.4 \\ \lambda_i \geqslant 0, \; i = 1, 2, 3, 4, 5 \\ s_1^-, s_2^-, s_3^-, s_1^+, s_2^+ \geqslant 0 \end{cases}$$

其他决策单元的方程类似，整个模型的参数求解结果如表9－4所示。

表9－4 铁路子系统 C^2R 模型参数求解结果

DMU（年）	zh_i	θ_{1i}	f_i	λ_1	λ_2	λ_3	λ_4
2005	1	1.0000	1.0000	1.0000	0.0000	0.0000	0.0000
2006	0.9453	0.9728	0.9718	0.8671	0.0000	0.1309	0.0000
2007	1	1.0000	1.0000	0.0000	0.0000	1.0000	0.0000
2008	1	1.0000	1.0000	0.0000	0.0000	0.0000	1.0000
2009	0.9441	0.9725	0.9709	0.0000	0.0000	0.0000	1.0117

DMU（年）	λ_5	s_1^-	s_2^-	s_3^-	s_1^+	s_2^+	有效性
2005	0.0000	0.0000	0.0000	0.0000	0.0000	0.0000	有效
2006	0.0000	0.0000	931.0345	22.3655	0.0000	0.0000	无效
2007	0.0000	0.0000	0.0000	0.0000	0.0000	0.0000	有效
2008	0.0000	0.0000	0.0000	0.0000	0.0000	0.0000	有效
2009	0.0000	0.0000	1308.350	115.581	0.0000	246.110	无效

因此，铁路子系统综合评价的综合效度、协同效度和发展效度比较如图9－5所示。

由上述计算结果和图形比较可知：成渝城市群在2005年至2009年5年间，其铁路子系统的综合效度在2005年、2007年及2008年均有 $zh_i = \theta_{1i} = f_i = 1$，且各剩余变量和松弛变量均为0，即2005年、2007年及2008年的综合评价均是DEA有效的，而2006年及2009年均是 $zh_i < 1$ 的，即其综

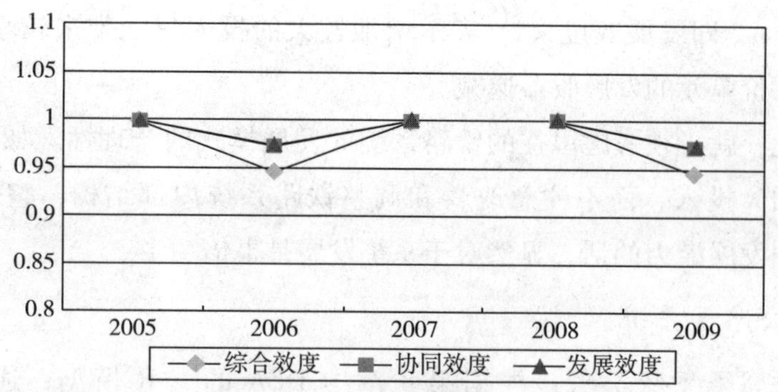

图 9－5　铁路子系统综合评价结果比较

合评价均为 DEA 无效。而且由于 2006 年及 2009 年的 f_i 均小于 1，说明其评价单元（年）均处在规模收益递减阶段。

因此，还需要建立 DEA 的 C^2GS^2 模型，来检验铁路子系统的技术有效性。同样地，代入 MATLAB 程序，可以得到铁路子系统 C^2R 模型参数求解结果如表 9－5 所示。

表 9－5　铁路子系统 C^2GS^2 模型参数求解结果

DMU（年）	ρ	θ_{2i}	λ_1	λ_2	λ_3	λ_4
2005	1.0000	1.0000	1.0000	0.0000	0.0000	0.0000
2006	0.9730	0.9730	0.8791	0.0000	0.1209	0.0000
2007	1.0000	1.0000	0.0000	0.0000	1.0000	0.0000
2008	1.0000	1.0000	0.0000	0.0000	0.0000	1.0000
2009	1.0000	1.0000	0.0000	0.0000	0.0000	0.0000

DMU（年）	λ_5	s_1^-	s_2^-	s_3^-	s_1^+	s_2^+
2005	0.0000	0.0000	0.0000	0.0000	0.0000	0.0000
2006	0.0000	0.0000	966.4696	22.8922	0.0000	14.7342
2007	0.0000	0.0000	0.0000	0.0000	0.0000	0.0000
2008	0.0000	0.0000	0.0000	0.0000	0.0000	0.0000
2009	1.0000	0.0000	0.0000	0.0000	0.0000	0.0000

由上述计算结果可以得出：成渝城市群在 2005 年至 2009 年 5 年间，铁路子系统除 2006 年外，均有 $\rho=1$，因此除 2006 年外，2005 年至 2009 年间的发展都是 C^2GS^2 协同有效的，即是技术有效的。同时，还存在 $\theta_{1i}\neq$

ρ 而 $\theta_{2i}=\rho$，即发展效度 <1，表示增加较大的投入只能带来较小的产出，表现为评价单元的发展收益递减。

因此，就必须考虑以往的铁路系统的发展模式的合理性。如果今后仍然盲目加大投入，而不注意改善和调整铁路系统内部结构，整合现有资源，挖掘发展潜力的话，显然对于系统发展是事倍功半。

2. 公路子系统

与铁路子系统类似，根据第 8 章中 DEA 的 C^2R 模型，通过 MATLAB7.0 软件编制出程序，将表 9－3 中公路子系统发展的数据代入，可以得到公路子系统 C^2R 模型参数求解结果如表 9－6 所示。

表 9－6　公路子系统 C^2R 模型参数求解结果

DMU（年）	zh_i	θ_{1i}	f_i	λ_1	λ_2	λ_3	λ_4
2005	1.0000	1.0000	1.0000	1.0000	0.0000	0.0000	0.0000
2006	1.0000	1.0000	1.0000	0.0000	1.0000	0.0000	0.0000
2007	1.0000	1.0000	1.0000	0.0000	0.0000	1.0000	0.0000
2008	0.9783	0.9912	0.9870	0.1907	0.0000	0.5027	0.0000
2009	1.0000	1.0000	1.0000	0.0000	0.0000	0.0000	0.0000

DMU（年）	λ_5	s_1^-	s_2^-	s_3^-	s_1^+	s_2^+	有效性
2005	0.0000	0.0000	0.0000	0.0000	0.0000	0.0000	有效
2006	0.0000	0.0000	0.0000	0.0000	0.0000	0.0000	有效
2007	0.0000	0.0000	0.0000	0.0000	0.0000	0.0000	有效
2008	0.3295	0.0000	107.5907	0.0000	4047.5014	0.0000	无效
2009	1.0000	0.0000	0.0000	0.0000	0.0000	0.0000	有效

因此，公路子系统综合评价的综合效度、协同效度和发展效度比较如图 9－6 所示。

由上述计算结果和图形比较可知：成渝城市群在 2005 年至 2009 年 5 年间，其公路子系统的综合效度除 2008 年外均有 $zh_i=\theta_{1i}=f_i=1$，且各剩余变量和松弛变量均为 0，即除 2008 年外各年的综合评价均是 DEA 有效的。而 2008 年的 $zh_i<1$，即其综合评价均为 DEA 无效。而且由于 2008 年的 f_i 均小于 1，说明其评价单元（年）处在规模收益递减阶段。但就其总

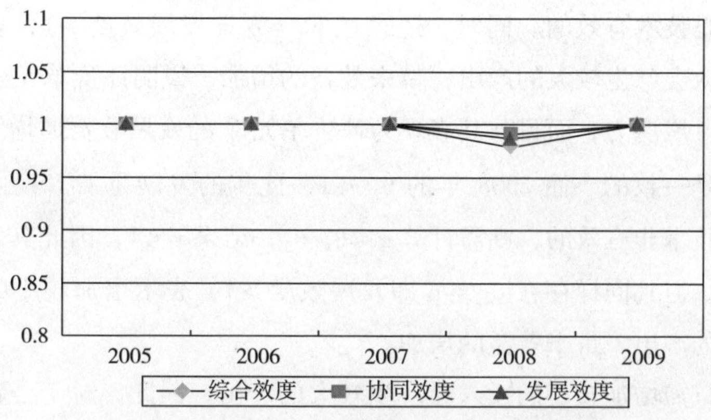

图 9-6　公路子系统综合评价结果比较

体发展趋势来说，公路子系统的发展轨迹还是较为接近协同发展。

因此，还需要建立 DEA 的 C^2GS^2 模型，来检验公路子系统的技术有效性。同样地，代入 MATLAB 程序，可以得到公路子系统 C^2GS^2 模型参数求解结果如表 9-7 所示。

表 9-7　公路子系统 C^2GS^2 模型参数求解结果

DMU（年）	ρ	θ_{2i}	λ_1	λ_2	λ_3	λ_4
2005	1.0000	1.0000	1.0000	0.0000	0.0000	0.0000
2006	1.0000	1.0000	0.0000	1.0000	0.0000	0.0000
2007	1.0000	1.0000	0.0000	0.0000	1.0000	0.0000
2008	0.9995	1.0000	0.0000	0.0000	0.1391	0.7973
2009	1.0000	1.0000	0.0000	0.0000	0.0000	0.0000

DMU（年）	λ_5	s_1^-	s_2^-	s_3^-	s_1^+	s_2^+
2005	0.0000	0.0000	0.0000	0.0000	0.0000	0.0000
2006	0.0000	0.0000	0.0000	0.0000	0.0000	0.0000
2007	0.0000	0.0000	0.0000	0.0000	0.0000	0.0000
2008	0.0636	0.1952	49.7173	0.0000	1433.5415	0.0000
2009	1.0000	0.0000	0.0000	0.0000	0.0000	0.0000

由上述计算结果可以得出：

成渝城市群在 2005 年至 2009 年 5 年间，公路子系统除 2008 年外，均有 $\rho=1$，因此除 2008 年外，2005 年至 2009 年间的发展都是 C^2GS^2 协同有效的，即是技术有效的。同时，还存在 $\theta_{1i}=\rho$ 即发展效度 >1，表示增加较小的投入会产生较大的产出，带来效益的增加，说明评价单元（年）具有较大的发展潜力，而目前其表现为评价单元 j_0 的发展收益递增。这与前面的结论是一致的。而 2008 年的 $\theta_{2i}<1$，此年的发展是 C^2GS^2 协同无效的，即是技术非有效的，则需计算 $\tau=\theta_1/\theta_2$，结果 $\tau<1$，因此其发展也是非有效的。但其同样存在 $\theta_{1i}=\rho$ 即发展效度 >1，表示增加较小的投入会产生较大的产出，带来效益的增加。

由于只需增加较小的投入会产生较大的产出，因此，对于公路子系统的发展来说，还需要继续加大对其投资和发展力度，同时也应该适当地关注其子系统的内部结构调整与升级以及其综合能力的整合与提高。

3. 航空子系统

类似地，根据第 7 章中 DEA 的 C^2R 模型，通过 MATLAB7.0 软件编制出程序，将表 9-3 中航空子系统发展的数据代入，可以得到航空子系统 C^2R 模型参数求解结果如表 9-8 所示。

表 9-8　航空子系统 C^2R 模型参数求解结果

DMU（年）	zh_i	θ_{1i}	f_i	λ_1	λ_2	λ_3	λ_4
2005	1.0000	1.0000	1.0000	1.0000	0.0000	0.0000	0.0000
2006	0.9940	0.9970	0.9970	0.6154	0.0000	0.3897	0.0000
2007	1.0000	1.0000	1.0000	0.0000	0.0000	1.0000	0.0000
2008	0.6383	0.7989	0.7989	0.0000	0.0000	0.9839	0.0000
2009	0.7560	0.8695	0.8695	0.2879	0.0000	1.0409	0.0000

DMU（年）	λ_5	s_1^-	s_2^-	s_3^-	s_1^+	s_2^+	有效性
2005	0.0000	0.0000	0.0000	0.0000	0.0000	0.0000	有效
2006	0.0000	0.0000	0.0000	9.5095	1.2399	0.0000	无效
2007	0.0000	0.0000	0.0000	0.0000	0.0000	0.0000	有效
2008	0.0000	0.0000	0.8367	0.8274	0.0000	2.1903	无效
2009	0.0000	0.0000	1.0722	0.0000	0.0000	6.1855	无效

因此，航空子系统综合评价的综合效度、协同效度和发展效度比较如图 9-7 所示。

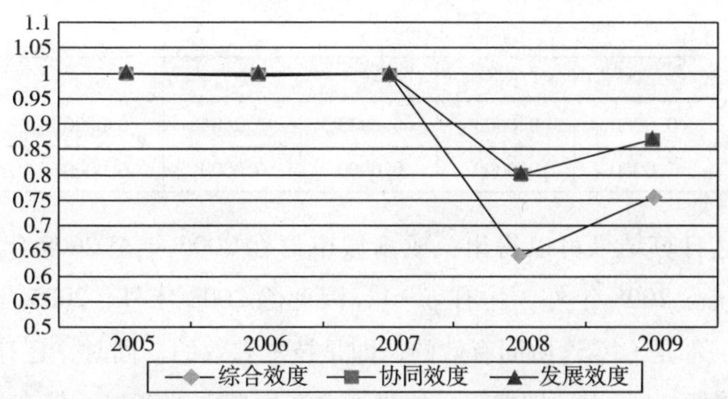

图 9－7　航空子系统综合评价结果比较

由上述计算结果和图形比较可知：成渝城市群在 2005 年至 2009 年 5 年间，其航空子系统的综合效度在 2005 年与 2007 年均有 $zh_i = \theta_{1i} = f_i = 1$，且各剩余变量和松弛变量均为 0，即 2005 年与 2007 年各年的综合评价均是 DEA 有效的。而 2006 年也十分接近有效。2008 年以及 2009 年的 $zh_i < 1$，即其综合评价均为 DEA 无效。而且由于 2008 年及 2009 年的 f_i 均小于 1，说明其评价单元（年）处在规模收益递减阶段。

因此，还需要建立 DEA 的 C^2GS^2 模型，来检验航空子系统的技术有效性。同样地，代入 MATLAB 程序，可以得到航空子系统 C^2R 模型参数求解结果如表 9－9 所示。

表 9－9　航空子系统 C^2GS^2 模型参数求解结果

DMU（年）	ρ	θ_{2i}	λ_1	λ_2	λ_3	λ_4
2005	1.0000	1.0000	1.0000	0.0000	0.0000	0.0000
2006	1.0000	1.0000	0.0000	1.0000	0.0000	0.0000
2007	1.0000	1.0000	0.0000	0.0000	1.0000	0.0000
2008	0.7992	0.7992	0.0617	0.0000	0.9383	0.0000
2009	1.0000	1.0000	0.0000	0.0000	0.0000	0.0000

DMU（年）	λ_5	s_1^-	s_2^-	s_3^-	s_1^+	s_2^+
2005	0.0000	0.0000	0.0000	0.0000	0.0000	0.0000
2006	0.0000	0.0000	0.0000	0.0000	0.0000	0.0000
2007	0.0000	0.0000	0.0000	0.0000	0.0000	0.0000

续表

DMU（年）	ρ	θ_{2i}	λ_1	λ_2	λ_3	λ_4
2008	0.0000	0.0000	0.8923	3.2584	0.0000	2.0249
2009	1.0000	0.0000	0.0000	0.0000	0.0000	0.0000

由上述计算结果可以得出：成渝城市群在 2005 年至 2009 年 5 年间，航空子系统除 2008 年外，均有 $\rho=1$，因此除 2008 年外，2005 年至 2009 年间的发展都是 C^2GS^2 协同有效的，即是技术有效的。同时，还存在 $\theta_{1i}=\rho$ 即发展效度 >1，表示增加较小的投入会产生较大的产出，带来效益的增加，说明评价单元（年）具有较大的发展潜力。而 2008 年的 $\theta_{2i}<1$，此年的发展是 C^2GS^2 协同无效的，即是技术非有效的，则需计算 $\tau=\theta_1/\theta_2$，结果 $\tau<1$，因此其发展也是非有效的。但其同样存在 $\theta_{1i}=\rho$ 即发展效度 >1，这意味着对于航空来说较小的投入会产生较大的产出，带来效益的增加，其评价单元（年）仍是发展收益递增的。

由于只需增加较小的投入会产生较大的产出，因此，对于航空子系统的发展来说，还需要继续加大对其投资和发展力度，同时也应该适当地关注其子系统的内部结构调整与升级以及其综合能力的整合与提高。

（二）子系统间的综合效度

1. 铁路子系统与公路子系统间

若 h_e（A/B）表示城市群铁路子系统 A 对城市群公路子系统 B 的协同有效度，f_e（A/B）表示城市群铁路子系统 A 对城市群公路子系统 B 的发展有效度，则 A 对 B 的协同发展综合有效度为 zh_e（A/B）；若 h_e（B/A）表示城市群铁路子系统 A 与城市群公路子系统 B 的协同有效度，f_e（B/A）表示城市群铁路子系统 A 与城市群公路子系统 B 的发展有效度，则 B 对 A 的协同发展综合有效度为 zh_e（B/A）。若 h_e（A，B）表示城市群铁路子系统 A 与城市群公路子系统 B 的协同有效度，f_e（A，B）表示城市群铁路子系统 A 与城市群公路子系统 B 的发展有效度，则 A 与 B 的协同发展综合有效度为 zh_e（A，B）。下面定义相同，不再赘述。

因此建立 DEA 的 C^2R 模型，通过 MATLAB7.0 软件编制出程序，并将

表 9 - 3 的数据代入，可以得到各个综合评价单元（年）的各有效度结果如表 9 - 10 所示。

表 9 - 10 铁路系统与公路系统间综合评价计算结果

DMU(年)	zh_e(A/B)	h_e(A/B)	f_e(A/B)	zh_e(B/A)	h_e(B/A)	f_e(B/A)	zh_e(A, B)	h_e(A, B)	f_e(A, B)
2005	1.0000	1.0000	1.0000	1.0000	1.0000	1.0000	1.0000	1.0000	1.0000
2006	1.0000	1.0000	1.0000	0.9413	0.9705	0.9699	0.9413	0.9705	0.9699
2007	1.0000	1.0000	1.0000	1.0000	1.0000	1.0000	1.0000	1.0000	1.0000
2008	0.9393	0.9709	0.9674	1.0000	1.0000	1.0000	0.9393	0.9709	0.9674
2009	1.0000	1.0000	1.0000	0.9555	0.9785	0.9765	0.9555	0.9785	0.9765

因此，铁路子系统与公路子系统间的协调度综合评价后的综合效度、协同效度和发展效度比较如图 9 - 8 所示。

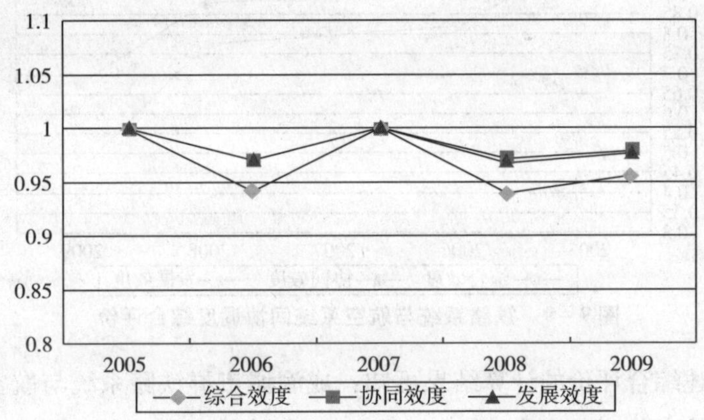

图 9 - 8 铁路系统与公路系统间协调度综合评价

由上述综合评价的计算结果可知：成渝城市群铁路系统与公路系统的协同发展综合效度在 2005 年及 2007 年都是 DEA 有效的，而在 2006 年、2008 年和 2009 年是 DEA 无效的。其中 2008 年的协同程度较低，但 2009 年有所好转。

2. 铁路子系统与航空子系统间

同上，建立 DEA 的 C^2R 模型，通过 MATLAB7.0 软件编制出程序，并将表 9 - 3 的数据代入，可以得到各个综合评价单元（年）的各有效度结果如表 9 - 11 所示。

表 9-11 铁路系统与航空系统间综合评价计算结果

DMU(年)	zh_e(A/C)	h_e(A/C)	f_e(A/C)	zh_e(C/A)	h_e(C/A)	f_e(C/A)	zh_e(A, C)	h_e(A, C)	f_e(A, C)
2005	1.0000	1.0000	1.0000	1.0000	1.0000	1.0000	1.0000	1.0000	1.0000
2006	0.9801	0.9900	0.9900	0.8031	0.8963	0.8960	0.8194	0.9053	0.9051
2007	1.0000	1.0000	1.0000	0.7973	0.8937	0.8921	0.7973	0.8937	0.8921
2008	0.7923	0.8907	0.8895	0.6136	0.7845	0.7822	0.7745	0.8807	0.8794
2009	1.0000	1.0000	1.0000	0.4569	0.6772	0.6746	0.4569	0.6772	0.6746

因此，铁路子系统与公路子系统间的协调度综合评价后的综合效度、协同效度和发展效度比较如图 9-9 所示。

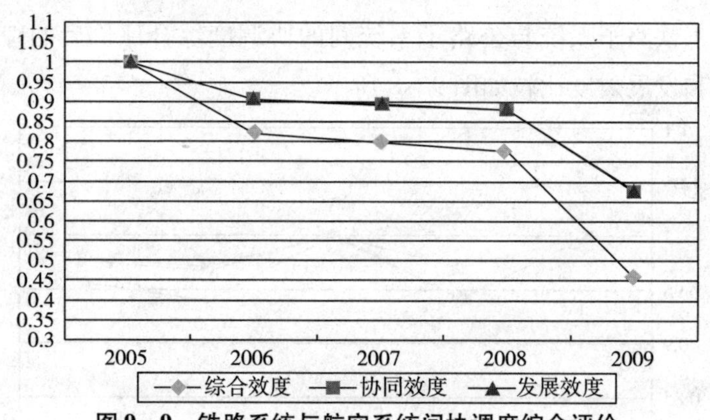

图 9-9 铁路系统与航空系统间协调度综合评价

由上述综合评价的计算结果可知：成渝城市群铁路系统与航空系统的协同发展综合效度只有在 2005 年是 DEA 有效的，而在 2006 至 2009 年是 DEA 无效的，且越来越背离协同方向发展，出现较强的竞争态势。为此，需采取有效措施，加大宏观调控力度，以促使其系统间能回到协同发展的轨迹上来。

3. 公路子系统与航空子系统间

同上，建立 DEA 的 C^2R 模型，通过 MATLAB7.0 软件编制出程序，并将表 9-3 的数据代入，可以得到各个综合评价单元（年）的各有效度结果如表 9-12 所示。

表 9－12 公路系统与航空系统间综合评价计算结果

DMU(年)	zh_e(B/C)	h_e(B/C)	f_e(B/C)	zh_e(C/B)	h_e(C/B)	f_e(C/B)	zh_e(B,C)	h_e(B,C)	f_e(B,C)
2005	1.0000	1.0000	1.0000	1.0000	1.0000	1.0000	1.0000	1.0000	1.0000
2006	0.9532	0.9763	0.9763	0.9513	0.9766	0.9742	0.9975	0.9998	0.9978
2007	1.0000	1.0000	1.0000	0.8484	0.9231	0.9191	0.8484	0.9231	0.9191
2008	0.8200	0.9055	0.9055	0.7318	0.8584	0.8525	0.8924	0.9479	0.9414
2009	1.0000	1.0000	1.0000	0.9784	0.9935	0.9849	0.9784	0.9935	0.9849

因此，铁路子系统与公路子系统间的协调度综合评价后的综合效度、协同效度和发展效度比较如图 9－10 所示。

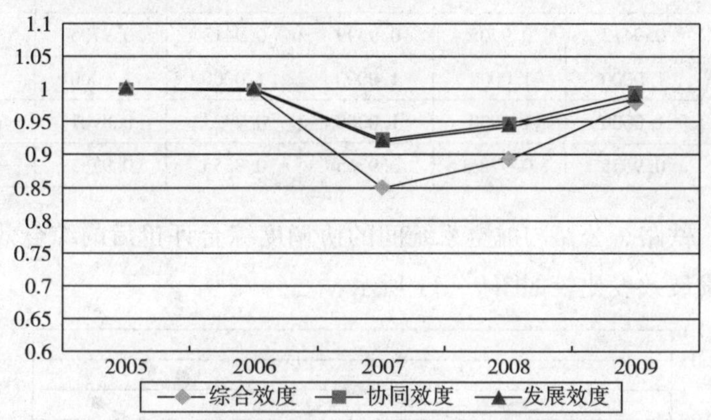

图 9－10 公路系统与航空系统间协调度综合评价

由上述综合评价的计算结果可知：成渝城市群公路系统与航空系统的协同发展综合效度只有在 2005 年是 DEA 有效的，而在 2006 至 2009 年是 DEA 无效的，其中 2007 年协调度最低，2008 年及 2009 年有回归协同方向发展的趋势。

4. 铁路子系统、公路子系统与航空子系统之间

方法同上，建立 DEA 的 C^2R 模型，通过 MATLAB7.0 软件编制出程序，并将表 9－3 的数据代入，可以得到各个综合评价单元（年）的各有效度结果如表 9－13 所示。

表 9-13　铁路、公路与航空系统间综合评价计算结果

DMU（年）	zh_e（A/B,C）	h_e（A/B,C）	f_e（A/B,C）	zh_e（B/A,C）	h_e（B/A,C）	f_e（B/A,C）
2005	1.0000	1.0000	1.0000	1.0000	1.0000	1.0000
2006	0.9801	0.9900	0.9900	1.0000	1.0000	1.0000
2007	1.0000	1.0000	1.0000	1.0000	1.0000	1.0000
2008	0.7923	0.8907	0.8895	0.9393	0.9709	0.9674
2009	1.0000	1.0000	1.0000	1.0000	1.0000	1.0000

DMU（年）	zh_e（C/A,B）	h_e（C/A,B）	f_e（C/A,B）	zh_e（A,B,C）	h_e（A,B,C）	f_e（A,B,C）
2005	1.0000	1.0000	1.0000	1.0000	1.0000	1.0000
2006	0.9413	0.9705	0.9699	0.9413	0.9705	0.9699
2007	1.0000	1.0000	1.0000	1.0000	1.0000	1.0000
2008	1.0000	1.0000	1.0000	0.7923	0.8907	0.8895
2009	0.9555	0.9785	0.9765	0.9555	0.9785	0.9765

因此，铁路、公路与航空系统间的协调度综合评价后的综合效度、协同效度和发展效度比较如图 9-11 所示。

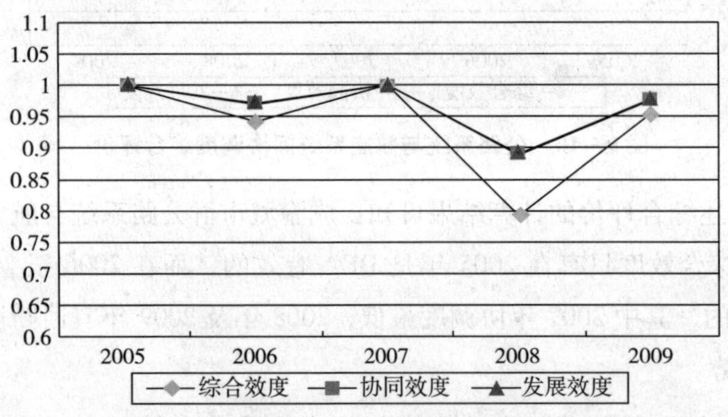

图 9-11　铁路、公路与航空系统间协调度综合评价

由上述综合评价的计算结果可知：成渝城市群铁路、公路系统与航空系统的协同发展综合效度在 2005 年及 2007 年是 DEA 有效的，而在 2006 年、2008 年至 2009 年是 DEA 无效的，其中 2008 年协调度最低，而 2009 年有回归协同方向发展的趋势。

（三）人口经济及综合交通系统间的综合效度

同样地，建立 DEA 的 C^2R 模型，通过 MATLAB7.0 软件编制出程序，并将表 9－3 的数据代入，可以得到各个综合评价单元（年）的各有效度结果如表 9－14 所示。

表 9－14　人口经济及综合交通系统间综合评价计算结果

DMU（年）	zh_i	θ_i	f_i	λ_1	λ_2	λ_3	λ_4
2005	1.0000	1.0000	1.0000	1.0000	0.0000	0.0000	0.0000
2006	0.9453	0.9728	0.9718	0.8671	0.0000	0.1309	0.0000
2007	1.0000	1.0000	1.0000	0.0000	0.0000	1.0000	0.0000
2008	1.0000	1.0000	1.0000	0.0000	0.0000	0.0000	1.0000
2009	0.9442	0.9725	0.9709	0.0000	0.0000	0.0000	1.0117

DMU（年）	λ_5	s_1^-	s_2^-	s_3^-	s_1^+	s_2^+	有效性
2005	0.0000	0.0000	0.0000	0.0000	0.0000	0.0000	有效
2006	0.0000	0.0000	931.5027	22.3370	0.0000	0.0000	无效
2007	0.0000	0.0000	0.0000	0.0000	0.0000	0.0000	有效
2008	0.0000	0.0000	0.0000	0.0000	0.0000	0.0000	有效
2009	0.0000	0.0000	1308.3055	115.5660	0.0000	246.1103	无效

因此，人口经济及综合交通系统系统间的协调度综合评价后的综合效度、协同效度和发展效度比较如图 9－12 所示。

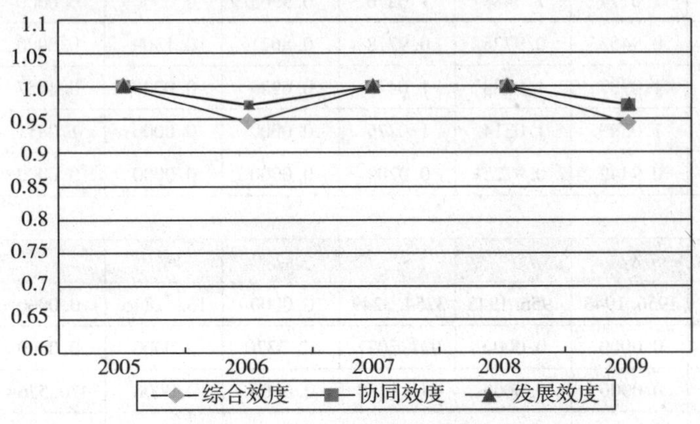

图 9－12　人口经济及综合交通系统系统间协调度综合评价

由上述综合评价的计算结果可知：

人口经济及综合交通系统系统间的协同发展综合效度在2005年、2007年及2008年都是DEA有效的，而在2006年、2009年是DEA无效的。

但是由于原始C^2R模型对于决策单元进一步评价无能为力，因此需要考虑改进，可以通过重新定义生产可能集，以实现对所有决策单元效率的充分评价与排序，具体方法为：

在C^2R模型的约束条件中，不包括被评价决策单元DMU_{j0}，即在评价第j_0个决策单元时，将其与样本中其他所有决策单元的线性组合做比较，但不包含DMU_{j0}本身，考虑模型如下：

$$min[\theta - \varepsilon(\hat{e}^T S^- + e^T S^+)] = V_D$$

$$\sum_{j=1}^{n} x_j \cdot \lambda_j + S^- = \theta \cdot x_{j0}$$

$$\sum_{j=1}^{n} y_j \cdot \lambda_j - S^+ = \theta \cdot y_{j0}$$

$$\theta \geqslant 0, \lambda_j \geqslant 0, S^- \geqslant 0, S^+ \geqslant 0, j = 1,2,\cdots,n$$

将其在MATLAB之中编程实现，同时将数据代入，可以得到各个综合评价单元（年）的C^2R改进模型各有效度结果如表9－15所示。

表9－15　人口经济及综合交通系统间C^2R改进综合评价计算结果

DMU（年）	zh_i	θ_i	f_i	λ_1	λ_2	λ_3	λ_4
2005	1.0777	1.0488	1.0276	0.9965	0.0000	0.0000	0.0000
2006	0.9453	0.9728	0.9718	0.8671	0.1309	0.0000	0.0000
2007	1.0987	1.0488	1.0476	0.6229	0.0000	0.4457	0.0000
2008	1.0599	1.0314	1.0276	0.0000	0.0000	1.0811	0.0000
2009	0.9442	0.9725	0.9709	0.0000	0.0000	0.0000	1.0117

DMU（年）	λ_5	s_1^-	s_2^-	s_3^-	s_1^+	s_2^+	
2005	1956.1943	1956.1943	3254.3249	0.0000	132.1846	0.0000	
2006	0.0000	0.0000	931.5027	22.3370	0.0000	0.0000	
2007	0.0000	0.0000	641.0188	0.0000	0.0000	470.5264	
2008	0.0000	0.0000	3061.8456	66.1564	0.0000	663.2528	
2009	0.0000	0.0000	1308.3055	115.5660	0.0000	246.1103	

因此，人口经济及综合交通系统系统间的协调度综合评价后的综合效度、协同效度和发展效度比较如图9－13所示。

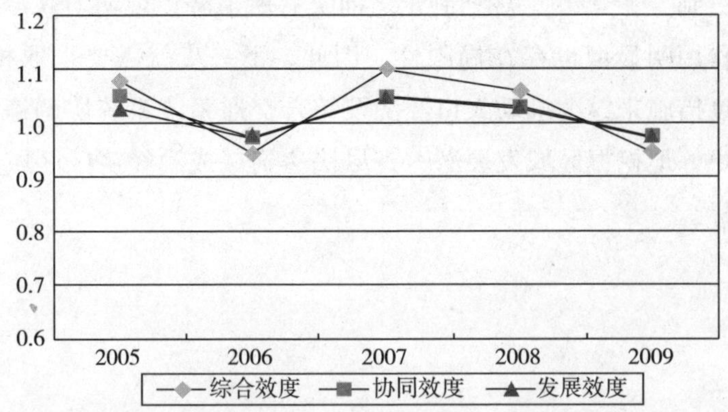

图9－13　人口经济及综合交通系统系统间 C^2R 改进协调度综合评价

由上述改进综合评价的计算结果可知：成渝城市群人口经济及综合交通系统系统间的协同发展综合效度从2005年至2006年有所下降，随后在2007年又恢复上升，至2009年又有所下降。

二、测度结果分析

通过分析上文发展测度结果，可以得到以下结论：

1. 各交通子系统

对于铁路子系统，需要考虑以往的铁路系统的发展模式的合理性，采取更加合理的发展政策、体制措施来促使系统协调发展。

对于公路及于航空子系统，还需要继续加大对其投资和发展力度，同时也应该适当地关注其子系统的内部结构调整与升级以及其综合能力的整合与提高。

2. 交通子系统之间

由于高速铁路发展对公路和航空运输有较强替代性作用，因此在今后的发展中特别要注意铁路系统与公路及航空系统之间的衔接和协调的问题。

3. 综合交通系统与人口经济系统间

成渝城市群人口经济及综合交通系统系统间的协同发展综合效度呈现

明显的“上升—下降—上升”螺旋状发展趋势：“十一五”规划实施后，2006年的综合效率有所下降，但是调整效果明显，2007年又恢复上升至效率最高点，到“十二五”规划制定之前又有所下降，说明宏观调控及区域发展策略作用明显但也存在局限性，因此，下一步就需要采取相应政策、经济、制度措施来继续推动人口经济及综合交通系统系统协调稳步上升发展，以便更好地挖掘区域发展潜力，尽快达到《成渝经济区区域规划》中的发展目标。

结　论

城市群交通系统发展是当前一个世界性和前沿复杂性课题，也是交通运输研究领域的新热点。进行城市群交通系统协调发展的研究是实施我国“十三五”发展战略中的重要环节之一。

本书研究的意义在于创建并丰富了城市群交通系统协调发展的系统分析理论、空间发展理论以及综合测度理论和实证分析理论，为进一步研究城市群交通系统发展做好了理论与方法上的准备。

此外，本书建立了符合我国国情的城市群交通协调发展效率测度模型、方法和指标体系，并以成渝城市群为实例，通过对交通系统协调发展综合测度，系统地探析了交通系统内部子系统之间，以及与外部社会经济系统的相互适应、相互协作、相互配合和相互促进的协调发展问题。综合地评价、分析和判断了交通系统协调发展的程度与趋势，探寻了系统发展不协调的根本原因。

一、本书的主要工作及结论

经过深入的分析研究，本书的主要研究成果及结论如下：

（1）城市群及其交通系统的研究在很长一段时间直至今日，都是国内外交通运输规划、经济地理等多个领域研究的热点问题。因此本书在阐述了研究背景、回顾了国内外关于城市群及其交通系统研究现状、分析了存在的问题的基础上，制定了本书研究的主要内容和研究目标，并对每章的主题进行了简要介绍。

（2）运用系统科学的方法和观点，介绍了城市群的概况、发展演化规律及特征；分析了城市群发展的相关理论，并对中国城市群及其交通系统的发展历程、未来趋势进行了描述。

（3）本书根据相关理论，对城市群交通系统协调发展的概念进行了重新定义，研究了协调发展的内容，从定性的角度分析了协调发展影响因素，为后续城市空间发展理论以及交通系统效率测度研究奠定了理论基础。

（4）通过介绍基于社会网络的空间研究方法，引入了社会—物理空间的相关概念并用数学符号予以定义。在此基础上，建立起了空间随机网络模型并以一个简单的重力空间模型为例予以说明，为后续城市空间的发展研究铺平了道路。

（5）引入了八大网络顶点连接的概率模型，并比较其参数和属性差异，进行了模型参数的先验标定。以此为基础，利用现实出行数据，对我国的社会网络连接概率模型及其参数做出了推断和选择，为进行城市空间结构发展的仿真研究奠定了坚实基础。

（6）构建了城市空间结构发展的仿真框架，运用元胞自动机与多智能体模型相结合的方法，对两类典型的城市空间发展进行了仿真研究，分析仿真结果，与实际情况相比并得出较有意义的结论。

（7）本书系统地探讨了城市群交通系统协调发展测度指标体系的构建思路、原则和特征，分析了综合评价指标体系的筛选原则，并利用德尔菲结合模糊数学以及因子选择的方法，建立了面向协调发展的系统综合测度指标体系。

（8）随后本书以改进的数据包络分析方法为核心系统地分析了综合测度系统协同发展综合有效性、技术有效性和规模有效性的数学模型和判断定理，解析了城市交通系统协同发展的综合效度、协同效度、发展效度的计算模型和理论，论证了城市交通系统协同发展的有效性判断流程与调整方向，并以成渝城市群为实例进行了实证分析和研究。

二、本书的主要创新点

本书是对复杂的城市群交通系统协调发展进行的初步探索。要更加深入全面地研究这一复杂的问题，就必须在研究思路和方法上有所“创新”。本书的主要创新点如下：

（1）本书根据相关理论，在综合分析协调与发展概念和内涵的基础之上，对城市群交通系统协调发展的概念进行了重新定义，对协调发展内容及协调发展影响因素进行了比较全面的分析。

(2) 通过介绍基于社会网络的空间研究方法，引入了社会—物理空间的相关概念并用数学符号予以定义。引入了八大网络顶点连接的概率模型，并分析其内在关联、比较其参数和属性差异，进行了模型参数的先验标定。以此为基础，利用现实出行数据，对我国的社会网络连接概率模型及其参数做出了推断和选择。

(3) 运用元胞自动机与多智能体模型相结合的方法，构建了城市空间结构发展的仿真框架，对两类典型的城市空间发展进行了仿真研究，分析仿真结果，与实际情况相比并得出较有意义的结论。

(4) 本书系统地探讨了城市群交通系统协调发展测度指标体系的构建思路、原则和特征，分析了综合评价指标体系的筛选原则，并利用德尔菲结合模糊数学以及因子选择的方法，建立了面向协调发展的系统综合测度指标体系。以改进的数据包络分析方法为核心系统地分析了综合测度系统协同发展综合有效性、技术有效性和规模有效性的数学模型和判断定理，解析了系统协同发展的综合效度、协同效度、发展效度的计算模型和理论，论证了系统协同发展的有效性判断流程与调整方向，并以成渝城市群为实例进行了实证分析和研究。

三、研究展望

尽管笔者在本书的写作过程中查阅了大量资料，从空间和效率两方面对我国城市群交通系统协调发展进行了较为深入的研究和探讨，取得了一定的成果和进展，但由于系统的复杂性，资料、时间等因素的限制和笔者思维的局限性，本书的研究远未达到完善的水平，尚有许多问题要在今后的研究工作中进一步深入：

(1) 城市群交通系统协调发展是一个非常复杂的系统性问题，除空间和效率之外，还牵涉到能源、金融、环境、管理等一系列学科共同协作进行研究。

(2) 社会—物理空间中的顶点连接概率函数是城市空间结构发展仿真的重点和难点，用八种模型来涵盖还是很不完善的，还需要进一步探索，其模型相关参数也有待于进一步收集数据进行分析。

（3）本书做了两类典型城市空间结构的发展仿真，但是在实际生活之中，城市发展的类型还有很多，这在以后的研究中应进一步完善。此外，城市空间结构发展的动态化仿真也将是未来研究工作的一个新的热点和难点。

（4）如何将适合的预测方法同城市群交通系统协调发展理论、系统分析理论和综合测度理论有机地结合起来，以提高整个城市交通系统的可持续发展能力和整体交通功能，将是人们长期探讨研究的课题。

总之，城市群交通系统协调发展的相关课题在理论上及实际应用中，都还有许多问题有待进一步研究解决，这也是笔者今后致力于研究的方向。

由于笔者水平所限，研究中的很多问题还未全面考虑，对于本书可能出现的纰漏和不当之处敬请各位专家给予批评和指正。

附 录

附录1：城市群交通系统效率测度指标体系设计调查问卷Ⅰ

尊敬的______先生（女士），您好：

城市群交通系统的协调发展，就是追求各交通方式协同发展，同时与城市群经济、环境良性耦合发展的过程，从而实现整体的有序演化、运营组织活动高度有序。

本次调查的目的是更好地推动城市群交通建设，科学设计系统效率体系评价指标。本项目研究人员在广泛文献研究的基础上，提出了由38个评价指标组成的交通系统效率评价指标，请您根据自己的专业和经验判断，选出您认为15个最能够反映交通系统效率属性的指标，在该指标后划“√”。

您如果认为需要增加指标，请直接在调查表上注明。

表填好后，请您按信封或E-Mail地址反馈我们。对您的配合与支持表示衷心感谢!

指标名称	判断	指标名称	判断
城市群人口总数		公路客运量	
非农业人口总数		公路货运量	
人均国内生产总值		公路客运周转量	
工业总产值		公路货运周转量	
城镇建成区面积		公路平均运距	
城市人口密度		铁路固定资产投资额	
平均每人可支配收入		铁路客运量	
人均社会消费品零售总额		铁路货运量	
人均居住面积		铁路客运周转量	

续表

指标名称	判断	指标名称	判断
普通高等学校大学生数		铁路货运周转量	
科技人员数		铁路平均运距	
人均固定投资额		航空固定资产投资额	
普通高等学校专任教师数		航空客运量	
能源消费总量		航空货运量	
城镇居民每百户拥有家用汽车		航空客运周转量	
人均城市道路面积		航空货运周转量	
公路网密度		航空平均运距	
铁路网密度		内河航道里程	
公路固定资产投资额		管道里程	

附录2：城市群交通系统效率测度指标体系设计调查问卷Ⅱ

尊敬的______先生（女士），您好：

交通系统协调发展是城市群区域经济社会协调发展的重要基础，本次调查的目的是更好地推动城市群交通建设，科学设计系统效率体系评价指标。请您根据自己的专业和经验，判断每项指标的合适程度，在该指标后划“√”。

表填好后，请您按信封或 E - Mall 地址反馈我们。对您的配合与支持表示衷心感谢！

指标	适用程度				
	很适用	适用	比较适用	较不适用	不适用
城市群城镇总人口 R_1					
公路固定资产投资额 R_2					
公路客运量 R_3					
公路货运量 R_4					
航空固定资产投资额 R_5					
航空货运量 R_6					
铁路固定资产投资额 R_7					
铁路客运量 R_8					
铁路货运量 R_9					
城市化水平 R_{10}					
人均社会消费品零售总额 R_{11}					
人均国内生产总值 R_{12}					
能源消费总量 R_{13}					
航空客运量 R_{14}					
城镇居民每百户拥有家用汽车 R_{15}					

参考文献

1. 姚士谋,陈振光,朱英明. 中国城市群[M]. 合肥:中国科学技术大学出版社,2006.

2. 张强. 全球五大都市圈的特点、做法及经验[J]. 城市观察,2009,1(1):26 - 40.

3. 汪升华,陈田. 美国大都市旅游带的生长机理及其启示[J]. 世界地理研究,2006,15(1):88 - 93.

4. 宋丁. 中国沿海城市发展的三大趋向[J]. 开放导报,2003(11):25 - 27.

5. 张召堂. 中国首都圈发展研究[M]. 北京:北京大学出版社,2005.

6. 黄金川,陈守强. 中国城市群等级类型综合划分[J]. 地理科学进展,2015,34(3):290 - 301.

7. 钟海燕. 成渝城市群研究[M]. 北京:中国财政经济出版社,2007.

8. 巩筱璐. 中国西部城市群协调发展目标与实现机制研究[D]. 西安:西安理工大学,2008.

9. 方创琳,姚士谋,刘盛和. 2010 中国城市群发展报告[M]. 北京:科学出版社,2011.

10. 朱文晖. 走向竞合:珠三角与长三角经济发展比较[M]. 北京:清华大学出版社,2003.

11. 苏瑞波. 番禺纳入珠三角国家自主创新示范区建设范畴的条件因素分析及先行先试重点建议[J]. 广东科技,2016,25(13):67 - 68.

12. 周永. 幸福都市圈:从珠三角看发展方向[J]. 宁波经济:财经视点,2015(9):36 - 37.

13. 庞彪. 粤港澳大湾区交通物流先行[J]. 中国物流与采购,2017(13):38 - 39.

14. 宋鑫陶．城市群竞局[J]．商周刊,2015(6):20-21.

15. 全国人民代表大会常务委员会．第十届全国人民代表大会第四次会议关于国民经济和社会发展第十一个五年规划纲要的决议[R]．北京:全国人民代表大会常务委员会公报,2006(3):178-221.

16. 胡锦涛．高举中国特色社会主义伟大旗帜为夺取全面建设小康社会新胜利而奋斗——在中国共产党第十七次全国代表大会上的报告[J]．求是,2007(21):3-22.

17. 中国共产党第十七届中央委员会．中共中央关于制定国民经济和社会发展第十二个五年规划的建议[J]．求是,2010(21):3-16.

18. 胡锦涛．坚定不移沿着中国特色社会主义道路前进为全面建成小康社会而奋斗——在中国共产党第十八次全国代表大会上的报告[J]．求是,2012(22):3-25.

19. Stephen S. Birdsall, John Florin. An Outline of American Geography Regional Landscapes of the United States[M]. Washington D. C.: United States Information Agency, 1998.

20. 黄民．城市群交通应系统研究超前谋划[J]．综合运输,2014(2):92-93.

21. 陈小鸿．长三角一体化的上海交通系统发展研究[J]．上海城市管理职业技术学院学报,2006(6):13-16.

22. 刘勇．与空间结构演化协同的城市群交通运输发展——以长三角为例[J]．世界经济与政治论坛,2009(6):78-84.

23. 国家统计局．2014 年国民经济和社会发展统计公报[R]．北京:国家统计局,2015-02-26.

24. 李萌．低成本航空或搬离上海[N]．东方早报,2015-04-16(1).

25. 杨俊宴,陈雯．长江三角洲区域协调重大问题的调查研究[J]．城市规划,2007,31(90):17-23.

26. 汪林义,蔡国兆．长三角交通一体化:冲刺“最后一公里”[N]．经理日报,2007-11-12(02).

27. 李家伟,刘秉镰．城市群交通基础设施一体化发展的制度途径研究[J]．物流技术,2008,(27)4:5-7,11.

28. 甘琛．强化天津枢纽港功能 促进港口错位发展[N]．中国水运报，2014-09-15(01)．

29. 陈晓永．环渤海区域港口群竞合关系及影响因素分析[J]．改革与战略，2009，25(7)：105-106．

30. 王爱虎，刘志敏，高秀丽．珠三角港口群竞合态势及广州市现代物流业发展策略解析[J]．工业工程，2010，13(3)：51-55．

31. 王鹏．城市群发展与交通系统研究[J]．湖北经济学院学报：人文社会科学版，2014，11(11)：11-13．

32. 国务院．国务院关于印发全国主体功能区规划的通知[R]．北京：国务院，2011-06-08．

33. 林先扬，陈忠暖，蔡国田．国内外城市群研究的回顾与展望[J]．热带地理，2003，23(1)：44-49．

34. 埃比尼泽·霍华德．明日的田园城市[M]．北京：商务印书馆，2002．

35. 赵煦．英国早期城市化研究——从18世纪后期到19世纪中叶[D]．上海：华东师范大学，2008．

36. 沈玉麟．外国城市发展史[M]．北京：中国建筑工业出版社，1991．

37. 许学强，周一星，宁越敏，等．城市地理学[M]．北京：高等教育出版社，2009．

38. Hoyt H. The Structure and Growth of Residential Neighborhoods in American Cities[R]. Washington D. C.：United States Federal Administration，1939.

39. C. D. Harris，E. L. Ullman. The Nature of Cities[J]. *Annals of the American Academy of Political Science*，1945，242：7-17.

40. 沃尔特·克里斯塔勒．德国南部中心地理论原理[M]．常正文，王兴中译．北京：商务印书馆，1998．

41. 奥古斯特·勒施．王守礼译．经济空间秩序[M]．北京：商务印书馆，2010．

42. Jefferson M. The law of the primate city[J]. Geographical Review，1939，29：226-232.

43. 王兮．西北地区城市化发展进程研究[D]．西安：长安大学，2007．

44. 顾朝林. 大城市边缘区研究[M]. 北京:科学出版社,1995.

45. Hagerstrand T. Innovation Diffusion as a Spatial Process[M]. Chicago: University of Chicago Press,1968.

46. Francois Perroux. la notion de P?; le de Croissance[J]. *Economie appliquée*,1955,1-2.

47. 王缉慈. 增长极概念、理论及战略探究[J]. 经济科学,1989(3):53-58.

48. Ullman E L. American Commodity Flow: A Geographic Interpretation of Rail and Water Traffic Based on Principles of Spatial Interchange[M]. Seattle: University of Washington Press,1957.

49. Friedman, J., Alolso. Regional Development Planning: a Reader[M]. Cambridge, Mass: M. I. T Press,1964.

50. 叶晓霞. 企业总部迁移与城市化关系的机理研究[D]. 杭州:浙江工商大学,2008.

51. Whebell C. F. J. Corridor: a theory of urban systems[J]. *Annals of the Association of American Geographers*,1969,59(1):1-26.

52. 谢馥荟. 山东半岛城市群空间结构演变研究[D]. 南京:南京航空航天大学,2006.

53. I. B Kormoss, P. Hall. Spatial Structure of Metropolitan England and Wales[M]. Cambridge, England: University of Cambridge Press,1971.

54. Russwurm L H. Urban fringe and urban shadow[J]. *Urban Problems*, 1975:148-164.

55. Haggett P., Cliff A D. Locational Models[M]. London: Edward Amold Ltd.,1977.

56. 张京祥. 西方城镇群体空间研究之评述[J]. 国外城市规划,1999(1):31-33.

57. K. Lynch. Good City Form[M]. Boston: University of Havard Press,1980.

58. 叶玉瑶. 改革开放以来珠江三角洲建设用地扩展与经济增长的关系[D]. 广州:中山大学,2009.

59. 吴小云. 城镇密集区发展阶段中的城乡统筹度研究[D]. 郑州:郑州大学,2007.

60. D. A. Rondinelli. Applied Methods of Regional Analysis: The Spatial Dimensions of Development Policy[M]. Boulder: Westview Press, 1985.

61. 任声策,宣国良,刘浩然. 都市圈经济一体化中的和谐发展问题研究:一个整体框架[J]. 当代经济管理,2005,27(6):11-15.

62. 吴传清,李浩. 西方城市区域集合体理论及其启示[J]. 经济评论,2005(1):84-89.

63. J Gottmann. Megalopolis or the Urbanization of the Northeastern Seaboard of the US[J]. Economic Geography,1957(7):189-200.

64. Jean Gottmann. Megalopolis: the Urbanization of the Northeastern Seaboard of the US[M]. Cambridge: The M. I. T Press, 1961.

65. Jean Gottmann, Robert Alexander Harper. Metropolis on the Move: Geographers Look at Urban Sprawl[M]. New York: John Wiley & Sons, 1966.

66. Jean Gottman. Megalopolis Revisited: Twenty-five Years Later[M]. Maryland: University of Maryland Institute for Urban Studies, 1987.

67. 史育龙,周一星. 关于大都市带(都市连绵区)研究的论争及近今进展述评[J]. 国外城市规划,1997(2):2-11.

68. Doxiadēs K A. Emergence and Growth of an Urban Region: Future alternatives[M]. Detroit, MI: Detroit Edison Co., 1967.

69. Papaiōannou J G. Megalopolises: A First Definition[M]. Athens Technological Organization, Athens Center of Ekistics, 1967.

70. Mc Gee T. G. Urbanisai or Kotadesasi? Evolving Patterns of Urbanization in Asia: The International Conference on Asia Urbanization[C]. Ohio: University of Akron, 1985.

71. Mc Gee T. G. Urbanisasi or Kotadesasi? The Emergence of New Regions of Economic Interaction in Asia[R]. MIT: East-West Environment and Policy Institute, 1987.

72. Mc Gee T. G. The Emergence of Megaurban Regions in Asia: A Research Proposal1 Institute of Asian Research[R]. City of Vancouver: University

of British Colombia(Unpublished Manuscript),1989.

73. Mc Gee T. G. New Regions of Emerging Rural - Urban Mix in Asia: Implications for National and Regional Policy[R]. Bangkok:The Seminar on"E-merging Urban - Regional Linkages:Challenge for Industrialization,Employment and Regional Development",1989 年 8 月.

74. Mcgee T. The emergence of Desakota regions in Asia: expanding a hypothesis[J]. *Environment Development & Sustainability*, 1991.

75. T. G. McGee,Ira M. Robinson. The Mega - Urban Regions of Southeast Asia:Urbanization in Asia[M]. City of Vancouver:UBC Press,1995.

76. 赵哲. 吉林省城镇体系等级规模结构的重新构筑[D]. 长春:东北师范大学,2005.

77. J. Friedmann. The world city hypothesis[J]. *Development and change*, 1986,17:69 - 83.

78. 罗思东,陈惠云. 全球城市及其在全球治理中的主体功能[J]. 上海行政学院学报,2013,14(3):86 - 95.

79. 高桥伸夫、营野峰明. 日本大城市圈研究[J]. 王力,译. 地理科学进展,1990,9(2):15 - 17.

80. Ginsburg N S,Koppel B. The Extended Metropolis:Settlement Transition Is Asia[M]. Hawaii:University of Hawaii Press,1991.

81. 叶玉瑶,张虹鸥,罗晓云,等. 中外城镇群体空间研究进展与评述[J]. 城市规划,2005,29(4):83 - 88.

82. 史育龙. 辽中南部都市区与都市连绵区研究[D]. 北京:北京大学,1996.

83. 富田和晓. 大都市圈的结构演化[M]. 东京:古今书院,1995.

84. 王德. 评价富田和晓的《大都市圈的结构演变》一书[J]. 城市规划汇刊,2002(2):73 - 75.

85. 柴彦威,史育龙. 日本东海道大都市带的形成、特征及其研究动态[J]. 国外城市规划,1997(2):16 - 22.

86. 钱亦杨,谢守祥. 长三角大都市圈协同发展的战略思考[J]. 华东经济管理,2004,18(4):4 - 7.

87. 李梅影．城市群学者名录[N]．国际金融报,2003－07－7(1).

88. 郭文炯,白明英．日本城市地理学的发展与近期趋势[J]．世界地理研究,1999,8(2):42－48.

89. 沈洁,张京祥．都市圈规划:地域空间规划的新范式[J]．城市问题,2004,1:21－28.

90. Peter Hall 著,中国科学院地理研究所译,世界大城市[M]．北京:中国建筑工业出版社,1982.

91. 曹红阳．中国的世界城市发展道路研究——以北京市为例[D]．长春:东北师范大学,2007.

92. 陆军,王栋．世界城市的综合判别方法及指标体系研究[J]．经济社会体制比较,2011(6):104－111.

93. 师媛．聚集效应视角下的关中城市群发展研究[D]．西安:陕西师范大学,2007.

94. 徐聪,马莉莉．世界城市理论研究的发展脉络与新进展[J]．西安财经学院学报,2012,25(4):124－128.

95. Frideman J R. The world city hypothesis: development & change[J]. *Urban Studies*,1986,23(2):59－137.

96. Pyrgiotis Y N. Urban Networking in Europe: The Guest－Editor's Introductory Statement[J]. *Ekistics*,1991,58(350－351):272－276.

97. Kunzmann K R,Wegener M. The pattern of urbanization in Western Europe[J]. *Ekistics*,1991,350(351):282－291.

98. Douglass M. Global interdependence and urbanization: planning for the Bangkok mega－urban region[J]. *The mega－urban regions of Southeast Asia*,1995:45－77.

99. Papaioannou J. G. Megacities and Megalopolis: A challenge for the Future[J]. 1996.

100. 景哲．关中城市群发展模式研究[D]．西安:西安理工大学,2005.

101. Fromm E. The revolution of hope: Toward a humanized technology [J]. Harper Colophon Books,1968.

102. 任大伟,冯宁．科学技术的伦理异化及其价值导向[J]．无锡商业职业技术学院学报,2009,9(1):41－43.

103. Lewis Mumford. 技术与文明[M]. 陈允明,王克仁,李华山,译. 北京:中国建筑工业出版社,2009.

104. Lewis Mumford. 城市发展史——起源、演变和前景[M]. 宋俊岭,倪文彦,译. 北京:中国建筑工业出版社,2005.

105. Jean Gottman, Robert A Harper. Since Megalopolis: The Urban Writings Of Jean Gottmann[M]. The Johns Hopkins University Press, 1990.

106. Lynch K Good City Form[M]. University of Harvard Press, 1980:35－79.

107. Rondinelli DA. Applied Methods of Regional Analysis: The Spatial Dimensions of Development Policy[M]. Westview Press, 1985:143－156.

108. Mcloughlin J. B.. 系统方法在城市和区域规划中的应用[M]. 王凤武,译. 北京:中国建筑工业出版社,1988.

109. Doxiadis C A. Man's movement and his settlements? [J]. *International Journal of Environmental Studies*, 1970, 1(1－4):19－30.

110. 叶玉瑶,张虹鸥,周春山,等. "生态导向"的城市空间结构研究综述[J]. 城市规划,2008(5):69－74.

111. 王瑛. 土地利用总体规划中净增建设用地指标分配研究——以柳州市为例[D]. 武汉:华中农业大学,2008.

112. 李艳,陈雯. 欧洲空间展望的简介与借鉴[J]. 国外城市规划,2004,19(3):33－36.

113. 裘丽岚. 国内外城市群研究的理论与实践[J]. 城市观察,2011(5):164－173.

114. 梁琦. 空间经济学:过去,现在与未来[J]. 经济学(季刊),2005,4(4):1067－1086.

115. Zhou Yixing. Definition of Urban Place and Statistical Standards of Urban Population in China: Problem and Solution[J]. *Asian Geography*, 1988, 7(1):12－18.

116. 崔功豪,王本炎. 城市地理学[M]. 南京:江苏教育出版社,1992.

117. 代合治. 中国城市群的界定及其分布研究[J]. 地域研究与开发,

1998:17(2):40-43.

118. 顾朝林,张勤,蔡建明. 经济全球化与中国城市发展——跨世纪城市发展战略研究[M]. 北京:商务印书馆,1999.

119. 张京祥. 城镇群体空间组合[M]. 南京:东南大学出版社,2000.

120. 朱英明. 我国城市群区域联系的理论与实证研究[D]. 南京:中国科学院南京地理与湖泊研究所,2000.

121. 朱英明,李玉见,姚士谋. 我国城市群地域结构理论研究[J]. 现代城市研究,2002,17(6):50-52.

122. 朱英明. 我国城市地域结构特征及发展趋势研究[J]. 南京社会科学,2002,(7):19-23.

123. 薛东前,王传胜. 城市群演化的空间过程及土地利用优化配置[J]. 地理科学进展,2002,21(2):95-102.

124. 刘增荣. 城镇密集区发展演化机制与整合[M]. 北京:经济科学出版社,2003.

125. 顾朝林,张敏,张成,等. 长江三角洲城市群发展展望[J]. 地理科学,2007,27(1):1-8.

126. 姚士谋,李青,武清华,等. 我国城市群总体发展趋势与方向初探[J]. 地理科学,2010,29(8):1345-1354.

127. 宁越敏. 中国都市区和大城市群的界定——兼论大城市群在区域经济发展中的作用[J]. 地理科学,2011,31(3):257-263.

128. 魏后凯,成艾华. 携手共同打造中国经济发展第四极——长江中游城市群发展战略研究[J]. 江汉论坛,2012,(4):5-15.

129. 广东省建设委员会. 珠江三角洲经济区城市群规划[M]. 北京:中国建筑工业出版社,1996.

130. 胡序威,周一星,顾朝林. 中国沿海城镇密集地区空间集聚与扩散研究[M]. 北京:科学出版社,2000.

131. 廖重斌. 环境与经济协调发展的定量评判及分类体系[J]. 热带地理,1999,19(2):171-177.

132. 蒋志学. 城市群实施可持续发展战略应注意的若干问题[J]. 环境保护,1999(11):42-43.

133. 汤可可．江苏沿江城市群可持续发展的制约因素与取向[J]. 中国人口资源与环境,1999,9(1):38－43.

134. 盖文启．我国沿海城市群可持续发展问题探析[J]. 地理科学,2000,20(3):224－228

135. 张协奎,林剑,陈伟清,等．广西北部湾经济区城市群可持续发展对策研究[J]. 中国软科学,2009(5):184－192.

136. 莫凤珍,潘明杰．辽宁中部城市群水资源问题与对策[J]. 辽宁经济,2001(2):15－16.

137. 王辉．辽宁中部城市群可持续发展能力的生态足迹分析[D]. 沈阳:沈阳大学,2007.

138. 方创琳,宋吉涛,蔺雪芹,等．中国城市群可持续发展理论与实践[M]. 北京:科学出版社,2010.

139. 蔺雪芹,方创琳．城市群工业发展的生态环境效应——以武汉城市群为例[J]. 地理研究,2010,29(12):2233－2242.

140. 楚芳芳,蒋涤非．基于能值改进生态足迹的长株潭城市群可持续发展研究[J]. 长江流域资源与环境,2012,21(2):145－150.

141. 张辽,杨成林．城市群可持续发展水平演化及其影响因素研究——来自中国十大城市群的证据[J]. 统计与信息论坛,2014,29(1):87－93.

142. 曾鹏,毕超．中国十大城市群可持续发展能力比较研究[J]. 华东经济管理,2015,29(5):63－68.

143. 许学强,周春山．论珠江三角洲大都会区的形成[J]. 城市问题,1994(3):3－6.

144. 许学强,程玉鸿．珠江三角洲城市群的城市竞争力时空演变[J]. 地理科学,2006,26(3):257－265.

145. 刘则渊．辽宁带状城市群产业结构战略性重组思路[J]. 大连理工大学学报,1999,20(6):11－15.

146. 刘新平,李恒典,孙双峰．21 世纪前期长株潭城市群农业定位及发展途径[J]. 长江流域发展与环境,2000,9(4):473－478.

147. 苏雪串．城市化进程中的要素集聚、产业集群和城市群发展[J].

中央财经大学学报,2004(1):49 - 52.

148. 裴瑱. 中心城市与周边城市的分工与产业整合——长江三角洲城市群的发展[D]. 上海:复旦大学,2004.

149. 李广杰. 山东半岛城市群产业发展的思路与对策[J]. 郑州航空工业管理学院学报,2007,25(5):40 - 44.

150. 郭凤城. 产业群、城市群的耦合与区域经济发展[D]. 长春:吉林大学,2008.

151. 何骏. 长三角城市群产业发展的战略定位研究[J]. 南京社会科学,2008(5):8 - 12.

152. 刘贵清. 日本城市群产业空间演化对中国城市群发展的借鉴[J]. 当代经济研究,2006(5):40 - 43.

153. 张艳,程遥,刘婧. 中心城市发展与城市群产业整合——以郑州及中原城市群为例[J]. 经济地理,2010,30(4):579 - 584.

154. 李学鑫,苗长虹. 城市群产业结构与分工的测度研究——以中原城市群为例[J]. 人文地理,2006,21(4):25 - 28.

155. 吴福象,沈浩平. 新型城镇化、创新要素空间集聚与城市群产业发展[J]. 中南财经政法大学学报,2013(4):36 - 42.

156. 赵春哲. 淮海城市群产业发展政策研究[D]. 北京:对外经济贸易大学,2015.

157. 曹扶生. 上海的崛起需要长江三角洲城市群的发展[J]. 探讨与争鸣,1995(4):3 - 6.

158. 黄莉萍,候学钢. 论湘中城市群经济的融合耦动与可持续发展[J]. 中国人口·资源与环境,1999(1):44 - 48.

159. 周国华. 试论长株潭城市群开发区群体一体化发展[J]. 城市规划汇刊,2001(3):47 - 50.

160. 冯德显,贾晶,杨延哲,等. 中原城市群一体化发展战略构想[J]. 地域研究与开发,2003,22(6):43 - 48.

161. 叶玉瑶. 城市群空间演化动力机制初探——以珠江三角洲城市群为例[J]. 城市规划,2006,30(1):61 - 66.

162. 朱英明. 中国城市群一体化过程中行政主体间的信号传递博弈

[J]．系统工程理论与实践,2009,29(3):84－89.

163. 任佳．中原城市群一体化建设的经济学分析[D]．开封:河南大学,2009.

164. 鞠立新．由国外经验看我国城市群一体化协调机制的创建——以长三角城市群跨区域一体化协调机制建设为视角[J]．经济研究参考,2010(52):20－28.

165. 许吉辰,李佩瑶．长株潭"3＋5"城市群一体化水平实证分析[J]．当代经济,2012(10):142－144.

166. 刘靖．长江三角洲城市群一体化的机制和实现路径研究[D]．上海社会科学院,2013.

167. 程玉鸿,田野．大珠三角城市群一体化演进状况评估[J]．城市问题,2016(12):19－25.

168. 齐康,段进．城市化进程与城市群空间分析[J]．城市规划学刊,1997(1):1－4.

169. 章国兴．试论重庆中心城市群网络系统的构建[J]．探索,1999,(3):69－71.

170. 张文尝．工业波沿交通经济带扩散模式研究[J]．地理科学进展,2000,19(4):335－342.

171. 陆军．论京津冀城市经济区域的空间扩散运动[J]．经济地理,2002,22(5):574－578.

172. 张祥建,郭岚,徐晋．长江三角洲城市群的空间特征、发展障碍与对策[J]．上海交通大学学报,2003,11(6):57－62.

173. 官卫华,姚士谋．城市群空间发展演化态势研究——以福厦城市群为例[J]．现代城市研究,2003,18(2):82－86.

174. 刘妙龙,陈鹏．城市空间扩散增长模型与模拟[J]．人文地理,2004,19(2):6－11.

175. 刘德平．大珠三角城市群空间发展策略[J]．商业时代,2006(14):87－88.

176. 石贤光．基于引力模型的中原城市群空间发展模式研究[D]．南京:南京航空航天大学,2008.

177. 夏保林,吕连琴．中原城市群空间发展与布局研究[J]．郑州航空工业管理学院学报,2009,27(1):32-36.

178. 罗世俊,焦华富,王秉建．基于城市成长能力的长三角城市群空间发展态势分析[J]．经济地理,2009,29(3):409-414.

179. 李俊峰,焦华富．江淮城市群空间联系及整合模式[J]．地理研究,2010,29(3):535-544.

180. 杨立国,皮灿,章芳．长株潭城市群空间发展特征及管治对策[J]．国土与自然资源研究,2011(6):1-3.

181. 许计平．基于空间适宜性分析的滇西城市群空间发展模式研究[D]．兰州:兰州大学,2011.

182. 朱政,郑伯红,贺清云．珠三角城市群空间结构及影响研究[J]．经济地理,2011,31(3):404-408.

183. 史雅娟,朱永彬,王发曾．基于ROXY模型的中原城市群空间发展态势研究[J]．地域研究与开发,2013,32(2):62-67.

184. 柴攀峰,黄中伟．基于协同发展的长三角城市群空间格局研究[J]．经济地理,2014,34(6):75-79.

185. 朱江丽,李子联．长三角城市群产业-人口-空间耦合协调发展研究[J]．中国人口·资源与环境,2015,25(2):75-82.

186. 陈凡,胡涓．中外城市群与辽宁带状城市群的城市化[J]．自然辩证法研究,1997(10):48-53.

187. 朱英明,姚士谋．我国城市群发展方针研究[J]．城市规划学刊,1999(5):28-30.

188. 赵璟．中国西部地区城市群协调发展机理及实现机制:理论分析与实证研究[D]．西安:西安理工大学,2008.

189. 陈群元．城市群协调发展研究[D]．长春:东北师范大学,2009.

190. 曾鹏．基于城市生态位的广西北部湾经济区城市群发展战略调整[J]．桂林理工大学学报,2010,30(2):250-255.

191. 张旭亮,宁越敏．长三角城市群城市经济联系及国际化空间发展战略[J]．经济地理,2011,31(3):353-359.

192. 武清华,姚士谋,薛凤旋,等．我国中部崛起的城市群发展策略思考[J]. 长江流域资源与环境,2011,20(4):391 - 396.

193. 殷照伟. 京津冀城市群发展战略研究[D]. 天津:天津师范大学,2012.

194. 方创琳. 中国城市发展方针的演变调整与城市规模新格局[J]. 地理研究,2014,33(4):674 - 686.

195. 周春山,金万富,史晨怡. 新时期珠江三角洲城市群发展战略的思考[J]. 地理科学进展,2015,34(3):302 - 312.

196. 姚士谋,王肖惠,陈振光. 大城市群内新型城镇化发展的策略问题[J]. 人文地理,2015(4):1 - 5.

197. 邓先瑞,徐东文,邓魏. 关于江汉平原城市群的若干问题[J]. 经济地理,1997,17(12):82 - 84.

198. 薛东前,姚士谋,张红. 关中城市群的功能联系与结构优化[J]. 经济地理,2000(6):52 - 55.

199. 朱英明. 我国城市群地域结构特征及发展趋势研究[J]. 城市规划学刊,2001(4):55 - 57.

200. 薛东前,孙建平. 城市群体结构及其演进[J]. 人文地理,2004,18(4):64 - 68.

201. 方创琳,宋吉涛,张蔷,等. 中国城市群结构体系的组成与空间分异格局[J]. 地理学报,2005,60(5):827 - 840.

202. 吴晓隽. 上海大都市圈的结构及功能体系研究[D]. 上海:复旦大学,2006.

203. 陆玉麒,董平. 论长江三角洲城市群的功能定位[J]. 现代经济探讨,2007(1):70 - 73.

204. 王发曾,郭志富,刘晓丽,等. 基于城市群整合发展的中原地区城市体系结构优化[J]. 地理研究,2007,26(4):637 - 650.

205. 李王鸣,江佳遥,楼铱. 联系分析视角下的浙中城市群结构特征研究[J]. 经济地理,2009,29(10):1644 - 1649.

206. 刘海滨,刘振灵. 辽宁中部城市群城市职能结构及其转换研究[J]. 经济地理,2009,29(8):1293 - 1297.

207. 肖金成. 我国城市群的发展阶段与十大城市群的功能定位[J].

改革,2009(9):5－23.

208. 王海江,苗长虹,郝成元. 中国城市群对外服务功能强度与结构分析[J]. 人文地理,2010(1):49－55.

209. 李王鸣,柴舟跃,江佳遥. 基于城市空间要素分析的浙中城市群结构特征研究[J]. 地理科学,2011(3):295－301.

210. 李响. 基于社会网络分析的长三角城市群网络结构研究[J]. 城市发展研究,2011,18(12):80－85.

211. 郭荣朝,宋双华,苗长虹. 城市群结构优化与功能升级——以中原城市群为例[J]. 地理科学,2011(3):322－328.

212. 赵勇,白永秀. 中国城市群功能分工测度与分析[J]. 中国工业经济,2012(11):18－30.

213. 齐讴歌,赵勇. 城市群功能分工的时序演变与区域差异[J]. 财经科学,2014(7):114－121.

214. 陆大道. 京津冀城市群功能定位及协同发展[J]. 地理科学进展,2015,34(3):265－270.

215. 施小兰. 重庆城市群功能结构优化路径研究[D]. 重庆:重庆工商大学,2016.

216. 马燕坤. 城市群功能空间分工形成的演化模型与实证分析[J]. 经济管理,2016(12).

217. Fuellhart K. Inter－metropolitan airport substitution by consumers in an asymmetrical airfare environment: Harrisburg, Philadelphia and Baltimore[J]. *Journal of Transport Geography*, 2003, 11(4): 285－296.

218. Matsumoto H. International urban systems and air passenger and cargo flows: some calculations[J]. *Journal of Air Transport Management*, 2004, 10(4): 239－247.

219. Shen G. Reverse－fitting the gravity model to inter－city airline passenger flows by an algebraic simplification[J]. *Journal of Transport Geography*, 2004, 12(3): 219－234.

220. Haruyama K, Teramoto S, Taira K. Construction of large cross－section double－tier metropolitan inter－city highway (Ken－O－Do) Ome Tunnel by

NATM [J] . *Tunnelling and underground space technology*, 2005, 20 (2): 111 – 119.

221. Gutierrez J, García – Palomares J C. New spatial patterns of mobility within the metropolitan area of Madrid: towards more complex and dispersed flow networks[J]. *Journal of transport geography*, 2007, 15(1): 18 – 30.

222. O'Kelly M E, Niedzielski M A. Efficient spatial interaction: attainable reductions in metropolitan average trip length[J]. *Journal of Transport Geography*, 2008, 16(5): 313 – 323.

223. Sivak M. Energy – demand consequences of the recent geographical shift in the metropolitan population of the US[J]. *Cities*, 2009, 26(6): 359 – 362.

224. García – Palomares J C. Urban sprawl and travel to work: the case of the metropolitan area of Madrid[J]. *Journal of Transport Geography*, 2010, 18 (2): 197 – 213.

225. Dissanayake D, Kurauchi S, Morikawa T, et al. Inter – regional and inter – temporal analysis of travel behaviour for Asian metropolitan cities: Case studies of Bangkok, Kuala Lumpur, Manila, and Nagoya[J]. *Transport Policy*, 2012, 19(1): 36 – 46.

226. 刘金江. 城市群交通规划研究[D]. 西安:长安大学,2004.

227. 郭华,马艳. 基于我国城市群交通结构特征的城市铁路发展策略[J]. 交通标准化,2005(2):85 – 88.

228. 单连龙. 长江三角洲地区城市群交通发展构想[J]. 综合运输, 2006(5):22 – 24.

229. 刘小航,黄靖. 珠江三角洲城市群交通问题与对策 – – 日本近畿圈的实践与启示[J]. 人文地理,2006,21(1):76 – 79.

230. 王为林. "十一五"我国区域城市群交通发展[J]. 铁道运输与经济,2007(8):45 – 47.

231. 袁婧. 城市群城际公路客运交通生成与分布预测研究[D]. 成都:西南交通大学,2007.

232. 张江余. 成渝城市群综合交通运输——经济复合系统研究[D]. 成都:西南交通大学,2007.

233. 刘天东. 城际交通引导下的城市群空间组织研究[D]. 长沙:中南大学,2007.

234. 王莉岚. 城市群城际快速交通体系规划研究[D]. 成都:西南交通大学,2008.

235. 谢建平,陈治亚. 城际轨道交通在城市群发展中的意义[J]. 城市轨道交通研究,2008,11(11):10-11,20.

236. 何韶瑶,马燕玲,夏博. 长株潭城市群交通规划整合研究[J]. 城市规划,2009(7):45-50.

237. 姚影. 城市交通基础设施对城市集聚与扩展的影响机理研究[D]. 北京:北京交通大学,2009.

238. 曾明华,李夏苗,刘大鹏. 城市群交通网络特性[J]. 系统工程,2009,27(3):10-15.

239. 高燕. 城市群城际交通系统发展评价研究[D]. 西安:长安大学,2009.

240. 鞠志龙,霍娅敏. 交通运输系统对城市群发展支撑作用的探讨[J]. 铁道运输与经济,2009,31(3):39-42.

241. 董艳华. 城市群交通规划的理论分析与政策建议[J]. 综合运输,2010(9):21-26.

242. 陈必壮,杨立峰,王忠强,等. 中国城市群综合交通系统规划研究[J]. 城市交通,2010(1):7-13.

243. 吴文化,单连龙,刘斌等. 城市群客运交通发展的基本特征及系统框架研究[J]. 宏观经济研究. 2010(4):3-22,31.

244. 董治,吴兵,王艳丽,等. 中国城市群交通系统发展特征研究[J]. 中国公路学报,2011,24(2):83-88.

245. 吴兵,王艳丽,董治,等. 高度城镇化背景下城市群交通特征研究[J]. 城市交通,2011,09(2):67-73.

246. 董艳华. 基于系统动力学的城市群交通规划方法研究[J]. 交通运输系统工程与信息,2011,11(3):8-13.

247. 李夏苗,王国明,胡正东,等. 城市群交通网络层级结构与组团结构识别[J]. 系统工程,2012(5):81-88.

248. 方大春,杨义武. 高铁时代长三角城市群交通网络空间结构分形特征研究[J]. 地域研究与开发,2013,32(2):52-56.

249. 鲁莎莎,关兴良,方创琳,等. 武汉城市群交通地理格局评价与时空演进特征[J]. 华中师范大学学报(自科版),2013,47(5):698-706.

250. 林木西,崔纯,范双涛. 高铁在推动大东北城市群一体化进程中的作用[J]. 经济纵横,2013(4).

251. 杨丽华,孙桂平. 京津冀城市群交通网络综合分析[J]. 地理与地理信息科学,2014,30(2):77-81.

252. 关兴良,蔺雪芹,胡仕林,等. 武汉城市群交通运输体系与城镇空间扩展关联分析[J]. 地理科学进展,2014,33(5):702-712.

253. 李成兵. 城市群交通运输系统供需非均衡模型研究[J]. 交通运输系统工程与信息,2017,17(1):47-53.

254. 焦秀琦. 世界城市化发展的 S 型曲线[J]. 城市规划,1987(2):34-38.

255. 刘荣增. 城镇密集区及其相关概念研究的回顾与再思考[J]. 人文地理,2003,18(3):13-17.

256. Gottmann J. Megalopolis or the urbanization of the northeastern seaboard[J]. *Economic geography*,1957,33(3):189-200.

257. 唐路,薛德升,许学强. 1990 年代以来国内大都市带研究回顾与展望[J]. 城市规划学刊,2003(5):1-5.

258. 王旭. 20 世纪后半期美国大都市区空间结构趋同现象及其理论意义[J]. 世界历史,2006 (5):4-14.

259. 于洪俊,宁越敏. 城市地理概论[M]. 合肥:安徽科学技术出版社,1983.

260. Zhou Y X. Definition of urban place and statistical standards of urban population in China: problem and solution[J]. *Asian Geography*,1988.

261. 侯启章. 珠江三角洲城市群体研究[D]. 广州:中山大学,1993.

262. 孙一飞. 城镇密集区的界定——以江苏省为例[J]. 经济地理,1995(3):36-40.

263. 顾朝林. 中国城镇体系:历史? 现状? 展望[M]. 北京:商务印书

馆,1992.

264. 顾朝林．经济全球化与中国城市发展:跨世纪中国城市发展战略研究[M]．北京:商务印书馆,1999.

265. 周玲强．长江三角洲国际性城市群发展战略研究[J]．浙江大学学报:理学版,2000,27(2):201 - 204.

266. 徐清梅,张思锋,牛玲,等．中国城市群几个基本问题的观点述评[J]．城市问题,2002(1):18 - 22.

267. 夏安桃．长株潭城市群整合发展研究[D]．广州:中山大学,2004.

268. 戴宾．城市群及其相关概念辨析[J]．财经科学,2004(6):101 - 103.

269. 崔功豪,魏清泉,陈宗兴．区域分析与规划[M]．北京:高等教育出版社,2004.

270. 曾德超．增长极理论对中国区域经济发展的启示[J]．经济与经济管理研究,2005(12):10 - 16.

271. 李小建．经济地理学[M]．北京:高等教育出版社,2002.

272. 金元欢,王建宇．区域经济学[M]．杭州:浙江大学出版社,1997.

273. 吴传钧,甘国辉,刘建一．现代经济地理学[M]．南京:江苏教育出版社,1997.

274. 任军,马咏梅,赵晓辉．增长极理论视角下的我国中,西部增长极战略布局[J]．税务与经济,2008 (4):11 - 16.

275. 陆大道．关于"点—轴"空间结构系统的形成机理分析[J]．地理科学,2002,22(1):1 - 5.

276. 贺有利,张仁陟．点轴群理论的分析[J]．兰州大学学报(社会科学版),2002,22(1):1 - 5.

277. Haggett P. Contagious processes in a planar graph: an epidemiological application[J]. *Medical Geography*, 1972:307 - 324.

278. 秦玉．基于 GIS 的空间相互作用理论与模型研究[D]．上海:同济大学,2008.

279. 李小建．经济地理学[M]．北京:高等教育出版社,2006.

280. 张建军．区域网络开发战略模式研究综述[J]．生产力研究,2007

(1):146 - 147.

281. 王静. 区域经济发展中网络开发战略模式研究[J]. 陕西教育学院学报,2007,23(1):76 - 78.

282. 年福华,姚士谋,等. 试论城市群区域内的网络化组织[J]. 地理科学,2002,22(5):568 - 573.

283. 阎小培,林初升,许学强. 地理·区域·城市:永无止境的探索[M]. 广州:广东高等教育出版社,1994.

284. Friedmann J. Urbanization, planning, and national development[M]. Sage publications,1973.

285. Friedmann J, Weaver C. Territory and function: the evolution of regional planning[M]. Univ of California Press,1980.

286. 江曼琦. 城市空间结构优化的经济分析[M]. 北京:人民出版社,2001.

287. 巴顿. 城市经济学——理论与政策(中文版)[M]. 北京:商务印书馆,1984.

288. Weber A. Theory of the Location of Industries[M]. University of Chicago Press,1929.

289. 黄旭平. 小城镇发展需要企业集群[N]. 中国改革报,2001 - 03 - 19(8).

290. 萨乌什金,毛汉英. 经济地理学:历史、理论、方法和实践[M]. 北京:商务印书馆,1987.

291. 朱英明. 城市群经济空间分析[M]. 北京:科学出版社,2004.

292. Rondinelli D A. Balanced urbanization, regional integration and development planning in Asia[J]. *Ekistics*,1980:331 - 339.

293. 潘朝相. 中原城市群经济空间联系及一体化研究[D]. 郑州:郑州大学,2006.

294. 赵勇. 国外城市群形成机制研究述评[J]. 城市问题,2009(8):88 - 92.

295. 苏雪串. 中国城市群的形成与发展在城市化中的作用——以长江三角洲为例[J]. 山西财经大学学报,2004,26(1):46 - 49.

296. 黄征学．城市群空间扩展模式及效应分析[J]．中国经济时报，2007－04－09(5)．

297. Harris C D, Ullman E L. The nature of cities[J]. *The Annals of the American Academy of Political and Social Science*, 1945, 242(1): 7－17.

298. 刘晓萌．国外城市空间结构研究综述[J]．合作经济与科技，2015(1):44－45.

299. Fishman R. America's new city[J]. *The Wilson Quarterly*, 1990, 14(1): 24－55.

300. Batten D F. Network cities versus central place cities: building a cosmo－creative constellation[M]//The Cosmo－Creative Society. Springer, Berlin, Heidelberg, 1993: 137－150.

301. Batten D F. Network cities: creative urban agglomerations for the 21st century[J]. *Urban studies*, 1995, 32(2): 313－327.

302. 蔡勇美，郭文雄．都市社会学[M]．台北：巨流图书公司，1985：137－139.

303. 刘静玉．当代城市化背景下的中原城市群经济整合研究[D]．开封：河南大学，2006.

304. 肖枫，张俊江．城市群体经济运行模式[J]．城市问题，1990(4)：8－12.

305. 赵梅，姚士谋，彭立华．中国城市群规划的创新理念[J]．上海城市管理，2007，16(1)：11－13.

306. 课题组．城市群客运交通发展的基本特征及系统框架研究[J]．宏观经济研究，2010(4)：3－22.

307. 鲍世行．跨世纪城市规划师的思考[M]．北京：中国建筑工业出版社，1989.

308. 赵冈．中国城市发展史论集[M]．北京：新星出版社，2006.

309. 朱铁臻．中国城市化的历史进程和展望[J]．经济界，1996(5)：14－16.

310. 刘士林．中国城市群的发展现状与文化转型[J]．江苏行政学院学报，2015(1)：26－32.

311. 方创琳．中国城市群形成发育的政策影响过程与实施效果评价，地理科学,2012,3 (32):257 -264.

312. 方创琳,蔺雪芹．武汉城市群的空间整合与产业合理化组织[J]．地理研究,2008,27 (2) :397 -408.

313. 金碚,李钢,陈志．中国制造业国际竞争力现状分析及提升对策[J]．财贸经济,2007,(3):3 -10.

314. 郑新立．经济全球化条件下中国制造业的发展趋势[J]．中国制造业信息化,2007,(1):28 -29.

315. 张晓平,陆大道．中国西部地区高新技术产业发展战略及空间组织形式[J]．地理科学,2004,24(2):129 -135.

316. 宋燕,刘言,谢谦．秦国道:一网筑天下[J]．中华遗产,2010(7):32 -47.

317. 成都市规划设计研究院．成都平原城市群规划[Z]．2009

318. 李家祥．世界民用航空与中国民用航空的发展[J]．中国民航报，2009 -06 -19(01).

319. 肖昭升．我国综合运输结构问题成因分析[J]．综合运输,2003,25(5):8 -11.

320. 沈培钧．进一步发展和完善综合运输体系[J]．综合运输,2002,24(9):4 -6.

321. 赵沛楠．城市群交通:系统研究 超前谋划——专访国家发改委基础产业司司长黄民[J]．中国投资,2013(12):18 -21.

322. 王维国．协调发展的理论与方法研究[M]．北京:中国财政经济出版社,2000.

323. 顾培亮．系统分析与协调[M]．天津:天津大学出版社,1998.

324. 白华,韩文秀．复合系统及其协调的一般理论[J]．运筹与管理，2000,9(3):1 -7.

325. 韩跃．面向协调的区域经济环境管理研究[D]．西安:西北工业大学,2005.

326. 蒙少东．区域经济协调发展研究[D]．天津:天津大学管理学院,2004.

327. 胡汝银．低效率经济学:集权制理论的重新思考[M]．上海:上海人民出版社,1995.

328. 李江涛．黄民:我国城市群交通存在三大问题[J]．综合运输,2013(11):90－90.

329. 黄启焕．城市功能区划与交通系统的互动机制[J]．城市建设理论研究:电子版,2011(14).

330. 沈文,李志强．交通一体化的实施策略研究[J]．全国商情:经济理论研究,2009(3):131－132.

331. 周新军．交通运输业能耗现状及未来走势分析[J]．中外能源,2010,15(7):9－18.

332. Foley D L. An approach to metropolitan spatial structure[J]. *Explorations into urban structure*,1964:21－78.

333. Bourne L S. Internal structure of the city: readings on urban form, growth, and policy[M]. Oxford University Press, USA, 1982.

334. 袁贺．基于多模型的长三角中心城市区域经济联系定量分析[J].南通大学学报,2011(1):31－36.

335. 王良健,周克刚,等．基于分形理论的长株潭城市群空间特征研究[J]．地理与地理信息科学,2005,21(6):74－77.

336. 朱英明,于念文．沪宁杭城市密集区城市流研究[J]．城市规划汇刊,2002(1):31－33.

337. 谢文蕙,邓卫．城市经济学[M]．北京:清华大学出版社,2008.

338. Reilly W J. The law of retail gravitation[M]. WJ Reilly, 1931.

339. Zipf G K. The P 1 P 2/D hypothesis: on the intercity movement of persons[J]. *American sociological review*, 1946, 11(6):677－686.

340. 陈涛,刘继生．城市体系分形特征的初步研究[J]．人文地理,1994(1):25－30.

341. 刘继生,陈涛．东北地区城市体系空间结构的分形研究[J]．地理科学,1995,15(2):136－143.

342. 刘继生,陈彦光．城镇体系空间结构的分形维数及其测算方法[J].地理研究,1998,17(1):171－178.

343. Wasserman, S. and Faust, K. Social Network Analysis: Methods and Applications[M]. Cambridge: Cambridge University Press, 1994.

344. Butts, C. T. Social networks: A methodological introduction[J]. *Asian Journal of Social Psychology*, 2008, 11(1): 13 - 41.

345. Snijders, T. A. B., Pattison, P. E., Robins, G. L., and Handcock, M. S. New specifications for exponential random graph models[J]. *Sociological Methodology*, 2006, 36: 99 - 153.

346. Wasserman, S. and Robins, G. ' An introduction to random graphs, dependence graphs, and p * ', in P. J. Carrington, J. Scott, and S. Wasserman (eds), Models and Methods in Social Network Analysis[M]. Cambridge: Cambridge University Press, 2005.

347. Robins G, Morris M. Advances in exponential random graph (p *) models[J]. *Social Networks*, 2007, 29(2): 169 - 172.

348. Hoff P D, Raftery A E, Handcock M S. Latent space approaches to social network analysis[J]. *Journal of the american Statistical association*, 2002, 97 (460): 1090 - 1098.

349. McPherson J M, Ranger - Moore J R. Evolution on a dancing landscape: organizations and networks in dynamic Blau space[J]. *Social Forces*, 1991, 70(1): 19 - 42.

350. Bossard, J. H. S. 'Residential propinquity as a factor in marriage selection'[J]. *American Journal of Sociology*, 1932, 38: 219 - 244.

351. Stewart J Q. An inverse distance variation for certain social influences [J]. *Science*, 1941, 93(2404): 89 - 90.

352. Zipf G K. Human behavior and the principle of least effort[J]. 1949.

353. Blau, P. M. Inequality and Heterogeneity[M]. New York: Free Press, 1977.

354. Terman L M, Miles C C. Sex and personality: studies in masculinity and femininity[J]. 1936.

355. Bem S L. On the utility of alternative procedures for assessing psychological androgyny[J]. *Journal of consulting and clinical psychology*, 1977, 45

(2):196.

356. Andrews F M. Measures of Personality and Social Psychological Attitudes[M]. Gulf Professional Publishing,1991.

357. Kalos M H,Whitlock P A. Monte carlo methods[M]. John Wiley & Sons,2008.

358. Mayhew B H. Baseline models of sociological phenomena[J]. *Journal of Mathematical Sociology*,1984,9(4):259 – 281.

359. Levine J. H. Exceptions Are the Rule:Inquiries on Method in the Social Sciences[M]. Westview Press,1993.

360. Hamming R W. Error detecting and error correcting codes[J]. *Bell System technical journal*,1950,29(2):147 – 160.

361. McCullagh P,Nelder J A. Generalized linear models[M]. CRC press, 1989.

362. Fararo,T. J. and Butts,C. T. Advances in generative structuralism: Structured agency and multilevel dynamics[J]. *Journal of Mathematical Sociology*,1999,24(1):1 – 65.

363. Pattison P,Wasserman S. Logit models and logistic regressions for social networks:II. Multivariate relations[J]. *British Journal of Mathematical and Statistical Psychology*,1999,52(2):169 – 194.

364. Robins G,Pattison P,Wasserman S. Logit models and logistic regressions for social networks:III. Valued relations[J]. *Psychometrika*,1999,64(3): 371 – 394.

365. Feld S L. The focused organization of social ties[J]. *American journal of sociology*,1981:1015 – 1035.

366. Butts C T. The complexity of social networks:theoretical and empirical findings[J]. *Social Networks*,2001,23(1):31 – 72.

367. Ghosh M. The Bayesian Choice:A Decision – Theoretic Motivation[J]. *Journal of the American Statistical Association*,1996,91(433):431 – 433.

368. Gelman A,Carlin J B,Stern H S,et al. Bayesian data analysis[M]. London:Chapman & Hall/CRC,2014.

369. Latané B, Liu J H, Nowak A, et al. Distance matters: Physical space and social impact[J]. *Personality and Social Psychology Bulletin*, 1995, 21(8): 795 – 805.

370. Robert C. P.. The Bayesian Choice: A Decision – Theoretic Motivation [M]. Berlin: Springer, 1994.

371. Metropolis N, Ulam S. The monte carlo method[J]. *Journal of the American statistical association*, 1949, 44(247): 335 – 341.

372. Metropolis N, Rosenbluth A W, Rosenbluth M N, et al. Equation of state calculations by fast computing machines[J]. *The journal of chemical physics*, 1953, 21(6): 1087 – 1092.

373. Bone C, Dragicevic S. Sensitivity of a Fuzzy – Constrained Cellular Automata Model of Forest Insect Infestation[J]. 1964.

374. 徐昔保. 基于 GIS 与元胞自动机的城市土地利用动态演化模拟与优化研究 D]. 兰州:兰州大学,2007.

375. White R, Engelen G. Cellular automata and fractal urban form: a cellular modelling approach to the evolution of urban land – use patterns[J]. *Environment and planning A*, 1993, 25(8): 1175 – 1199.

376. Batty M, Xie Y. From cells to cities[J]. *Environment and Planning B abstract*, 1994, 21(7): 31 – 48.

377. Clarke K C, Gaydos L J. Loose – coupling a cellular automaton model and GIS: long – term urban growth prediction for San Francisco and Washington/Baltimore[J]. *International journal of geographical information science*, 1998, 12(7): 699 – 714.

378. Li X, Yeh A G O. Neural – network – based cellular automata for simulating multiple land use changes using GIS[J]. *International Journal of Geographical Information Science*, 2002, 16(4): 323 – 343.

379. Al – Ahmadi K, See L, Heppenstall A, et al. Calibration of a fuzzy cellular automata model of urban dynamics in Saudi Arabia[J]. *Ecological Complexity*, 2009, 6(2): 80 – 101.

380. Yang Q., X. Li, X. Shi. Cellular automata for simulating land use

changes based on support vector machines[J]. *Computers & Geosciences*, 2008, 34(6):592 - 602.

381. Santé I, García A M, Miranda D, et al. Cellular automata models for the simulation of real - world urban processes: A review and analysis[J]. *Landscape and Urban Planning*, 2010, 96(2):108 - 122.

382. Wu F. Calibration of stochastic cellular automata: the application to rural - urban land conversions[J]. *International Journal of Geographical Information Science*, 2002, 16(8):795 - 818.

383. 承向军,杨肇夏. 基于多智能体技术的城市交通控制系统的探讨[D]. 北方交通大学学报, 2002, 26(5):47 - 50.

384. Lambin E F, Geist H J. Land - use and land - cover change: local processes and global impacts[M]. Springer Science & Business Media, 2008.

385. Matthews R B, Gilbert N G, Roach A, et al. Agent - based land - use models: a review of applications[J]. *Landscape Ecology*, 2007, 22(10): 1447 - 1459.

386. Manson S M. Agent - based dynamic spatial simulation of land - use/cover change in the Yucatán peninsula, Mexico[C]//Fourth International Conference on Integrating GIS and Environmental Modeling(GIS/EM4), Banff, Canada. 2000, 2(8).

387. Parker D C, Manson S M, Janssen M A, et al. Multi - agent systems for the simulation of land - use and land - cover change: a review[J]. *Annals of the association of American Geographers*, 2003, 93(2):314 - 337.

388. Waddell P. UrbanSim: Modeling urban development for land use, transportation, and environmental planning[J]. *Journal of the American Planning Association*, 2002, 68(3):297 - 314.

389. Sudhira H S. Integration of agent - based and cellular automata models for simulating urban sprawl[J]. *Unpublished Master Thesis, International Institute* for Geo - Information Science and Earth Observation & Department of Space, Indian Institute of Remote Sensing, National Remote Sensing Agency(NRSA)(Enschede, Dehradun, 2004), 2004.

390. Batty M, Xie Y, Sun Z. Modeling urban dynamics through GIS - based cellular automata[J]. *Computers, environment and urban systems*, 1999, 23(3): 205 - 233.

391. Torrens P M. New advances in urban simulation: Cellular automata and multi - agent systems as planning support tools in SS Geertman, J., ed[J]. *Planning Support Systems in Practice*. 2002.

392. 穆学明. 京津冀区域的结构化与城镇布局[J]. 城市, 1995(1):21 - 25.

393. 秦寿康, 等. 测度原理与应用[M]. 北京:电子工业出版社, 2003.

394. 叶义成, 柯丽华, 黄德育. 系统测度技术及其应用[M]. 北京:冶金工业出版社, 2006.

395. 郭亚军. 测度理论与方法[M]. 北京:科学出版社, 2002.

396. 段永瑞, 田澎, 张卫平. 基于 DEA 的供应商选择方法研究[J]. 工业工程与管理, 2004(2):71 - 74.

397. 张军, 杜文, 赵月, 等. 基于 DEA 的城市交通可持续发展综合评价研究[J]. 铁道运输与经济, 2007, 29(8):48 - 52.

398. 穆东, 杜志平. 系统协同发展程度的 DEA 评价研究[J]. 数学的实践与认识, 2005, 35(4):56 - 64.

399. 盛昭瀚, 朱乔, 吴广谋. DEA 理论、方法与模型[M]. 北京:科学出版社, 1996.

400. 王志良. 水资源管理多属性决策与风险分析理论方法及应用研究[D]. 成都:四川大学, 2003.

401. 张振. 贯彻落实长江经济带重大国家战略的重要举措[J]. 中国经贸导刊, 2015(13):31 - 35.

402. Friedmann J., Alonso. Regional Development Planning: a Reader[M]. C M. I. T Press, 1964.

403. Mc Gee T. G. New Regions of Emerging Rural - Urban Mix in Asia: Implications for National and Regional Policy[R]. Bangkok: The Seminar on "Emerging Urban - Regional Linkages: Challenge for Industrialization, Employment and Regional Development", 1989 年 8 月.

404. T. G. Mcgee. The emergence of desakota regions in Asia: expanding a hypothesis[M]. University of Hawaii Press. Honolulu. 1991.

405. Kurt Fuellhart. Inter – metropolitan airport substitution by consumers in an asymmetrical airfare enviorment Harrisburt Pbiladelphia and Baltimore[J]. *Journal of Transport Geography*, 2003(11): 285 – 296.

406. Hidenobu Matsumoto. International urban systems and air passenger and cago flows some calculations[J]. *Journal of Air Transport Management*, 2004(10): 241 – 249.

407. Guo Qiangshen. Reverse – fitting the gravity model to inter – city airline passenger flows by an algebraic simplification[J]. *Journal of Transport Geography*, 2004(12): 219 – 234

408. Kazuhiko Haruyama, Satoshi Teramoto, Kazuo Taira. Construction of large cross – section double – tier Metropolitan Inter – city Highway(Ken – O – Do) Ome Tunnel by NATM[J]. *Tunnelling and Underground Space Technology*, 2005(20): 111 – 119.

409. Javier Gutiérrez, Juan Carlos García – Palomares. New spatial patterns of mobility within the metropolitan area of Madrid: Towards more complex and dispersed Xow networks [J]. *Journal of Transport Geography*. 2007(15): 18 – 30.

410. Michael Sivak. Energy – demand consequences of the recent geographical shift in the metropolitan population of the US[J]. *Cities*, 2009, (26): 359 – 362.

411. Juan Carlos García – Palomares. Urban sprawl and travel to work: the case of the metropolitan area of Madrid[J]. *Journal of Transport Geography*, 2010(18): 197 – 213.

412. 余沛. 中原城市群空间联系研究[D]. 成都:西南交通大学,2011.

413. 杨开忠. 中国区域经济系统研究—区域经济理论、应用与政策(中)[J]. 中国工业经济研究,1989(4):26 – 36.

414. 黄继忠. 区域内经济不平衡增长论[M]. 北京:经济管理出版社,2001.

415. 殷朝华．新疆区域经济协调发展的机制研究[D]．石河子:石河子大学,2005.

416. 张敦富．区域经济学原理[M]. 北京:中国轻工业出版社,1999.

417. 吴殿廷．区域经济学[M]. 北京:科学出版社,2003.

418. 马清裕．我国城镇化的特点及发展趋势的初步分析[J]. 经济地理,1983(2):126－131.

419. 铁道部．中国铁路中长期发展规划[Z]. 2005

420. 中山网．[EB/OL] http://www.zsnews.cn/Economy/2010/06/07/1433353.shtml

421. Hamming R W. Error detecting and error correcting codes[J]. Bell System technical journal,1950,29(2):147－160.

422. Stewart J Q. An inverse distance variation for certain social influences[J]. Science,1941,93(2404):89－90. Gelman A,Carlin J B,Stern H S,et al. Bayesian data analysis[M]. London:Chapman & Hall/CRC,2014.

423. Santé I,García A M,Miranda D,et al. Cellular automata models for the simulation of real－world urban processes:A review and analysis[J]. *Landscape and Urban Planning*,2010,96(2):108－122.

424. 芦娟,郑国华．从国内外治堵经验看解决长沙城市交通问题的对策[J]. 企业家天地:下旬刊,2011(7):18－20.

425. 郑黎．大而不臃:国外城市群治理“圣经”[J]. 广东经济,2014(10):53－57.

426. 赵晓俊．环渤海港口群竞争与合作分析[J]. 山西高等学校社会科学学报, 2011(5):39－41.

427. 王文斌．我国房地产价格波动形成机制及影响因素研究[D]. 天津:南开大学,2010.

428. 岳文海．中国新型城镇化发展研究[D]. 武汉:武汉大学,2013.

429. 王雪晶．中心城与周边卫星城旅游经济发展及互动研究[D]. 石家庄:河北师范大学,2009.

430. 姜博．辽宁中部城市群空间联系研究[D]. 长春:东北师范大学,2008.

重要术语索引表

后　记

“城市，让生活更美好（Better City，Better Life）”是中国2010年上海世界博览会的主题。

城市是人类文明的结晶。美国现代哲学家路易斯·芒福德说：“城市是一种特殊的构造，这种构造致密而紧凑，专门用来流传人类文明的成果。”西方诸多文字中的“文明”一词，都源自拉丁文的“Civitas”（意为“城市”），这并非偶然。城市兼收并蓄、包罗万象、不断更新的特性，促进了人类社会秩序的完善。

1800年，全球仅有2%的人口居住在城市，到了1950年，这个数字迅速攀升到了29%。到了2000年，世界上大约有一半的人口迁入了城市。根据联合国的预测，到2020年，全世界的城市人口将占总人口的60%。

交通运输对城市群的形成与区域经济的快速发展起着重要的推动作用。在世界五大城市群的形成与发展过程中，完善的城市群内外交通系统发挥着重要的作用。

本书为进一步研究城市群及其交通系统间的协调发展进行了一些理论与方法上的探讨，希望能够对于我国城市群交通规划与管理工作有一定实际指导意义。

本书是在程嘉博士所做的系统研究基础上，结合余沛博士在东南大学攻读博士后期间的阶段性研究成果，经过丰富大量内容、进行重大修改而成，在此感谢程嘉博士所做的开拓性工作。

本书同时也是团队合作的结晶，王晓梅教授（河南科技大学）、程嘉博士（中国进出口银行河南省分行）、高文老师（河南科技大学）、许小平老师（河南科技大学）、郭菁老师（河南科技大学）等人共同参与了本书的撰写工作。具体分工如下：

余沛博士主要负责第五章、第六章、第七章第一节和第二节、第八章

第一节的撰写工作；王晓梅教授主要负责第三章的撰写工作；程嘉博士主要负责第七章第三节、第四节和第五节，第八章第二节和第三节、第九章以及结论和附录的撰写工作；高文老师主要负责第二章第一节和第二节的撰写工作；许小平老师主要负责第一章和第二章第三节、第四节的撰写工作；郭菁老师主要负责第四章的撰写工作。

全书由佘沛博士和王晓梅教授负责统稿。

在写作过程中，引用了大量相关研究人员的观点与论述，在此向相关人员表示感谢！在查找资料过程中，由于各种原因一些文献难以查找到原作者，在此表示歉意，并希望在再版时予以更正与说明。

愿未来的城市与交通更美好。

佘 沛

2017 年 12 月于美国犹他州奥勒姆